기독교 이단
사이비 연구

Christian Heresy
Pseudo Research

기독교 이단
사이비 연구

수정증보판 1쇄 발행 2022년 5월 3일

지은이   나원준

펴낸곳   한국종교문제연구소·도서출판 예다산
등록   제25100-2015-000007호
주소   서울시 노원구 덕릉로82길 36
전화번호 02) 938-6700

디자인   정미영
인쇄   대양문화인쇄소(02)2273-6630)

ISBN   978-89-965979-4 13230
정가   25,000원

무단 복제 및 책의 내용 전부는 물론 일부 사용을 금합니다.

Christian Heresy Pseudo Research

목회자·신학생·제직·셀리더(구역장)에게 꼭 필요한 책

기독교 이단 사이비 연구

나원준 지음

서문

　한국교회를 넘어 세계교회사에 이단연구의 큰 업적을 남기신 순교자 고 탁명환 소장님의 『기독교이단연구』가 초판 출판된 것이 1986년이었다. 그동안 34년의 세월이 흘렀음에도 불구하고 소장님의 저서는 이단연구에 없어서는 안 될 중요한 연구이자 자료였다. 그리고 역시 탁 소장님이 쓰신 『한국의 신흥종교 기독교편』 1,2,3,4권은 이단을 연구하고 피해자를 상담하는 데 평생을 바친 탁 소장님께서 남기신 귀한 업적의 열매이기도 하다.
　이단/사이비들은 갈수록 창궐하고 특히 체계적인 성경공부를 내세워 미혹하고 세뇌시키는 것을 보면서 마음이 아팠다. 다행스러운 것은 몇 십 년 전과 달리 각 교단 별로 이단/사이비 대책이 활발해졌다는 것이고 이단/사이비집단에서 탈퇴한 분들이 각 분야별로 상담소를 갖추고 체계적인 상담 활동을 하는 것도 다행스럽다. 이 책은 구(舊) 『기독교 이단학』의 수정, 증보판이다.

　이 책은 목회를 하면서, 그리고 신학을 강의하면서 저자가 느꼈던 아쉬움들을 덜고자 썼다.
　첫째, 너무 방대하지 않고 어렵지 않으면서 간단하지만 명료하게 이단/사이비 집단의 교리를 정리하고 비판할 필요를 느끼게 되었다.

둘째, 아울러서 신학교에서 신학생 교육이나 목회 현장에서 구역장이나 셀 리더 교육 때, 혹은 이단/사이비와 관련된 상담을 할 때 이 책이 유용하게 쓰일 수 있도록 하는 데, 즉 실사구시(實事求是), 이용후생(利用厚生)에 초점을 두었다.

셋째, 건강을 지키려면 병에 걸린 후 치료보다 예방이 더 중요하다. 이단/사이비 문제도 마찬가지다. 이단에 빠진 후 상담보다 먼저 이단을 예방하는 것이 더 중요하다. 그래서 이 책은 이단을 예방하는 데 초점을 두었다. 특히 JMS는 30개론 전체를 싣고 비판하였으며 신천지의 경우 입문 편 6과와 초등교재 41과, 중등교재 30과를 전체 싣고 각 과별로 비판하였다. 그리고 관련 성경구절을 실어서 따로 성경을 찾아야 하는 수고를 덜게 했다.

이 책이 한국교회와 목회 현장, 신학교육 현장에서 작은 도움이 될 수 있다면 더 바랄 것이 없겠다.

나원준 목사

추천사

나원준 목사님의 『기독교 이단학』은 국내외 기독교 이단들에 대한 자세한 정보를 제공해 준다. 특히 신천지 교리의 허와 실을 여실히 보여준다.

월간 「현대종교」에서의 활동과 경험을 통해 이단 문제에 관심을 가져온 나원준 목사님의 『기독교 이단학』은 코로나19와 신천지 문제로 노출된 이단의 정체와 위험성을 한국 사회와 교회에 알리는 동시에, 향후 유사한 문제의 재발을 예방하고 경계하는 소중한 열매가 될 것으로 생각한다.

탁지일 교수
(현대종교 이사장 겸 편집장/부산장신대 교회사)

추천사

최근 한국교회는 이단들의 극렬한 활동으로 심한 몸살을 앓고 있다. 국내에만 자칭 재림주가 40여명이 되고 이단에 미혹된 신도들이 200만을 헤아리고 있다.

특히 신천지 집단의 경우 1년에 2만 여명이 불어나고 있다. 이단들의 포교 대상은 불신자가 아니고 교회에 출석하고 있는 기성신자를 대상으로 하고 있기 때문에 이단의 피해는 고스란히 교회와 성도들에게 온다.

이러한 이단에 대한 가장 효과적인 대처는 예방이라고 할 수 있다. 이단에 빠진 사람을 건지는 일이 매우 힘들고 어렵기 때문에 예방하는 일이 이단 대처에 가장 좋은 방법이다.

이단 예방의 가장 좋은 방법은 이단에 대하여 사전 지식을 갖는 일인데 이단 전문 서적을 통하여 할 수 있다.

한국 교회에 이단의 예방이 절실하게 필요한 이때에 이단 전문 언론인 출신이면서 이단 전문가인 나원준 목사님의 『기독교 이단학』 출간은 한국교회에 큰 축복이라고 생각된다.

이 책은 이단들의 교리 분석과 반증이 아주 명쾌하게 되어 있어서 목회자와 신학생, 평신도들에게 이단연구와 예방에 큰 도움이 될 것이라고 생각된다.

이단 상담 전문가로서 이 책을 한국교회 이단 예방 도서로 적극 추천한다.

진용식 목사
(한국기독교 이단 상담소 협회장)

차례

제1부 종교와 이단

제1장 기독교 이단학의 개념 ··· 19
  1. 흔히 제기되는 의문들 ··· 20
  2. 용어 정리 ··· 21
  3. 이단을 어떻게 분별할까? ··· 23
  4. 이단분별의 기준 ··· 24
  5. 바른 성령론 ··· 35
  6. 기독교 이단의 역사 ··· 44

제2장 종교와 이단 ··· 50
  1. 종교적 인간 ··· 51
  2. 종교의 정의 ··· 55
  3. 종교의 의미와 목적 ··· 56
  4. 종교학에서 이단이란 무엇인가? ··· 59

제2부 기독교의 이단/이단성이 있는 단체들의 교리와 비판

제3장 여호와의 증인 ··· 63
  1. 여호와의 증인의 역사 ··· 64
  2. 여호와의 증인의 주요 교리와 비판 ··· 65
    1) 수혈 거부 교리 ··· 65
    2) 성령 하나님을 여호와의 활동력으로 보는 교리 ··· 66
    3) 예수 그리스도의 신성을 부인하는 교리 ··· 66
    4) 집총거부와 공무원 취업거부, 투표거부 교리 ··· 67
    5) 고등교육 포기 교리 ··· 68
    6) 예수님의 육체적 부활을 부인하는 교리 ··· 69
    7) 영혼멸절 교리와 지옥을 부인하는 교리 ··· 70

제4장 하늘부모님 교단(통일교)

1. 하늘부모님 교단의 역사 ··· 72
2. 하늘부모님교단의 주요 교리 용어 해설 ··· 73
3. 하늘부모님 교단의 주요 교리와 비판 ··· 78
   1) 문선명 씨의 망언(妄言)들 ··· 78
   2) 하늘부모님 교단의 신조(信條) ··· 79
   3) 하늘부모님 교단의 주요 교리와 비판 ··· 79
      (1) 신론 ··· 79
      (2) 기독론 ··· 81
      (3) 성령론 ··· 83
      (4) 인간론 ··· 84
      (5) 계시론 ··· 87
      (6) 재림론(메시아론) ··· 89

제5장 귀신론파 ··· 92

1. 귀신론파의 역사 ··· 93
2. 귀신론파의 주요 교리와 비판 ··· 94
   1) 이중아담론(이중창조론) ··· 94
   2) 공중(궁창)이 마귀를 가둘 옥으로 창조되었다 ··· 96
   3) 인간의 수명 120년과 불신자의 사후 영의 빙의 ··· 98
   4) 모든 병의 원인은 귀신이다 ··· 99
   5) 천사가변설 ··· 100
   6) 성경과 성서를 구분한다 ··· 102

제6장 하나님의 교회 세계복음선교협회(안상홍증인회) ··· 104

1. 하나님의 교회 세계복음선교협회의 역사 ··· 105
2. 하나님의 교회 세계복음선교협회의 주요 교리와 비판 ··· 106
   1) 안식일 준수 ··· 106
   2) 유월절 준수 ··· 107
   3) 성령 하나님 보혜사 안상홍 씨 ··· 108
   4) 어머니 하나님 장길자 씨 ··· 110
   5) 시한부종말론 ··· 114
   6) 늦은 비 성령 ··· 117
   7) 구원 받을 자 144,000 ··· 117

제7장 　 기독교복음선교회(JMS) ··· 119
1. 기독교복음선교회(JMS)의 역사 ··· 120
2. 기독교복음선교회(JMS)의 주요 교리와 비판 ··· 121
1) 입문편 ··· 122
(1) 성경을 보는 관 ··· 122
(2) 태양아 멈추어라 ··· 122
(3) 엘리야 까마귀 밥(왕상17,1-7) ··· 123
(4) 7단계 법칙 ··· 124
(5) 삼분설 ··· 124
2) 초급편 ··· 125
(6) 비유론 ··· 125
(7) 불의 개념 ··· 126
(8) 말세론 ··· 128
(9) 무지속의 상극세계(대하35,18-26) ··· 128
(10) 홍수심판 ··· 129
(11) 이단의 개념 ··· 138
(12) 예정론 ··· 139
3) 중급편 ··· 139
(13) 중심인물론 ··· 139
(14) 부활론 ··· 140
(15) 사탄론 ··· 142
(16) 가인의 성격 ··· 142
(17) 영계론 ··· 143
(18) 계시론(마11,27;암3,7) ··· 145
(19) 메시야 자격론 ··· 145
(20) 지상천국론 ··· 147
4) 고급편 ··· 148
(21) 엘리야와 예수님의 재림승천 실상 비교 ··· 148
(22) 예수님과 세례요한의 관계 사명 ··· 151
(23) 유대교와 기독교의 교리 비교 ··· 151
(24) 두 감람나무와 두 증인 ··· 151
(25) 한 때 두 때 반 때 ··· 152

(26) 창조 목적 ··· 153
(27) 타락론 ··· 154
(28) 구원론 ··· 155
(29) 재림론 ··· 156
(30) 역사(A.B.C) 동시성으로 본 섭리역사 이치 ··· 156

제8장　예수 그리스도 후기 성도교회(이하 '몰몬교') ··· 160
   1. 몰몬교의 역사 ··· 161
   2. 몰몬교의 주요 교리와 비판 ··· 162
     1) 신론 ··· 162
     2) 계시론 ··· 163
     3) 인간론 ··· 164
     4) 기독론 ··· 164
     5) 구원론 ··· 165
     6) 종말론 ··· 166

제9장　이슬람 ··· 167
   1. 이슬람의 역사 ··· 168
   2. 이슬람의 주요 용어들 ··· 169
   3. 이슬람의 신론 ··· 171
   4. 이슬람의 기독론 ··· 172
   5. 이슬람의 성령론 ··· 173
   6. 이슬람의 구원론 ··· 174
   7. 이슬람의 계시론 ··· 175

제10장　전능하신 하나님교회(동방번개, 이하 '전능신교') ··· 176
   1. 전능신교의 역사 ··· 177
   2. 전능신교의 예배형태 ··· 180
   3. 전능신교의 교재들 ··· 181
   4. 전능신교의 두 가지 행정법령 ··· 183
   5. 전능신교의 주요 교리 ··· 187

제3부 신천지예수교 증거장막 성전 ··· 215

제11장 신천지예수교 증거장막 성전 ··· 217
  1. 신천지예수교 증거장막 성전의 역사 ··· 218
  2. 요한계시록의 해석 방법 ··· 219
  3. 비유의 형태와 종류 ··· 221
  4. 복음서에 나타난 비유들 ··· 223
    1) 슈타인(K. H. Stein)의 분류 ··· 223
    2) 율리허(A. Julicher)의 분류 ··· 226
    3) 헌터(A. M. Hunter)의 분류 ··· 229
  5. 바른 비유론 ··· 233
  6. 신천지의 교육과정(입문편) ··· 235
    태초의 말씀 ··· 238
    종교 ··· 242
    성경 상식 1과 ··· 244
    성경 상식 2과 시대 구분 ··· 248
    성경 상식 3과 ··· 251
    성경 상식 4과 ··· 252
  7. 신천지의 교육과정 - 초등 ··· 256
    초등 1과 천국 비밀. 이유 ··· 256
    초등 2과 성경의 예언과 비유 ··· 259
    초등 3과 비유한 씨, 밭 ··· 263
    초등 4과 비유한 나무, 새 ··· 265
    초등 5과 때를 따라 주는 양식 ··· 269
    초등 6과 비유한 누룩 ··· 272
    초등 7과 비유한 그릇 ··· 275
    초등 8과 비유한 저울, 지팡이 ··· 278
    초등 9과 비유한 불 ··· 282
    초등 10과 비유한 향로, 가마 ··· 285
    초등 11과 비유한 빛과 어두움 ··· 290
    초등 12과 비유한 등대, 소경, 귀머거리 ··· 293

초등 13과 비유한 보물 부자	⋯ 297
초등 14과 비유한 노래와 예복	⋯ 301
초등 15과 비유한 물, 샘, 강	⋯ 305
초등 16과 비유한 바다, 어부, 그물, 고기, 배	⋯ 309
초등 17과 비유한 짐승	⋯ 313
초등 18과 비유한 머리, 뿔, 꼬리	⋯ 316
초등 19과 비유한 어린양의 피와 살	⋯ 319
초등 20과 비유한 포도주, 감람유	⋯ 322
초등 21과 거듭나는 성장 과정과 인내의 믿음	⋯ 327
초등 22과 비유한 배도의 산, 멸망의 산, 구원의 산	⋯ 330
초등 23과 하나님의 교회와 세상 교회	⋯ 337
초등 24과 비유한 인(표)	⋯ 341
초등 25과 비유한 나팔	⋯ 344
초등 26과 비유한 돌	⋯ 347
초등 27과 비유한 우상	⋯ 351
초등 28과 비유한 생물과 바람	⋯ 354
초등 29과 비유한 생기, 죽음, 무덤	⋯ 358
초등 30과 비유한 부활	⋯ 361
초등 31과 비유한 신랑, 신부, 과부, 고아	⋯ 363
초등 32과 비유한 예루살렘과 바벨론	⋯ 367
초등 33과 비유한 전쟁	⋯ 370
초등 34과 비유한 천지(天地)	⋯ 372
초등 35과 비유한 해, 달, 별	⋯ 377
초등 36과 세 가지 이스라엘	⋯ 381
초등 37과 비유한 천국과 지옥의 열쇠와 비밀	⋯ 386
초등 38과 정통과 이단	⋯ 389
초등 39과 비유한 새 포도주와 새 부대	⋯ 392
초등 40과 말씀과 시온산	⋯ 395
초등 41과 길 예비자와 약속의 목자	⋯ 398

7. 신천지의 교육과정 - 중등 ··· 404

　중등 제1과 [구약] 제목: 아담세계와 노아세계의 시작과 종말 ··· 404

　중등 제2과 [구약] 제목: 아브라함과 언약과 출애굽 ··· 410

　중등 제3과 [구약] 제목: 영계대로 육계에 창조 ··· 418

　중등 제4과 [구약] 제목: 언약의 결과 ··· 425

　중등 제5과 [구약] 제목: 선민의 배도, 멸망, 구원순리 ··· 432

　중등 제6과 [구약] 제목: 구약의 계시와 목자 ··· 437

　중등 제7과 [구약] 제목: 약속의 목자와 사명 ··· 442

　중등 제8과 [구약] 제목: 새 일과 두 가지 씨와 언약 ··· 446

　중등 제9과 [구약] 제목: 죽은 자의 부활과 성신 ··· 453

　중등 제10과 [구약] 제목: 바벨론 심판과 영원한 나라 ··· 458

　중등 제11과 [구약] 제목: 바벨론에서 돌아오는 시온 ··· 462

　중등 제12과 [구약] 제목: 길 예비자와 약속의 목자 ··· 468

　중등 제13과 [구약] 제목: 약속한 목자 탄생 ··· 474

　중등 제14과 [구약] 제목: 계명과 주기도문 ··· 480

　중등 제15과 [구약] 제목: 목자구분과 하나님의 뜻과 믿음 ··· 487

　중등 제16과 [구약] 제목: 두 가지 씨와 두 가지 나무와
　　　　　　　　　　　　　　비유와 추수 ··· 491

　중등 제17과 [구약] 제목: 초림과 재림의 멸망과 구원 ··· 496

　중등 제18과 [구약] 제목: 어린양의 혼인잔치와 등과 기름 ··· 502

　중등 제19과 [구약] 제목: 피로 약속한 새 언약 ··· 507

　중등 제20과 [구약] 제목: 생명의 말씀과 거듭남 ··· 512

　중등 제21과 [구약] 제목: 사망에서 생명의 부활 ··· 517

　중등 제22과 [구약] 제목: 하늘에서 온 산 떡 ··· 524

　중등 제23과 [구약] 제목: 영생과 핍박과 거짓말 ··· 527

　중등 제24과 [구약] 제목: 진리의 성령 보혜사 ··· 532

　중등 제25과 [구약] 제목: 일곱 번째 나팔과 부활 ··· 538

　중등 제26과 [구약] 제목: 계시될 믿음과 유업 받을 자 ··· 542

　중등 제27과 [구약] 제목: 속죄 제사 ··· 549

　중등 제28과 [구약] 제목: 배도자의 행동 ··· 557

　중등 제29과 [구약] 제목: 재창조 ··· 561

　중등 제30과 [구약] 제목: 창조와 재창조 ··· 564

제12장 예장 총회 이단(사이비)피해대책조사연구위원회의
　　　　신천지 피해상황과 신천지의 10가지 교리적 특성 ⋯ 571
　　　1) 격암유록(格庵遺錄) 남사고(南師古) 예언초(豫言抄)와
　　　　　신천지 ⋯ 577
　　　2) 이단/사이비를 예방하는 법 ⋯ 580

참고자료들

　　1. 신천지 섭외자 단계 향상 양식 ⋯ 583
　　2. 신천지 사랑하는 사람 관리 카드 ⋯ 585
　　3. 신천지 판별사례 ⋯ 587
　　　　1) 다음과 같은 말 하는 사람을 경계할 것
　　　　2) 교회 안에 침투한 신천지 신도의 특징
　　　　3) 신천지에 빠진 가족을 분별하는 법
　　4. 신천지 10단계 기성교회 침투 전략 ⋯ 590
　　5. 신천지 비유풀이 공식 ⋯ 593
　　6. 창세기의 창조기사에 대한 신천지의 풀이 공식 ⋯ 594
　　7. 신천지 요한계시록의 실상의 실체들 ⋯ 595
　　8. 이○희 씨 신격화(멘트들) ⋯ 597
　　9. CTS TV를 도용한 설문조사지 ⋯ 598
　　10. 범 기독교 신앙회복운동본부 설문조사지 ⋯ 599
　　11. 계보도 ⋯ 601

• **일러두기(장과 절 표시)**
  예) 마12:1 → 마12,1
  예) 마12:11-14 → 마12,11-4

제1부

종교와 이단

1장

기독교 이단학[1]의 개념

---

[1] 이단학이라고 명명한 것은 이단연구가 하나의 신학으로 자리매김을 해야 한다는 취지에서이다. 본 글에는 이단성이 있는 일부 단체도 포함되었다.

1 | 기독교 이단학의 개념
흔히 제기되는 의문들

1) 이단시비는 교세에 의해 좌우된다는 주장
어느 교회를 이단이라고 하다가 커지니까 이단이 아니라고 한다는 주장.

2) 이단시비를 받는 것이 오히려 정통이고 자랑스럽다는 주장
사도바울도 "나사렛 이단의 괴수"라는 말을 들었으니 오히려 이단이라는 말을 듣는 것이 자랑스럽다는 주장. 한편 사도행전24,1-9에 보면 대제사장 아나니아가 벨릭스 총독에게 바울을 고소하면서 "나사렛 이단의 괴수"라고 하는 내용이 보도되어 있다.

3) 이단시비는 시대에 따라 다르고 각자 소속된 종교단체의 관점에 따라 다르다는 주장
유대교에서 볼 때는 기독교가 이단이고 기독교에서 볼 때는 통일교가 이단이니 이단시비는 시대에 따라 다르고 자기가 속한 종교단체의 관점에 따라 다르다는 주장.

4) 이단이라는 말 대신에 '소종파'운동이라고 해야 한다는 주장
정치권력과 결탁하거나 종교권력을 장악한 사람들이 권력을 갖지 못한 소수집단에 대해 내린 판정이니 '소종파'운동이라고 해야 한다는 주장.

2 | 기독교 이단학의 개념
용어 정리

1) 신비주의
종교의 요소 중에 신비한 부분이 많다. 그러나 신비주의가 되어서는 안 된다. 예를 들면 권위는 존중되어야 하나 권위주의가 되어서는 안 되는 것과 같다.

2) 신흥종교[2]
가치중립적인 용어이지만 발생 시점을 기준으로 하여 새롭게 일어난 종교이다.

3) 문제성 종교
기성 종교로부터 교리상의 차이로 이단성 논란이 있는 종교와 무리한 운영과 포교로 인하여 사회적으로 물의를 일으키는 종교이다.

4) 사이비(似而非) 종교
외적으로나 명칭으로 볼 때 종교인 것처럼 행세 하지만 교조, 교리, 조직 등에서 종교의 본질적인 요건을 제재로 갖추지 못한 집단으로서 겉으로는 종교 단체로 위장하지만 내용적으로는 비종교적인 목적을 추구하는 집단이다.

---

[2] 한국정신문화연구원에서 펴낸 『한국민족문화대백과사전』에는 '신종교'라는 명칭을 쓴다. 여기에는 천도교, 김일부의 정역(正易)사상에 근원한 종교, 증산교, 대종교, 원불교 등이 포함된다. 왜냐하면 이들이 진리성, 윤리성 역사성, 대중성이 있다고 보고 신흥종교와 구분하여 '신종교'라고 칭한다. 차용준,『제2권 한국종교문화편 종교문화의 이해』(전주, 전주대학교출판부, 2002), 25.

특히 비윤리적인 특징이 있다.³

5) 이단(異端)

정통신앙에 반대되는 신앙을 말한다. 한자로는 다를 이(異)자에 끝 단(端)자이다. 즉 이단은 끝이 다르다는 것이다. 과정적인 면에서 본다면 성경을 말하면서도 예수 그리스도가 결론이 아니고 그리스도의 구원이 부족한 것처럼 말한다. 그리고 종착역이 다르다. 이단의 종착역은 지옥이다.

탁명환은 신약성경에서 사용한 '이단'용어 사용의 예를 다음과 같이 들었다.⁴

1. 사두개인이나 바리새인을 지칭할 때(행5,17; 15,5; 26,5).
2. 반그리스도적 입장에 있으면서 그리스도교를 표방하는 경우(행24,5; 28,22).
3. 후대의 교리적 이론(異論)에 가까운 것(딛3,10).

---

3 차용준은 사이비종교를 유사종교(類似宗敎)라는 명칭으로 쓴다. *Ibid.*,23.
4 탁명환,『기독교이단연구』(서울, 국종출판사), 16.

기독교 이단학의 개념

3 이단을 어떻게 분별할까?

    이단을 분별하는 일은 어려운 일이다. 그러므로 신중에 신중을 기해야 한다. 이단분별이 항상 정확하기는 어려울 것이다. 의사도 오진을 할 수 있고 법관도 잘못 판결할 때가 있다. 사람이기 때문이다. 그러나 오진을 두려워해서 진찰을 안 하겠다는 의사나 병원에 안가겠다는 사람은 더 위험하다. 마찬가지로 오판을 두려워해서 판결을 안 하겠다는 법관도 문제이고 오판의 가능성 때문에 모든 판결을 믿을 수 없다는 사람도 문제일 것이다. 이단분별은 의사의 진단보다, 법관의 판결보다 더 신중해야 한다. 영혼에 관한 문제이며 영원에 관한 문제이기 때문이다.

    의사가 환자를 진단할 때는 의학적인 매뉴얼에 따른다. 법관이 판결을 할 때도 법률에 따른다. 의학적인 매뉴얼과 법률은 인류가 오랜 역사 속에서 축적한 하나님의 일반은총이다. 마찬가지로 이단을 판정할 때도 기독교신앙의 역사에서 축적된 기준이 있다.

4 | 이단분별의 기준

기독교 이단학의 개념

1) 사도신경의 신앙고백 여부를 통해 알 수 있다.

사도신경은 오랜 기독교역사의 전통에서 정립된 신앙고백의 핵심이다. 예배시간에 사도신경을 고백하지 않을 수는 있으나 그 내용을 믿지 않는다는 것은 이단의 분명한 증거이다. 신천지는 사도신경을 고백하지 않는다. 왜냐하면 사도신경에는 예수님의 재림이 언급되어 있는데 신천지는 예수님의 영이 그들의 지도자에게 임해 있다고 주장하기 때문이다.

2) 시한부종말론을 주장하는 데서 알 수 있다.[5]

개인적 종말인 죽음의 날과 인류적 종말의 날인 예수 그리스도의 재림의 날은 알 수 없다. 왜냐하면 눅12.40에 주님 말씀하시기를 "생각지 않은 때에 인자가 오리라"고 하셨기 때문이다. 직통계시를 받았다든지 환상을 보았다든지 성경의 날짜를 계산해서 언제 종말이 온다고 한 모든 예언들이 빗나간 이유가 여기에 있다. 누가 어떤 방식으로 예언하든지 앞으로도 빗나갈 것이다. 왜냐하면 "생각지 않은 때에" 오신다고 했기 때문이다.

안식교의 경우 창시자인 윌리엄 밀러(William Miller, 178-1849)가 1843년 8월 21일에 그리스도의 재림을 예언했으나 빗나가자 1844년 10월 22일로 다시 재림 날짜를 예언했다. 나중에 이 예언의 실패는 후계자인 죠셉 베이츠(Joseph bates, 1792-1872) 화이트(J. White, 1821-1881), 그리고 화이트의 아

---

[5] 시한부종말론에 대해서는 나원준, 『시한부종말론연구』를 참고하라. 이 글은 저자의 1996년 연세대 교육대학원 종교교육학과 석사 학위 졸업 논문이다.

내인 화이트(Ellen Gould White, 1827-1915)에 의해 그리스도가 지상에 재림한 것이 아니라 하늘 지성소에 재림하여 조사심판을 한다는 교리로 둔갑되었다.

하나님의 교회 안상홍증인회(세계기독교복음전도협회)는 1988년 88올림픽 때 안상홍 씨가 88체육관으로 재림한다고 주장했으나 빗나갔다.

3) 성경해석의 오류에서 알 수 있다.

성경은 문자적으로 풀어야 될 부분과 비유를 해석해야 할 부분, 은유나 상징으로 풀어야 할 부분, 팔레스타인 지역의 문화나 관습을 알아야 풀리는 부분이 따로 있다.[6] 어느 이단의 경우 비유를 성경해석의 주요 방법으로 삼는 바람에 문자적으로 풀 부분까지 비유로 푸는 해석의 오류를 범하고 있다. 대부분의 이단들이 성경해석의 오류에서 비롯된다.

예를 들면 천부교(전도관)의 박태선은 자신을 이긴 자, 감람나무, 영모(靈母), 동방의 의인이라고 주장했다. 특히 '동방의 의인'이라는 주장의 경우 어이없는 성경해석의 오류에서 비롯되었다.

그는 사41,2에 "누가 동방에서 사람을 일깨워서 공의로 그를 불러 자기 발 앞에 이르게 하였느냐 열국을 그의 앞에 넘겨주며 그가 왕들을 다스리게 하되 그들이 그의 칼에 티끌 같게, 그의 활에 불리는 초개같게 하매"라고 했으니 자신이 동방의 의인이라고 주장했다.

왜냐하면 사41,25에 "내가 한 사람을 일으켜 북방에서 오게 하며 내 이름을 부르는 자를 해 돋는 곳에서 오게 하였나니 그가 이르러 고관들을 석회 같이, 토기장이가 진흙을 밟음 같이 하리니"라고 했는데 자신의 고향이 평북 덕천이므로 북방에서 왔고 "해 돋는 곳"은 극동인데 극동은 한국, 일본, 중국이지만 사41,1에 "섬들아 내 앞에 잠잠하라 민족들아 힘을 새롭게 하라 가까이

---

6   삶의 자리(Sitz im Leben)를 중시하여 성경을 해석하는 사회학적 성경해석법이다. 보스턴 신과대의 하워드 클라크 키이 교수가 독보적이고 키이의 제자인 연세대 신과대의 서중석 교수가 이 해석법에 근거하여 『복음서해석』을 펴낸 바 있다.

나아오라 그리고 말하라 우리가 서로 재판 자리에 가까이 나아가자"라고 했으니 섬나라인 일본은 제외되고 사41,9에 "내가 땅 끝에서부터 너를 붙들며 땅 모퉁이에서부터 너를 부르고 네게 이르기를 너는 나의 종이라 내가 너를 택하고 싫어하여 버리지 아니하였다 하였노라"라고 했으니 아시아 대륙의 모퉁이에 붙은 한국이므로 자신이 동방의 의인이라고 주장했다.[7]

그러나 이것은 엉터리 해석이다. 사41,2의 동방의 한 사람은 바벨론을 쳐서 그곳에 포로 된 유다 백성들을 해방시킬 바사 왕 고레스를 가리킨다. 사41,25에 나오는 "한 사람" 역시 고레스 왕이다. 또 사41,25에 나오는 북방은 북한이 아니라 바벨론의 북쪽에 위치한 메데 지역이며 이곳은 고레스왕이 바벨론을 치기 위해 주둔한 장소였다.

그리고 "해 돋는 곳"은 극동이 아니라 바벨론의 동쪽인 바사(페르시아)이다. 사41,1의 섬들은 일본이 아니고 지중해 연안의 나라들이다. 사41,9의 "땅 끝 모퉁이"는 한국이 아니라 갈대아 우르 지역이다.

또 자신이 감람나무라고 주장했는데 이 주장은 슥4,11-4절에

11. 내가 그에게 물어 이르되 등잔대 좌우의 두 감람나무는 무슨 뜻이니이까 하고
12. 다시 그에게 물어 이르되 금 기름을 흘리는 두 금관 옆에 있는 이 감람나무 두 가지는 무슨 뜻이니이까 하니
13. 그가 내게 대답하여 이르되 네가 이것이 무엇인지 알지 못하느냐 하는지라 내가 대답하되 내 주여 알지 못하나이다 하니
14. 이르되 이는 기름 부음 받은 자 둘이니 온 세상의 주 앞에 서 있는 자니라 하더라"와 계11,4절 "그들은 이 땅의 주 앞에 서 있는 두 감람나무와 두 촛대니"에 근거했다.

그러나 위 구절에서 말하는 감람나무는 박태선이 아니라 아론 계열의 제사장 가문과 다윗계열의 왕의 가계(家系)를 의미하는 것으로 여호수아와 스룹바

---

7   탁명환, 『기독교이단연구』, 178-9.

벨을 가리킨다.[8]

4) 구원의 보편성을 거부하는 데서 알 수 있다.

어느 특정한 교단이나 교파에만 구원이 있는 것이 아니다. 예수 그리스도를 구주로 고백하고 사도신경의 내용을 고백하는 모든 사람에게 구원의 길은 보편적으로 열려 있다. 그러나 이단들은 자기들만이 구원 받으며 자기네 집단에 들어와야만 구원이 있다고 한다.[9]

5) 성경, 특히 계시록을 완전히 해석했다고 주장하는 데서 알 수 있다.

걸프 전쟁이 일어났을 때 이것이 성경에 기록된 아마겟돈 전쟁이라고 설교한 사람이 있었다. 유럽경제공동체EC가 열 나라가 되었을 때 계시록에 나오는 열 뿔이며 그 대표가 적그리스도가 된다고 주장한 사람도 있었다.

어느 이단은 예수님이 오셔서 구약을 풀어준 것처럼 자기네 교주가 신약을, 특히 계시록을 풀어주므로 계22,16절에 "나 예수는 교회들을 위하여 내 사자를 보내어 이것들을 너희에게 증언하게 하였노라 나는 다윗의 뿌리요 자손이니 곧 광명한 새벽 별이라 하시더라"에 나오는 주의 사자라고 한다. 그러나 계22,16의 "주의 사자"는 계1,1절에 "예수 그리스도의 계시라 이는 하나님이 그에게 주사 반드시 속히 일어날 일들을 그 종들에게 보이시려고 그의 천사를 그 종 요한에게 보내어 알게 하신 것이라"에 나오는 천사이다. 이 천사는 사도요한에게 계시하여 요한계시록을 쓰게 한 천사이다. 그 증거가 원어성경에 계1,1의 천사도 '앙겔로스'이고 계22,16의 사자도 '앙겔로스'를 썼으며 영어

---

8   *Ibid.*,179.
9   구원파의 박옥수 씨는 『죄사함·거듭남의 비밀』에서 거짓 선지자와 참 된 하나님의 종을 나누면서 성경말씀에 따라 거짓 선지자로 분별되었을 때는 냉정하게 거기서 돌아서라고 주장한다. 박옥수 씨가 말하는 거짓선지자는 구원파의 교리에 어긋나는 목회자이다. 즉, 한 번 구원받고도 계속해서 회개하는 기성교회 목회자를 가리킨다고 볼 수 있다. 박옥수, 『죄사함·거듭남의 비밀』 (서울: 기쁜소식사, 1992), 294-6.

성경에도 두 구절이 모두 천사(angel)로 번역된 것을 보아도 알 수 있다.

만약 그 집단의 교주가 계22,16절의 "주의 사자"라면 그 교주는 사도요한에게 밧모 섬에서 계시했던 천사라는 셈이다. 그 교주는 전생이 있다면 전생에서 천사였다고 주장해야 될 판이니 어이가 없다. 계시록은 해석되는 부분이 있고 역사를 따라 기다려야 풀리는 부분이 있다. 자기네들만이 성경을 완전히 해석한다는 영적교만은 이단들의 공통점이다.

6) 144,000에 들어가려면 자기네 집단에 들어와야만 한다고 주장한다.

이단들은 이 숫자를 문자적으로 풀어서 자기집단에 들어와야 144,000에 들어간다고 한다. 그러면 144,000에 대해 살펴보자.

① 출처 - 계시록 7장과 14장에 나온다.

② 배열의 문제 - 이스라엘의 12지파와 관련하여 144,000이 제시되어 있다. 계시록의 배열과 창세기와 역대상에 나오는 (창35,23-6;49,1-28;대상2,1-2) 12지파의 배열순서가 서로 다름을 보아도 상징임을 알 수 있다.

창세기에는 르우벤 지파가 처음 언급되고 계시록에는 유다지파가 먼저 나온다. 한편, 창세기의 단지파가 계시록에서는 요셉의 아들 므낫세로 바뀌어 기록되었다. 계시록에 유다지파가 먼저 나오는 것은 계 5,5절에 "장로 중의 한 사람이 내게 말하되 울지 말라 유대 지파의 사자 다윗의 뿌리가 이겼으니 그 두루마리와 그 일곱 인을 떼시리라"는 말씀이 중요하다. 그래서 계시록 5장과 7장은 그리스도의 승리를 다윗의 뿌리를 통해 설명하는 것으로 계시록의 12지파는 문자적인 숫자가 아니라 상징적인 숫자이다.

③ 60만과 14만4천 - 그리고 민 1,46절에 "계수된 자의 총계는 육십만 삼천 오백 오십 명이었더라"에 보면 이스라엘의 20세 이상의 남자가 이미 60만이 넘은 것을 알 수 있다. 따라서 계시록 12지파의 숫자를 60만 이상이 아니라

14만 4천명으로 한정하여 말한 것만 보아도 계시록의 12지파와 14만4천이라는 숫자가 상징임을 말하는 것이다.

한편, 계시록 7,1-8의 12지파에서 각 지파 당 1만2천 명씩 인침 받은 숫자 14만4천명은 계 7,9절에 "이 일 후에 내가 보니 각 나라와 족속과 백성과 방언에서 아무도 능히 셀 수 없는 큰 무리가 나와 흰 옷을 입고 손에 종려 가지를 들고 보좌 앞과 어린 양 앞에 서서"에 나오는 셀 수 없는 큰 무리(흰 무리)와는 다른 집단이다.

즉 계시록 7,1-8절은 각 지파 당 12,000명씩이니 민족적인 배경에서 많은 수를 가리키고 계 7,9절의 흰 무리는 세계적인 배경에서 설명한 것이다. 그리고 계시록에서 사용되는 숫자의 상징성이다. 3은 신의 숫자, 4는 땅의 숫자, 7은 완전수, 1000은 무수히 많은 숫자를 의미한다고 보면 144,000은 구약의 12지파(백성들) × 신약의 12지파(백성들) × 1000=144,000이 된다.

④ **상징적 숫자**- 결론적으로 144,000은 하나님의 백성의 온전한 숫자를 상징으로 나타낸 것이다. 이는 마치 계 5,11 절에 "내가 또 보고 들으매 보좌와 생물들과 장로들을 둘러 선 많은 천사의 음성이 있으니 그 수가 만만이요 천천이라"에서 천사의 숫자인 "만만 천천"이 많은 수를 나타내는 상징과도 같다.

또 계 9,16절에 "마병대의 수는 이만 만이니 내가 그들의 수를 들었노라"에서도 이만만은 문자적인 숫자 2억이 아니라 많은 숫자를 뜻하는 것이다. 마찬가지로 시 84,10절에 "주의 궁정에서의 한 날이 다른 곳에서의 천 날보다 나은즉 악인의 장막에 사는 것보다 내 하나님의 성전 문지기로 있는 것이 좋사오니"라는 구절에서 "한 날"은 지극히 짧은 날을 상징하며, "천 날"은 지극히 많은 날을 상징하는 것과도 같은 것이다.

7) 교주나 지도자를 신격화하거나 우상시하는 데서 알 수 있다.

고 박태선 씨는, 이긴 자, 감람나무, 동방의 의인, 영모라고 주장하다가 자신이 1조 5천억 세를 산 하나님이라고 주장했다.

어느 집단은 보혜사라고 한다. 한자로 쓰면 보혜사(保惠師)는 보호하고 은혜를 베푸는 스승이라는 뜻이지만 성경에서 성령 하나님을 보혜사(파라클레토스)라고 번역했지 사람에 대해서 쓴 적이 없다는 것을 명심해야 한다. 어느 이단은 구세주, 메시아라고 주장하기도 하며 심지어 재림예수나 하나님으로 주장하기도 한다. 우리가 교회에서 지도자를 존경하는 것과 신격화 내지 우상시하는 것은 분명 다르다.

차용준은 "대부분의 사이비 종교나 신흥종교의 문제점은 자기비판 능력이 없다는 데 있다. 자기들의 좁은 편견을 절대화시키고 우상화 시키는 데 있다. 종교가 자기를 개방할 수 없으면 그것은 종교의 자격이 없다."고 지적하였다.[10]

8) 예수 그리스도의 십자가 구속만으로는 구원이 부족한 것으로 주장하는 데서 알 수 있다.

요19,30절에 "예수께서 신 포도주를 받으신 후에 이르시되 다 이루었다 하시고 머리를 숙이니 영혼이 떠나가시니라"라고 하셨다. 이제 구원을 위하여 다른 누군가가 더 이상 필요치 않다. '하늘부모님교단'은 예수는 영적 구원을 이루고 육적구원은 못 이루었으니 문선명 씨와 한학자 씨 부부를 통하여 참가정을 이루어야 육적구원까지 받는다고 한다. 그러나 예수님은 십자가위에서 '나는 부족하니 나중에 다른 누구를 보내겠다'고 하지 않으셨다.

9) 예수님의 신/인 양성을 부정하는 데서 알 수 있다.

예수님은 참 하나님이시요, 참 사람이시다. 그러므로 예수님의 신성을 부인

---

10 차용준,『제2권 한국종교문화편 종교문화의 이해』, 7.

하거나 인성을 부인하면 이단이다.

10) 이미 믿는 성도들을 집중적으로 공략한다.

여호와의 증인이나 하나님의 교회 세계복음선교협회(안상홍증인회), 신천지, 새천지, JMS를 비롯한 단체들의 특징 중 하나가 안 믿는 사람들을 전도하는 것이 아니라 믿는 성도들을 집중적으로 공략하는 데 있다.

11) 비밀을 강조하고 기성교회에 가만히 들어온다.

자기들에게서 하는 교리교육을 비밀에 부칠 것을 강조한다. 동방교(노광공)의 경우 신도 교육 때 '입'이 되어야지 '아가리'가 되어서는 안 된다고 가르쳤다. '입'하면 다물어지지만 '아가리'하면 입이 벌어지기 때문이다. 그리고 이단들의 주요 특징은 비밀이 많다는 것이다. 특히 신천지의 경우 자기들이 하는 성경공부에 대해 철저하게 비밀을 지킬 것을 강조한다. 예를 들면 신천지의 경우 '사랑하는 사람 관리카드'를 보면 담임목사를 신뢰하는 성도가 포섭되면 비밀을 지키지 않을 것을 염려하여 돌려보내기까지 한다.

또 하나의 특징은 교회에 침투할 때 가만히 들어온다는 것이다. 특히 신천지는 '추수꾼'이라고 부르는 신도들을 각 기성교회에 침투시켜서 '산 옮기기'라는 이름으로 성도들을 미혹하는데 개척교회나 내분이 있는 교회를 집중적으로 파고든다. 본래 '산을 옮긴다'는 말은 불가능한 것을 가리키는 관용적 표현이었다.

갈2,4절에 "이는 가만히 들어온 거짓 형제들 때문이라 그들이 가만히 들어온 것은 그리스도 예수 안에서 우리가 가진 자유를 엿보고 우리를 종으로 삼고자 함이로되"라는 말씀과 유1,4절, "이는 가만히 들어온 사람 몇이 있음이라 그들은 옛적부터 이 판결을 받기로 미리 기록된 자니 경건하지 아니하여 우리 하나님의 은혜를 도리어 방탕한 것으로 바꾸고 홀로 하나이신 주재 곧 우리 주 예수 그리스도를 부인하는 자니라"의 말씀을 기억하자.

12) 종교다원주의.

다원주의(多元主義 pluralism)가 종교에 적용될 때 종교다원주의가 된다. 포스트 모더니즘(Post modernism, 근대 이후 사상), 이 시대의 공통적인 사조(思潮)가 다원주의이다. 다원주의는 진리의 절대성을 부정하고 상대성을 주장하며, 이성보다 감성을 더 중요시한다. 예를 들어 진리가 산의 정상이라면 그 산을 오르는 등산로가 여러 개일 수 있으나, 결국은 정상에서 만난다는 것이다. 이 다원주의를 종교에 적용시키면 종교다원주의가 된다. 즉, 어느 한 종교에만 구원이 있는 것이 아니라 각 종교에 구원이 있으며, 하나님은 각 시대별로 공자나 석가, 마호메트, 예수를 보내 구원의 방편을 전하셨다는 것이다. 그래서 다원주의는 혼합주의이며, 구원은 모든 종교에 열려 있다는 보편구원론을 주장한다. 이들은 성경이 성령의 감동으로 기록된 하나님의 말씀이라는 것을 부정한다.

그리고 종교다원주의자들은 기독교인들에게 다른 종교에 대한 존경과 인정을 요구한다. 이들은 기독교의 배타성을 공격하며 다원주의야말로 종교 간의 전쟁과 폭력을 종식시키기 위한 효과적인 사상이라고 주장한다.

어떤 사람은 불교계 대학의 강연에서 "불교와 기독교는 똑 같다. 부처님의 자비와 예수님의 사랑이 같다는 것이다"라고 하여 청중의 박수를 받았다고 한다. 이런 사상이 다원주의라고 하겠다. 하지만 구원은 오직 유일하신 하나님의 아들 예수그리스도를 믿음으로 얻을 수 있다.

행 4,12절에 "다른 이로써는 구원을 받을 수 없나니 천하사람 중에 구원을 받을 만한 다른 이름을 우리에게 주신 일이 없음이라 하였더라"고 명시되어 있다.

13) 영혼의 존재를 부인하는 경우.

인간은 영혼을 가진 영적인 존재이다. 이것은 앞에서 전술한 것처럼 영원을 사모하는 마음과 종교본능을 통해서도 알 수 있다. 창2,7절에 "하나님이 흙으로 사람을 지으시고 생기를 그 코에 불어넣으셨으니 사람이 생령이 되니라"는 말씀은 사람이 영적 존재임을 말한다. 인간의 육체는 흙에서 왔으므로 쇠하고 죽어 흙으로 돌아가지만 인간의 영혼은 하나님께로부터 왔기에 쇠하거나 죽지 않는다.

사람에게 있는 영혼의 기원에 대해 헬라철학의 이원론(二元論, dualism)에서 왔다는 주장이 있다. 그런데 헬라 철학에서 이원론은 피타고라스(Pythagoras, B.C.582?~497?)의 형상(形相)과 질료(質料)이론에서 출발하였다. 피타고라스에 있어서 '형상'은 '어떤 사물에 있어 눈에 보이지 않는 본질적인 것'을 가리킨다. 이 이론은 플라톤에 와서 Idea론으로 발전되었다. 그러나 성경은 이미 창세기에서 인간영혼의 기원을 설명하고 있다. 하나님께서 사람에게 주신 '하나님의 생기'는 피조된 것이 아니다. 인간의 육체는 흙으로 지음 받았기에 유한하나 영혼은 피조된 것이 아니므로 영원하다. 왜냐하면 영혼은, 영원하시며 영이신 하나님께로부터 왔기 때문이다.

그러므로 모든 기독교인은 하나님과 피타고라스 사이, 성경과 철학 사이에 선택해야 한다. 성경 창세기는 피타고라스 이전의 역사에 대해 기록하고 있고 성경의 많은 구절들이 인간의 영혼에 대해 보도하고 있다. 예수님은 요6,63절에서 "살리는 것은 영이니 육은 무익하니라"고 하셨다. 이 말씀에서 육이 무익하다는 것은 곧 유한하다, 영원하지 못하다는 것이고 살리는 것은 영이니라는 것은 영혼의 영원성에 대해 말씀한 것이다.

한편, 자유주의를 들 수 있다. 자유주의라는 용어가 신학적 담론이 필요한 것임을 전제하면서, 예를 들면 성경에 나오는 기적들을 믿지 않는 경우를 생각할 수 있다. 양식 비평학자인 불트만은 성서의 비신화화(非神話化)를 주장했다. 이를 간단히 말하면 성경의 기적들을 빼고 성경을 읽자는 것이다. 그는 『성서의 실존론적 이해』에서 성경에 나오는 하늘의 도시나 삼층적 우주 같은 용어나 기적들을 현실적이고 실존적으로 해석하면서 신화적으로 보고 있다.[11]

바트 어만은 『예수 왜곡의 역사』, 『성서 왜곡의 역사』 등을 통하여 성경에

---

11   루돌프 불트만/유동식·허혁 역, 『성서의 실존론적 이해』(서울: 현대신서, 1969), 9.

나오는 기적들을 부인한다. 왜냐하면 그 자신이 "예수가 죽음에서 되살아났다는 주장은 역사적으로 문제가 된다. 그런 사건은 기적이다. 역사학자는 직업의 속성상 기적을 다룰 수 없다"[12]고 주장한다.

14) 교주를 보혜사 성령, 하나님, 재림예수 등으로 주장하는 데서 알 수 있다

이것은 위 7항의 교주나 지도자를 신격화하거나 우상시하는 것과도 연결된다. 특히 신천지 이○희 씨, 실로등대중앙교회 김풍일 씨, 하나님의 교회 세계복음선교협회(안상홍증인회)등에서 교주(교조)를 보혜사 성령으로 주장한다.

이 외에도 이단을 분별할 수 있는 많은 점들이 있다. 그러나 위에 든 부분만이라도 숙지한다면 이단을 분별하는 일이 어렵지 않을 것이다.

그러므로 성령론에 대해서 분명히 정리하는 것이 중요하다. 왜냐하면 대부분의 이단들이 성령론에서 심각한 해석의 오류를 범하고 있기 때문이다. 그렇다면 바른 성령론은 무엇인가?

---

12   바트 어만/강주헌 역, 『예수 왜곡의 역사』 (서울: 청림출판, 2010), 82.

5 | 기독교 이단학의 개념
바른 성령론

1. 성령은 삼위일체 하나님의 제3위인 분이시다.

1) 천지를 창조하실 때 함께 하셨다.

창1,1-2

1. 태초에 하나님이 천지를 창조하시니라
2. 땅이 혼돈하고 공허하며 흑암이 깊음 위에 있고 하나님의 영은 수면 위에 운행하시니라

2) 사람을 지으실 때 함께 하셨다.

창세기 1,26

하나님이 이르시되 우리의 형상을 따라 우리의 모양대로 우리가 사람을 만들고 그들로 바다의 물고기와 하늘의 새와 가축과 온 땅과 땅에 기는 모든 것을 다스리게 하자 하시고

3) 세례를 베풀 때도 함께 하신다.

마 28,19

그러므로 너희는 가서 모든 민족을 제자로 삼아 아버지와 아들과 성령의 이름으로 세례를 베풀고

2. 인격적인 분이시다. 지성, 감성, 의지를 갖고 계신다.

1) 지성을 갖고 계신다.
고전2,10-1

10. 오직 하나님이 성령으로 이것을 우리에게 보이셨으니 성령은 모든 것 곧 하나님의 깊은 것까지도 통달하시느니라
11. 사람의 일을 사람의 속에 있는 영외에 누가 알리요 이와 같이 하나님의 일도 하나님의 영외에는 아무도 알지 못하느니라

2) 감성을 갖고 계신다.
롬15,30

형제들아 내가 우리 주 예수 그리스도와 성령의 사랑으로 말미암아 너희를 권하노니 너희 기도에 나와 힘을 같이하여 나를 위하여 하나님께 빌어

엡4,30

하나님의 성령을 근심하게 하지 말라 그 안에서 너희가 구원의 날까지 인치심을 받았느니라

3) 의지를 갖고 계신다.
행16,6-7

6. 성령이 아시아에서 말씀을 전하지 못하게 하시거늘 그들이 브루기아와 갈라디아 땅으로 다녀가
7. 무시아 앞에 이르러 비두니아로 가고자 애쓰되 예수의 영이 허락하지 아니하시는지라

3. 성령의 명칭들

1) 하나님의 영

창1,2
땅이 혼돈하고 공허하며 흑암이 깊음 위에 있고 하나님의 영은 수면 위에 운행하시니라

롬8,9
만일 너희 속에 하나님의 영이 거하시면 너희가 육신에 있지 아니하고 영에 있나니 누구든지 그리스도의 영이 없으면 그리스도의 사람이 아니라

롬8.14
무릇 하나님의 영으로 인도함을 받는 사람은 곧 하나님의 아들이라

2) 여호와의 영

사40,13
누가 여호와의 영을 지도하였으며 그의 모사가 되어 그를 가르쳤으랴

3) 진리의 성령

요16,13
그러나 진리의 성령이 오시면 그가 너희를 모든 진리 가운데로 인도하시리니 그가 스스로 말하지 않고 오직 들은 것을 말하며 장래 일을 너희에게 알리시리라

4) 생명의 성령

롬8,2
이는 그리스도 예수 안에 있는 생명의 성령의 법이 죄와 사망의 법에서 너를 해방하였음이라

5) 그리스도의 영

롬8,9

만일 너희 속에 하나님의 영이 거하시면 너희가 육신에 있지 아니하고 영에 있나니 누구든지 그리스도의 영이 없으면 그리스도의 사람이 아니라

6) 주의 영

행8,9

둘이 물에서 올라올새 주의 영이 빌립을 이끌어간지라 내시는 기쁘게 길을 가므로 그를 다시 보지 못하니라

7) 하나님의 성령

고전3,16

너희는 너희가 하나님의 성전인 것과 하나님의 성령이 너희 안에 계시는 것을 알지 못하느냐

8) 약속의 성령

엡1,13

그 안에서 너희도 진리의 말씀 곧 너희의 구원의 복음을 듣고 그 안에서 또한 믿어 약속의 성령으로 인치심을 받았으니

9) 지혜와 계시의 영

엡1,17

우리 주 예수 그리스도의 하나님, 영광의 아버지께서 지혜와 계시의 영을 너희에게 주사 하나님을 알게 하시고

10) 은혜의 성령

히10,29

하물며 하나님의 아들을 짓밟고 자기를 거룩하게 한 언약의 피를 부정한 것으로 여기고 은혜의 성령을 욕되게 하는 자가 당연히 받을 형벌은 얼마나 더 무겁겠느냐 너희는 생각하라

11) 보혜사(保惠師)
요14,26
보혜사 곧 아버지께서 내 이름으로 보내실 성령 그가 너희에게 모든 것을 가르치고 내가 너희에게 말한 모든 것을 생각나게 하리라

- 한자 보혜사를 직역하면 '보호하고 은혜를 베푸는 스승'이라는 뜻이다. 이 단어는 헬라어 파라클레토스(παράκλητος, 곁에서 위로하시는 분)를 번역한 단어이다. 그러나 이상에서 살펴 본 것처럼 성령님은 삼위일체 하나님의 제3위인 분으로서 어떤 경우에도 사람에게 이 '보혜사'라는 단어를 쓸 수 없음을 명심해야 한다.

12) 또 다른 보혜사(保惠師)
요14,16
"내가 아버지께 구하겠으니 그가 또 다른 보혜사를 너희에게 주사 영원토록 너희와 함께 있게 하리니"

이단들의 공통된 것 중에 하나가 자신이 '또 다른 보혜사'라고 주장한다는 점이다. 예수님께서 "또 다른 보혜사"를 말씀하신 것은 예수님께서 보혜사가 되시는데 또 다른 보혜사인 성령을 보내신다는 말이다.

"또 다른 보혜사"는 '알론 파라클레톤'(ἄλλον παράκλητον)을 번역한 것이다. 헬라어에 '다르다'를 나타내는 단어가 두 개 있는데 알로스(ἄλλος)와 헤테로스(ἕτερος)이다. 알로스는 똑 같은 둘 중에 하나이다. 예를 들면 어떤 것을 복사했을 때가 알로스이다.

반면에 헤테로스는 완전히 성격이 다른 것이다. 만약에 예수님께서 "또 다른 보혜사"로 인간 교주를 예고하셨다면 '알로스'가 아니라 '헤테로스'를 쓰셨을 것이다.

또 어떤 이단은 이른 비 성령과 늦은 비 성령을 주장하면서 기성교회 신자들이 받은 성령을 이른 비 성령이라 하고 자신들의 집단에 와야 늦은 비 성령을 받아서 알곡으로 추수된다고 한다. 본래 '이른 비'는 팔레스타인에서 가을에(10-11월) 파종할 때 오는 비이고 늦은 비는 추수할 때(3-4월)오는 비이다. 사실 팔레스타인에는 겨울 비(12-2월)도 있다. 이것은 그냥 비를 말하는 것이지 이 비를 성령에 비유한다는 것은 그들이 만들어낸 교리에 불과하다. 이단들은 또 '보혜사'는 요엘서에 예언된 성령으로 마가다락방에 임한 성령이고 '또 다른 보혜사'로 교주를 내세우기도 하지만 이 역시 틀린 주장이다. 성경에서 확인해 보자.

욜2,23-6절까지의 문단을 보라. 농사를 위해 비를 주신다는 것이다.

23. 시온의 자녀들아 너희는 너희 하나님 여호와로 말미암아 기뻐하며 즐거워할지어다 그가 너희를 위하여 비를 내리시되 이른 비를 너희에게 적당하게 주시리니 이른 비와 늦은 비가 예전과 같을 것이라
24. 마당에는 밀이 가득하고 독에는 새 포도주와 기름이 넘치리로다
25. 내가 전에 너희에게 보낸 큰 군대 곧 메뚜기와 느치와 황충과 팥중이가 먹은 햇수대로 너희에게 갚아 주리니
26. 너희는 먹되 풍족히 먹고 너희에게 놀라운 일을 행하신 너희 하나님 여호와의 이름을 찬송할 것이라 내 백성이 영원히 수치를 당하지 아니하리로다

만약에 욜2,23의 이른 비와 늦은 비를 성령으로 해석한다면 24절의 밀, 새 포도주, 기름도 다른 해석을 붙여야 하고 25절의 메뚜기와 느치와 황충과 팥중이도 다른 해석을 해야 하지 않겠는가?

4.성령께서 오신 목적이 무엇인가?

1) 진리 가운데로 인도하기 위해 오셨다.

요16,13-4

13. 그러나 진리의 성령이 오시면 그가 너희를 모든 진리 가운데로 인도하시리니 그가 스스로 말하지 않고 오직 들은 것을 말하며 장래 일을 너희에게 알리시리라
14. 그가 내 영광을 나타내리니 내 것을 가지고 너희에게 알리시겠음이라

진리가 무엇인가?

하나님이 진리이시다.

사65,16

이러므로 땅에서 자기를 위하여 복을 구하는 자는 진리의 하나님을 향하여 복을 구할 것이요 땅에서 맹세하는 자는 진리의 하나님으로 맹세하리니 이는 이전 환난이 잊어졌고 내 눈 앞에 숨겨졌음이라

하나님의 말씀이 진리이다.

요17,17

그들을 진리로 거룩하게 하옵소서 아버지의 말씀은 진리니이다

예수님이 진리이시다.

요14,6

예수께서 이르시되 내가 곧 길이요 진리요 생명이니 나로 말미암지 않고는 아버지께로 올 자가 없느니라

2) 그리스도인 안에 계시기 위해 오셨다.

고전3,16

너희는 너희가 하나님의 성전인 것과 하나님의 성령이 너희 안에 계시는 것을 알지 못하느냐

3) 사람을 거듭나게 하려고 오셨다.

요한복음3,5

예수께서 대답하시되 진실로 진실로 네게 이르노니 사람이 물과 성령으로 나지 아니하면 하나님의 나라에 들어갈 수 없느니라

4) 성도들을 부활시키기 위해 오셨다.

롬8,11

예수를 죽은 자 가운데서 살리신 이의 영이 너희 안에 거하시면 그리스도 예수를 죽은 자 가운데서 살리신 이가 너희 안에 거하시는 그의 영으로 말미암아 너희 죽을 몸도 살리시리라

5) 그리스도인으로 인치기 위해 오셨다.

엡1,13

그 안에서 너희도 진리의 말씀 곧 너희의 구원의 복음을 듣고 그 안에서 또한 믿어 약속의 성령으로 인치심을 받았으니

엡4,30

하나님의 성령을 근심하게 하지 말라 그 안에서 너희가 구원의 날까지 인치심을 받았느니라

6) 그리스도인들을 가르치기 위해 오셨다.

요14,26

보혜사 곧 아버지께서 내 이름으로 보내실 성령 그가 너희에게 모든 것을 가르치고

내가 너희에게 말한 모든 것을 생각나게 하리라

7) 그리스도인들을 보호하고 은혜주시기 위해 오셨다.

요.14,16

내가 아버지께 구하겠으니 그가 또 다른 보혜사를 너희에게 주사 영원토록 너희와 함께 있게 하리니

8) 그리스도인들이 권능을 받고 예수님의 증인되게 하시려고 오셨다.

행1,8

오직 성령이 너희에게 임하시면 너희가 권능을 받고 예루살렘과 온 유대와 사마리아와 땅 끝까지 이르러 내 증인이 되리라 하시니라

9) 예수님을 증거 하려고 오셨다.

요.15,26

내가 아버지께로부터 너희에게 보낼 보혜사 곧 아버지께로부터 나오시는 진리의 성령이 오실 때에 그가 나를 증언하실 것이요

그러므로 성령은 오직 예수 그리스도를 증거 하기 오신 것이지 이단/사이비 교주를 증거 하려고 오신 것이 아님을 명심해야 한다.

기독교 이단학의 개념

6 | 기독교 이단의 역사

성경에 기록된 최초의 종교회의는 행15장에 기록되었다. 예루살렘에서 열린 회의로 안건은 이방인 크리스천들에 대한 율법 준수의 문제였다. 그 외의 세계 공의회는 모두 9차례 있었다. 이 공의회에서 정리된 주요 결정들은 다음과 같다.

1) 니케아 공의회(325년)

아리우스는 '성자' 예수는 창조된 존재(피조물)이며, '성부'에게 종속적인 개념이라는 성격의 주장을 하면서 예수는 하나님의 '유사본질'임을 주장했고 이에 반대하여 아다나시우스는 예수는 하나님의 '동일본질'이라고 주장하였다. 삼위일체에 반대하는 아리우스의 주장은 아리우스주의라는 신학적 흐름으로 발전하였다. 니케아 공의회는 아리우스주의를 배격하고 아다나시우스의 주장을 선택하여 니케아 신경을 작성했다. 결론적으로는 삼위일체론이 공인되었다. 결국, 아리우스의 주장들, 예수는 나시기 전에 존재하지 않았던 때가 있다. 예수는 무에서 피조 되었다. 그리고 예수는 성부와 다른 본질이라는 것을 모두 거부하였다.

2) 제1차 콘스탄티노플 공의회(381년)

테오도시우스 황제는 381년에 콘스탄티노플에 회의를 소집하여 니케아 신조를 재확인하고 아리우스주의 문제를 종결지었다. 이는 니케아 신조와 독립된 별개의 신조가 아니라 니케아 신조를 강조한 것이다.

이 신조는 성부, 성자, 성령, 삼위의 구별을 명시하여 위격을 무시하고 각

위의 개체성을 제거해버린 사벨리우스의 양태론(단일신론)을 거부하고, 성부와 성자의 본성을 구분하여 성부와 성자가 다른 본성을 가진다는 유노미니안주의자들, 아리우스주의자들, 성령 피조설자들과 같은 아리우스주의자들을 배격하는 결정을 내렸다.

3) 에베소 공의회(431년)

431년, 비잔티움의 황제 테오도시우스 2세가 에베소에서 소집한 제3차 종교회의이다. 알렉산드리아 대주교 시릴과 콘스탄티노플 대주교 네스토리우스 사이에 벌어진 그리스도론, 즉 성모 마리아를 '하나님의 어머니'로 호칭할 수 있느냐에 관한 논쟁을 해결하기 위해 개최되었다. 네스토리우스는 그리스도의 인성을 중시하는 견해를 취하고 있었다. 따라서 마리아는 그리스도의 육신의 어머니이기는 하지만 하나님의 어머니로 불리는 것은 옳지 않다는 견해를 보였다.

반면, 시릴은 그리스도의 신성을 강조하여 성모 마리아를 '하나님의 어머니'로 호칭하는 데 찬성하였다. 이 회의에서 시릴파는 에베소 주교 멤논의 지원을 받아 사람으로서의 예수와 신으로서의 예수를 구분한 네스토리우스를 이단으로 규정하고 파면을 결의하였다.

4) 칼케돈 공의회(451년)

칼케돈 회의는 초대교회에 논란이 되어왔던 단성론(예수에게 신성 밖에 없다는)을 배격하였다. 예수 그리스도가 신성에 있어서는 성부와 동질이며 인성에 있어서는 우리와 똑같은 완전한 인간이라는 니케아 전통을 재확인했으며, 예수는 참 하나님이자 참 사람이라는 칼케톤 신조를 확립하였다.

5) 제2차 콘스탄티노플 공의회(553년)

기존의 공의회의 결정들을 재확인하고 아리우스주의, 네스토리우스주의, 단성론을 다시 정죄하였다.

6) 제3차 콘스탄티노플 공의회(680-681)

단의론(單意論)을 배격하고 예수는 신으로서의 의지와 인간으로서의 의지를 동시에 갖고 있다고 결정하였다.

7) 트롤로 공의회(692)

제2차와 3차, 콘스탄티노플 공의회와 관련된 교회법 102개조를 공포하였다.

8) 제4차 콘스탄티노플 공의회(754년)

성화상(聖畫像)에 존경을 표현하는 것을 단죄하였다.

9) 제2차 니케아 공의회(787)

성화상(聖畫像)에 표현된 성인들에 대해 다시 존경을 표현하기로 결정하였다. 그러나 오늘날의 개혁교회들은 이 결정을 배격한다.

10) 기독교 역사 속의 이단들

(1) 예수님의 신성을 부인한 이단들[13]
① 케린터스주의(Cerinthus-이집트 출신의 이단교주)

요이2,10절에 "누구든지 이 교훈을 가지지 않고 너희에게 나아가거든 그를 집에 들이지도 말고 인사도 하지 말라"는 주님의 신성을 부인하는 초대교회 당시의 케린터스 주의자들에 대한 경고이다. 케린터스는 예수님의 동정녀 탄생과 부활을 부인하고 예수님의 신성과 선재성(先在性)을 부인했으며 재림까지 부인하였다.

---

13 현대의 신학자나 철학자들의 예를 들면 슐라이어마허(Friedrich Schleiemacher, 1768-1834)는 예수님의 신성을 부인하였고 리츨(Albrecht Ritschi, 1822-1889)도 예수님의 신성을 부인하고 예수는 사역적인 면에서 하나님적 사역을 했다고 주장했다. 칸트(Immanuel Kant, 1724-1804)는 예수님의 신성을 부인하면서 예수는 윤리적으로 완전한 인물이었다고 주장하였다.

그리고 예수님의 선재성에 대해서는 요17,5절에 "아버지여 창세전에 내가 아버지와 함께 가졌던 영화로써 지금도 아버지와 함께 나를 영화롭게 하옵소서"와 요8,56-8절에 "56.너희 조상 아브라함은 나의 때 볼 것을 즐거워하다가 보고 기뻐하였느니라 57.유대인들이 이르되 네가 아직 오십 세도 못 되었는데 아브라함을 보았느냐 58.예수께서 이르시되 진실로 진실로 너희에게 이르노니 아브라함이 나기 전부터 내가 있느니라 하시니"등의 구절은 예수님의 선재성을 분명히 증명한다.

② 에비온파(Eboinites)

초대교회에는 예수를 믿어도 율법을 지켜야한다는 유대인 크리스천과 예수 믿으면 율법과 관계없다는 이방인 크리스천과의 갈등이 있었다. 에비온주의는 예수님이 율법을 지켜서 그리스도가 되었다는 극단적 율법 준수자들의 주장이다. 이들은, 바울은 율법의 무용론을 주장하였으므로 거짓 사도라고 주장하였다. 예수님의 선재설과 신성, 동정녀 탄생을 부인하고 예수는 성령을 받았으나 십자가에 못박히기 전에 성령이 떠났다고 가현설주의자들과 같은 주장을 하였다.

③ 알로기파(Alogi) 예수님의 동정녀 탄생만 인정하고 예수가 세례 받을 때 그리스도가 강림하여 능력을 받은 것이라고 주장했다.

④ 소시니안파(Socinians) 에비온파처럼 예수님의 선재설을 부인하였다.

⑤ 유니테리안파(Unitarians) 예수님과 성령의 신성을 부인한다. 여호와의 증인들은 이 유니테리안파의 영향을 받은 것으로 보인다.

(2) 예수님의 인성을 부인한 이단들

① 가현설주의(假現設 -Docetism)

요이1,7 "미혹하는 자가 세상에 많이 나왔나니 이는 예수 그리스도께서 육체로 오심을 부인하는 자라 이런 자가 미혹하는 자요 적그리스도니"라는 말씀은 가현설 주의자들에 대한 경고의 말씀이다. 이들은 물질(육체)은 악하기에 신성이 깃들 수 없고 신성은 죽을 수 없으므로 예수라는 인간에게 그리스도가 깃들었다가 십자가에서 예수가 죽을 때 그리스도는 떠났으므로 죽은 것은 인간 예수이지 그리스도가 아닌데 그리스도가 죽은 것처럼 거짓으로 보였다(假現)고 주장한다. 마니교(Manichaeism)는 이 가현설의 영향을 받은 것이다.

② 영지주의(靈知主義, Gnosticism)

주후 1세기 경, 특별히 신에게 선택받은 사람들에게만 하나님의 진리가 계시된다고 주장하는 이단으로서 예수님의 신성은 인정하지만 인성은 부인하므로 가현설주의와도 연결 된다. 바울은 딤전2,5절에서 "하나님은 한 분이시요 또 하나님과 사람 사이에 중보자도 한 분이시니 곧 사람이신 그리스도 예수라"고 선언함으로써 예수님의 인성을 명기하였다.[14] 이들은 육체는 본래 악하고 영은 선하다고 주장하면서 하늘의 그리스도는 인간 예수에게 강림했으나 성육신은 아니라고 주장했다. 왜냐하면 육체는 본래 악하기에 그리스도가 육체를 입을 수 없다는 것이다.

③ 사벨리우스파(Sabellians)

양태론(樣態論, form)적 단일신론을 주장한다. 한 하나님이 시대에 따라 여호와, 예수, 성령으로 나났다고 한다.

④ 아폴리나리우스파(Apollinarians)

예수는 육체와 혼만 있었고 영의 자리는 로고스가 채웠다고 주장한다.

(3) 예수님의 신성과 인성의 통일성(유기적 연합)을 부인한 이단

네스토리우스파(Nestorius)-예수님의 신성과 인성을 인정하면서도 이 둘의 유기적 연합(통일성)을 부인하였다.

---

14 영지주의적 기독론은 1)성령 그리스도론-성령과 하나였지만 예수로서 육체를 입고 십자가에서 육체가 죽고 다시 그리스도로 승천했다는 가현설 적인 이론. 2)그리스도와 예수를 구분하여 지상의 예수는 세례 이후부터 십자가까지 사용된 도구에 불과하다는 이론. 3)하늘의 그리스도, 30세의 아이온(세대)에 위치한 그리스도, 지상의 그리스도로 나누는 이론 등이 있다. 이에 대해 탁명환, 『기독교이단연구』, 26을 보라.

(4) 예수님의 신성과 인성을 혼합한 이단

일성론(一性論, Monophysites)자들이 이에 속한다. 이들은 예수님의 신성과 인성이 따로 있지 않고 혼합되어 있다고 주장했다.

(5) 천사숭배와 관련된 이단

골2,18-9절에 "18.아무도 꾸며낸 겸손과 천사 숭배를 이유로 너희를 정죄하지 못하게 하라 그가 그 본 것에 의지하여 그 육신의 생각을 따라 헛되이 과장하고 19.머리를 붙들지 아니하는지라 온 몸이 머리로 말미암아 마디와 힘줄로 공급함을 받고 연합하여 하나님이 자라게 하시므로 자라느니라"는 말씀은 초대 교회에 천사숭배가 있었음을 말한다.

여기서 천사숭배는 천사들을 하나님과 인간을 잇는 중개자로 생각하여 천사들에게 기도하거나 천사들을 숭배했다는 것이 아니라 신비주의자들이 골로새교회에 침투하여 천사들이 하나님께 드리는 예배(사6,2-3;단7,9-10)를 흉내내는 것을 의미한다. 즉 이들이 금식하고 고행하여 겸손을 과장하여 드러내면서 환상을 통해서 천사들이 드리는 예배를 보고자하고 그 환상("그가 그 본 것에 의지하여")에 빠져 그리스도를 붙들지 아니하는 것을 말한다.

2장

종교와 이단

1 | 종교와 이단
종교적 인간

인간에게는 종교본능이 있다. 영원을 사모하는 마음[15], 피조물인 인간이[16] 필멸의 유한성을 싸 안고 불멸의 초월성[17]을 지향하는 마음이 곧 종교본능이

---

15   전도서3,11을 보라. " 하나님이 모든 것을 지으시되 때를 따라 아름답게 하셨고 또 사람들에게는 영원을 사모하는 마음을 주셨느니라 그러나 하나님이 하시는 일의 시종을 사람으로 측량할 수 없게 하셨도다."

16   피조적 초월성이란 신의 피조물인 인간이 갖는 존재의 초월적 본질을 가리킨다. 양명수,『토마스 아퀴나스의 신학대전 읽기』(서울: 세창미디어, 2014), 140-2. 한편 정재현은 피조적 초월성의 상대개념으로 피조적 유한성을 든다. 이때 피조적 유한성은 '무'로부터 창조된 인간 존재의 존재적, 인식적, 실존적, 관계적 유한성을 포괄하는 개념이다. 정재현,『티끌보다 못한 주제에: '사람됨'을 향한 신학적 인간학』(왜관: 분도출판사, 1999), 136.

17   모든 종교에서 '초월'이라는 용어가 쓰이고 있고 모든 종교는 초월을 지향한다. 그러므로 '초월'에 대해 정리할 필요가 있다고 본다. 초월을 뜻하는 영어 단어 'transcendens'는 라틴어 동사인 transcendo에서 파생되었다.
   transcendo는 scando를 어근으로 한다. scando는 측정하다, 올라가다, 발로 재다 등의 뜻을 가지고 있는데 이 동사에 건너가다 라는 뜻의 전치사인 trans가 결합된 단어이다. 그래서 측정되는 것을 넘어 지나가다, 극복하다, 건너 올라가다 등의 뜻을 가진다. 초월의 일차적 의미는 넘다, 지나감이다. 하지만 이차적 의미로는 어떤 것을 질(質)적으로나 성격적으로 증강시키는 것을 의미한다. 초월의 삼차적 의미는 성취된 완전성의 뜻을 가진다. Robert P. Orr에 의하면 이 초월은 전통적 유신론의 견지에서 하나님의 의도로 완성된 상태를 뜻한다. Robert P. Orr, The Meaning of Transcendence: A Heideggerian Reflections, (California: Scholars Press, 1981), 4-6. 보통 'transzendental'은 '선험적'으로 'transzendent'는 '초월적'으로 번역되어 사용되었다. 이에 대해 박병준은 'transzendental'이 '초월론적', '초월적'으로 사용되면서 'transzendental'과 'transzendent'의 개념이 혼동을 일으키므로 'transzendental'을 '초월론적'으로 'transzendent'를 '초월적'으로 사용하는 것이 좋겠다는 의견을 개진한 바 있다. 박병준,『인간의 초월성: K. 라너의 '말씀의 청자로서의 초월론적 종교철학적 인간해명』철학 88(2006 가을),145-146.
   한편 정재현은 'transzendent'(transcendent)는 '초월적인'으로, 'transzendental'(transcendental)는 '선험적인'으로 번역해야 한다고 한다. 왜냐하면 '초월적인'의 반대말은 '내재적인'(immanent)이

라고 할 수 있다. 사도 바울은 아덴에서 "아덴 사람들아 너희를 보니 범사에 종교심(성)이 많도다"(행17,22)라고 했다. 영원을 사모하는 마음과 종교성은 인간만이 가진 특성이다. 왜냐하면 인간을 제외한, 아무리 지능이 뛰어난 동물도 기도나 예배, 제사, 굿 등의 종교행위를 하지 않기 때문이다. 이것은 인간이 영혼을 가진 영적 존재임을 말한다.

그런데 종교의 특징 중 하나는 그 다양성에 있다. 많은 종교가 있고 현대에는 무신론도 하나의 종교 범주에 넣어야 한다는 주장이 설득력을 얻고 있기까지 하다.[18] 죽음을 자각하는 인간, 죽음의 두려움 앞에 있는 인간이 자신의 유한함을 실존적으로 파악하는 것 자체만으로도 이미 모든 인간은 종교적 인간(homo religious)이다. 동서를 막론하고 인간은 그 유한함을 초월하고자 하는 여러 방법을 찾았고 그 중에서 가장 광범위하고 큰 시도가 종교라고 할 수 있다.

한편 정재현은 다른 종교와의 관계에서 그리스도교의 자리를 다음과 같이 분류한 바 있다.[19]

고 '선험적인'의 반대말은 '경험적인'(empirical)이기 때문이다. 전자는 '있음'의 영역에 해당하고 후자는 '앎'의 영역에 해당되는데 신에 대한 초월성을 이야기 할 때 인간이 알고 모르고는 부차적인 문제로 '선험적'이기 때문이다. a priori 와 transzendental 의 차이는 a priori가 단순하게 앞선다는 뜻인데 transzendental 은 'a priori 하기 때문에 그 경험을 가능케 한다'는 의미까지 함축하기 때문이다.

18 베른하르테 벨테는 무신론을 1)소극적 무신론 2)비판적 무신론 3)적극적 무신론으로 나누고 있다. 이에 대해 베른하르테 벨테/오창선 역, 『종교철학』 (왜관: 분도출판사, 1998), 182-196을 보라.
19 정재현, 『종교신학강의』 (서울:비아, 2017), 18.

세기	그리스도교의 자리	다른 종교와의 관계
1~3	다른 종교들을 거슬러 그리스도교 Christianity against religions	
4~15	오직 그리스도교 Christianity Only	
16~17	유일하게 참된 하나의 종교로서의 그리스도교 Christianity as the One and Only The Religion	배타주의
18~19	최고로 좋고 높은 수준의 종교인 그리스도교 Christianity as the Best and Highest Religion	포괄주의
20	여러 종교 중 하나인 그리스도교 Christianity as a Religion among other Religions	다원주의

정재현의 이 분류는 그리스도교가 각 시대별로 일반 대중들에게 어떻게 인식되고 있는지를 잘 보여준다. 다원주의인 20세기에 들어와서 그리스도교는 다른 종교와 충돌 상태인데 특히 종말론에 있어 절정을 이룬다. 중요한 것은 종교와 종말론과의 문제이다.

종말론은 현실의 모든 왜곡과 부조리를 딛고 이런 문제들을 종교적으로 해결하고 답을 얻고자 하는 인간의 종교적 욕구, 그 당위성에 뿌리를 두고 있기 때문이다. 그래서 모든 종말론은 현 세계의 끝남과 새로운 세계의 시작이 필수요소로 등장한다. 이에 대해 장병길은 종말이라는 개념이 위대한 시간으로서의 끝 날의 관념과 그 끝 날이 곧 약속의 날이라는 관념, 그리고 그리스도교의 경우는 구제(구원)의 관념을 내포하고 있다고 보았다.[20] 한편 차용준은 인간의 해방과 평등을 부르짖는 종교에는 종교라는 권위 조직에의 구속이 따르고 종교는 악과 선의 가능성을 동반한다고 지적하면서 인류의 문명사 중 대규모의 죄악상(전쟁)은 종교라는 명분하에 자행된 것으로 보았다.[21]

---

20 장병길은 한국에서는 종교의식이 민간 신앙과 기성 종교, 신흥종교가 병립 내지 중첩되어 있고 이 신앙들이 서로 결합하여 원시성(元始性), 기성성(旣成性), 신흥성(新興性)을 포함하고 있다고 보았다. 이에 대해 장병길,『한국종교와 종교학』(서울:청년사, 2003),19. 특히 123-9를 보라.

21 차용준,『제2권 한국종교문화편 종교문화의 이해』, 4.

헤겔은 종교를 절대정신의 자기의식으로 파악하고 무한하고 절대적인 정신이 진정한 자유의 토대이며 이 정신의 자기관계적 운동이 진정한 자유를 실현 할 수 있다고 보고 절대적 자유와 절대적 화해를 말하였다.[22]

베른하르테 벨테는 그의 『종교철학』에서 인간은 종교에 대해서 늘 반복해서 새롭게 물어야 하고 '이다'에 대한 물음은 인간 존재의 이해로부터 생겨난다고 하였다.[23] 벨테가 지적한 이 인간존재에 대한 물음이 곧 유한한 인간으로서의 자각이라고 할 수 있다.

노길명은 한국에서의 신흥종교 운동이 강한 민족주체사상을 나타내는데 한국이 겪은 고통의 신정론(神正論, theodicy of suffering)을 통해서 장차 한국이 세계사를 주도하게 되며 한반도가 세계의 중심이 되고 세계를 비출 새 진리나 진법(眞法)이 한국에서 나온다는 것을 주장한다고 지적하였다.[24] 노길명의 지적이 타당한 것은 실제로 한국에서 일어나는 대부분의 신흥종교운동이 그러하다는 데 있고 더 나아가서 세상을 구원할 구세주가 바로 자기라는 교주들의 출현을 볼 때 더욱 설득력이 있다.[25]

---

22   최신한, 『현대의 종교담론과 종교철학의 변형』 (파주: 서광사, 2018),117-8.

23   베른하르테 벨테, 『종교철학』, 29.

24   또 노길명은 신흥종교 운동의 종교문화적 영향을 1)세속화에 대한 탈 세속화 경향을 촉진시키고 2)종교문화를 분화시키고 이질화시킴으로 종교 다원화를 가속화 시킬 것이며 3)신흥종교에서 나타나는 새로운 현상들은 종교의 사사화(私私化, privatization) 현상을 더욱 가속화 시킬 것으로 진단했다. 노길명, 『한국신흥종교연구』(서울: 경세원, 2003), 67-75.

25   예를 들면 문선명 씨는 자신이 성약시대의 메시아라고 주장하고 책을 낸 바 있다. 세계기독교통일신령협회,『재림메시아의 재현과 성약시대』 (서울: 용산, 1993). 신천지의 이○희 씨나 김풍일 씨 역시 자신이 보혜사라고 주장하고 이○희 씨의 경우 과천이 계시록에서 말하는 새 하늘과 새 땅이라고 주장한다.

2 | 종교와 이단
종교의 정의

    수주 변영로는 그의 시, '논개'에서 "거룩한 분노는 종교보다도 깊고 불붙는 정열은 사랑보다도 강하다"고 썼다. 왜장 게야무라 로쿠스케를 안고 진주 남강에 투신한 논개의 거룩한 충절의 분노를 종교보다도 깊다고 표현했다. 이 말은 곧 종교가 인간이 가질 수 있는 가장 깊은 사상이라는 것을 말해준다. 종교를 한자로 쓰면 宗敎이다. '宗'은 우두머리, 가장 근본적인 것, 근원적인 것을 말한다. 즉 종교는 가장 높은 가르침이다. 영어로 Religion은 라틴어인 religio에서 왔다.[26] 신을 숭배하며 신과 인간을 잇는다는 의미이다. 여기서 신은 곧 초월자이며 절대자를 가리킨다. 정리하면 종교는 가장 높고 근본적인 가르침으로서 절대자를 지향하는(초월을 지향하는)것이라고 할 수 있다.[27]

---

26   키케로(Cicero, B.C. 106-43)는 '다시 읽는다' 라는 뜻의 're-legrere'에서 파생한 단어로 보았다. 반복해서 낭송하는 종교의식에 초점을 두고 초월자에 대한 경외심을 나타내는 말로 해석하였다. 랙탄티우스(Lactantius, B.C. 2503-25)는 '다시 묶는다' 라는 뜻의 're-ligare'에서 유래된 것으로, 끊어진 신과 인간의 관계를 다시 묶는다는 뜻으로 보았다. 어원적 견지에서 볼 때 키케로의 설보다 설득력이 있다.

27   윌프레드 캔트웰 스미스는 종교를 1)개인 인격체의 경건성 2)신조들이나 행위들이나 가치들 3)어떤 외적 체계 4)유(類) 개념으로서의 종교 일반으로 정의하고 1)개인 인격체의 경건성은 인간의 삶에 있어서 종교를 무관심, 혹은 반항으로부터 구별해주고 2)신조들이나 행위들이나 가치들 3)어떤 외적 체계는 다른 종교로부터 구별해주며 4)유(類) 개념으로서의 종교 일반은 종교를 예술이나 경제 같은 삶의 다른 영역들로부터 구별해준다고 한다. 이에 대해 윌프레드 캔트웰 스미스/길희성 역, 『종교의 의미와 목적』 (왜관:분도출판사, 2009), 79-80.

3 | 종교와 이단
종교의 의미와 목적

최신한은 종교를 초월에 의미를 두고 있다고 규정하면서 이 초월이 결코 현실을 도외시한 초월이 되어서는 안 되고 현실 속의 초월이어야 한다고 주장한다.[28] 최신한의 이 견해는 종교가 초월을 지향하는 과정에서 현실 속에서 무엇인가 답을 주고 문제를 해결하는 데 목적이 있다고 본 것이다. 그는 이 초월을 세속주의와 구별되는 세속주의라고 불렀다. 인간 편에서 볼 때 결국 종교의 목적은 초월의 지향을 통해 인간을 돕는 데 있지 망하게 하는 데 있지 않다.

이런 연유에서 스티븐 에반스·잭커리 매니스는 『종교철학-기독교신앙의 철학적 조명』에서 남미의 가나에서 일어났던 사이비 기독교인 인민사원 짐 존스의 집단 자살을 예로 들면서 신앙주의와 중립주의 사이에 '비판적 대화'(critical dialogue)가 필요함을 역설하고 (어느) 집단의 절대적인 믿음의 요구에 대해 비판적 판단을 못하는 것은 무책임한 것이라고 지적한다.[29] 그러므로 그리스도인으로서, 명백하게 드러난 이단/사이비 집단이나 그로 인해 파생된 문제에 대해 침묵하는 것은 무책임 한 것이다.

사이비 종교에 빠져 사회적 물의를 일으킨 사건은 너무나 많다. 우리나라의 경우 백백교 사건이 대표적이다. 1920~30년대 일제 치하에서 교주 전용해가 백백백의의의적적적감응감응감응하시옵숭성(百百白衣衣衣赤赤赤感應感應感應하시옵崇誠)만 외우면 무병장수한다고 주장하면서 말세에 서양은 불로 동양은 물

---

28 최신한, 『현대의 종교담론과 종교철학의 변형』, 7.
29 스티븐 에반스·잭커리 매니스/정승태 역, 『종교철학-기독교신앙의 철학적 조명』 (서울: CLC, 2016), 28-36.

로 망하는데 여기서 구원받으려면 백백교가 마련한 피난처에서 살다가 금강산의 피수궁(避水宮)으로 옮기면 교주가 불로장생을 원하는 자는 동해의 영주로 보내고 부귀영화를 원하면 계룡산으로 옮겨준다는 괴설에 속아서 신도들이 모여 들었다. 결국 1937년 일본 경찰은 백백교의 비밀 장소에서 346구의 살해당한 신도들의 시체를 발굴했다.

1978년 11월 18일 9백 명이 넘는 남녀와 어린이들이 집단 자살한 사건이 있었다. 고향 미국에서 수천 킬로나 떨어진 남미의 가이아나에서 교주 짐 존스 목사가 이끄는 인민사원 신도들이 질산염으로 자살 내지 독살 당했다. 짐 존스는 검증되지 않은 신유은사 집회로 사람들을 모은 뒤 남미의 가이아나로 신도들을 이끌고 집단 이주하였다가 비극으로 막을 내렸다.[30]

이외에도 지난 1987년 오대양 사건이 있다. 지도자격인 박순자 씨(여, 당시 48세)가 신도 31명과 함께 오대양의 용인 공장 구내식당 천장에서 집단 자살한 사건이 있었다.

1992년에는 박태선 씨에게서 독립한 교주 조희성씨가 신도17명을 살해한 혐의가 있다고 영생교 실종자대책협의회가 주장했다. 결국 2004년, 신도 6명 살해에 직접 가담한 혐의로 간부가 사형을 선고 받았고 교주 조희성은 국외로 탈출하려다 잡혀 감옥에서 죽었다. 어처구니없는 것은 자신 뿐 아니라 신도들은 영생 불사한다고 주장하던 교주는 신장투석 중이었던 것으로 알려졌다.

일본에서는 옴진리교 사건이 지난 1995년 3월 20일 일어났다. 교주 아사하라 쇼코(麻原彰晃)의 신도들이 도쿄의 지하철에 사린이라는 독가스를 살포하여 12명이 죽고 5,500명이 부상하는 사고가 일어났다.

1993년 4월 19일에는 미국에서 '다윗의 별'이라는 이름의 사교집단이 경찰의 영장 집행 과정에서 총격전이 일어나 다윗파 신도 6명과 경찰 4명이 숨지기도 했다.

1994년 10월에는 스위스와 캐나다에서 '태양의 사원' 신도 50명이 집회 중

---

30   마샬 킬더프·론 제이버스/ 안태용·한영택 역, 『自殺宗團』 (서울: 진문출판사, 1978)을 참고하라.

에 불을 질러 집단 자살하였다. 또 1997년 미국에서는 '천국의 문' 신도 39명이 독극물을 마시고 집단 자살하였다.

이런 종교의 폭력성과 병리성에 대해 권수영은 "개인이 자신의 뜻을 관철하고자 신의 이름을 사용할 때, 그 순간 종교는 본유적 의미를 상실 한다"고 간파했다.[31]

---

31 권수영, 『누구를 위한 종교인가-종교와 심리학의 만남』 (서울: 책세상, 2009), 11. 또 권수영은 같은 책 94쪽에서 사이비 종교의 맹신도가 폭력을 행사하거나 집단 자살하는 사건, 정쟁을 성전(聖戰)이라고 선언하는 것들은 종교인들의 억압된 불안심리가 얼마나 무서운 결과를 초래하는지를 보여준다고 한다.

종교와 이단

4 | 종교학에서 이단이란 무엇인가?

종교학에서 이단을 가리는 것은 종교학 본연의 틀에서 맞지 않게 보일 수 있다. 그러나 종교의 의미와 목적에서 볼 때 여기에 어긋나는 종교를, 종교학의 관점에서 이단으로 논의 할 수 있다. 그리고 이 관점은 철학적인 관점이 될 수밖에 없다. 종교철학을, 종교를 철학적으로 성찰하는 학문이라고 정의할 때 종교학에서 보는 이단은 곧 윤리성의 문제로 압축된다.

종교는 양면성을 가지고 있다. 종교의 내면성이, 인간 개인이 믿는 절대자나 진리라고 한다면 외면성은 대 사회적 문제로서 윤리적인 것이다. 그러므로 아무리 심오한 진리를 주장한다고 할지라도 대 사회적 통념에서 볼 때 비윤리적이라면 당연히 종교학의 관점에서 이단이라고 할 수 있다.[32]

---

32 윤리성의 문제에 대해서는 탁명환, 『기독교이단연구』 (서울: 국종출판사, 1996), 70-3, 91을 보라.

제2부

기독교의 이단

이단성이 있는 단체들의 교리와 비판

3장

여호와의 증인

여호와의 증인

1 | 여호와의 증인의 역사

    찰스 타제 럿셀(Charles Taze Russel, 1852-1916)에 의해 창립되었다. 럿셀은 예정교리와 지옥 교리에 대한 회의를 품고 여호와의 증인을 조직하였다. 1931년 미국 오하이오 주에서 있었던 집회에서 공식적으로 이 명칭을 채택하였다.

    여호와의 증인이라는 명칭의 근거는 성경 사43,10절 "나 여호와가 말하노라 너희는 나의 증인, 나의 종으로 택함을 입었나니 이는 너희가 나를 알고 믿으며 내가 그인 줄 깨닫게 하려 함이라 나의 전에 지음을 받은 신이 없었느니라 나의 후에도 없으리라"와 사44,8 "너희는 두려워하지 말며 겁내지 말라 내가 예로부터 너희에게 듣게 하지 아니하였느냐 알리지 아니하였느냐 너희는 나의 증인이라 나 외에 신이 있겠느냐 과연 반석은 없나니 다른 신이 있음을 내가 알지 못하노라"에 근거한다. 또한 예수님의 신성과 성령의 신성을 인정하지 않는 것도 여호와의 증인이라는 명칭을 쓰는 이유 중에 하나이다.

2 | 여호와의 증인
여호와의 증인의 주요 교리와 비판

이들은 자체적으로 번역한 새세계번역성경(New World Translation of the Holy Scriptures)을 사용한다.

1) 수혈 거부 교리

이들은 레17,14 "모든 생물은 그 피가 생명과 일체라 그러므로 내가 이스라엘 자손에게 이르기를 너희는 어떤 육체의 피든지 먹지 말라 하였나니 모든 육체의 생명은 그것의 피인즉 그 피를 먹는 모든 자는 끊어지리라"는 말씀에 근거하여 수혈을 거부한다. 그래서 자식이 피가 모자라 죽어가도 수혈을 하지 않는다. 수혈도 피를 먹는 것으로 보기 때문이다. 또 행15,20절에 "피를 멀리하라"는 구절도 근거로 든다.

비판

레17,14절에서 말하는 피는 인간이 아닌 짐승의 피이다(레7,13절 참조). 하나님께서 피를 먹지 말라고 하신 것은 피를 먹음으로서 인간의 심성이 잔인해지는 것을 막기 위함이고 또 피를 먹는 것이 건강에 도움이 되지 않기 때문인데 이것은 의학적으로도 이미 밝혀졌다. 피 속에는 영양분도 있지만 독소도 같이 들어 있기 때문이다.

그리고 행15,20절에 피를 멀리 하라는 말씀은 19절부터 보아야 한다. "19. 그러므로 내 의견에는 이방인 중에서 하나님께로 돌아오는 자들을 괴롭게 하지 말고 20.다만 우상의 더러운 것과 음행과 목매어 죽인 것과 피를 멀리하라고 편지하는 것이 옳으니"에서 19절은 다음과 같은 성서신학적인 해석이 필요한 부분이다.

초대교회에서 이방인 크리스천과 유대인 크리스천 사이에 율법 준수와 관련하여 갈등이 있었고 이 갈등을 해결하기 위해 최초의 종교회의가 예루살렘에서 열렸다. 그리고 이 회의에서 결론 내린 것이 20절 말씀이다. 20절은 이방인 크리스천들이 지켜야 할 최소한의 율법준수와 관련된 말씀이다. 여호와의 증인들은 피를 먹지 말라는 말씀을 문자적으로 해석하면서 확대 적용하고 있다.

2) 성령 하나님을 여호와의 활동력(power) 이라고 하는 교리

이들은 성령을 삼위 하나님의 제3위(位) 하나님이 아니라 여호와의 활동력으로 본다. 창1,2 "땅이 혼돈하고 공허하며 흑암이 깊음 위에 있고 하나님의 영은 수면 위에 운행하시니라"를 그들이 번역한 성경에는 "땅이 혼동하고 공허하며 흑암이 깊음 위에 있고 여호와의 활동력(God's active force)이 수면에 운행하시니라"고 번역해 놓았다.

비판

앞서 '바른 성령론'에서 고찰한 것처럼 성령은 삼위일체 하나님의 제3위가 되시는 하나님이시며 지성, 감성, 의지를 갖고 계신 인격적인 분이시다.

3) 예수 그리스도의 신성을 부인하는 교리

이들은 요1,1절의 "태초에 말씀이 계시니라 이 말씀이 하나님과 함께 계셨으니 이 말씀은 곧 하나님이시니라"를 "태초에 말씀이 계시니라 이 말씀이 하나님과 함께 계셨으니 그 말씀은 하나의 신이었느니라"로 번역했다. 여기서 "하나의 신(a god)"으로 번역한 것은 많은 신들이 있는데 하나님은 여호와 한

분 밖에 없고 예수는 그 신들 중의 하나인 신에 불과 하다는 것을 강조하려고 한 것이다. 이들은 또 예수님이 피조된 존재로서 미가엘 천사의 화신(化身)이라고 주장한다. 그 근거로서 야곱은 이스라엘이라는 이름을 가졌고 베드로는 시몬이라는 이름으로도 알려진 것처럼 유다서 9장에는 미가엘을 천사장이라고 부르는데 살전4,16절에 "주께서 호령과 천사장의 소리와 하나님의 나팔 소리로 친히 하늘로부터 강림하시리니 그리스도 안에서 죽은 자들이 먼저 일어나"라고 했으니 예수의 음성이 천사장의 음성으로 묘사되어 있다고 주장한다.

비판

빌2,5-6절을 보자. "5.너희 안에 이 마음을 품으라 곧 그리스도 예수의 마음이니 6.그는 근본 하나님의 본체시나 하나님과 동등 됨을 취할 것으로 여기지 아니하시고"라는 구절은 예수님이 곧 하나님임을 선포하고 있다.

그리고 요17,5 "아버지여 창세 전에 내가 아버지와 함께 가졌던 영화로써 지금도 아버지와 함께 나를 영화롭게 하옵소서"라는 말씀은 예수님의 선재성(先在性)을 분명히 선포한다.

예수님이 미가엘 천사라는 주장은 살전4,16절을 오독(誤讀)한 것이다. 주어가 "주께서"이다. 즉 예수님이 "호령과 천사장의 소리와 하나님의 나팔 소리"와 '함께' 재림하실 것을 말하는 것이다.

4) 집총거부와 공무원 취업거부, 투표 거부 교리

여호와의 증인들은 이 세상의 보이지 않는 통치자가 있는데 바로 사탄이라고 생각한다. 그래서 투표를 하거나 병역을 감당하거나 총을 드는 것은 사탄의 정부를 위해 일하는 것으로 본다. 선출직 공무원 취업금지도 같은 이유에서이다.

여호와의 증인 교리서 『확인』 37쪽에는 "현 정부의 권력은 사탄 마귀로부터 받았기에 우리의 적이다. 곧 멸망할 정부를 위해 협조하거나 국기배례는 물론 국가를 위해 병역을 이행해서는 절대로 안 된다."고 되어 있다. 그리고 여호와의 증인으로서 이런 것을 하면 구원받지 못한다고 가르친다. 이런 것을 어기면 그 단체로부터 제명당하고 출교 당한다고 알려져 있다. 이들은 마 5,43-4 "43.또 네 이웃을 사랑하고 네 원수를 미워하라 하였다는 것을 너희가 들었으나 44.나는 너희에게 이르노니 너희 원수를 사랑하며 너희를 박해하는 자를 위하여 기도하라"는 말씀을 근거로 원수를 사랑하라고 하셨지 싸우라고 하지 않았다고 주장한다.

비판

이 세상의 통치자는 사탄이 아니라 하나님이시다. 단2장에 보면 느부갓네살의 꿈을 다니엘이 해석하는데 이것은 세상의 통치자가 사탄이 아니라 하나님이시고 하나님께서 제국의 흥망성쇠를 주관하신다는 것을 보여준다.

그리고 사도 바울은 롬13,1-2절에서 "1.각 사람은 위에 있는 권세들에게 복종하라 권세는 하나님으로부터 나지 않음이 없나니 모든 권세는 다 하나님께서 정하신 바라 2.그러므로 권세를 거스르는 자는 하나님의 명을 거스름이니 거스르는 자들은 심판을 자취하리라"고 하였다.

또 딤전2,1-3절에는 "1.그러므로 내가 첫째로 권하노니 모든 사람을 위하여 간구와 기도와 도고와 감사를 하되 2.임금들과 높은 지위에 있는 모든 사람을 위하여 하라 이는 우리가 모든 경건과 단정함으로 고요하고 평안한 생활을 하려 함이라 3.이것이 우리 구주 하나님 앞에 선하고 받으실 만한 것이니"라고 하여 위정자들을 위하여 기도할 것을 강조하고 있다.

5) 고등교육 포기 교리

『확인』 365쪽은 "세상의 지혜는 하나님의 승인을 받지 못한다." 또 『확인』 373쪽은 "하나님을 고려하지 않는 세상의 지혜 지식은 유해하다."고 못 박아 고등교육을 못 받게 한다. 이들은 골2,8절의 "누가 철학과 헛된 속임수로 너희를 사로잡을까 주의하라 이것은 사람의 전통과 세상의 초등학문을 따름이요 그리스도를 따름이 아니니라"는 구절도 근거로 들어 고등교육을 포기하게 만든다.

비판

골2,8절을 이해하기 위해서는 당시 골로새교회가 처했던 상황, '삶의 자리'를 먼저 살펴야 한다. 당시 골로새교회에는 영지주의(Gnosis) 이단이 침투하였고 사도 바울은 골2,8절에서 이것을 주의하라고 한 것이다. 그리고 "사람의 전통"은 골2,16-8절에 자세히 나와 있다. "16.그러므로 먹고 마시는 것과 절기나 초하루나 안식일을 이유로 누구든지 너희를 비판하지 못하게 하라 17.이것들은 장래 일의 그림자이나 몸은 그리스도의 것이니라 18.아무도 꾸며낸 겸손과 천사 숭배를 이유로 너희를 정죄하지 못하게 하라 그가 그 본 것에 의지하여 그 육신의 생각을 따라 헛되이 과장하고"

즉 골로새교회 안에 먹고 마시는 것과 절기나 초하루나 안식일 준수를 주장하는 사람들이 있었고 천사숭배(천사들의 예배를 흉내 내는 것)를 가르치는 사람들이 있었는데 바울은 이들을 경계하고자 한 것이다. 정리하면 골2,8절은 학업포기를 주장하는 것이 아니라 이단을 조심하라는 경고의 말씀이다.

6) 예수님의 육체적 부활을 부인하는 교리

여호와의 증인들은 예수님이 육체적으로 부활했다면 천사보다 못한 존재가 되기 때문이라고 주장하며 육체적 부활을 부인한다.

그들은 행10,40-1절, "40.하나님이 사흘 만에 다시 살리사 나타내시되 41.모든 백성에게 하신 것이 아니요 오직 미리 택하신 증인 곧 죽은 자 가운데서 부활하신 후 그를 모시고 음식을 먹은 우리에게 하신 것이라"라는 구절과 벧전3,22절, "그는 하늘에 오르사 하나님 우편에 계시니 천사들과 권세들과 능력들이 그에게 복종하느니라" 등의 구절을 근거로 제시한다.

비판

눅24,39-43절에 "39.내 손과 발을 보고 나인 줄 알라 또 나를 만져 보라 영은 살과 뼈가 없으되 너희 보는 바와 같이 나는 있느니라 40.이 말씀을 하시고 손과 발을 보이시나 41.그들이 너무 기쁘므로 아직도 믿지 못하고 놀랍게 여길 때에 이르시되 여기 무슨 먹을 것이 있느냐 하시니 42.이에 구운 생선 한 토막을 드리니 43.받으사 그 앞에서 잡수시더라" 라는 구절은 예수님의 부활이 육체적 부활임을 증거하고 있다. "만져 보라"고 하시고 생선을 잡수시므로 육체적 부활을 스스로 증명하셨다.

7) 영혼멸절 교리와 지옥(게헨나, γέεννα) 을 부인하는 교리

여호와의 증인들은 사람이 죽으면 그 영혼이 멸절된다고 한다. 그들은 히브리어 네페쉬(בֶּפֶשׁ)와 헬라어 푸쉬케(ψυχή)가 불멸이나 영속, 영원, 불사(不死)와 연결된 곳이 없기 때문이라고 한다. 그리고 게헨나는 무덤, 땅속으로서 무의식 상태를 의미한다고 주장한다. 이들은 게헨나가 예루살렘 성 밖에 있는 힌놈의 골짜기인데 예수님 당시 쓰레기 소각장으로 사용되었고 잘 타도록 유황을 넣어서 계속 타고 있었다고 한다. 그래서 계20,14-5절 "사망과 음부도 불못에 던져지니 이것은 둘째 사망 곧 불못이라 15.누구든지 생명책에 기록되지 못한 자는 불못에 던져지더라"에 나오는 불못이 상징에 불과하다고 말한다.

비판

예수님은 마10,28절에서 "몸은 죽여도 영혼은 능히 죽이지 못하는 자들을 두려워하지 말고 오직 몸과 영혼을 능히 지옥에 멸하실 수 있는 이를 두려워하라"고 하셨다. 이 말씀은 영혼이 멸절되지 않으며 지옥이 있음을 분명히 선언하신 것이다.

그리고 인간의 육체는 흙에서 왔기에 흙으로 돌아가지만 영혼은 하나님께로부터 왔다. 창2,7절에 "여호와 하나님이 땅의 흙으로 사람을 지으시고 생기를 그 코에 불어넣으시니 사람이 생령이 되니라"는 말씀이 증거이다. "생령"은 살아 있는 영적인 존재가 되었다는 말이다. 영혼이 육체와 함께 있을 때를 살아 있다고 하고 영혼이 육체를 떠난 상태가 죽음이다.

또 눅16,22-4절, "22.이에 그 거지가 죽어 천사들에게 받들려 아브라함의 품에 들어가고 부자도 죽어 장사되매 23.그가 음부에서 고통중에 눈을 들어 멀리 아브라함과 그의 품에 있는 나사로를 보고 24.불러 이르되 아버지 아브라함이여 나를 긍휼히 여기사 나사로를 보내어 그 손가락 끝에 물을 찍어 내 혀를 서늘하게 하소서 내가 이 불꽃 가운데서 괴로워하나이다" 라는 구절은 사후 의식이 있음과 지옥(음부)이 있음을 말하고 있다.

4장

하늘부모님 교단 (통일교)

하늘부모님 교단(통일교)

1 | 하늘부모님 교단의 역사[33]

 본래 명칭은 1954년 '세계기독교통일신령협회'였다. 세계의 기독교를 통일시키겠다는 원대한 포부에서 출발했으나 1996년에 '세계평화통일가정연합'으로 바꾸었다가 지난 2020년 4월5일 참 어머님 특별메시지를 통해 '하늘 부모님교단'으로 명칭을 바꾸었다.

 문선명 씨가 15세 때 누이와 형이 심한 병에 걸린 것이 계기가 되어 유교에서 기독교로 개종하고 16세 때 부활절에 기도 중에 예수로부터 인류 구원의 사명을 받았다고 한다. 청년기에 신비주의 종파로 알려진 '예수교회' 소속의 명수대교회에서 주일학교 교사로 활동하였다. 그 뒤 이스라엘 수도원장인 김백문 씨에게서 '기독교근본원리'를 배운 문선명 씨(1920-2012)가 평양에서 광해교회를 세움으로 시작되었다. 나중에 1.4후퇴 때 부산에 정착하여 포교를 하다가 서울 수복 후인 1954년 5월 1일, 성동구 북학동 391번지에서 본격적인 포교 활동을 시작하여 오늘에 이르렀다. 문선명 씨가 썼다는 『원리강론』은 김백문의 『기독교근본원리』에서 많은 부분을 인용한 것으로 알려졌다.[34]

 한편 성주교(새주파)의 김성도 씨의 주장에서 통일교 교리가 영향을 받았다는 설도 있다. 김성도 씨는 1923년 음력 4월 2일 기도 중에 신비체험을 하고 예수님을 만나서 죄의 뿌리가 음란이며 지상인 들의 불신으로 억울하게 죽었으니 교회당에서 십자가를 떼어내라는 부탁을 받았고 열흘 뒤에 또 예수를 만

---

[33] 이 교단의 자세한 역사에 대해서는 탁명환, 『기독교이단연구』, 125-132. 박영관, 『異端宗派批判(Ⅰ)』(서울: 예수교문서선교회, 1994), 239-263을 보라.

[34] 예를 들면 『기독교근본원리』는 제1편 창조원리, 제2편 타락원리, 제3편이 복귀원리로 되어 있는데 『원리강론』은 제1장 창조원리, 제5장 타락론, 후편은 복귀원리로 구성되어 있다. 이에 대해 박영관, 『異端宗派批判(Ⅰ)』, 265. 특히 각주 67번을 보라.

나 재림주가 육신의 인간으로 한반도에 온다는 예언을 들었다고 한다.[35]

　김성도 씨의 주장을 정리하면 1)죄의 뿌리는 선악과가 아니라 남녀관계, 성적타락이다. 2)예수는 십자가 지고 죽기 위해서 온 것이 아니다. 3)하나님의 2대 슬픔-아담이 타락하는 것을 간섭하지 못하고 바라만 보신 것, 예수가 인간의 불신으로 십자가에서 죽은 것. 4)재림주는 구름이 아니라 여자의 몸을 통해 온다. 5)재림주는 한국에 오며 만인이 한국을 신앙의 종주국으로 알고 찾아온다는 내용 등이다. 그런데 이 내용들이 통일교의 주장과 매우 흡사하다. 이는 문선명 씨의 부인인 한학자 씨의 어머니(홍순애 씨)와 외할머니가 성주교인이었다는 설에 근거하면 설득력이 있다.

35　이영호 목사가 한이협 개최 이단사이비예방심포지엄에서 발표한 것을 인테넷 신문 '교회와 신앙'이 2010년 5.31일자로 보도했는데 이를 인용하였다.

2 | 하늘 부모님 교단의 주요 교리 용어 해설
하늘부모님 교단(통일교)

    이 교단의 교리적 용어에 대해 해설이 필요한 것은 기성교인들 뿐만 아니라 일반인들에도 용어들이 생소하기 때문이다.[36]

둘째 아담=예수

둘째 하와=마리아

셋째 아담=문선명 씨

중심인물=문선명 씨

영적타락=하와가 루시퍼와 불륜관계를 맺은 것

육적타락=루시퍼와 불륜관계를 한 하와가 영적으로 성숙하지 못한 아담과 성관계를 가진 것.

인정타락(認定墮落)=아담은 모르고 하나님만이 아시는 타락으로 하와가 천사장 루시퍼와 영적으로 간음한 것.

결정타락(決定墮落)=육적타락으로 사탄의 피를 받은 하와가 하나님 허락 없이 아담과 육적 간음을 함으로써 아담도 더렵혀진 것.

판정타락(判定墮落)=가인이 아벨을 살해한 것. 하나님은 하와를 상실하고 아들인 아담까지 잃게 되어 에덴동산에 비극이 왔는데 하나님은 타락 이전의 에덴동산을 회복코자 둘째 아담 예수를 보냈다. 마리아는 하나님의 딸로서 둘째 하와이고 요셉은 천사장 사명을 가지고 있다. 첫째 하와가 첫째 아담을 품어

---

36   용어들은 통일교의 統一思想硏究院에서 펴낸 『統一思想槪論』, (서울:成和社, 1986)과 역시 통일교에서 발행한 『원리해설』에서 요약하였다. 『統一思想槪論』 책자는 비매품이다.

타락했기에 복귀 과정은 그 반대로 둘째 아담이 둘째 하와인 마리아를 품어야 하는데 이렇게 되면 마리아와 예수는 모자지간이 아니라 부부지간이 된다. 예수가 품으려 했으나 마리아가 거부함으로 화가 난 예수가 갈릴리 가나의 혼인잔치에서 포도주가 떨어졌다는 어머니 마리아의 말에 "여자여 나와 무슨 상관이 있나이까" 라고 하였다. 결국 실망한 예수가 어머니 마리아 대신 막달라 마리아를 사랑하게 되고 이를 질투한 가롯 유다가 예수를 팔았다는 것이다.

모자타락(母子墮落) 하와와 가인의 타락.

복귀원리 인류의 시조인 아담의 성적타락으로 깨어진 하나님의 창조 이상을 회복, 실현한다.

사위기대(四位基臺) 중심(심정 또는 목적), 성상(性相), 형상, 결과(합성체 또는 신성체)가 모두 일정한 위치를 차지한 후 서로 관계를 맺고 있다고 보고 수수작용이 벌어지는 네 위치의 터전

섭리역사 인류의 역사 과정을 소생기(구약시대-구약성서-유대교), 장성기(신약시대-신약성서-기독교), 완성기(성약시대-원리강론-통일교)로 나누는 것.

수수작용(授受作用) 상대적 관계가 성립하여 상대 기준이 조성되면 양자가 무엇인가를 주고 받는 현상

정분합작용(正分合作用) 하나님을 정(正)으로 하여 그로부터 분립되었다가 다시 합성일체화하는 작용. 중심이 정해지고 그 다음에 주체와 대상이 정해지고 맨 나중에 결과의 위치가 정해진다는 관점에서 본 수수작용.

원상론(原相論) 하나님의 속성을 다루는 이론

본성론(本性論) 인간 본연의 모습, 인간의 본성을 다루는 이론

이성성상(二性性相) 하나님의 성상(性相)과 형상(形狀), 양성과 음성은 성상과 형상의 속성이다.

탕감복귀 본연의 위치와 상태를 회복하기 위하여 이에 해당하는 조건을 세우는것을 탕감이라 하고 이 조건에 따라 본연의 상태로 돌아오는 것이 복귀이다.

책임분담시대=통일교의 역사적 시대구분에서 나온 말이다.
  1) 아담에서 아브라함까지 2000년: 행의(行義)시대로서 하나님이 책임을 지는 부위책임분담시대(父位責任分擔時代).
  2) 아브라함에서 예수까지 2000년: 신의시대(信義時代)로서 예수가 책임을 지는 자위책임분담시대(子位責任分擔時代).
  3) 예수에서 재림주까지 2000년: 시의시대(侍義時代)로서 성도가 책임을 지는 성도책임분담시대(聖徒責任分擔時代).

개성진리체(個性眞理體) 존재하는 만물은 닮기의 법칙에 의해 원상(특히 神相)을 닮고 있다. 즉 만물 하나하나가 하나님의 성상과 형상, 양성과 음성의 보편상과 개별상을 닮고 있는데 이를 개성진리체라 한다.

성상(性相)**과 형상**(刑狀) 만물과 인간이 갖고 있는 양면성으로서 성상은 무형적, 기능적 측면이고 형상은 유형적, 질료적 측면이다. 예를 들면 사람의 경우 성상은 마음이고 형상은 몸이다.

연체(聯體) 하나의 개체(개성진리체)가 다른 개체와 관계를 맺을 때(외적 사위기대를 형성했을 때)의 개체를 연체라고 한다.

개별상=개성진리체가 보편상 외에 한 개체에만 속하는 독특한 속성을 갖고 있는데 이를 개별상이라 한다.

격위(格位)**적 존재, 대상격위, 주체격위** 인간이 하나님의 원상(原相)의 격위성도 닮았기에 격위적 존재라 하며 대상격위는 주체의 주관을 받는 격위이고 주체격위는 대상을 주관하는 격위이다.

3대축복 제1축복은 개성을 완성하는 데 있다. 개성 완성은 하나님의 이성성상의 대상으로 분립된 몸과 마음이 수수작용을 하여 합성일체화 함으로써 하나님을 중심한 사위기대를 이루는 것이다.

제2축복은 개성을 완성한 아담과 하와가 부부가 되어서 자녀를 낳아 하나님을 중심한 가정적인 사위기대를 이루어야 한다.

제3축복은 만물세계에 대한 인간의 주관성 완성인데 인간과 만물이 합성일체화(피조세계)함으로써 하나님을 중심한 주관적인 사위기대를 이루는 것이다.

3 | 하늘부모님 교단의 주요 교리와 비판

하늘부모님 교단(통일교)

1) 문선명 씨의 대표적 실언(失言) 들

"앞으로 통일교를 믿든가, 도망가든가, 죽든가, 셋 중 하나를 택해야 할 때가 올 것이다. 그 때를 내가 만들고 있는 것이다."[37]

"자그마치 여기 서 있는 사람은 영계를 통일할 수 있는 능력을 갖고 왔습니다. 공자, 석가, 예수까지도 나의 부하입니다. 어저께도 불교 믿는 사람이 선생님 앞에 와가지고 '석가모니가 나한테 문선생 위해 24시간 기도하라고 명령하니 안할 수 없다…."[38]

"… 예수의 신세, 비운의 사나이로 왔다가 비운의 사나이로 갔던 그 모든 한을 풀어주지 않고는, 다시 말해서 예수 보다 나은 자리에서 예수가 하지 못한 일을 청산 짓고 가지 못하게 되면 탕감 복귀 원칙이 이루어지지 않는 것 원리의 골자입니다."[39]

"예수는 양자 구원하기 위한 역사이지 아들로서의 완성 못했습니다. 그러니 다시 와야 합니다. 다시 와서 천사를 지배하고 만물세계를 지배해야 하나님 앞에 돌아가는 거예요. 하나님 앞에 천국에 못 들어가 있습니다."[40]

---

37 「말씀」153호, 26
38 「말씀」182호, 29.
39 「말씀」,152호, 20.
40 「말씀」,184호, 64.

2) 하늘 부모님 교단의 신조(信條) [41]

(1) 유일하신 창조주 하나님을 인간의 아버지로 믿는다.
(2) 신구약 성서를 경전으로 받든다.
(3) 하나님의 독생자이신 예수님을 인간의 구주인 동시에 복귀된 선의 조상으로 믿는다.
(4) 예수님께서 한국에 재림하실 것으로 믿는다.
(5) 인류세계는 재림하시는 예수님을 중심삼고 하나의 대 가족사회가 될 것을 믿는다.
(6) 하나님의 구원섭리의 최종 목표는 지상과 천상에서 악과 지옥을 없애고 선과 천국을 세우는데 있는 것으로 믿는다.

3) 하늘 부모님 교단의 교리와 비판

(1) 신론

위에 든 신조 (1)에서 유일하신 창조주 하나님을 인간의 아버지로 믿는다고 하면서, 하나님을 본성상(本性相)과 본형상(本形狀)의 2성성상의 중화적주체(中和的主體)로서 모든 존재계(存在界)의 제1원인이라고 한다.[42] 2성성상은 남성과 여성, 양(陽)과 음(陰)을 말하고 중화적 주체라는 말은 하나님이 양성과 음성의 중화적 존재라는 말이다. 하나님을 이렇게 보는 것은 피조세계가 2성성상의 상대적 관계로 이루어져 있다고 보기 때문이다.

이들은 창1,26-7절의 "26.하나님이 이르시되 우리의 형상을 따라 우리의 모양대로 우리가 사람을 만들고 그들로 바다의 물고기와 하늘의 새와 가축과 온 땅과 땅에 기는 모든 것을 다스리게 하자 하시고 27.하나님이 자기 형상 곧

41 　　탁명환, 『기독교이단연구』, 133.
42 　　통일교, 『원리강론』 (서울: 통일교, 1973), 24.

하나님의 형상대로 사람을 창조하시되 남자와 여자를 창조하시고"를 근거로 든다.

하나님이 남성과 여성, 즉 2성성상을 창조하셨는데 이것이 하나님의 "모양", 이고 "형상" 이므로 하나님이 2성성상의 중화적 존재라는 것이다.

비판

그들의 신조 (1)은 유일하신 창조주 하나님을 인간의 아버지로 믿는다. 라고 되어 있다. 하나님을 창조주라고 하는 것은 맞으나 하나님은 창조주이시면서 인류 역사의 섭리주가 되신다. 단2장에서 다니엘이 느부갓네살의 꿈을 해석하는 장면에서 볼 수 있는 것처럼 하나님은 개인의 생사화복과 나라와 제국의 흥망성쇠를 주관하신다.

단2,20-1절 "20.다니엘이 말하여 이르되 영원부터 영원까지 하나님의 이름을 찬송할 것은 지혜와 능력이 그에게 있음이로다 21.그는 때와 계절을 바꾸시며 왕들을 폐하시고 왕들을 세우시며 지혜자에게 지혜를 주시고 총명한 자에게 지식을 주시는도다" 라는 말씀은 하나님께서 역사의 주관자이심을 말한다.

또 단4장에는 느부갓네살이 큰 나무의 꿈을 꾸고 이를 다니엘이 해석한다. 느부갓네살은 교만해져서 하나님의 징계를 받아 왕좌에서 쫓겨나서 일곱 때를 지난 후에 다시 회복되었는데 단4,17절 "이는 순찰자들의 명령대로요 거룩한 자들의 말대로이니 지극히 높으신 이가 사람의 나라를 다스리시며 자기의 뜻대로 그것을 누구에게든지 주시며 또 지극히 천한 자를 그 위에 세우시는 줄을 사람들이 알게 하려 함이라 하였느니라" 와 단4,31-2절 "31.이 말이 아직도 나 왕의 입에 있을 때에 하늘에서 소리가 내려 이르되 느부갓네살 왕아 네게 말하노니 나라의 왕위가 네게서 떠났느니라 32.네가 사람에게서 쫓겨나서 들짐승과 함께 살면서 소처럼 풀을 먹을 것이요 이와 같이 일곱 때를 지내서 지극히 높으신 이가 사람의 나라를 다스리시며 자기의 뜻대로 그것을 누구에게든지 주시는 줄을 알기까지 이르리라 하더라"는 구절 역시 하나님께서 역사를 주관하신다는 것을 말한다.

또 하나님을 2성 성상의 중화적 존재라고 하는 것은 하나님을 자연세계에 대입하는 것으로서 범신론(汎神論, Pantheism)적인 발상이다. 하나님은 자연세계를 창조하셨지만 자연세계에 구속되어 있는 분이 아니라 '초월'해 계신다. 사실 하나님을 2성 성상으로 보는 것 자체가 문제이다. 왜냐하면 초월자인 하나님을 이원론(二元論, Dualism)적이고 상대성적인 의미의 2성 성상에 제한시키는 잘못을 범하기 때문이다. 창1,26-7절에서 하나님께서 인간을 창조하실 때 "우리의 모양대로", "하나님의 형상대로"라는 표현은 공유적 속성[43]을 주셨다는 것이며 영이신 하나님께서 인간을 영적인 존재(생령)로 만드셨다는 것을 의미한다.

(2) 기독론

이 교단의 기독론을 알기 위해 문선명 씨의 발언들을 다시 살펴보자.

"… 예수의 신세, 비운의 사나이로 왔다가 비운의 사나이로 갔던 그 모든 한을 풀어주지 않고는, 다시 말해서 예수 보다 나은 자리에서 예수가 하지 못한 일을 청산 짓고 가지 못하게 되면 탕감 복귀 원칙이 이루어지지 않는 것 원리의 골자입니다."[44]

"예수는 양자 구원하기 위한 역사이지 아들로서의 완성 못했습니다. 그러니 다시 와야 합니다. 다시 와서 천사를 지배하고 만물세계를 지배해야 하나님 앞에 돌아가는 거예요. 하나님 앞에 천국에 못 들어가 있습니다."[45]

"기독교인들은 그저 믿으면 천당 가고 예수 그리스도가 우리 죄를 사하기

---

43 하나님의 속성에 두 가지가 있다. 하나는 하나님만이 가지신 절대적 속성으로 자존성(독립성), 불변성, 완전성, 무한성, 영원성, 전지성, 전능성, 편재성과 내재성 등이고 다른 하나는 인간에게 주신 공유적 속성으로 지혜, 지식, 선(善), 사랑, 성실성, 의로움, 진실성, 주관성 등이다.

44 「말씀」,152호, 20.

45 「말씀」,184호, 64.

위하여 죽었다고 하지만 그것은 몰라서 그러는 것이고 사도 바울이 기독교의 갈 길을 잘못 가르친 것입니다."[46]

"공자, 석가, 예수가 다 내 부하다."[47]

"예수님보다 여러분이 낫지 않으면 천국에 들어가지 못합니다. … 다시 말하면 예수보다 못해 가지고는 천국 못 들어갑니다."[48]

"세례 요한이 틀림없이 하늘의 명령을 받아 예수를 메시아라고 증거하고 보니 이에 사생아로 소문난 예수였던 것입니다. 애기 배가지고 남몰래 데려온 것 친척들이 다 알고 있었다는 것입니다. 그런 소문은 사가리아 가정에서 다 알고 있었습니다."[49]

비판

문선명 씨는 예수님을 "비운의 사나이"라고 한다. 왜냐하면 십자가에 죽기 위해 온 것이 아니었는데 무지한 군중들에 의해 억울하게 죽었고 둘째 아담으로서 마리아와 탕감 복귀를 해야 하는데 못했기 때문이라고 한다. 여기서 탕감 복귀는 어머니 마리아와의 성관계를 말한다. 마리아와 성관계를 하고 살아서 탕감복귀를 해야 되는데 못하고 억울하게 죽었으니 영적 구원만 이루고 육적 구원은 실패했다는 것이다.

그러나 예수님은 요19,30절에서 "다 이루었다"고 선언하셨다. 무엇을 '다' 이루셨는가? 성부의 뜻을 다 이루고 순종을 이루고(빌2,5-11절 참고). 우리의 구

---

46 「말씀」,179호, 13.
47 「말씀」,182호, 29.
48 「말씀」,152호, 27-8.
49 「말씀」,152호, 9.

원을 다 이루셨다는 것이다. 예수님은 실패했다고 하지 않으셨고 나는 영적 구원만 이루고 육적구원은 못 이루었으니 나중에 문선명을 보내겠다고 하지 않으셨다.

　이 교단이 갖고 있는 기독론은 철저하게 실패한 비운의 예수님이다. 그리고 망언들에서 볼 수 있는 것처럼 예수님의 신성을 인정하지 않고 있다. 그러나 예수님은 사생아가 아니라 성령으로 잉태 되셨고 성자 하나님이시다. 예수님은 승리하셨지 실패하지 않으셨다. 요16,33절에 "이것을 너희에게 이르는 것은 너희로 내 안에서 평안을 누리게 하려 함이라 세상에서는 너희가 환난을 당하나 담대하라 내가 세상을 이기었노라" 라고 승리를 선언하셨다.

　그리고 예수님은 천국에 못 들어간 것이 아니다. 요16,28절에 "내가 아버지에게서 나와 세상에 왔고 다시 세상을 떠나 아버지께로 가노라 하시니"라고 말씀하셨고 행1,9절에 "이 말씀을 마치시고 그들이 보는데 올려져 가시니 구름이 그를 가리어 보이지 않게 하더라"라고 기록되어 있다. 또 골3,1절에도 "그러므로 너희가 그리스도와 함께 다시 살리심을 받았으면 위의 것을 찾으라 거기는 그리스도께서 하나님 우편에 앉아 계시느니라" 라고 분명히 기록되었다.

　결정적인 성경 구절은 행7,55-6절, "55.스데반이 성령 충만하여 하늘을 우러러 주목하여 하나님의 영광과 및 예수께서 하나님 우편에 서신 것을 보고 56.말하되 보라 하늘이 열리고 인자가 하나님 우편에 서신 것을 보노라 한대"에 있다.

　예수님의 신성을 부인하면서 예수님이 사생아이고 천국에도 못 갔고 실패한 비운의 사나이 등등은 문선명 씨 자신을 재림주로 등장시키기 위한 것에 불과하다.

(3) 성령론

　이 교단은 선(善)의 자녀를 낳기 위해 참 아버지인 예수님이 오셨는데 참 아버지 혼자서 자녀를 낳을 수 없으므로 참 어머니가 있어야 하는데 이 참 어머

니가 성령이라고 한다.⁵⁰

> 비판

〈5.바른 성령론〉에서 고찰한 것처럼 성령은 삼위일체 하나님의 제3위인 분으로서 성령을 참 어머니로 거론하는 것은 성령에 대해서 무지한 결과이다.

(4) 인간론

이 교단의 교리 중 타락론이 중요한데 인간론에서 살피는 내용과 중복되므로 인간론에서 타락론을 같이 고찰하기로 한다.

(1) 인간을 타락한 존재로 본다. 그런데 이들의 타락론은 특이하다.

하와가 루시퍼와 불륜관계를 맺은 것이 영적타락인데 이 타락을 아담은 모르고 하나님만이 아시는 타락임으로 인정타락(認定墮落)이 된다. 루시퍼와 불륜관계를 한 하와가 영적으로 성숙하지 못한 아담과 성관계를 가진 것이 육적타락인데 사탄의 피를 받은 하와가 하나님 허락 없이 아담과 육적 간음을 함으로써 아담도 더럽혀졌으므로 결정타락(決定墮落)이 되고 가인이 아벨을 살해한 판정타락(判定墮落), 모자타락(母子墮落)인 하와와 가인의 타락. 등등 많은 타락론이 등장한다.

문선명 씨의 다음의 말을 보자. "아담과 하와를 유혹한 옛 뱀(계12,9)이 바로 사탄이고, 이것이 타락한 천사장 누시엘인 것이다(사14,12). 선악과는 과일이 아니다(마15,11). 금단의 열매인 해와의 정조를 말함이며, 이를 따먹었다는 말은 불륜한 사랑의 관계를 맺었다는 말이고, 그런 결과로 아담 해와는 타락 후 부끄러워 하체를 가렸던 것이다(창3,7; 욥31,33). 이것이 인간의 원죄이며 모든 죄악의 씨가 된 것이다."⁵¹

---

50 통일교, 『원리강론』, 228.
51 세계기독교통일신령협회, 『통일교소식』 (서울: 성화사, 1985), 16.

이 말과 연결되는 말이 『원리해설』에도 있다. "즉 죄의 뿌리는 따 먹는 데 있으며 따 먹었다는 것은 하나님이 허락지 않은 기간에서 불륜한 정조관계를 맺었다는 것을 의미한다."[52]

(2) 인간을 탕감 복귀를 해야 되는 존재로 본다. 탕감 복귀의 방법은 셋째 아담인 문선명 씨와 그의 부인 한학자 씨를 참 부모님으로 모시고 육적구원까지 받는 것을 말한다.

(3) 인간이 육체적으로 죽음을 맞는 것은 죄의 결과가 아니라 본래 죽도록 창조 되었다.[53]

(4) 인간의 구성이 육체는 육심과 육신으로, 영인체는 생심과 영체로 구성되어 있다.[54]

비판

물론 인간은 타락한 존재이다. 에덴동산에서 선악과를 먹지 말라는 말씀을 어겨서 원죄가 들어 왔다. 그리고 살면서 짓는 본죄(자범죄)도 있다. 그러나 이 교단에서 말하는 것처럼 선악과가 생식기이고 선악과를 먹은 것이 성적 관계를 의미하는 그런 타락이 아니다. 선악과 자체에 독이 있어서가 아니라 먹지 말라는 하나님의 말씀을 어겼기 때문에 타락한 것이다.

인간을 보는 관점으로 예를 든다면 프로이드는 인간을 리비도(Libido), 성적 관점에서 보았고 마르크스는 경제적 관점에서 보았다. 그런데 이 교단의 타락

---

[52] 『원리해설』,135. 이 책은 1953년 통일교에 입교한 유효원 씨가 문선명 씨의 『원리원본』을 기초로 하여 1957년에 출간하였고 이를 보강하여 1966년에 『원리강론』이 나왔다. 이 책들은 모두 문선명 씨가 재림주임을 증거 할 목적으로 만들어 졌다.

[53] 『원리해설』, 109.

[54] *Ibid.*,61.

론은 철저하게 성적인 관점에 기울어져 있다.

그리고 우리가 죄를 용서 받는 것과 하나님의 자녀의 신분을 회복하는 것은 오직 예수 그리스도를 믿음으로만 가능하다.

롬8,1-2절, "1.그러므로 이제 그리스도 예수 안에 있는 자에게는 결코 정죄함이 없나니 2.이는 그리스도 예수 안에 있는 생명의 성령의 법이 죄와 사망의 법에서 너를 해방하였음이라"는 말씀에 근거하여 죄 용서를 받는 것이지 문선명 씨와 한학자 씨를 참 부모님으로 모셔서 받는 것이 결코 아니다.

그리고 하나님의 자녀가 되는 것도 요1,12절, "영접하는 자 곧 그 이름을 믿는 자들에게는 하나님의 자녀가 되는 권세를 주셨으니"에서 확인 할 수 있는 것처럼 예수님을 구주로 영접할 때 하나님의 자녀가 되는 것이다. 왜냐하면 요14,6절에 "예수께서 이르시되 내가 곧 길이요 진리요 생명이니 나로 말미암지 않고는 아버지께로 올 자가 없느니라"고 하셨기 때문이다. 우리가 하나님의 자녀의 신분을 회복하는 것은 '참 부모'를 통해서가 아니라 오직 예수 그리스도를 통해서이다.

그리고 인간의 죽음은 죄의 결과라고 성경이 증거 한다. 예를 들면 롬6,23절에 "죄의 삯은 사망이요 하나님의 은사는 그리스도 예수 우리 주 안에 있는 영생이니라"고 했고 하나님은 아담에게 선악과를 먹지 말 것을 말씀하셨다. 창2,16-7절에 "16.여호와 하나님이 그 사람에게 명하여 이르시되 동산 각종 나무의 열매는 네가 임의로 먹되 17.선악을 알게 하는 나무의 열매는 먹지 말라 네가 먹는 날에는 반드시 죽으리라 하시니라"고 분명히 죽음을 경고하셨다.

그리고 인간의 구성이 육체는 육심과 육신, 영인체는 생심과 영체로 구성된 것이 아니라 영과 육으로 구성되어 있다고 롬8,5-6절에 "5.육신을 따르는 자는 육신의 일을, 영을 따르는 자는 영의 일을 생각하나니 6.육신의 생각은 사망이요 영의 생각은 생명과 평안이니라" 라고 기록되었다. 또 창2,7에도 "여호와 하나님이 땅의 흙으로 사람을 지으시고 생기를 그 코에 불어넣으시니 사람이 생령이 되니라"고 했으며 약2,26절의 "영혼 없는 몸이 죽은 것 같이 행함이 없는 믿음은 죽은 것이니라"는 말씀은 인간이 영혼과 육체로 이루어져 있음을 분명히 증거하고 있다.

(5) 계시론

문선명 씨는 전술한 것처럼 16세 때인 1936년 4월 17일, 부활절 아침에 계시를 받았다고 한다. 그리고 하늘 부모님 교단은 『원리강론』을 새 시대, 성약 시대의 새로운 계시로 믿는다. 이 『원리강론』은 문선명 씨가 신적 계시를 받아서 기록한 것이라고 한다. 그래서 성경보다 『원리강론』을 더 우위에 둔다. 왜냐하면 성경을 진리 자체가 아니라 진리를 가르치는 교과서 정도로 보기 때문이다.

또 이 교단은 성경을 구시대의 산물로 본다. 생활이 낙후되고 지적인 수준이 낮고 윤리와 도덕도 체계를 갖지 못하고 문화 개발도 늦은 때에 기록된 과정적인 교훈집이라고 한다.[55]

다음의 말은 이 교단이 성경을 어떻게 생각하는 지를 단적으로 보여준다. "인간이 몽매(夢昧)하여 진리를 직접 받을 수 없었던 구약시대에는 진리 대신에 제물을 드리게 하셨고, 인간의 심령과 지능의 정도가 높아짐에 따라 모세 때는 율법(律法)을, 예수님 때는 복음을 주셨다."[56] 그런데 전술한 것처럼 성경이 구시대의 산물인 만큼 새 시대에 맞는 새 계시가 필요한데 그것이 『원리강론』이라고 주장한다. 그래서 『원리강론』은 오늘날의 지성인들이 진리를 깨닫도록 고차원적인 내용과 과학적인 표현 방법이 나와야 한다는 것이다.[57]

비판

기독교는 두 가지 계시를 믿는다. 일반계시(자연계시)와 특별계시(초자연계

---

55   통일교, 『원리강론』, 139.
56   *Ibid*., 139.
57   *Ibid*., 139.

시)이다. 특별계시는 성경과 그리스도이다. 그리고 성경 자체가 시대를 초월하여 변함없이 구원과 삶에 적용되는 기준임을 선언한다.

예를 들면 딤후3,16-7절에 "15.또 어려서부터 성경을 알았나니 성경은 능히 너로 하여금 그리스도 예수 안에 있는 믿음으로 말미암아 구원에 이르는 지혜가 있게 하느니라 16.모든 성경은 하나님의 감동으로 된 것으로 교훈과 책망과 바르게 함과 의로 교육하기에 유익하니 17.이는 하나님의 사람으로 온전하게 하며 모든 선한 일을 행할 능력을 갖추게 하려 함이라"고 명기되어 있기 때문이다.

성경은 15절에 있는 것처럼 "구원에 이르는 지혜가" 있는 책이다. 그리고 이 지혜는 시대를 초월하는, 시대에 영향을 받지 않는 지혜이다. 왜냐하면 하나님의 감동으로 기록되었기 때문이다. 그리고 16절과 17절은 성경이 교훈, 책망, 바르게 함, 의로 교육하기에 유익하며 성도를 온전하게 하고 모든 선한 일을 행할 수 있는 능력을 갖추게 한다고 하였다. 즉 성경으로 계시는 충족(계시의 충족성)되었다. 더 이상 다른 계시가 필요하지 않다. 그러므로 이제 구원을 위하여 『원리강론』 뿐만 아니라 어떤 계시도 필요치 않으며 의미가 없는 것이다.

박영관은 문선명 씨가 계시를 받아 기록했다는 『원리강론』에 결정적인 오류가 있음을 지적한다.[58] 그 오류는 『원리강론』의 한국어 본과 영역본의 차이점이다. 한국어 본에는 "그러면 그 언어는 어느 나라 말로 통일될 것인가? 그 물음에 대한 답은 너무도 자명(自明)하다. 자식은 부모의 말을 배우는 법이기 때문이다. 인류의 부모이신 예수님이 한국으로 재림하시는 것이 사실이라면 그 분은 틀림없이 한국말을 쓰실 것이므로 한국어는 바로 조국어(祖國語)가 될 것이다. 따라서 모든 민족은 이 조국어를 사용하지 않을 수 없게 될 것이다."[59]

---

58   박영관, 『異端宗派批判』, 268.
59   통일교, 『원리강론』, 555-6.

라는 문단이 있으나 영역본에는 삭제되었다고 박영관은 지적한다.[60] 신적 계시를 받아서 기록했다는, 그래서 성경보다 우위에 두는 『원리강론』이 얼마나 모순이 있는지를 스스로 보여주는 좋은 예이다.

(6) 재림론(메시아론)

문선명 씨의 주장을 살펴보자.

"예수 그리스도가 운명하신지 약 2천년의 시간이 흘렀습니다. 이제 하나님께서는 제3차 아담의 자격으로 아들을 보내실 준비를 하고 계시는 것입니다."[61]

"실체의 아버지로 오시는 재림 주님을 맞이할 수 있는 기대를 세워야 합니다."[62]

"하나님이 이미 이 땅 위에 인생과 우주의 근본문제를 해결하게 하시기 위하여 한 분을 보내셨으니 그 분이 바로 문선명 선생이시다."[63]

"재림 메시아는 제3 아담이며 재림주로서 최고의 땅의 여자와 만나 어린양 혼인잔치를 한다."[64]

"… 타락으로 말미암아 인류의 참 조상, 참 부모가 되지 못한 아담 해와 대신 새로운 메시아께서 인류의 참 조상, 참 부모가 되시는 것이란다. … 이 넓은 세상에서 메시아를 어떻게 찾아요 아저씨– 바로 저기다, 백의민족, 선의 민족인 이 땅 한국에 계신단다."[65]

---

60 박영관은 삭제된 이유를 1)문선명 씨가 미국으로 이민 간 것과 2)현재의 세계어가 한국어가 아니라 영어를 비롯한 몇 개 국어이므로 한국어가 세계어가 되기는 힘들 것을 지적한다.

61 「말씀」, 165호, 41.

62 세계기독교통일신령협회, 『하나님의 뜻과 세계』 (서울: 성화사, 1988),132.

63 통일교, 『원리강론』, 17.

64 세계기독교통일신령협회, 『하나님의 뜻과 세계』, 686.

65 전국초중고원리연구회, 『청소년의 희망과 꿈 시간여행』 (서울: 용산). 이 책은 만화로 구성되어 있으며 출판년도가 없는 비매품이다.

이외에도 문선명 씨는 직/간접적으로 재림주임을 밝혔다. 그리고 재림 예수님이 구름을 타고 오신다는 것은 문자적인 구름이 아니고 상징으로서 많은 사람들 가운데 오신다는 것이고 초림 예수가 여자의 몸에서 태어나 살면서 초림 예수로 인정받은 것처럼 재림 예수 역시 여자의 몸에서 태어나 살다가 재림 예수로 인정받게 된다는 것이다.

비판

행1,9-11절에 "9.이 말씀을 마치시고 그들이 보는데 올려져 가시니 구름이 그를 가리어 보이지 않게 하더라 10.올라가실 때에 제자들이 자세히 하늘을 쳐다보고 있는데 흰 옷 입은 두 사람이 그들 곁에 서서 11.이르되 갈릴리 사람들아 어찌하여 서서 하늘을 쳐다보느냐 너희 가운데서 하늘로 올려지신 이 예수는 하늘로 가심을 본 그대로 오시리라 하였느니라"는 말씀은 예수님의 승천과 재림에 대해서 보여 준다. 특히 11절에 "하늘로 가심을 본 그대로 오시리라"고 하였다. 만약에 문선명 씨의 주장대로 구름이 많은 사람을 의미하거나 재림 예수가 인간으로 태어난다면 행1,9-11절은 틀린 것으로서 성경에서 삭제되어야 할 것이다.

그리고 예수님은 성자 하나님이시므로 문선명 씨처럼 인간 여자와 결혼할 이유가 전혀 없다. 히13,8절에 "예수 그리스도는 어제나 오늘이나 영원토록 동일하시니라"고 한 말씀은 예수 그리스도의 영원성을 말하고 있으므로 그 예수님이 재림하실 것이다.

예수님은 문선명 씨 같은 사람들이 많이 나타날 것을 미리 아시고 마24,4-5절 "4. 예수께서 대답하여 이르시되 너희가 사람의 미혹을 받지 않도록 주의하라 5.많은 사람이 내 이름으로 와서 이르되 나는 그리스도라 하여 많은 사람을 미혹하리라"고 경고 하셨다.

또 마24,23-6절에 "23.그 때에 사람이 너희에게 말하되 보라 그리스도가 여기 있다 혹은 저기 있다 하여도 믿지 말라 24.거짓 그리스도들과 거짓 선지자들이 일어나 큰 표적과 기사를 보여 할 수만 있으면 택하신 자들도 미혹하리라 25.보라 내가 너희에게 미리 말하였노라 26.그러면 사람들이 너희에게 말하되 보라 그리스도가 광야에 있다 하여도 나가지 말고 보라 골방에 있다 하여도 믿지 말라 27.번개가 동편에서 나서 서편까지 번쩍임 같이 인자의 임함도 그러하리라"라고 하신 것은 스스로 재림주라고 칭하는 많은 이단/사이비가 일어날 것을 예언하신 것이고 번개의 번쩍임을 말씀하신 것은 재림주가 사람으로 와서 살다가 인정받는 것이 아니라 갑자기 재림하실 것임을 말씀한 것이다.

그리고 이 교단에서 재림주가 한국에 임한다고 주장하는 것 역시 문선명 씨를 재림주로 부각시키기 위한 의도에 지나지 않으며 성경 어디에서도 그 근거를 찾을 수 없다.[66]

---

66 고 박준철 목사는 30년 동안 통일교에 몸담고 신도와 목사로 충성을 하였으나 지난 2001년 1월 9일 오후3시에 한국기독교 회관에서 기자회견을 갖고 통일교를 탈퇴하였다. 박준철, 『빼앗긴 30년 잃어버린 30년-문선명 통일교 집단의 정체를 폭로한다』(서울: 진리와 생명사, 2000)의 일독을 권한다.

5장

귀신론파[67]

---

[67] 예장 통합측에서 지난 2016년 9월 12일 오전 11시 한국교회 100주년 기념관 제2연수실에서 제100회기 특별 사면 선포식 및 기자회견을 열고 김기동(김성현과 성락교회), 고 박윤식(이승현과 평강제일교회), 변승우, 이명범, 교회연합신문(강춘오) 등에 대해 특별 사면을 단행한 바 있다. 이 사면과 관련하여 총회 임원회는 사면 유예기간 2년을 설치하고 유예 기간 동안 전문인으로 구성된 (1)신앙 및 신학교육 (2)교리체계 재구성 (3)상담 (4)이단 피해 교회의 치유와 화해 및 본 교단과 한국교회 내 공감대 확산 (5)모니터링 등을 제시하고 유예기간 중 사면을 받은 자들이 약속을 이행하지 않을 경우 사면 취소를 결의할 수 있다는 조건을 달았다.

귀신론파

1 | 귀신론파의 역사

흔히 귀신론파로 칭하는 이 파는 크게 다음의 셋으로 나누어진다.

1) 베뢰아 아카데미-김기동 씨가 세운 조직이다.

2) 그레이스 아카데미-김기동 씨의 제자인 한만영 씨가 세운 조직이다.

3) 드로아 아카데미-산○원부활의 교회 이○화 씨가 세운 조직이었다. 그런데 드로아 아카데미는 이 씨가 귀신론의 이단성을 인정하고 소속 교단으로 복귀하였다. 이 외에도 예루살렘 교회의 이초석 씨, 미국 LA 소재, 은혜한인교회의 김광신 씨 등이 있다. 한편, 한만영 씨와 김광신 씨는 동서지간으로 알려져 있다.

귀신론 파는 김기동 씨가 1978년 10월 베뢰아 아카데미를 설립한 뒤 『마귀론』을 집필하면서 공식적으로 드러났는데 이 책은 상(上), 중(中), 하(下) 세 권으로 구성되어 있다.

2 | 귀신론파
귀신론파의 주요 교리와 비판

1) 이중 아담론(이중 창조론)

이 이론은 김기동 씨 이전에 워치만 니가 주장했던 이론이다. 아담 이전에도 사람이 살고 있었는데 하나님께서 특별히 아담을 뽑아서 생령을 가진 존재로 만들었다는 것이 골자이다.

"이와 같이 충만한 수의 사람 중에서 아담 하나를 뽑았으니 그 아담은 얼마나 개화된 인간이었겠습니까? 하나님은 이렇게 한 사명자를 불러 이 기존적인 인격 위에 항구적 가치를 부여하심으로써 생령이 되게 하셨습니다."[68] 김기동 씨는 이 근거를 말2,15절 "그에게는 영이 충만하였으나 오직 하나를 만들지 아니하셨느냐 어찌하여 하나만 만드셨느냐 이는 경건한 자손을 얻고자 하심이라 그러므로 네 심령을 삼가 지켜 어려서 맞이한 아내에게 거짓을 행하지 말지니라" 라는 구절을 들고 있다.

또 하나의 근거는 가인이 아벨을 죽인 후에 누가 자기를 죽일까봐서 하나님께 표를 구하는데 가인을 죽일 사람이 누구냐는 것이다. 즉 아담과 하와, 가인과 아벨, 이렇게 넷 밖에 없는데 가인의 이 말이 성립하려면 아담 이전에도 사람이 살고 있었어야 된다는 이론에 근거하고 있다.

비판

말라기 2장의 전체 문맥을 보면 이중 아담론과는 거리가 먼 것을 알 수 있

---

68   김기동, 『마귀론 上』 (서울: 베뢰아, 1985), 83.

다. 말라기 2장 11-5절을 보자.

11. 유다는 거짓을 행하였고 이스라엘과 예루살렘 중에서는 가증한 일을 행하였으며 유다는 여호와께서 사랑하시는 그 성결을 욕되게 하여 이방 신의 딸과 결혼하였으니
12. 이 일을 행하는 사람에게 속한 자는 깨는 자나 응답하는 자는 물론이요 만군의 여호와께 제사를 드리는 자도 여호와께서 야곱의 장막 가운데에서 끊어 버리시리라
13. 너희가 이런 일도 행하나니 곧 눈물과 울음과 탄식으로 여호와의 제단을 가리게 하는도다 그러므로 여호와께서 다시는 너희의 봉헌물을 돌아보지도 아니하시며 그것을 너희 손에서 기꺼이 받지도 아니하시거늘
14. 너희는 이르기를 어찌 됨이니이까 하는도다 이는 너와 네가 어려서 맞이한 아내 사이에 여호와께서 증인이 되시기 때문이라 그는 네 짝이요 너와 서약한 아내로되 네가 그에게 거짓을 행하였도다
15. 그에게는 영이 충만하였으나 오직 하나를 만들지 아니하셨느냐 어찌하여 하나만 만드셨느냐 이는 경건한 자손을 얻고자 하심이라 그러므로 네 심령을 삼가 지켜 어려서 맞이한 아내에게 거짓을 행하지 말지니라
16. 이스라엘의 하나님 여호와가 이르노니 나는 이혼하는 것과 옷으로 학대를 가리는 자를 미워하노라 만군의 여호와의 말이니라 그러므로 너희 심령을 삼가 지켜 거짓을 행하지 말지니라

말라기 2장의 내용은 제사장들을 책망하시면서 11절에 유다가 이방신의 딸과 결혼한 것을 나무라시는 것이다. 그리고 16절에 이혼을 책망하신다. 그리고 15절의 말씀을 굳이 해석한다면, 많은 사람들 중에서 아담을 재창조했다는 것이 아니라 첫 사람 아담을 창조 하셨다고 해석하는 것이 더 타당하다. 그리고 이중 아담론을 배격하는 결정적인 내용은 성경에 있다.

창2,3-7절을 자세히 보자.

3. 하나님이 그 일곱째 날을 복되게 하사 거룩하게 하셨으니 이는 하나님이 그 창

조하시며 만드시던 모든 일을 마치시고 그 날에 안식하셨음이니라
4. 이것이 천지가 창조될 때에 하늘과 땅의 내력이니 여호와 하나님이 땅과 하늘을 만드시던 날에
5. 여호와 하나님이 땅에 비를 내리지 아니하셨고 땅을 갈 사람도 없었으므로 들에는 초목이 아직 없었고 밭에는 채소가 나지 아니하였으며
6. 안개만 땅에서 올라와 온 지면을 적셨더라
7. 여호와 하나님이 땅의 흙으로 사람을 지으시고 생기를 그 코에 불어 넣으시니 사람이 생령이 되니라

위 구절들에서 3절과 4절은 창조의 마침에 대해서 말씀하고 5절에 "땅을 갈 사람도 없었으므로"라고 명시되어 있다. 그리고 7절에 와서 첫 사람 아담을 지으신 것을 기록하였다. 그러므로 아담 이전에도 사람이 있었다는 주장이 성립되려면 창2,5절이 삭제되어야만 가능하지 않겠는가? 그리고 가인을 누가 죽일 것이냐는 의문에는 성경의 생략된 역사에서 그 답을 찾을 수 있다. 예를 들면 예수님의 공생애 기간은 3년이지만 복음서에 그 행적이 다 기록되어 있지 않다. 또한 이스라엘이 출애굽하여 광야 40년을 지냈지만 성경은 다 기록하지 않고 중요한 사건들만 기록하였다. 마찬가지로 가인이 아벨을 죽인 뒤 자신이 죽임 당할 것을 염려한 것은 가인과 아벨이 각기 결혼했고 아벨의 자손이 있을 것을 추정하는 것이 바람직하다. 그러므로 이중 아담론은 비성경적인 주장임을 알 수 있다.

2) 공중(궁창) 이 마귀를 가둘 감옥으로 창조 되었다.

김기동 씨는 "첫째, 공중은 마귀가 있던 곳입니다(엡2:1-2). 불순종하는 자들을 지배하는 영이 있던 곳이 곧 공중입니다. 신의 하늘이 아니라 공중 하늘입니다. 둘째, 공중은 하늘의 전쟁이 있던 곳입니다(계12:7). 참소하던 자가 하나님의 천사를 이기지 못한 곳입니다. 셋째, 공중은 어느 날 사라질 것입니다

(벧후3:10). 공중도 하나의 피조계일 뿐이며 어느 날엔가 해와 달도 빛을 잃고 체질[원소]이 뜨거운 불에 풀어질 것입니다."[69]라고 주장한다.

그리고 "이렇게 윗물과 아랫물이 갈라져 가운데는 공중이 남게 되었습니다. 이전까지는 마귀가 흑암을 주관하는 자로 있었는데 공중이 생긴 때부터 공중 권세 잡은 자가 된 것입니다(엡2:2). 하나님이 공중을 만드셨으나 좋았더라 하지 않으신 것은 마귀가 거할 장소였기 때문입니다. 누가 형무소를 만들어 놓고 좋았더라 하겠습니까?"[70]라고 주장하였다.

비판

공중(궁창)을 마귀를 가둘 감옥으로 창조하셨기에 "좋았더라"라는 말씀이 없다고 김기동 씨는 말하지만 이것은 성경을 자세히 읽지 않은 데서 오는 오해이다. 창1장에는 천지의 창조된 역사가 기록되어 있는데 궁창은 둘째 날 창조 되었다. 그런데 다른 날은 "보시기에 좋았더라"는 말씀이 있지만 둘째 날, 궁창을 만드신 후에는 '좋았더라'는 말씀이 없기에 김기동 씨가 여기에 근거해서 이런 주장을 하는 것으로 보인다. 그런데 창1,31절에 "하나님이 지으신 그 모든 것을 보시니 보시기에 심히 좋았더라 저녁이 되고 아침이 되니 이는 여섯째 날이니라"고 기록되어 있다. "지으신 모든 것"에 궁창은 포함되지 않는다는 말인가? 아니면 창1,31절에 '궁창만 빼고'라는 말을 삽입해야 되지 않겠는가? 그러면 하나님은 왜 궁창을 만드신 후에 좋았더라고 하지 않으셨는가. 그것은 김기동 씨의 주장대로 마귀를 가둘 감옥을 만드셔서 좋았더라고 하지 않으신 것이 아니라 창1,31절에 근거하여 볼 때 '생략'된 것으로 보는 것이 더 설득력이 있는 해석이다.

---

69   김기동, 『마귀론 下』 (서울: 베뢰아, 1986), 103.

70   김기동, 『마귀론 上』, 66.

3) 인간의 수명 120년과 불신자의 사후 영(靈)의 빙의(憑依)

김기동 씨는 "창세기6장 3절에 인간이 세상에 머무는 연수의 한계를 120년이라 했습니다. 과거에는 사람들이 천 년 가까이 살았는데 노아 홍수 이후부터 사람의 수명이 줄어들었습니다."[71]라고 한다. 즉 창6,3절 "여호와께서 이르시되 나의 영이 영원히 사람과 함께 하지 아니하리니 이는 그들이 육신이 됨이라 그러나 그들의 날은 백이십 년이 되리라 하시니라"라는 말씀에 근거하여 인간의 수명을 120년으로 보는 것이다.

"그런데 자연 수명이 백 살인 을이라는 사람이 암으로 60살에 죽었다고 합시다. 그는 자연수명에서 60살에 죽었기에 아직 40살이 남아 있습니다. 이때는 무저갱으로 가는 것이 아니고 음부에서 자연수명이 차기까지 40년간을 마귀와 그 사자들과 함께 활동하게 되는 것입니다."[72] 김기동 씨의 주장을 정리하면 인간의 수명은 120살이고 자연수명은 개인 별로 다를 수 있지만 불신자가 자기의 자연수명을 다 못 채우고 죽으면 귀신이 되어 살아 있는 사람에게 빙의(憑依)하여 질병 등으로 괴롭힌다는 것이다.

> 비판

창6,3절의 "그들의 날은 백이십 년이 되리라"는 말씀은 크게 세 가지로 해석된다. 1)노아가 방주를 지은 기간이라는 견해 2)인간의 최대 수명을 가리킨다는 견해. 이 견해는 Keil, Kinder 등이 주장하는데 서철원은 사람의 수명이 (120년이 아니라-저자 주) 과격하게 줄어들 것을 말한다고 해석하였다.[73] 3)사람의 수명이나 방주 지은 기간이 아니라 120년이 지난 후에 홍수 심판이 있으리

---

71   Ibid., 180.
72   Ibid., 187.
73   서철원, 『창세기 주석1』 (서울: 그리심, 2001), 258-9.

라는 의미로 보는 견해이다.[74] 위의 두 가지 견해에서 1)번의 견해는 연대를 계산해보면 120년이 아니라는 것이 분명하므로 제외되고[75] 2)번의 견해보다 3)번의 견해가 학계에서 더 많은 지지를 받고 있다. 그러므로 창6,3절의 말씀을 인간의 수명으로 보는 김기동 씨의 주장은 설득력이 약하다.

다음으로 자연수명을 못 채우고 죽은 불신자의 사후 영이 귀신이 되어 빙의하여 사람을 괴롭힌다는 주장은 성경에서 찾아 볼 수 없는 주장으로 김기동 씨가 축사하면서 얻은 추론에 불과하다. 축사할 때 귀신이 무어라고 말했든지 간에 사탄은 거짓의 아비라는 요8,44절의 말씀을 기억해야 한다.

4) 모든 병의 원인은 귀신이다

김기동 씨는 그의 책 『마귀론 下』 '귀신의 사역' 장에서 다음과 같이 주장한다. "첫째, 귀신은 모든 병의 원인입니다."[76] "둘째, 모든 사고의 원인은 귀신입니다."[77] "셋째, 모든 중독의 원인은 귀신입니다."[78] "넷째, 모든 범죄의 원인은

---

74 박윤선, 『창세기, 박윤선 성경주석시리즈1』, (서울: 영음사, 1991), 132-3. 이병규, 『창세기 성경강해주석』 (서울: 염광출판사, 1999), 86-7. 김의원, 『하늘과 땅 그리고 족장들의 톨레돗』 (서울: 총신대학교출판부, 2004), 164.

75 창7,6절과 11절에 의하면 홍수 심판은 노아가 600세 되던 해였다. 그리고 창6,10과 18절에 의하면 세 아들, 셈과 함과 야벳이 결혼하였다. 그런데 노아가 세 아들을 낳은 것은 창5,32절에 의하면 노아가 500세 된 후였다. 창11,10절에 근거하면 노아가 502세에 셈을 낳았고 세 아들이 자라서 결혼 한 후에 홍수 계시가 있었음을 창6,18절과 7,13절에서 알 수 있다. 이상의 연대를 계산하면 셈을 낳은 502세를 기준으로 보면 방주 제작 기간은 98년이 못되고 세 아들을 연년생으로 낳았다고 해도 노아 나이 502세부터 3년이 더 걸렸을 것이고 이들이 최소한 15세가 넘어야 결혼했을 것으로 따지면 방주 제작 기간은 70~80년이다.

76 김기동, 『마귀론 下』, 170.

77 Ibid.,171.

78 Ibid.,172.

귀신입니다."[79] "다섯째, 모든 자살의 원인은 귀신입니다."[80]라고 하였다. 즉 질병, 사고, 중독, 범죄, 자살의 원인이 귀신 때문이라는 것이다.

비판

극단적으로 생각해서 성령이 이런 일을 할 리가 없기 때문에 귀신이 한다고 하면 할 말이 없다. 그러나 살펴보면 김기동 씨의 주장이 맞지 않다는 것을 알 수 있다. 이 글을 쓰는 현재(2022년 2월), 전 세계는 코로나19 바이러스로 고통 중에 있다. 그러면 이 바이러스로 병이 들면 그 병은 바이러스가 원인인가? 귀신이 원인인가? 살균(殺菌)을 해야 하는가? 축사(逐邪)를 해야 하는가?

바울은 믿음의 아들 디모데에게 "이제부터는 물만 마시지 말고 네 비위와 자주 나는 병을 인하여 포도주를 조금씩 쓰라"(딤전5,23)고 권면했다. 비위(脾胃)라는 단어를 볼 때 디모데의 위장병 때문에 한 말이다. 모든 병의 원인이 귀신이라면 영성 있는 바울이 디모데에게 붙은 귀신을 쫓아내 주든지, 아니면 귀신을 쫓아내라고 하지 않고 왜 포도주를 조금씩 마시라고 했겠는가? 양화진 외국인 묘지에 가보면 선교 초기에 한국에 와서 질병으로 죽은 선교사들이 있다. 이들은 귀신을 이기지 못해서 죽었는가? 김기동 씨가 주장하는 사고, 중독, 범죄, 자살의 경우도 마찬가지이다. 다시 말해서 성령이 이런 일을 할 리가 없기 때문에 귀신이 한다고 하면 할 말이 없지만 모든 질병, 사고, 중독, 범죄, 자살이 귀신 때문이라는 것은 설득력이 없는 주장이다.

5) 천사 가변설

천사 가변설에 대한 김기동 씨의 주장을 보자. "사무엘상 16장 14절에 '하나님의 신이 떠나고 하나님의 부리시는 악신이 사울을 번뇌케 한지라'하는 구

---

79   Ibid.,173.

80   Ibid.,174.

절이 있습니다. 이들은 사울이 타락하기 전의 신과 타락한 후의 변질된 신을 말하는데 둘 다 개인의 천사를 가르키는 것입니다. … 곧 하나님의 신은, 천사가 변하기 전을 말하고 하나님이 부리시는 악신은 그 천사가 가변되었을 때를 말합니다."[81]

김기동 씨는 또 "열왕기상 22장 19절 이하에 아합 왕을 돕던 천사들이 얼마나 많았습니까? 그런데 이 많은 천사들이 가변되기 시작했습니다. … 이는 한 영이 가변되는 장면입니다. 한 천사가 거짓말하는 영이 됨으로 400명 가량 되는 많은 선지자들의 입에 하나님께서 거짓말하는 영을 넣어 질을 바꾸심으로 가변되어 버린 것입니다."[82]라고 주장한다.

비판

김기동 씨의 견해를 정리하면 하나님께서 어떤 사람을 도우라고 천사를 보내셨는데 그 사람이 하나님의 뜻에 어긋나면 도우라고 보냄 받은 천사가 변하여(可變) "하나님의 신"이 "하나님이 부리시는 악신"으로 변한다는 것이다. 김기동 씨는 그 근거로 사울의 경우와 열왕기상 22장을 들고 있다. 먼저 삼상 16,14절을 보자. "하나님의 부리시는 악신"이 천사가 가변되어서 된 존재라는 근거를 찾을 수 있는가? "하나님의 부리시는 악신"이라는 표현은 악신조차도 하나님의 주권과 섭리 하에 있다는 것을 표현한 것이지 성경 어디에도 천사가 가변된다는 말은 없다.

그리고 왕상22장을 보자. 한 영이 "거짓말하는 영이 되어 그 모든 선지자들의 입에 있겠다"는 말은, 미가야 선지자와 대적중인 400명 선지자들의 입장에서 생각해보아야 한다. 하나님은 악한 왕 아합을 심판하기로 작정하셨고 아합으로 하여금 판단을 잘못하여 길르앗 라못으로 올라가 아람과 전쟁을 하도록 작정하셨다. 그런데 아합은 미가야 한 사람 보다도 400명 선지자들을 더 신

---

81   김기동, 『마귀론 中』, 62.
82   *Ibid*., 63-4.

뢰하고 있다. 이 때 한 영이 "거짓말하는 영이 되어 그 모든 선지자들의 입에 있겠다"고 한 것은 한 영(천사)이 거짓말하는 영으로 가변되겠다는 말이 아니라 그 선지자들의 입장에서 볼 때 그들이 바른 계시를 받은 것처럼 속이겠다는 것이다. 즉, 그 400명 선지자들은 바른 영적 계시를 받은 것처럼 생각할지 모르나 실은 거짓된 계시를 받게 된다는 것을 말한다. 그래서 왕상22,22절에 "여호와께서 이르시되 너는 꾀겠고 또 이루리라 나가서 그리하라 하셨은즉" 이라고 한 것이다.

6) 성경과 성서를 구분한다

김기동 씨의 주장을 들어보자. "성령의 활동은 성경의 테두리를 초월하실 수 있다는 것을 알아야 합니다. 마치 성경이란 아침 햇살이 문틈으로 새어 들어옴 같이 하나님의 모든 성품과 그 능력과 역사 가운데서 지극히 적은 부분이 비추인 책이라는 것을 알아야 합니다. 현재 성경으로서는 예수 그리스도를 다 알지 못합니다. 성령으로 더욱 알고 그 날에 가서 그를 더욱 알고 영원히 깨닫게 될 것입니다."[83]

또한 김기동 씨는 자신의 설교도 성서적 가치를 가진다고 주장한 것으로 알려졌다. "즉 오늘의 성경에는 성경과 성서가 있는데 성경은 계시이기 때문에 가감할 수 없지만 성서는 계시인 성경을 증거 해주는 것으로 가감할 수 있다. 성경은 모세오경과 공관복음으로 8권이고 나머지 58권은 성서이다. 나의 설교나 간증문도 성경을 증거 해 주는 것이므로 성서적 가치를 지닌다."[84]

---

83   베뢰아국제진흥원, 『대한예수교장로회(통합)교권주의와 최삼경 목사 사이비이단 연구(Ⅱ)』 (서울: 베뢰아, 1996), 42-43. 『풀빛목회』, 1985년 11월호 68-9.

84   이 내용은 베뢰아 9기생이 김기동 씨의 강의를 녹음한 테이프 24-1에 있다.

비판

성경으로서는 하나님의 성품과 능력과 역사를 다 알지 못하고 예수 그리스도를 다 알지 못하므로 성령으로 더욱 알아야 한다는 주장은 하나님과 예수 그리스도를 높이는 것 같으면서도 낮추는 결과를 낳는다. 왜냐하면 하나님께서 특별계시로 성경을 주셨기 때문이다. 그렇기에 어떤 사람이 성경에 계시되지 않은, 하나님과 예수 그리스도를 더욱 알게 되었다고 주장할 경우 그 주장의 내용에 대해 옳고 그름을 무엇을 기준으로 판단할 것이냐는 문제가 생긴다. 그러면 그 판단도 누군가가 성령으로 더욱 알아서 판단해야 한다면 이것은 곧 혼란상태, 그 이상도 그 이하도 아닐 것이다.

그리고 물론 성경에는 설교문도 있고 바울서신의 경우 편지도 있다. 그러나 김기동 씨의 설교나 간증문이 성서가 될 수도 있다는 주장은 성경을 기록하게 하시고 우리에게 특별계시로 주신 성령의 사역을 무의미하게 만드는 위험한 생각이다.

6장

하나님의 교회 세계복음선교협회 (안상홍증인회)

하나님의 교회 세계복음선교협회 (안상홍증인회)

1 | 하나님의 교회 세계복음선교협회의 역사

안상홍 씨는 '제7일 안식일 예수재림교회'(이하, '안식일교') 신도였다. 1918년 1월 13일 출생하여 1985년 2월 25일 부산의 식당에서 식사 중 뇌졸중으로 사망한 것으로 알려졌다. 1948년 12월 16일 이명덕 목사에게 세례를 받고[85] 1962년 안식교에서 탈퇴한 후 1964년 4월 28일 부산에서 '하나님의 교회 예수증인회'를 설립함으로 시작되었다.[86] 본래 명칭은 '하나님의 교회 안상홍증인회'였으나 1988년 안상홍 씨의 재림이 불발로 끝난 후 '하나님의 교회 세계복음선교협회'라는 이름을 쓰고 있다. '새언약유월절 하나님의 교회'가 따로 존재하는데 안상홍 씨의 친 아들이 이끌고 있다. '새언약유월절 하나님의 교회'는 '하나님의 교회 세계복음선교협회'가 어머니 하나님 장길자 씨를 내세우는 데 반발하여 세운 것으로 자신들의 정통성을 주장하면서 안상홍 씨를 하나님이나 보혜사가 아니라 선지자, 선생님 등으로 부르고 있다.[87]

---

[85] 일설에는, 이명덕 목사의 존재가 불분명하고 안식일교의 교적부에 기록된 세례는 1954년으로 기록되어 있어 1948년에 세례 받았다는 주장에 의문을 제기하고 있다.

[86] 이 교단의 역사에 대해서는 탁명환, 『한국의 신흥종교 기독교편4권』(서울: 국종출판사, 1990), 337-341을 보라. 이글은 당시 현대종교 김청 기자가 쓴 기사를 게재한 것이다.

[87] 새언약유월절 하나님의 교회에 대한 정보는 이 교파의 홈페이지인 http://www.ncpcog.co.kr 을 참고하라.

하나님의 교회 세계복음선교협회(안상홍증인회)

2 | 하나님의 교회 세계복음선교협회의 주요 교리와 비판

1) 안식일 준수

　안상홍 씨가 안식일교 신도였던 관계로 토요일 안식일을 지킨다. 안식일교는 하나님의 인이 안식일을 지키는 것이고 짐승의 표666이 다른 것이 아니라 주일을 지키는 것이라고 한다. 이들은 로마의 콘스탄티누스 황제가 태양신을 섬기던 날이 일요일, 지금의 주일이므로 주일을 지키는 것은 태양신을 섬기는 것과 같다고 주장한다.

비판

　구약의 안식일이 그리스도의 부활 후에 주일로 바뀌었다. 유대인들이 구원의 조건으로 믿었던 것이 율법준수인데 이것이 신약에 와서 복음으로 바뀐 것과 같다. 안식일 교인들은 주일(일요일)이 로마시대 태양신을 섬기던 날이라고 주장하면서 구약시대의 안식일을 지켜야 한다고 주장한다. 콘스탄티누스 대제가 기독교를 공인하면서 태양신을 섬기던 일요일을 주일로 삼았다는 것인데 이 주장은 설득력이 없다. 왜냐하면 로마가 기독교를 공인한 것은 A.D.313년 콘스탄티누스 대제 때였다.

　행20,7절에 "그 주간의 첫날에 우리가 떡을 떼려 하여 모였더니 바울이 이튿날 떠나고자 하여 그들에게 강론할새 말을 밤중까지 계속하매" 라고 되어 있다. 사도 바울이 드로아에서 복음을 전하는데 "그 주간의 첫날에" 모였다고 한다. 사도행전은 A. D.61-63년 사이에 기록되었다.

　또 고전16,2절에 "매주 첫날에 너희 각 사람이 수입에 따라 모아 두어서 내가 갈 때에 연보를 하지 않게 하라"라고 하였다. 고린도전서는 A. D. 55-56년 사이에 기록되었다.

계1,10절에 "주의 날에 내가 성령에 감동되어 내 뒤에서 나는 나팔 소리 같은 큰 음성을 들으니"라고 기록되었다. 요한계시록은 A. D. 90-96년 사이에 기록되었다.

행20,7절의 "그 주간의 첫날", 고전16,2절의 "매주 첫날", 계1,10절의 "주의 날" 등은 모두 지금의 주일을 가리킨다.

그러므로 초대교회와 사도들은 콘스탄티누스가 기독교를 공인하기 최소한 200년에서 250년 전에 이미 안식일 대신에 주일을 지키고 있었음을 알 수 있다. 그리고 짐승의 표666에 대해서는 『현대종교』 1990년 11월호에 게재된, 본 글의 저자가 쓴 「짐승의 수인가 사람의 수인가」를 참조하라.[88]

2) 유월절 준수

이 교파는 유월절을 지켜야 한다고 주장한다. 유월절에 대해서는 출12,22-51에 나오는데 특히 24-5절, "24.너희는 이 일을 규례로 삼아 너희와 너희 자손이 영원히 지킬 것이니 25.너희는 여호와께서 허락하신 대로 너희에게 주시는 땅에 이를 때에 이 예식을 지킬 것이라"에 근거한다.

비판

이 계명은 당시의 이스라엘 백성들에게 출애굽 당시 마지막 장자재앙을 기억하고 출애굽한 것을 기억하도록 주신 말씀이다. 초대교회에 유대인 크리스천과 이방인 크리스천 사이에 율법준수와 관련하여 갈등이 있었음을 전술한 바 있다.

그래서 최초의 종교회의인 예루살렘 회의에서 이 문제에 대한 회의가 있었

---

88   월간 『현대종교』 1990년 11월호 54-79를 보라.

고 결론이 행15,19-21절에 "19.그러므로 내 의견에는 이방인 중에서 하나님께로 돌아오는 자들을 괴롭게 하지 말고 20.다만 우상의 더러운 것과 음행과 목매어 죽인 것과 피를 멀리하라고 편지하는 것이 옳으니 21.이는 예로부터 각 성에서 모세를 전하는 자가 있어 안식일마다 회당에서 그 글을 읽음이라 하더라"고 기록되어 있다. 즉 우상의 더러운 것과 음행과 목매어 죽인 것과 피를 멀리 하라는 선에서 정리된 것이다.

그런데 이 교파처럼 지금 와서 유월절을 지켜야 한다고 주장하면 갈4,9-11절의 "9.이제는 너희가 하나님을 알 뿐 아니라 더욱이 하나님이 아신 바 되었거늘 어찌하여 다시 약하고 천박한 초등학문으로 돌아가서 다시 그들에게 종노릇 하려 하느냐 10.너희가 날과 달과 절기와 해를 삼가 지키니 11.내가 너희를 위하여 수고한 것이 헛될까 두려워하노라"는 말씀을 무의미하게 만드는 것이다.

그리고 갈4,10절의 "날"은 안식일과 금식일(화/금요일)을 말하고 "달"은 월삭(매월1일), "절기"는 유월절(무교절), 초막절(장막절), 오순절(칠칠절)을 가리키며 "해"는 안식년(매7년)과 희년(매49년)을 말한다.

바울이 이 말을 갈라디아 교회에 한 이유는 극단적 율법준수파인 유대인 크리스천들이 이런 것들도 지켜야 구원받는다고 하는 잘못된 주장을 펼치기 때문에 이를 막고자 한 것이다.

3) 성령하나님 보혜사 안상홍[89]

이 교파는 구약 시대는 여호와 하나님의 이름으로 구원받고 신약시대에는 예수 그리스도의 이름으로 구원받는데 지금은 성령 시대이므로 구원자의 이

---

89   한기총 제12회 총회보고서, 2001년 279-282를 보라. 안상홍 씨가 육신을 입고 온 하나님이며 성경에 예언된 재림주라고 한다. 안상홍, 『하나님의 비밀과 생수의 샘』(서울: 멜기세덱출판사, n.p.), 90, 201.

름이 안상홍 씨라는 것이다.[90] 재림예수 격으로 안상홍 씨가 이 땅에 왔다고 주장한다. 예를 들면 예수님이 '다윗의 위'로 오셨는데 공생애를 3년 밖에 못 하셨으니 남은 37년을 누군가가 채워야 하는데 안상홍 씨가 1948년 30세에 안식일교에서 침례를 받았고 37년 되던 1985년 2월 67세로 사망했으니 다윗의 위로 오신 것이 맞는다고 주장한다.

또 눅3,21에 보면 이미 세례(침례)를 받은 예수님이 눅12,50절에서 "나는 받을 세례가 있으니"라고 하셨기에 예수님이 다시 와서 세례(침례)를 받아야 하는데 안상홍 씨가 침례를 받으므로 예수님의 예언이 이루어졌다는 것이고 요16,7절에 보혜사가 오신다고 했으니 안상홍 씨가 보혜사라고 주장한다.

비판

'다윗의 위'를 이해하기 위해서 눅1,30-33절을 보자.

30. 천사가 이르되 마리아여 무서워하지 말라 네가 하나님께 은혜를 입었느니라
31. 보라 네가 잉태하여 아들을 낳으리니 그 이름을 예수라 하라
32. 그가 큰 자가 되고 지극히 높으신 이의 아들이라 일컬어질 것이요 주 하나님께서 그 조상 다윗의 왕위를 그에게 주시리니
33. 영원히 야곱의 집을 왕으로 다스리실 것이며 그 나라가 무궁하리라"라고 기록되었다.

32절에 "다윗의 왕위"라고 한 것은 첫째, 예수님의 혈통을 가리킨 것이고 둘째, 예수님의 통치가 다윗 왕 때처럼 견고하리라는 것을 말하며 33절의 "야곱의 집"은 택한 백성들을 표현한 것이다. 그러므로 다윗이 40년 재위했는데 예수님이 공생애 3년 밖에 안 되니 나머지 37년을 누가 채워야 된다는 근거를 성경에서 찾을 수 없으며 설령 누가 채운다 하더라도 그 사람이 다윗의 위로 왔다고 주장하는 것은 설득력이 없는 주장이다.

---

90 하나님의 교회, 『빛을 발하라 1권』, 8.

그리고 눅12,50절에서 예수님이 "나는 받을 세례가 있으니"라고 하신 것은 안상홍 씨가 나중에 와서 세례 받는다는 것이 아니라 십자가에서 죽으실 것을 예언하신 말씀이다.

4) 어머니 하나님 장길자 씨[91]

장길자 씨는 이 교파에서 어머니 하나님으로 추앙을 받고 있다. 장길자 씨는 안상홍 씨에 의해서 1981년에 하나님의 신부로 택함을 입었다고 하는데 그들은 계22,17절을 근거로 든다. 계22,17절에 "성령과 신부가 말씀하시기를 오라 하시는도다 듣는 자도 오라 할 것이요 목마른 자도 올 것이요 또 원하는 자는 값없이 생명수를 받으라 하시더라" 라고 했으니 성령은 안상홍 씨이고 신부는 장길자 씨라는 것이다.

또 마22장의 혼인잔치에서 신부가 없는데 신부는 마지막 때에 등장하며 아담이 하와와 동행한 것처럼 예수에게도 신부가 있어야 하는데 안상홍 씨가 장길자 씨를 신부로 택하여서 예수가 해결하지 못한 갈비뼈의 문제를 해결했다고 주장한다.[92]

비판

계22,17절에 "성령과 신부가 말씀하시기를 오라 하시는도다 듣는 자도 오라 할 것이요 목마른 자도 올 것이요 또 원하는 자는 값없이 생명수를 받으라 하시더라"에서 신부는 장길자 씨가 아니라 구원받은 성도들(교회)을 가리킨다.

요3, 29절에 "신부를 취하는 자는 신랑이나 서서 신랑의 음성을 듣는 친구가 크게 기뻐하나니 나는 이러한 기쁨으로 충만하였노라"라는 말씀이 있다. 이 말씀은 세례 요한이 자기가 그리스도가 아님을 변론하는 말씀이다. 즉 예

---

91 『하나님의 교회 구역장 교재』, 26.
92 탁명환, 『한국의 신흥종교 기독교편4권』, 341-2.

수님이 신랑으로 오셨다는 것이다.

그리고 바울은 고후11,1-2절에 "1.원하건대 너희는 나의 좀 어리석은 것을 용납하라 청하건대 나를 용납하라 2.내가 하나님의 열심으로 너희를 위하여 열심을 내노니 내가 너희를 정결한 처녀로 한 남편인 그리스도께 드리려고 중매함이로다 그러나 나는"라고 하였다. 여기서 신부는 고린도교회 성도들을 말한다. 그리고 마25장에 나오는 예수님의 비유는 하나님의 자녀들을 신랑을 기다리는 처녀들로 표현했다.

또 엡5,22-5절을 보자.

22. 아내들이여 자기 남편에게 복종하기를 주께 하듯 하라
23. 이는 남편이 아내의 머리 됨이 그리스도께서 교회의 머리 됨과 같음이니 그가 바로 몸의 구주시니라
24. 그러므로 교회가 그리스도에게 하듯 아내들도 범사에 자기 남편에게 복종할지니라
25. 남편들아 아내 사랑하기를 그리스도께서 교회를 사랑하시고 그 교회를 위하여 자신을 주심 같이 하라

위 본문에서 바울은 남편과 아내의 관계를 그리스도와 교회로 설명하고 있다.

또 계,19,7-9절을 보자.

7. 우리가 즐거워하고 크게 기뻐하며 그에게 영광을 돌리세 어린 양의 혼인 기약이 이르렀고 그의 아내가 자신을 준비하였으므로
8. 그에게 빛나고 깨끗한 세마포 옷을 입도록 허락하셨으니 이 세마포 옷은 성도들의 옳은 행실이로다 하더라
9. 천사가 내게 말하기를 기록하라 어린 양의 혼인 잔치에 청함을 받은 자들은 복이 있도다 하고 또 내게 말하되 이것은 하나님의 참되신 말씀이라 하기로

위 말씀은 아내(신부)가 세마포 옷을 입었는데 이 세마포 옷이 '성도들'의

착한 행실로 기록된 것을 보면 '신부'는 장길자 씨가 아니라 '성도들'임이 분명하고 세마포 옷(흰 옷)은 구원을 가리키고 세마포 옷 입은 자는 구원받은 성도를 가리킴이 분명하다.

계16,15절에 "보라 내가 도둑 같이 오리니 누구든지 깨어 자기 옷을 지켜 벌거벗고 다니지 아니하며 자기의 부끄러움을 보이지 아니하는 자는 복이 있도다"라고 하였다.

계4,4절에 "또 보좌에 둘려 이십사 보좌들이 있고 그 보좌들 위에 이십사 장로들이 흰 옷을 입고 머리에 금관을 쓰고 앉았더라"에서 24장로들이 흰 옷을 입었다.

계7, 9절에 "이 일 후에 내가 보니 각 나라와 족속과 백성과 방언에서 아무도 능히 셀 수 없는 큰 무리가 나와 흰 옷을 입고 손에 종려 가지를 들고 보좌 앞과 어린 양 앞에 서서"에는 큰 무리가 흰 옷을 입었다.

계7,13-4절에 "13.장로 중 하나가 응답하여 나에게 이르되 이 흰 옷 입은 자들이 누구며 또 어디서 왔느냐 14.내가 말하기를 내 주여 당신이 아시나이다 하니 그가 나에게 이르되 이는 큰 환난에서 나오는 자들인데 어린 양의 피에 그 옷을 씻어 희게 하였느니라"에서 알 수 있는 것처럼 '흰 옷'은 죄사함을 받아 구원 얻은 성도들을 가리킴이 확실하다. 정리하면 '하나님의 신부'는 장길자 씨가 아니라 성도들을 말한다.

안상홍 씨의 저서 『새 예루살렘과 신부 여자들의 수건 문제 해석』에는 당시 엄수인 이라는 여자가 갈4,26절의 "오직 위에 있는 예루살렘은 자유자니 곧 우리 어머니라"라는 구절을 들어 자신이 하늘에 있는 예루살렘이며 성도들의 어머니라고 하다가 안상홍 씨가 1983년 3월경에 엄수인 씨에게 다시는 그런 주장을 하지 않겠다는 각서를 받아 두었는데 계속 주장하다가 1983년 7월경에 쫓겨났고 안상홍 씨는 엄수인 씨의 주장을 반박하고자 이 책을 쓴 것으로 알려졌다. 그런데 엄수인 씨를 이어서 장길자 씨가 지금 그런 주장을 하고 있다. 그리고 안상홍 씨 자신이 남긴 친필 노트 중에서 "신부는 누구인가"에서 계시록에 기록된 여자는 교회이며 144,000 성도들이라고 써놓았다는 점이다. 한편 월간 『현대종교』의 보도에 의하면 안광섭 씨(안상홍 씨의 친아들)가 인터뷰를 통해 '하나님의 교회'가 안상홍 씨와 장길자 씨의 결혼사진을 근거로 장길자 씨가 안상홍 씨의 부인이라고 주장하는 데 대해 제적등본을 제시하면서 안산홍 씨의 부인은 황원순 씨로 1958년 4월 5일에 혼인신고가 되어 있다고 밝히고 자신은 그 사진을 처음 본다고 하여 그 사진이 조작되었을 가능성을 제시하였다.[93]

아래 사진은 안상홍 씨의 요한 계시록 해설집이다.

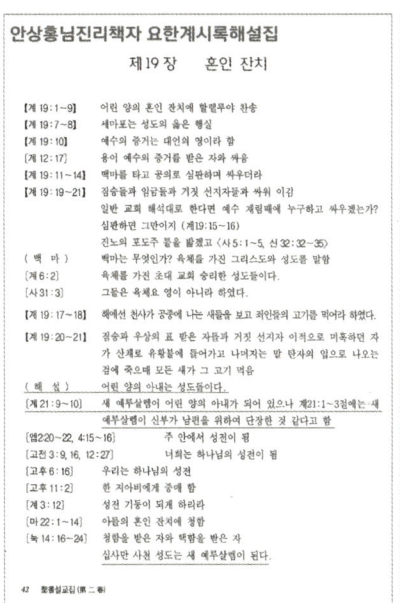 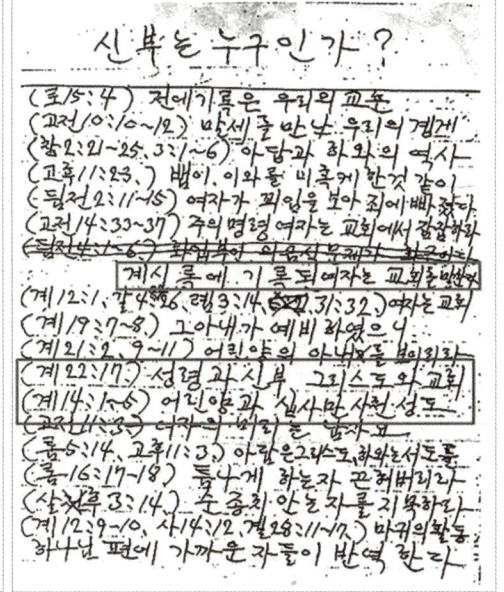

5) 시한부종말론

---

93   월간 『현대종교』, 2012년 2월호 28-33을 보라.

'하나님의 교회 세계복음선교협회'는 지난 1988년에 안상홍 씨가 장충체육관으로 재림한다고 주장하였다.

다음은 1988년 안상홍의 재림예언이 빗나가자 그들이 전국지교회에 보낸 공문내용이다. BOX안은 공문이며, 아래 글은 공문 내용을 그대로 옮긴 것이다.

수신: 전국교회 당회장 발신: 안상홍증인회 하나님의 교회 총회
제목: 안상홍님의 강림을 기다리는 전국성도들에게
전달방법: 2월 18일부터 별도의 지시가 있을 때까지 매주 안식일 예배 때마다 봉독과 게시판에 게시할 것

〈 설교자 봉독 〉
사랑하는 천국가족들에게!
하나님의 강림일을 손꼽아 기다리시는 사랑하는 형제 자매 여러분!
하나님의 정하신 그날은 실로 임박한 가운데 있습니다. 많은 사람들이 그날을 사모하고 기다리는 심정으로 이날일까 저날일까 하여 나름대로의 생각과 견해를 가지고 "이 날일 것이다" "저날일 것이다."하고 무심히 내쏟는 말들이 자칫 진리인 것처럼 오해와 왜곡의 우려가 있어 안타깝고 답답한 심정으로 펜을 들게 되었습니다.

사랑하는 형제, 자매들이여!

천하범사에는 정한 시기와 모든 목적을 이룰 때가 있습니다. 정하신 기일이 반포되고 알려지는 것도 시기와 때에 맞추어 하나님의 지시를 따라 반포하게끔 된 것이니 어느 누가 더디 오신다하여 쉽게 동심하거나 속히 오신다하여 조급하지 마십시오. 진리 안에는 하나님이 함께 하시고 새예루살렘 어머님이 함께 하시며 또 세워주신 총회가 있사오니 차후 하나님이 정하신 기일은 하나님의 지시에 따라 '총회에서 공문으로 선포할 것이오니' 공무화되지 않은 기일선포는 개인의 사견을 좇아 나온 것이지 결코 하나님의 지시에 의해 이루어진 것이 아니라고 생각하시면 틀림이 없습니다. 해서 이후로는 총회에서 기일을 선포하기까지 날짜를 거론하지 마시고 전도에만 전념하시는 올바른 전도인이 되시길 바랍니다.

우리는 주신 예언 속에서 날짜라는 모래밭에 무너질 위험한 집을 짓지 말고 반석되신 안상홍님 믿는 믿음의 풋대위에서 바람이 불고 비가 오고 창수가 나더라도 무너지지 않을 믿음의 집을 반석(그리스도=안상홍님) 위에 세우시기 원합니다.

사랑하는 형제, 자매여!

우리는 하나님을 믿기에 날짜를 믿었던 것이지 날짜를 믿기에 하나님을 믿었던 것은 결코 아닙니다. 차후 하늘의 영광을 자신의 헛된 생각으로 등한히 하는 어리석은 믿음을 모두 버리시고 등과 기름(믿음)=(안상홍님 믿는 믿음)을 온전히 준비하여 하늘의 귀한 영광을 맞이하는 슬기(지혜)를 가집시다.

지상의 모든 싸움은 이제 속히 끝이 납니다. 이제 우리는 우리가 가진 생명의 면류관을 굳게 잡아서 아무도 우리의 영광을 빼앗지 못하도록 굳게 잡고 지켜나가는 한가지 일을 더 확실히 해야 할 때가 되었습니 다. 우리가 안상홍님을 믿는 믿음이 있다면 우리에게 허락하신 마지막 아버지 음성을 기억하십시오.

'사랑하는 자들이여! 내가 다시올 때까지 기다려 주십시오.'

다시 오실 때까지 기다려 달라시는 말씀은 기다리지 못하는 자들의 성급함이 결국은 안타까운 일을 자초하고 또한 천국에서 탈락하는 불행을 염려하심이 아니고 무엇이겠습니까? 차후 총회에서 정식으로 기일이 선포될 터이니 날짜에 연민하지 마시고 우리 구원자 안상홍하나님을 믿는 지극한 믿음으로 안상홍님의 강림하심을 염원하면서 어머니의 뜻을 받들고 어디로 (절대적임)인도하든지 따르는 자 14만 4천 성별된 무리가 되셔서 하늘의 무궁한 영생복락을 누리시길 바랍니다.

하늘의 왕들이시여! 하늘의 제사장들이시여!

우리에게는 밝고 희망찬 내일이 있습니다.

약속된 자손들이여! 우리에겐 약속된 밝은 미래가 있습니다. 오늘에 눈이 가려 내일을 보지 못하는 소경이 되지 마시고 헛되지 않을 수고 속에 영광과 환희로 나타날 저 영원한 천국을 바라봅시다. 천국은 우리의 것, 그대의 것, 바로 나의 것입니다. 영광의 그날은 곧 임박 했습니다. 그 종말이 속히 이루겠고 결코 거짓되지 않을 것입니다.

아멘! 안상홍님 속히 오소서!

안상홍님의 강림을 기다리는 모든 자들에게 하늘의 넘치는 영광의 축복이 있을지로다. - 아멘

1989. 2. 15
안상홍증인회 하나님의교회 총회장 김주철

이상의 공문에 있는 대로 이들은 1988년 안상홍 씨의 재림을 확신했으나 당연히 불발로 끝났고 이후 명칭에서 '안상홍증인회'를 빼고 '하나님의 교회 세계복음선교협회'로 개명하였다.

　　한편 하나님의 교회 정관에는 "성경의 증거대로 새이름으로 이 땅에 오신 성령 하나님 안상홍님의 이름과 성령 하나님의 신부되신 어머니 하나님(장길자님)을 믿음으로 구원받는다는 진리를 믿는다." 라고 되어 있다.[94]

6) 늦은 비 성령

　　이 교파는 한 때 1988년이 다 가기 전에 '늦은 비 성령'이 오신다고 주장했다. 오순절 날 마가다락방에 임했던 성령은 이른 비 성령이라는 것이다. 그러므로 기성교회에서 주장하는 성령은 이미 떠나갔고 기성교회에서 주장하는 성령의 역사는 모두 마귀의 장난이라고 한다.

　　앞에서 5.바른 성령론에서 언급한 것처럼 '이른 비'와 '늦은 비'는 팔레스타인의 농사와 관련된 것이지 이를 성령과 연결시켜 해석한다는 것은 풍유적 해석 중에서도 가장 틀린 해석이라고 할 것이다.

7) 구원 받을 자 144,000

　　'하나님의 교회 세계복음선교협회'에 들어와야만 144,000에 들어간다고 한다.

비판

　　앞에서 언급한 이단/사이비들의 특징 중에서 "6)144,000에 들어가려면 자기네 집단에 들어와야만 한다고 주장한다."를 참고하면 이들의 주장이 얼마나

94　　　Ibid.,32.

근거 없고 설득력이 없는지를 명확하게 알 수 있다.

  이 교파는 자기네 집단에 들어온 144,000명만이 구원을 받는다고 하면서 현재 신도가 145만 명이라고 홍보한다. 그렇다면 이들 집단 안에서도 10%밖에 구원을 못 받는다는 것인데 이것은 사기 아니냐고 안광섭 씨는 주장하고 있다.[95]

---

95   *Ibid.*,33.

7장

기독교복음선교회
(JMS)

기독교복음선교회(JMS)

1 | 기독교복음선교회(JMS)의 역사

    이 단체의 대표인 정명석 씨는 1945년 2월 17일 충남 금산에서 출생하였다. 국민학교를 졸업한 정씨는 20년간 기도에 전념했다고 한다. 그리고 산을 내려와 통일교 신자가 되었고 통일교의 기관인 국제승공연합 강사로 2년간 있다가 1980년 신촌에서 김기희, 안구현, 서인순, 김형만 등 소위 신촌5형제와 함께 '애천교회'를 설립하였고 1983년 11월 26일 예수교대한감리회(웨슬레측)에서 핵심 간부 6명과 함께 목사 안수를 받은 뒤 포교활동에 나섰다.[96] 현재는 '기독교복음선교회'라는 명칭을 쓰고 있고 영문으로 'JMS'라는 명칭을 쓰고 있는데 그들은 Jesus Morning Star의 약자라고 주장하나 교주 정명석 씨의 영문 이니셜 첫 자를 딴 것으로 보는 견해도 있다.

---

96   이 집단의 자세한 연혁에 대해서는 탁명환, 『한국의 신흥종교 기독교편4권』, (서울: 국종출판사, 1990), 113-6: 탁명환, 『기독교이단연구』, 255-9를 보라.

기독교복음선교회(JMS)

2 | 기독교복음선교회(JMS)의 주요교리와 비판

주요 교리는 정명석 씨가 만든 30개론이다.[97] 30개론은 입문편, 초급편, 중급편, 고급편으로 나누어져 있는데 모두 합하면 30개가 되어서 30개론이라고 한다.

입문편에는 1)성경을 보는 관 2)태양아 멈추어라(수10,12) 3)엘리야 까마귀 밥(왕상17,1-7) 4)7단계 법칙 5)삼분설 등이 있다.

초급편에는 6)비유론 7)불의 개념(벧후3,8-13) 8)말세론 9)무지속의 상극세계(대하35,18-26) 10)홍수심판 11)이단의 개념(요12,12) 12)예정론 등이 있다.

중급편에는 13)중심인물론 14)부활론 15)사탄론 16)가인의 성격 17)영계론 18)계시론 19)메시야 자격론 20)지상천국론 등이 있다.

고급편에는 21)엘리야와 예수님의 재림승천 실상 비교 22)예수님과 세례요한의 관계 사명 23)유대교와 기독교의 교리 비교 24)두 감람나무와 두 증인 25)한 때 두 때 반 때 26)창조 목적 27)타락론 28)구원론 29)재림론 30)역사(A.B.C) 등으로 구성되어 있다. 그러면 이들의 주장을 하나씩 요약하여 살펴보

---

97 30개론이 조금씩 순서가 다른데 예를 들면 탁명환,『한국의 신흥종교 기독교편4권』에는 1)7단계법칙 2)가인의 성격 40단계 3)이단의 개념(요일2,22) 4)엘리야 까마귀 밥(왕상17,1-7) 5)태양아 멈추어라(수10,12) 6)무지속의 상극세계(대하35,18-26) 7)비유론 8)불의 개념(벧후3,8-13) 9)말세론 10)공중휴거론 11)지상천국론(계20,4) 12)메시야 자격론 13)중심인물론 14)두 감람나무와 두 증인(계11) 15)홍수심판 16)삼분설 17)계시론(마11,27; 암3,7) 18)영계론 19)부활론 20)예수님과 세례요한의 관계사명 21)엘리야와 예수님의 재림 승천 실상 비교 22)예정론 23)구원론 24)역사론 25)사탄론 26)창조 목적 27)타락론 28)유대교와 기독교 교리 비교 29)역사 전·후편 30)재림론 전·후편 등으로 구성되어 있다. 본 글에서는 탁명환,『기독교이단연구』의 편제를 따랐다. 그리고 30개론에 대한 요약은 탁명환,『기독교이단연구』를 참고하였다.

고 비판하기로 한다.

1) 입문편

(1) 성경을 보는 관

성경을 이해하려면 성경에 나타난 비유를 잘 해석해야 하는데 기성교회에서는 성경을 시대성이나 과학성을 무시하고 문자적 해석이나 교리에 매인 해석을 하기에 비유와 상징으로 된 성경을 제대로 해석할 수 없다.

비판

성경에는 많은 비유가 있다. 그런데 신약의 경우를 보면 예수님께서 비유를 드실 때는 무엇을 감추기 위해서가 아니라 그 당시 청중들이 잘 이해할 수 있도록 생활 속에서의 여러 정황들을 비유로 드셨다. 달란트 비유, 열 처녀 비유, 집나간 탕자의 비유 등이 있다. 그러나 성경은 문자적으로 풀 부분, 은유나 상징으로 풀 부분, 그 당시 사람들의 '삶의 자리'를 알아야 쉽게 이해되는 부분이 있다. 예를 들면 시119,105절의 "주의 말씀은 내 발에 등이요 내 길에 빛이니이다"는 말씀을 문자적으로 푼다면 그 당시 사람들이 밤에 외출할 때 발등에 작은 불을 달고 다녔기에 이렇게 표현한 것이고 의미로 푼다면 하나님의 말씀이 우리의 삶의 행동과 인생여정에 등불이 되고 빛이 된다는 것이다.

그런데 일괄적으로 성경을 비유나 상징으로 푼다는 것은 성경해석의 기본을 모르는 것이다. 그리고 입문 편 첫 항을 성경을 보는 관점으로 잡고 비유와 상징을 강조하는 것은, 공부를 진행하면서 정명석 씨가 '중심인물', 메시야로 왔다는 것을 알리기 위한 사전 포석으로 보인다.

(2) 태양아 멈추어라(수10,12)

지동설 시대인데 기성교회가 천동설적 주장을 하고 있다.

비판

여호수아 시대의 사람들은 지동설에 대한 개념을 몰랐다. 지동설은 아리스타르코스(Aristarchus, B.C.310~230)가 최초로 주장했고 이어서 니콜라우스 코페르니쿠스(Nicolaus Copernicus, A.D.1473~1543)가 주장했으며 갈릴레오 갈릴레이가 1632년에 다시 지동설을 주장함으로 가톨릭에 의해 이단으로 몰린 바 있다.

그러므로 지구가 멈춘 것을 보는 사람의 관점에서 태양이 정지되어 있는 것으로 알고 그렇게 표현 한 것이다.

예를 들면 노아 홍수 때 창7,11절에 "노아가 육백 세 되던 해 둘째 달 곧 그 달 열이렛날이라 그 날에 큰 깊음의 샘들이 터지며 하늘의 창문들이 열려"라는 표현에서 "하늘의 창문들이 열려"라고 표현 한 것은 고대 히브리인들의 우주관이 반영된 표현이다. 히브리인들은 하늘에 우박 창고, 비 창고, 눈 창고 등이 있어서 하나님이 그 창을 열고 이것들을 땅에 내리신다고 알고 있었기 때문이다.

(3) 엘리야 까마귀 밥(왕상17,1-7)

엘리야가 그릿 시냇가에 있을 때 까마귀가 고기와 떡을 물어왔는데 이것들은 바알신과 아세라신에게 바친 제물이었다. 그래서 엘리야는 이것들을 먹으면서 무척 괴로워했을 터인데 기독교는 이것을 하나님의 공급하시는 축복으로 알고 잘못 가르치고 있다.

비판

성경 어디에도 까마귀가 물어 온 음식이 우상에게 바쳐진 제물이라고 기록된 곳이 없다. 설령 그렇다고 해도 그 음식들은 하나님이 엘리야에게 허락하신 것으로서 문제될 것이 없다. 이 본문에서 강조되는 것은 음식의 출처가 아니라 까마귀를 사용하셔서 엘리야를 먹이시는 하나님의 섭리이다.

(4) 7단계 법칙

우주는 7단계 법칙에 의해 창조되었다. 1단계는 광물계인데 광맥을 찾아야 광물을 캘 수 있다. 2단계는 생물계인데 생리에 맞지 않으면 썩는다. 3단계는 물질계로서 물리적 조건에 맞지 않으면 썩는다. 4단계는 땅인데 지리적 조건에 안 맞으면 지진, 해일 폭발 등이 일어난다. 5단계는 우주인데 원리에 맞지 않으면 균형이 깨지고 천재지변이 일어난다. 6단계는 인간인데 심리에 맞지 않으면 미움, 분쟁 등이 일어난다. 7단계는 하나님과 인간인데 진리에 어긋나면 하나님과의 관계가 단절되고 죽는다.

비판

정명석 씨가 주장하는 7단계 법칙은 초등학생만 되어도 알 수 있는 지극히 평범하고 상식적인 것에 지나지 않는다. 그런데 2단계의 생물계와 3단계의 물질계는 중복이다. 여기서 중요한 것은 7단계인데 정명석 씨가 주장하는 교리가 진리라는 것을 강조하고 이탈하면 하나님과의 관계가 단절된다는 것을 은연 중 강조하기 위한 것으로 읽힌다.

(5) 삼분설

인간은 영과 혼과 육으로 구성되어 있는데 첫째 사망은 영/혼/육의 관계가 끊어지는 것이고 둘째 사망은 영과 하나님과의 수수(授受)관계가 끊어지는 것이다.

비판

삼분설주의자들은 살전5,23절 "평강의 하나님이 친히 너희를 온전히 거룩하게 하시고 또 너희의 온 영과 혼과 몸이 우리 주 예수 그리스도께서 강림하실 때에 흠 없게 보전되기를 원하노라"과 또 히4,12절 "하나님의 말씀은 살아 있고 활력이 있어 좌우에 날선 어떤 검보다도 예리하여 혼과 영과 및 관절과 골수를 찔러 쪼개기까지 하며 또 마음의 생각과 뜻을 판단하나니"라는 말씀을 근거로 내세운다. 삼분설주의자들은 영을 하나님과 관계하는 기관으로 보고 혼은 지(知), 정(情), 의(意)에 관계하는 것이며 육은 몸 자체로서 가장 낮은 기관으로 본다.

하나님은 아담에게 선악과를 먹으면 죽는다고 했는데 범죄 후에 아담이 죽지 않은 것은 기능적 면에서 보면 영은 살아 있으나 하나님을 지향하는 영의 기능이 없어진 것으로 본다. 그리고 관계론적으로 보면 하나님과의 영적인 교제가 단절된 것으로 볼 수 있다. 이중에서 관계론적 해석이 가장 설득력이 있다.

다시 살전5,23절을 보자. 바울이 여기서 혼을 말한 것은 독립된 기관으로의 혼을 말한 것이 아니다. 왜냐하면 사람이 영적인 활동, 찬양이나 기도를 할 경우 영의 역할과 혼의 역할을 구분할 수 없는데, 혼은 의식으로서 몸에 속하기 때문이다.

영은 히브리어로 '루아흐'(רוּחַ)이고 헬라어로는 '프뉴마'(πνεύμα)이다. 혼은 히브리어로 '네페쉬'(נפשׁ)이고 헬라어로는 '프쉬케'(ψυχή)이다. 그런데 이 단어들은 기본적인 의미로 '호흡'을 가리키고 문맥에 따라서 바람이나, 혼, 영혼, 자아, 마음 등으로 번역이 가능하다는 점이다. 예를 들면 전3,21절의 "인생들의 혼은 위로 올라가고 짐승의 혼은 아래 곧 땅으로 내려가는 줄을 누가 알랴"에서 혼으로 번역된 단어는 영을 의미하는 '루아흐'가 쓰였다. 그러므로 성경에서 영과 혼을 구분하는 것은 문단에 따라야 한다.

2) 초급편

(6) 비유론

성경은 비유와 상징으로 되어 있어서 하나님으로부터 특별한 사명을 받은 그 시대의 '중심인물'이 인봉된 말씀을 풀어 줄 수 있다.

비판

입문편, 성경을 보는 관에서 주장했던 말이다. 이 비유론의 핵심은 정명석 씨만이 특별한 사명을 받은 중심인물이라는 것을 강조하면서 정명석 씨만이 성경을 풀 수 있고 다른 사람의 풀이는 틀렸다는 것을 강조하기 위한 것이다. 그런데 이런 주장은 교주들이 흔히 하는 주장이다.

(7) 불의 개념(벧후3,8-13)

말세 심판이 불 심판이라고 알고 있으나 이 불은 실제의 불이 아니다. 예를 들면 약3,6절에 "혀는 곧 불이요 불의의 세계라 혀는 우리 지체 중에서 온 몸을 더럽히고 삶의 수레바퀴를 불사르나니 그 사르는 것이 지옥 불에서 나느니라"에서 혀가 불로 표현되었다.

그리고 렘5,14절에 "그러므로 만군의 하나님 여호와께서 이와 같이 말씀하시니라 너희가 이 말을 하였은즉 볼지어다 내가 네 입에 있는 나의 말을 불이 되게 하고 이 백성을 나무가 되게 하여 불사르리라"라고 했으니 말씀이 곧 불이며 불 심판은 말씀으로 심판하는 것이다.

비판

혀가 곧 불이라는 것은 약3,2-6절의 전체 문단을 보아야 한다.

2. 우리가 다 실수가 많으니 만일 말에 실수가 없는 자라면 곧 온전한 사람이라 능히 온 몸도 굴레 씌우리라
3. 우리가 말들의 입에 재갈 물리는 것은 우리에게 순종하게 하려고 그 온 몸을 제어하는 것이라
4. 또 배를 보라 그렇게 크고 광풍에 밀려가는 것들을 지극히 작은 키로써 사공의 뜻대로 운행하나니
5. 이와 같이 혀도 작은 지체로되 큰 것을 자랑하도다 보라 얼마나 작은 불이 얼마나 많은 나무를 태우는가
6. 혀는 곧 불이요 불의의 세계라 혀는 우리 지체 중에서 온 몸을 더럽히고 삶의 수레바퀴를 불사르나니 그 사르는 것이 지옥 불에서 나느니라

위 본문에서 혀를 불로 비유한 것은 3절에서 말을 작은 재갈로 제어하고 배를 작은 키로 운행하는 것처럼 혀도 작지만 작은 불이 많은 나무를 태우는 것처럼 혀를(말하는 것을) 조심하라는 뜻이지 혀를 불로 해석해서 문자적으로 적용하라는 말이 아니다.

또한 렘5,14절 "그러므로 만군의 하나님 여호와께서 이와 같이 말씀하시니라 너희가 이 말을 하였은즉 볼지어다 내가 네 입에 있는 나의 말을 불이 되게 하고 이 백성을 나무가 되게 하여 불사르리라"는 하나님의 심판이 불이 나무를 태우듯이 맹렬하게 임한다는 뜻이지 예수님의 재림 때 있을 불 심판이 말씀 심판이라는 뜻이 아니다.

벧후3,6-12절을 보자.

6. 이로 말미암아 그 때에 세상은 물이 넘침으로 멸망하였으되
7. 이제 하늘과 땅은 그 동일한 말씀으로 불사르기 위하여 보호 하신 바 되어 경건하지 아니한 사람들의 심판과 멸망의 날까지 보존하여 두신 것이니라
8. 사랑하는 자들아 주께는 하루가 천 년 같고 천 년이 하루 같다는 이 한 가지를 잊지 말라
9. 주의 약속은 어떤 이들이 더디다고 생각하는 것 같이 더딘 것이 아니라 오직 주께서는 너희를 대하여 오래 참으사 아무도 멸망하지 아니하고 다 회개하기에 이르기를 원하시느니라
10. 그러나 주의 날이 도둑 같이 오리니 그 날에는 하늘이 큰 소리로 떠나가고 물질이 뜨거운 불에 풀어지고 땅과 그 중에 있는 모든 일이 드러나리로다
11. 이 모든 것이 이렇게 풀어지리니 너희가 어떠한 사람이 되어야 마땅하냐 거룩한 행실과 경건함으로
12. 하나님의 날이 임하기를 바라보고 간절히 사모하라 그 날에 하늘이 불에 타서 풀어지고 물질이 뜨거운 불에 녹아지려니와

위 성경구절에서 분명히 알 수 있는 것처럼 말세의 심판은 실제적인 불 심판으로 예고되어 있다.

(8) 말세론

말세에 지구가 멸망하고 기독교인들이 천국에 가는 것이 아니다. 기성교회의 말세론은 지동설 시대에 천동설 같은 주장이다.

비판

성경에는 분명히 종말에 대해 예언하였다. 그 우주적 종말은 예수님의 재림으로 성취된다. 그렇지 않다면 정명석 씨가 주장하는 말세론 자체가 아무런 의미가 없다. 왜냐하면 종말이 없는 종말은 종말이 아니기 때문이다.

(9) 무지속의 상극세계(대하35,18-26)

애굽의 느고 왕이 갈그미스를 치는 것은 하나님의 뜻을 따른 것이었다. 그런데 이를 모르는 유다의 요시야 왕이 느고 왕을 방해하다가 죽게 되고 결국은 세 나라가 모두 바벨론에게 망하게 되었다. 여기서 애굽은 통일교, 유다는 기독교, 갈그미스는 북한, 바벨론은 JMS라는 주장이다.

비판

요시야 왕(B.C.648~B.C.609)은 유다의 16대 왕이다. 재임 중 유월절을 지키고 성전을 정돈하며 종교 개혁을 단행하였다. 그가 느고 왕과 싸우다가 화살을 맞고 죽은 것은 성경에 기록되었다.

문제는 유다를 기독교에, 애굽을 통일교에 갈그미스를 북한에, 바벨론을 자기네 집단에 비유한 것이다. 결국 바벨론인 JMS에 다 정복된다는 것이다. 참고로 북이스라엘은 주전 722년 앗수르의 살만에셀에게 망했고 남유다는 주전 586년에 바벨론의 느부갓네살에게 망했다.

그런데 역사가 여기서 끝이 난 것이 아니다. 그 바벨론도 바사 왕 고레스에게 주전 539년에 망했고 바사 제국 역시 주전 330년 마케도니아의 알렉산더 왕에게 망했다. 정명석 씨의 주장대로라면 바벨론 격인 JMS도 망한다는 이론이 똑같이 적용되어야 한다.

나중에 JMS의 아류가 나타나 '무지속의 상극세계' 해석을 적용하여 내가 고레스왕 격이라고 할 수 있을 것이고 또 나중에 누가 나서서 내가 알렉산더 왕 격이라고 주장하면 끝이 없을 것이다. 그리고 성경 어디에도 유다를 기독교에, 애굽을 통일교에, 갈그미스를 북한에, 바벨론을 JMS에 비유하여 해석할 근거를 찾을 수 없다. '무지속의 상극세계'는 결국 정명석 씨 개인의 주장에 불과하다.

(10) 홍수심판

노아 당시 홍수심판은 지구 전체가 아니라 노아가 살던 지역에 국한된 것이다. 그 근거로는 홍수 심판은 4,300년 전에 있었고 복음이 다른 지역에 전파되지 않았으며 에베레스트 산정(山頂)까지 잠기려면 현재 지구에 있는 물의 8배가 있어야 한다.

비판

노아 당시 홍수 심판이 국지적 심판이었다는 주장이다. 얼핏 보면 설득력이 있는 것처럼 보인다. 그런데 전 세계적 심판이었다는 주장이 더 근거가 있다.

1) 성경의 증거

창7,10-12절을 보자.

10. 칠 일 후에 홍수가 땅에 덮이니
11. 노아가 육백 세 되던 해 둘째 달 곧 그 달 열이렛날이라 그 날에 큰 깊음의 샘들이 터지며 하늘의 창문들이 열려
12. 사십 주야를 비가 땅에 쏟아졌더라

정명석 씨는 그 많은 물이 어디서 나왔느냐고 하지만 창7,11절에는 하늘의 창문들이 열리고, 12절에는 사십일 동안 쏟아졌다고 하였다. 많은 물은 땅에 있는 물과 하늘에서 쏟아진 물을 합한 것이다.

1) 과학적 증거[98]

성경 속에 나와 있는 이야기의 진실성을 고찰함에 있어서 우선 이 대홍수의 이야기가 범세계적인 보편성을 내재한 우주적(宇宙的)이었는가 하는 문제에 직면하게 된다. 그 대답에 있어서, 홍수 심판의 목적이 인류를 멸하려는 것에 있었음을 생각해 보면, 이 일의 성취를 위하여 우주적인 확대의 필요성이 있었음을 알게 된다.

지금까지 우리는 노아 홍수 이후 극지방과 적도지방에 온도차이가 발생했고, 극지방의 급격한 온도강하로 거대한 규모의 빙하가 형성되었다고 믿고 있다. 따라서 이에 따른 변화들을 고찰함으로써 대홍수 사건이 전 세계적이었음을 알 수 있게 된다.

대부분의 지질학자(동일과정설을 믿는)들은 빙하기에 따른 자연적인 지표의 거대한 변화를 주장하고 있으며, 특히 그 말기에 북반구의 지표층에 영향을 준 조건들은 극히 비정상적이었고 상당한 기간 계속 되었음을 주장한다. 이것은 빙하기가 지난 후, 아마도 제 3기층 말기에 북반구의 지표에 발생한 광범위한 지표상승의 결과였다. 이 고도는 612m 정도여서 미국의 북부와 캐나다, 그리고 유럽의 평균고도를 훨씬 능가하는 높이이다. 눈은 이 고지대에 쌓여서 1.6km 두께의 얼음을 형성했다. 어떤 지질학자는 말하기를 그 두께는 3km, 혹은 5km에 달했다고 한다. 이것이 퍼져있는 표면은 유럽에서 300만 km^2, 북아메리카에서 640만 km^2에 달한다. 그러므로 이 계산으로 보아 산재해 있는 전체면적은 적게 잡아 960만 km^2며 확대해보면 그 보다 두 배, 혹은 세 배가 될 것이다(Wright, Ice Age in North merica, 5th ed.).

대양의 바닥으로부터 북반구의 지표층까지 그렇게 많은 무게를 얹혀 주

---

[98] 저자가 볼 때 정명석 씨는 과학적인 것을 선호하는 것으로 보인다. 그래서 한국창조과학회의 김희택, 박진호 씨가 "대홍수에 대한 지리학적 증거들은 범세계적인가"에 대해 논한 것을 전재했다. 창조지 제83호(1993,1월호)를 참고하라. 한국창조과학회의 인터넷 주소는 www.kacr.or.kr이다.

는 변화는, 예측할 수 없는 효과를 일으키기에 충분한 자연의 힘에 관한 문제를 가져온다. 960만 ㎢의 얼음의 무게는 2,400조 톤에 달하여 바다 위에 띄우면 북미 전체 대륙의 무게와 일치한다. 더군다나 이 무게는 대양 바닥으로부터 우선 옮겨져서, 땅의 안정성을 보장해 주는 힘의 균형을 저해하면서 움직였다. 지리적인 증거는 북반구의 경우 지층의 이 같은 과중한 하중(荷重)과 관련해서, 빙하에 눌렸던 지역과 상당한 면적의 그 주변이, 현재의 층보다 아래로 눌려 가라앉았다는 충분한 근거가 있다. 북아메리카에서 빙하기 후의 함몰은 몬트리올(Montreal) 지역의 경우 해면보다 183m 낮음을 보여준다. 그리고 더 북쪽에는 수백 미터가 더 낮게 침강했다. 스웨덴에서 빙하기 후의 해변은 바다보다 300m 땅 아래의 함몰을 보여준다.

아랄-카스피해(Aral-Caspian) 웅덩이와 그 주변의 여러 지역이 오래 계속된 빙하기 후의 함몰에 관한 같은 증거를 보여 주고 있다. 흑해에 접해 있는 트레비존드(Trebizond)에는 현재 도시 뒤로 해발 230m의 절벽을 이룬 활화산이 있으며, 넓은 해변에 펼쳐져 있다. 이 해변의 자갈은 모가 나서 근래에 생성된 것으로 믿게 되는데, 이 자갈은 이 지역의 바위가 침식된 후에 고지(高地)에 있던 물에 의해 침식된 것임이 확실하다.

그 침전물은 30m 두께나 되는 산의 절벽면을 따라 800m 이상이 연장되고 있다. 물이 이 바다의 높이만큼 충분히 높아진다면, 그것은 남부 러시아, 서부 시베리아, 그리고 투르케스탄(Turkestan)에 있는 아랄-카스피해 함몰지역의 평원전부를 덮어 버리게 될 것이다. 이와 같은 높이와 비슷한 단지(段地)가 카스피해에 있는 크리미아(Crimea)의 남부 해안과 바쿠(Baku)에서 주무당국에 의해 보고된 바 있다.

빙하기 후의 땅의 침몰현상에 관하여 가장 흥미있는 증거는 카스피해와 아랄해, 그리고 바이칼호 등 북극해로부터 3,200km 떨어진 광범위한 지역에서 북극해의 바다표범이 발견되고 있다는 점이다. 바이칼호는 지금 해발 460m에 위치해 있다. 그러므로 이 먼 지방까지 이와 같은 종류가 이동한 것을 인정하기 위해서는, 이 지역 전체가 근래에 침몰현상이 있었음을 분명히 보여준다. 지중해의 동부 해변 주위에 소규모의 침몰현상이 있었음을 분명히 지적해 주는 증거가 있다. 이 장소들에는 해면보다 높이가 70~90m에까지 이르는 황폐한 해변도 있다. 간조 때가 되면 인근에 사는 것으로 생각되는 조개 종류가 많이 발견되고 있다. 이런 종류들이 홍해의 계곡에 있는 이집트, 욥바, 베이루트 근교에서 발견된다. 이같은 현상이 일어나는 동안, 아시아와 아프리카는 홍해와 함께 지중해와 잇닿는 넓은 물의 지대에 의해 분리되었음이 확실하다. 서부 아시아의 기후가 이와 같은 물의 광범위한 연결에 영향을 받아, 인류의 초기 발달이 아르메니아(아라랏산이 위치한 곳으로 방주가 안착한 지역, 포도의 생산지)에서 발생하기에 좋은 자연적 조건을 제공했을 것으로 생각되며, 이곳으로부터 인류의 제 2차 분산이 신속하게 이루어진 것으로 여겨진다.

이보다 명백한 의심할 나위 없는 증거가 있다. 중앙아시아의 강우량은 비교적 근래의 일이긴 해도 오히려 과거보다 훨씬 더 많다. 이는 홍수의 조건을 현대인에게 지적해 주는 좋은 힌트가 된다. 현재 아랄해의 증발이 너무 커서 2개의 강(고대의 옥수스[Oxus]와 약사르테스[Jaxartes]는 중앙아시아에서 내려오면서 미국의 나이아가라 폭포와 같이 큰 규모의 수량이면서도 카스피해로 넘쳐 나지 않는다. 그러나 선사시대에는 이와 같은 물이 넘치는 일들이 흔해서 운하를 구상했고 (넓이가 약 1.6km로서 가장 큰 것), 중국 수(隋)나라 때는 황하강(黃河江)과 양자강(陽子江)의 범람이 심해서 대운하(大運河)를 파기도 했다.

노아 홍수의 기간이 비교적 짧았기 때문에, 이 발생에 관하여 긍정적인 시사(示唆)를 많이 발견하기를 기대할 수도 없다. 그럼에도 불구하고 서부 유럽과 지중해 분지를 연관시켜 프레스트위치(Prestwich, 지난 세기의 영국 지리학의 권위자로서 이를 능가할 사람이 없음)는 무시할 수 없는 여러 사실들을 예로 들었다.

이 증거들 가운데 가장 신빙성이 있는 것은 시실리(Sicily)에 있는 팔레르모(Palermo) 계곡 주위의 산 아래에 있는 산-키로(San-Ciro)의 동굴에서 발견되었다. 이 동굴안에는 어린 하마로부터 모든 나이의 하마에 이르는 막대한 양의 하마 뼈, 몇 개의 사슴 뼈, 소 뼈, 그리고 코끼리의 뼈들이 섞여서 발견되었다. 이것들은 발견되었을 때, 너무나 생생했으며, 장식품으로 깎이고 닦여 있었고,

상당한 양의 질소 물질을 보유하고 있었다. 이 뼈들 중 20톤은 발견된 지 6개월 안에 상업용으로 선편(船便)에 부쳤다. 분명히 이 뼈들을 남긴 동물들은 주위의 물이 불어 오르고 땅이 점차로 침강하자, 주위의 평원으로부터 쫓겨 계단식으로 올라 도피하다가 이 동굴로 들어온 것임이 확실하다. 이와 유사한 뼈들의 모임들이 영국과 서부유럽, 지브로올터(Gibraltar), 산테나이(Santenay), 곧 중부 프랑시에 있는 샤롱(Shalons)의 남부 수마일 지점에 생긴 틈(균열)에서 발견된다. 샤롱에서는 해발 300m의 틈에서 뼈들이 쌓여있는 것을 발견했으며, 산-키로에서도 발견되었다. 그러나 하마의 뼈는 이들 장소에서 나타나지 않았다. 다만 늑대, 곰, 말, 황소들의 뼈였다. 육식동물에 의해서 먹힌 흔적은 하나도 없고, 모두 창일하는 물의 오름 때문인 듯 무자비하게 엉켜 있었다.

한편 또 다른 증거를 영국 운하의 양옆 저어시(Jersey) 섬의 자갈밭이라고 부르는 곳과 관련된 침전물들에서 끌어낼 수 있다. 여기서 여러 지방에서, 특히 영국의 브라이톤(Brighton)과 프랑스의 칼라이스(Calais) 등의 지역에서 코끼리의 뼈와 인간의 용구(用具)들이 같은 자갈밭 속에 묻혀 있었다. 이것은 빙하시대의 것이 아니고, 제한되고 지역적인 물줄기의 산물도 아니며, 다만 갑작스러운 일련의 지진과 충격에 의하여 생기는 파괴적인 해일(海溢)에 의한 바다밑 지층의 융기에 의한 것이다.

이외에도 세계적 홍수가 얼마나 갑자기 일어났는가 하는 납득이 되는 증거는 북극권(北極圈)내의 동물시체의 상태로부터 지금도 찾아 낼 수가 있다. 지질학상 비교적 최근의 시기에 몇 백만구에 해당하는 동물들의 거대한 무리들이 돌연 전멸하여 영구동토층(永久凍土層)의 진흙과 얼음 가운데에 '급속냉동' 되어 있기 때문이다. 그것은 마치 초식동물과 육식동물의 대군이 돌연 밀어닥친 엄청난 해일에 쓸려 조류의 최전부에 떠밀린 뒤 캐나다 북부 알래스카와 시베리아 등지에 걸친 대규모의 대조류(大潮流)의 흔적을 대량으로 남긴 것으로 보인다. 그러한 사체(死體)는 지금도 퇴적된 뼈의 상태로 혹은 살이나 모피도 붙은 그대로 몇 백만구나 존재하고 있어 건설공사나 광맥 개발 시에 영구동토층에서 발견되고 있다.

시베리아에는 북극 해안 앞바다의 섬들로 들어가 보면 이 가운데에서 리아코프 섬은 거의 전체가 매머드(mammoth)의 어금니나 뼈로 구성되어 있고, 또한 바다 속의 암층도 뼈로 된 것 같다. 분명히 여기는 거대한 물의 흐름이 동물의 시체를 놓고 가버린 장소이다. 동굴이나 산정에 산재해 있는 잡다한 종류의 동물, 뿔소, 말, 라이온, 사슴, 들소, 여우 등의 뼈가 한 덩어리로 한 장소에 있어 급격히 밀어닥친 파멸에 덧없이 저항한 흔적을 여실히 나타내어 주고 있는 것이다.

또 한 실례로는, 1901년 소련의 과학자들에 의해 얼어붙은 매머드가 시베리아의 베레소브카(Beresovka)에서 발견되었다. 이것은 발견될 당시까지만 해도 너무나 신선하게 보존되었으므로, 그 자리에서 먹을 수 있을 정도였다. 매머드의 위장을 조사해 보니, 그 속에는 소나무 전나무의 뾰족한 잎과 방울열매, 풀, 이끼류, 미나리아제비, 양귀비 꽃 등이 발견되었다. 이 모든 것들이 지금도 시베리아에서 자라나는 것들이었다. 그러나 전문가들은 말하기를 매머드나 매머드의 위장 속에 든 음식물이 이렇게 완벽하게 보존될 수 있으려면, 이 매머드가 -150°F 이하로 급속히 얼어있어야 한다고 하였다. 어떻게 늦여름에 자라는 꽃을 씹었던 그 매머드가 그렇게 냉동될 수 있었을까?

이와 같이 우리들은 노아 홍수에 관하여 아주 직접적인 증거들을 지리학에 호소할 수는 없지만, 최근의 지리학적 발견은 이와 같은 천지의 대변혁이 완전히 과학적인 견해로서 믿을 수 있음을 보여준다. 이렇게 홍수와 관련하여 인종(人種)의 범지구적(汎地球?)인 멸망이 있었다는 전제는 확실한 증거와 함께 지지를 받아가고 있다. 그 기간에 역시 인간과 함께 동물들의 멸망도 확실히 있었다. 유럽에서는 아일랜드산(産) 고라니, 식인검치(食人劍齒), 호랑이, 사자, 마스토돈 및 코끼리가 빙하기 말에 홍수로 인하여 선사시대의 인류와 함께 사라졌다. 북아메리카에서는 큰 산고양이, 말, 맥(貊), 아메리카산 약대, 마스토돈(mastodon) 및 코끼리 등이 인종의 대부분이 멸망당했던 극적인 종말의 이 기간 동안 동일한 홍수로 인하여 멸종되었다. 그러므로 창세기에 있는 대변혁(大變革)의 묘사가 지리학자들에게도 결코 믿기 어려운 일이 아님을 알아야 한다.

만일 우리가 성경과 홍수 기록을 못 믿는다면, 그것은 지리학에 대하여 너무 많이 알아서 그런 것이 아니라, 도리어 너무도 알지 못하기 때문일 것이다.

2) 문화인류학적 증거

유대교와 기독교에서는 성경에 근거를 둔다. 그런데 성경적 증거뿐만이 아니라 많은 나라에서 홍수설화가 전해져 내려온다.[99]

마야신화- 네 번째 태양인 물의 시대에 비의 신 틀랄록이 대홍수로 인간을 멸망시키고 선한 부부인 타타와 네나만이 살아남았다. 둘은 옥수수만 먹으라는 신들의 말을 무시하고 물고기를 잡아먹음으로 틀랄록이 둘을 개로 만들어 버리면서 네 번째 시대가 끝나고 다섯 번째 태양의 시대가 시작되었다. 다른 전승에서는 네 번째 태양 찰치우틀리쿠에가 흘린 눈물로 대홍수가 일어나 네 번째 태양의 시대가 시작되었다.

북유럽신화 태초의 거인 이미르를 오딘과 형제들이 살해하며 흘러넘친 피에 최초의 거인족들은 전부 쓸려나갔는데, 배를 만드는 법을 알고 있던 거인 베르겔미르와 그 아내만이 살아남았다.

인도신화 후에 '마누'라 알려진 고대 드라비다의 왕 사티야브라타는 그의 손을 강에서 씻고 있었다. 그때 작은 물고기가 와서 그에게 살려달라고 애원하였다. 그는 물고기를 병에 담았는데 곧 커져서 수조로 옮겼다가 강으로 옮기고 바다로 다시 옮겼다. 거대하게 자라난 고기는 마누에게 대홍수가 한주 내에 발생하고 모든 생명을 파괴할 것이라고 경고하였다. 마누는 배를 만들었고 홍수가 발생하자 사실 비슈누 신의 두 번째 화신이던 물고기 맛쓰야는 마누의 배를 산정으로 견인하였다. 모든 생명을 죽인 대홍수가 그친 이후 마누가 태

---

99 홍수신화에 관한 아래의 글들은 인터넷 나무위키(namu.wiki)에서 대홍수를 검색한 것을 요약했다.

양신 수르야로부터 받은 법전은 〈마누 법전〉란 이름으로 전해지고 있으며, 마누의 후손인 현재의 인간은 '마누샤'란 이름으로 불리게 되었다.

한국의 신화 옛날 이 세상에는 큰물이 넘쳐 세계는 모두 바다로 화하고 한 사람의 생존한 자도 없게 되었다. 그 때에 어떤 남매 두 사람이 겨우 살게 되어 백두산 같이 높은 산의 상상봉에 표착하였다. 물이 다 걷힌 뒤에 남매는 세상에 나와 보았으나 인적이라고는 구경도 할 수 없었다. … 남매는 여기서 하느님의 의사를 짐작하고 결혼하기로 서로 결심하였다. 사람의 씨는 이 남매의 결혼으로 인하여 계속하게 되었다. 지금 많은 인류의 선조는 실로 옛날의 그 두 남매라고 한다.

한편 지역마다 관련된 설화가 있는 곳도 있다. 예로 전라북도 남원시 대강면에는 고리봉이라는 산이 있는데, 대홍수 때 뱃사공이 배를 걸었던 고리가 있던 산이라는 의미다.

진천군과 증평군 사이에 끼어 있는 두타산(頭陀山)도 대홍수 설화가 있다. 민족의 시조 단군이 팽우에게 높은 산과 냇물 등 산천을 다스리게 하였는데, 비가 날마다 내렸고, 산천이 모두 물에 잠기게 되었다. 그래서 높은 곳으로 피난을 가야만 했다. 이때 팽우가 이 산에 머물자, 산꼭대기가 섬처럼 조금 남아 있었다고 한다. 그래서 머리 두(頭) 섬 타(陀)를 써서 두타산이라 했다고 한다.

수메르 신화 대홍수가 일어났을 때 살아남은 인류의 조상은 '지우수드라' 또는 '우트나피쉬팀'이라고도 한다. 이름의 의미는 '대단히 현명한 자'로서 '수메르판 노아의 방주' 이야기의 주인공이라 할 수 있다. '아트라하시스'는 수메르 지우수드라 이야기의 아카드어 버전으로 보이며, 길가메시 서사시에서는 우트나피쉬팀으로 등장한다.

그리스신화 데우칼리온은 프로메테우스와 여신 사이에 난 아들로 아내 퓌라와 함께 영지 테살리아를 다스리고 있었는데, 심성이 바르고 테살리아를 잘 다스리면서 신에 대한 공경과 효심도 지극했다.

그러던 중에 제우스가 대홍수로 세계를 뒤엎으려 한다는 사실을 안 아버지 프로메테우스가 큰 배를 만들어 타고 도망치라고 일러주었고, 데우칼리온은 곧장 방주를 만들어 아내 퓌라를 데리고 탔다. 9일 밤낮으로 계속된 대홍수 이후 데우칼리온 부부를 제외한 인류가 모조리 사라진 상황에서 방주는 파르나소스 산에 이르렀고, 부부는 살아남은 것에 감사하며 신에게 제사를 지냈다.

중국의 신화 복희는 삼황오제중 3황의 맨 앞에 위치하는 존재로 처음으로 팔괘를 그었다고 한다. 이 때문에 우리가 흔히 아는 팔괘를 복희 팔괘라고도 한다. 인간에게 목축을 가르친 신이며, 팔괘를 창안하여 음양을 통해 인간과 자연의 이치를 짐작하게 한 신이다. 또 동쪽과 봄을 다스리는 신이며, 인간들에게 불을 선사하고 여와와 더불어 천지를 창조했다고 한다.

뇌신이 인간계를 홍수로 멸망시키려 했을 때 복희의 아버지에게 붙잡혔는데, 자신을 풀어준 복희와 여와를 그가 살려줌으로써 둘만 살아남았고, 여와가 사람을 만들고 난 뒤에 사람들에게 농사, 불을 피우는 법과 사용하는 법, 사회생활 등을 가르쳤다. 후에 중국 동북부에 진(陳)나라를 세워 다스렸다고 한다.

이상의 신화에 대한 합리적인 설명으로는 전 세계의 문명이 강을 끼고 발달했기에 한번쯤은 대홍수로 고생한 경험이 축적되어 전승되었다는 것이다. 그런데 큰 강이 없는 마야문명이나 북유럽 등에서도 홍수설화가 전해지는 것은 대홍수가 전 세계적이었다는 문화인류학적 증거이다.

그리고 정명석 씨는 복음이 메소포타미아 지역에만 전해지고 전 세계적으로 전해지지 않은 것을 예로 들었다. 그가 말하는 '복음'의 의미가 무엇인지는 모르지만 심판은 하나님의 주권에 속한 것이다. 그리고 창6,5절에 하나님께서 홍수 심판을 예고하시면서 "여호와께서 사람의 죄악이 세상에 가득함과 그의 마음으로 생각하는 모든 계획이 항상 악할 뿐임을 보시고"라고 기록된 것은 정명석 씨의 개인적 생각보다 인간이 악해졌다고 보는 하나님의 판단이 더 중요함을 말해준다.

(11) 이단의 개념(요12,12)

이단이라는 개념이 시대와 장소, 역사에 따라 다르다. 과거의 정통이 이단이 될 수 있고 현재의 이단이 미래에 정통이 될 수 있다. 예를 들면 유대교에서 볼 때는 천주교가 이단이고 천주교에서 보면 유대교와 기독교가 이단이고 기독교에서 보면 유대교나 천주교가 이단이다. 그러므로 이단을 따지기보다 주님과 더 가까이 있음이 더 중요하다. 그 시대에 보냄 받은 자를 안 믿는 것이 이단이고 죄인이다.

비판

이것은 통일교의 주장을 그대로 옮긴 것이다. 결론적으로 정명석 씨가 이 시대에 보냄 받은 자임을 은연 중 드러내면서 정명석 씨를 따르지 않으면 이단이고 죄인이라는 말이다. 물론 교회 역사에서 정치적인 경우를 배제할 수는 없지만 유대교이든, 천주교이든, 기독교이든 이단을 분별하는 기준은 성경이지 시대나 역사, 장소가 아니다.

(12) 예정론

절대예정(깔뱅의 주장)과 상대 예정(인간의 믿음이나 하나님과의 계약을 준행하는 것)으로 나눈다. 상대예정에 대한 근거는 성경 창2,17; 요3,16; 마7,7절 등이다.

비판

기독교신학에서 예정(豫定, Predestination)이란 구원론과 관련되어 있는데 개혁주의에서는 선택과 유기(遺棄)를 포함하는 이중예정론을 말한다. 이것은 어거스틴에 의해 주장되고 마르틴 루터를 거쳐 깔뱅의 5대 강령으로 체계화되었다.

즉, 전적타락(Total Depravity), 무조건적 선택(Unconditional Election), 제한적 속죄(Limited Atonement), 불가항력적 은혜(Irresistible Grace), 성도의 견인(Perseverance of Saints)인데 여기에서 이중예정론은 무조건적 선택에 해당된다. 이 교리는 인간의 자유선택권은 인정하지만 인간의 의지는 죄의 지배를 받는다는 '노예의지론'을 말한다. 그래서 구원과 관련하여 합력설(synergism)과 단독설(monergism)이 있다. 합력설은 구원의 길은 하나님께서 예비하지만 그것을 선택하는 것은 인간의 자유의지에 달려있다는 설인데 알미니안주의자들이 취하고 단독설은 하나님께서 구원의 길도 예비하시고 사람이 선택하는 것도 하나님의 전적인 은혜에 의한다는 설이다. 이 설을 어거스틴주의라고 부르고 장로교파와 개혁파들이 취한다.

정명석 씨는 상대예정을 말하고 있는데 창2,7절 "선악을 알게 하는 나무의 열매는 먹지 말라 네가 먹는 날에는 반드시 죽으리라 하시니라"와 요3,16절 "하나님이 세상을 이처럼 사랑하사 독생자를 주셨으니 이는 그를 믿는 자마다 멸망하지 않고 영생을 얻게 하려 하심이라"와 마7,7절 "구하라 그리하면 너희에게 주실 것이요 찾으라 그리하면 찾아낼 것이요 문을 두드리라 그리하면 너희에게 열릴 것이니"는 '예정'이 아니라 하나님의 '약속'이다. 하나님이 원하시는 행위에 대한 보상을 약속하신 것이다. 이것을 절대언약에 붙여서 상대언약이라고 이름을 지어놓은 것에 지나지 않는다.

3) 중급편

(13) 중심인물론

하나님이 그 시대의 중심인물을 택하실 때 제일 먼저 지구를 택하시고 한 민족을 택하시고 한 가문을 택하시고 한 가정을 택하시고 한 사람을 선택하여서 수신-제가-치국-평천하를 이루신다.

> 비판

제일 먼저 지구를 택하신다고 했는데 하나님께서 달이나 화성을 택하실 리는 없다. 이 이론은 정명석 씨가 시대의 중심인물이라는 것인데 이 주장도 성약시대의 메시아라고 했던 통일교의 문선명 씨가 하던 주장을 그대로 옮겨 놓은 것이다. 결국 정명석 씨가 평천하를 한다는 것인데 그 평천하는 JMS가 종교를 통일하겠다는 생각을 나타낸 것이다.

참고로 '수신제가치국평천하'는 당시 8세의 아이들이 배우던 소학(小學)에 나오는 문장이다.[100]

(14) 부활론

아담과 하와는 타락하여 사탄과 같은 위치에 있어서 구약시대 부활은 종으로 부활되고 예수님은 종을 아들로 부활시키려고 오셨는데 예수님은 육은 죽고 영으로 부활하셨다(벧전3,18). 재림주가 올 때의 부활도 육체부활이 아니라 영적 부활이다. 중생부활은 예수님 재림 때 살아서 믿는 사람의 부활이고 죽은 자들의 부활은 재림 부활이다.

> 비판

아담과 하와가 타락한 것은 맞지만 사탄과 같은 위치에 있었다는 성경적 근거를 찾을 수 없다. 또한 구약시대 부활이 종으로 부활되었다는 것도 마찬가지로 성경적 근거가 없다.

예수님의 부활이 영적 부활이라고 주장하면서 벧전3,18절을 들고 있다. 그런데 벧전3,18절을 해석하려면 근접문맥인 벧전3,18-20절 까지를 같이 보아야 한다.

---

100 "古者小學에 敎人以灑掃應對進退之節과 愛親敬長隆師親友之道 하니 皆所以爲修身齊家治國平天下之本이니 而必使其講而習之於幼穉之時는 欲其習與智長하며 化與心成하여 無扞不勝之患也니라."

18. 그리스도께서도 단번에 죄를 위하여 죽으사 의인으로서 불의한 자를 대신하셨으니 이는 우리를 하나님 앞으로 인도하려 하심이라 육체로는 죽임을 당하시고 영으로는 살리심을 받으셨으니"
19. 그가 또한 영으로 가서 옥에 있는 영들에게 선포하시니라
20. 그들은 전에 노아의 날 방주를 준비할 동안 하나님이 오래 참고 기다리실 때에 복종하지 아니하던 자들이라 방주에서 물로 말미암아 구원을 얻은 자가 몇 명 뿐이니 겨우 여덟 명이라

위 본문 18절에서 예수님이 육체적으로 죽임을 당하시고 영으로는 살림을 받으셨다는 것은 운명하신 3일 동안의 한정된 시간의 상태를 말하는 것이다. 그리고 그 한정된 시간에 영으로서 옥에 있는 영들에게 선포하셨고 삼일 만에 육체적으로 부활하셨다.

눅24,36-43절까지를 보자. 예수님의 부활이 육체 부활임을 증명한다.
36. 이 말을 할 때에 예수께서 친히 그들 가운데 서서 이르시되 너희에게 평강이 있을지어다 하시니
37. 그들이 놀라고 무서워하여 그 보는 것을 영으로 생각하는지라
38. 예수께서 이르시되 어찌하여 두려워하며 어찌하여 마음에 의심이 일어나느냐
39. 내 손과 발을 보고 나인 줄 알라 또 나를 만져 보라 영은 살과 뼈가 없으되 너희 보는 바와 같이 나는 있느니라
40. 이 말씀을 하시고 손과 발을 보이시나
41. 그들이 너무 기쁘므로 아직도 믿지 못하고 놀랍게 여길 때에 이르시되 여기 무슨 먹을 것이 있느냐 하시니
42. 이에 구운 생선 한 토막을 드리니
43. 받으사 그 앞에서 잡수시더라

그리고 정명석 씨가 중생부활과 재림부활을 나누는 것은 뭔가 체계적으로 보이려고 하는 언어유희에 지나지 않는다. 기독교에서 중생이란 예수 믿고 거듭남이지 거기에 부활을 붙일 필요가 없고 재림부활은 그냥 부활이다.

(15) 사탄론

사탄의 활동을 직접주관과 간접주관으로 나눈다. 욥에게 했던 활동은 직접주관이고 간접주관은 자체주관으로서 노이로제나 개인의 생각 등이다.

비판

사탄의 활동을 직접주관과 간접주관으로 나누는데 그 기준이 명확하지 않다. 그리고 욥에게 했던 활동도 사실은 직접주관이 아니라 정명석 씨의 표현을 빌면 간접주관이다. 왜냐하면 하나님의 통제를 받고 있었기 때문이다. 그리고 간접주관을 노이로제나 개인의 생각이라고 했는데 노이로제는 그렇다 치고 개인의 어떤 생각인지 그 기준이 궁금하다. 아마도 정명석 씨를 따르지 않는 생각들이 여기에 포함되지 않을까 싶다. 만약에 그렇다면 그 개인을 사탄론이라는 교리에 의거하여 책망할 수 있는 근거가 마련된다. 그리고 책망할 수 있는 근거가 교리에 마련되어 있으니 합리적으로 징계할 수 있는 제도적 장치도 마련한 셈이라고 볼 수 있다.

(16) 가인의 성격

가인의 성격이 악했기에 교만, 시기, 질투 등은 가인의 성격과 같은 것이다.

비판

가인의 성격이 악했던 것은 성경이 증거하고 있다. 사람은 정도의 차이는 있지만 때로 교만하기도 하고 때로는 시기, 질투를 할 때도 있다. 그러나 교만, 시기, 질투 같은 것들이 동생 아벨을 죽인 최초의 살인자가인의 성격과 동급은 아니다. 물론 가인이 자신의 제사는 열납 되지 않고 동생의 제사만 열납 되어서 시기 질투를 한 것은 인정되지만 보통 사람들이 교만이나 시기, 질투 때문에 가인처럼 살인을 하는 경우는 드물기 때문이다.

(17) 영계론
지상영계와 천상영계로 구분한다.

지상영계
선영계 - 구약시대 이방의 양심구원자들이 가는 곳
음부 - 구약시대 이방의 심판 받을 자들이 가는 곳

천상영계
낙원 - 초림예수를 믿어 구원받은 성도들이 가는 곳
무저갱 - 예수를 믿었으나 배신하고 타락한 영혼들이 가는 곳
천국 - 재림섭리의 구원자들이 가는 곳
지옥, 불바다 - 재림섭리를 부인한 심판받을 자들이 가는 곳으로 재림주가 강림할 때 열린다.

불교의 부처는 낙원에 갈 자격이 있으나 선영계에 오는 불교인들을 전도하려고 선영계에 있다. 영들은 구름처럼 명확하지 않은 영, 예수님처럼 형체급 영이 있는데 임종 때 아픈 것은 영이 빠져 나가기 때문이며 금식기도 중에도 영은 먹고 있고 영계에도 시간과 성장이 있다. 애천교회 교인들은 영계 견학이나 입신을 통해 영계를 직접 보고 온다.

비판

성경 어디에도 선영계를 언급한 곳이 없다. 그리고 음부는 예수님을 믿지 않은 사람들의 영혼이 예수님이 재림하실 때까지 대기하는 곳이며 낙원은 성도들의 영혼이 재림 때까지 대기하는 곳이다.

무저갱(無底坑, ayss)은 눅8장의 거라사 광인과 관련하여 나온다. 심연(深淵)이나 지옥으로 번역되는 말이다. 유대인들은 마귀가 심판 때까지 갇혀 있는

곳으로 이해했고 예수님 당시의 유대인들은 종말론적으로 육신을 떠난 영들이 가는 곳으로 생각했는데 눅8,31; 계9,1-2; 11,7; 20,1.3절에 나온다. 그런데 눅8,31절 "무저갱으로 들어가라 하지 마시기를 간구하더니"는 거라사 광인에게 들어갔던 군대 귀신이 예수님께 간청하는 것이다.

이 구절에 의하면 무저갱은 귀신들이 가는 곳인데 독일 성서공회에서 펴낸 『해설 성경전서』에는 귀신과 악한 영들이 가는 곳이라고 설명해놓았다. 그러므로 무저갱에는 귀신과 악한 영들이 가는 곳인데 정명석 씨의 영계론 에는 귀신이 빠져 있다.

정명석 씨는 또 찬국을 재림섭리의 구원자들이 가는 곳이라고 했다. 재림섭리란 정명석 씨를 중심인물, 시대의 사명자로 아는 것인데 성경 어디에도 천국을 정명석 씨와 연결시켜 생각할 근거가 없다는 점이다. 또 지옥(불바다)을 재림섭리를 따르지 않는 심판받을 자들이 간다고 하지만 성경에서 말하는 지옥은 정명석 씨를 안 믿은 사람들이 가는 곳이 아니라 예수님을 믿지 않은 영혼들이 가는 곳이다.

영을 찍어보면 불명확한 영이 있고 명확한 형체급 영이 있다고 하지만 이 역시 성경에 근거가 없으며 성경은 이런 접신(接神)을 엄격히 금한다. 레위기 20장은 반드시 죽일 죄목들을 열거하는데 그 중에 하나가 접신이다. 레20,6절에 "접신한 자와 박수무당을 음란하게 따르는 자에게는 내가 진노하여 그를 그의 백성 중에서 끊으리니"라는 말씀은 하나님께서 접신자를 싫어하신다는 것을 분명히 보여준다.

저자의 견해는 정명석 씨가 심령과학에서 말하는 액토플라즘을 말하고 있는 것처럼 보인다.

(18) 계시론(마11,27; 암3,7)
계시를 다음과 같이 구분한다.
(1) 특별계시-음성, 말씀, 성경
(2) 자연계시-만물계시(롬1,20)와 실체계시(요4,6-12)

(3) 초자연계시-꿈, 환상, 비몽사몽, 이상

비판

기독교신학에서 계시는 일반계시(자연계시)와 초자연계시(특별계시, 성경과 그리스도)로 나눈다. 그런데 정명석 씨는 특별계시를 성경과 음성과 말씀이라고 한다. 여기서 주목할 것은 성경과 말씀을 구분한다는 점이다. 이것은 정명석 씨의 말을 특별계시로 인식시키기 위한 것으로 보인다. 또 자연계시를 만물계시와 실체계시로 나누는데 롬1,20절 "창세로부터 그의 보이지 아니하는 것들 곧 그의 영원하신 능력과 신성이 그가 만드신 만물에 분명히 보여 알려졌나니 그러므로 그들이 핑계하지 못할지니라"는 자연계시가 맞다. 그런데 실체계시로 예를 든 요4,6-12절은 예수님이 수가 성 사마리아 우물가에서 물 길러 온 여인과 대화한 내용이다. 전술한 것과 같이 예수님 자신이 특별계시인데 자연계시 항목에 넣고 실체계시라고 이름을 붙인 것은 이해하기 어렵다. 자연계시는 자연계시일 뿐이다.

(19) 메시야 자격론

정명석 씨가 주장하는 메시아 자격론은 다음과 같다.

(1) 메시야는 사람이어야 한다.
(2) 메시야는 하나님의 심정을 가지고 오신다.
(3) 메시야는 말씀의 신을 가지고 오셔서 말씀을 푼다.
(4) 메시야는 인류를 구원시키러 오신다.
(5) 메시야는 인생의 창조목적을 밝히고 또 이루기 위하여 오신다.
(6) 메시야는 타락의 비밀을 밝히러 오신다.
(7) 메시야는 사탄을 멸하러 오신다.
(8) 메시야는 심판을 하기 위하여 오신다.
(9) 메시야는 죄의 근본을 밝히고 죄 문제를 해결하러 오신다.
(10) 메시야는 불 심판을 위하여 오신다.

(11) 메시야는 공중휴거를 시키러 오신다.

(12) 메시야는 부활을 시키러 오신다.

(13) 메시야는 지상천국을 이루기 위하여 오신다.

(14) 메시야는 양과 염소를 가르러 오신다.

(15) 메시야는 근본 영계의 비밀을 밝히러 오신다.

(16) 메시야는 지상의 모든 문제를 풀어주신다.

(17) 메시야는 성경을 이루려고 오신다.

(18) 메시야는 진리와 사랑의 완전자로 새진리를 선포하러 오신다.

(19) 메시야는 역사를 가지고 오신다.

(20) 메시야는 종교개혁도 하신다.

비판

메시아 자격론 20개 중에서 중요한 것들만 살펴본다. 괄호 안은 자격론 번호이다.

(1) 메시야는 사람이어야 한다.

-정명석 씨를 메시아로 부각시키기 위한 것이다.

(2) 메시야는 하나님의 심정을 가지고 오신다.

-정명석 씨가 하나님의 심정을 가지고 왔다는 것을 강조하고 있다.

(3) 메시야는 말씀의 신을 가지고 오셔서 말씀을 푼다.

-정명석 씨가 말씀의 신을 갖고 온 메시아로서 그가 푸는 성경해석만이 옳다는 것이다.

(4) 메시야는 인류를 구원시키러 오신다.

-정명석 씨가 인류의 구원자로 왔다는 말이다.

(5) 메시야는 인생의 창조목적을 밝히고 또 이루기 위하여 오신다.

-창조목적은 30개론 중 고급편으로 총 목차에서 26번째이다. 창조목적 항목에서 살피기로 한다.

(6) 메시야는 타락의 비밀을 밝히러 오신다.

-정명석 씨의 타락론은 통일교의 타락론을 차용한 것이다.

(8) 메시야는 심판을 하기 위하여 오신다.

-정명석 씨가 심판자로 왔다는 것이다.

(9) 메시야는 죄의 근본을 밝히고 죄 문제를 해결하러 오신다.

-정명석 씨의 죄론은 통일교와 같이 선악과를 성적 타락으로 본다.

(10) 메시야는 불 심판을 위하여 오신다.

-앞에서 살펴본 것처럼 불을 말씀(정명석 씨의 말씀)으로 본다.

(14) 메시야는 양과 염소를 가르러 오신다.

-정명석 씨를 따르면 양이고 따르지 않으면 염소이다.

(18) 메시야는 진리와 사랑의 완전자로 새진리를 선포하러 오신다.

-정명석 씨가 가르치는 것이 새 진리라는 것을 강조하는 말이다.

이상에서 살펴본 것처럼 메시아 자격론은 철저하게 정명석 씨가 메시아로 왔다는 것을 강조하기 위해 만들어진 것이다.

(20) 지상천국론(계20,4)

땅은 영원히 존재한다. 결국 새 하늘과 새 땅은 이 지구이며 여기서 지상천국을 이룬다.

비판

계20,4절에 근거하여 땅이 영원히 존재한다고 주장한다. 계20,4절 "또 내가 보좌들을 보니 거기에 앉은 자들이 있어 심판하는 권세를 받았더라 또 내가 보니 예수를 증언함과 하나님의 말씀 때문에 목 베임을 당한 자들의 영혼들과 또 짐승과 그의 우상에게 경배하지 아니하고 그들의 이마와 손에 그의 표를 받지 아니한 자들이 살아서 그리스도와 더불어 천 년 동안 왕 노릇 하니"라는 말씀은 땅이 영원히 존재한다는 말이 아니다. 아마도 "살아서 천년동안 왕 노릇 한다" 는 것 때문에 그런 생각을 한 것으로 보인다.

그러나 계20,11절 "또 내가 크고 흰 보좌와 그 위에 앉으신 이를 보니 땅과 하늘이 그 앞에서 피하여 간 데 없더라" 라는 구절은 현재의 땅이 사라질 것을 분명히 밝히고 있다.

또 벧후3,6-13절을 보자.

6. 이로 말미암아 그 때에 세상은 물이 넘침으로 멸망하였으되
7. 이제 하늘과 땅은 그 동일한 말씀으로 불사르기 위하여 보호 하신 바 되어 경건하지 아니한 사람들의 심판과 멸망의 날까지 보존하여 두신 것이니라
8. 사랑하는 자들아 주께는 하루가 천 년 같고 천 년이 하루 같다는 이 한 가지를 잊지 말라
9. 주의 약속은 어떤 이들이 더디다고 생각하는 것 같이 더딘 것이 아니라 오직 주께서는 너희를 대하여 오래 참으사 아무도 멸망하지 아니하고 다 회개하기에 이르기를 원하시느니라
10. 그러나 주의 날이 도둑 같이 오리니 그 날에는 하늘이 큰 소리로 떠나가고 물질이 뜨거운 불에 풀어지고 땅과 그 중에 있는 모든 일이 드러나리로다
11. 이 모든 것이 이렇게 풀어지리니 너희가 어떠한 사람이 되어야 마땅하냐 거룩한 행실과 경건함으로
12. 하나님의 날이 임하기를 바라보고 간절히 사모하라 그 날에 하늘이 불에 타서 풀어지고 물질이 뜨거운 불에 녹아지려니와
13. 우리는 그의 약속대로 의가 있는 곳인 새 하늘과 새 땅을 바라보도다

이상에서 살펴 본 것처럼 정명석 씨가 주장하는 '지상천국론'은 비성경적임을 알 수 있다.

4) 고급편

(21) 엘리야와 예수님의 재림승천 실상 비교

엘리야 →승천 → 재림=세례요한에게 영이 임함
예수님→승천 →재림=JMS에게 영이 강림

주의 날이 도적 같이 오리니→예수님의 영이 강림하는 날

비판

승천한 엘리야가 세례 요한에게 영으로 재림했다는 것은 말4,5-6절 "5.보라 여호와의 크고 두려운 날이 이르기 전에 내가 선지자 엘리야를 너희에게 보내리니 6.그가 아버지의 마음을 자녀에게로 돌이키게 하고 자녀들의 마음을 그들의 아버지에게로 돌이키게 하리라 돌이키지 아니하면 두렵건대 내가 와서 저주로 그 땅을 칠까 하노라 하시니라"는 말씀에 근거한다. 이 말씀 때문에 유대인들은 메시아가 오기 전에 엘리야가 먼저 올 것이라고 생각했다.

그런데 마11,13-4절에 "13.기록된 바 보라 내가 내 사자를 네 앞에 보내노니 그가 네 길을 네 앞에 준비하리라 하신 것이 이 사람에 대한 말씀이니라 14.내가 진실로 너희에게 말하노니 여자가 낳은 자 중에 세례 요한보다 큰 이가 일어남이 없도다 그러나 천국에서는 극히 작은 자라도 그보다 크니라"에서 세례요한이 엘리야라고 예수님은 말씀하셨다.

또 마17,10-3절에 "10.제자들이 물어 이르되 그러면 어찌하여 서기관들이 엘리야가 먼저 와야 하리라 하나이까 11.예수께서 대답하여 이르시되 엘리야가 과연 먼저 와서 모든 일을 회복하리라 12.내가 너희에게 말하노니 엘리야가 이미 왔으되 사람들이 알지 못하고 임의로 대우하였도다 인자도 이와 같이 그들에게 고난을 받으리라 하시니 13.그제서야 제자들이 예수께서 말씀하신 것이 세례 요한인 줄을 깨달으니라" 는 말씀 역시 세례요한이 엘리야라는 것이다.

그리고 막9,13절 "그러나 내가 너희에게 이르노니 엘리야가 왔으되 기록된 바와 같이 사람들이 함부로 대우하였느니라 하시니라"는 구절도 세례요한이 엘리야라는 말씀이다. 이단/사이비들이 이 구절을 인용하면서 엘리야가 온다고 했는데 세례요한이 온 것처럼 예수님이 재림한다고 했지만 자신이 왔다는 것을 합리화시키기 위해 주장한다.

그러면 과연 엘리야가 세례요한으로 재림했는가? 눅1,13-7절을 보자. 이

구절은 천사가 사가랴에게 아들 세례요한의 수태고지를 하는 장면에서 한 말이다.

눅1,13-7절을 보면,

13. 천사가 그에게 이르되 사가랴여 무서워하지 말라 너의 간구함이 들린지라 네 아내 엘리사벳이 네게 아들을 낳아 주리니 그 이름을 요한이라 하라
14. 너도 기뻐하고 즐거워할 것이요 많은 사람도 그의 태어남을 기뻐하리니
15. 이는 그가 주 앞에 큰 자가 되며 포도주나 독한 술을 마시지 아니하며 모태로부터 성령의 충만함을 받아
16. 이스라엘 자손을 주 곧 그들의 하나님께로 많이 돌아오게 하겠음이라
17. 그가 또 엘리야의 심령과 능력으로 주 앞에 먼저 와서 아버지의 마음을 자식에게, 거스르는 자를 의인의 슬기에 돌아오게 하고 주를 위하여 세운 백성을 준비하리라

위 구절에서 중요한 것은 17절 말씀이다. 엘리야가 세례요한으로 재림하는 것이 아니라 "엘리야의 심령과 능력으로 주 앞에 먼저 와서"라고 했기 때문에 세례요한이 엘리야의 심령과 능력을 가지고 예수님 앞에 먼저 와서 주의 길을 예비한다는 말씀이다.

그리고 세례 요한은 말4,5-6절에 근거하는 유대인들의 생각을 알고 있었을 것이다. 그래서 자신은 엘리야가 아니라고 요1,20-1절에서 밝힌 바 있다. "20.요한이 드러내어 말하고 숨기지 아니하니 드러내어 하는 말이 나는 그리스도가 아니라 한대 21.또 묻되 그러면 누구냐 네가 엘리야냐 이르되 나는 아니라 또 묻되 네가 그 선지자냐 대답하되 아니라"

결국 '엘리야와 예수님의 재림승천 실상 비교'는 정명석 씨에게 예수님의 영이 임했다고 함으로써 사실은 재림예수가 정명석 씨라고 주장하는 것으로 보인다.

(22) 예수님과 세례요한의 관계 사명

세례 요한은 주의 길을 예비하러 왔다. 그리고 예수는 죽기 위해 온 것이 아니다. 요한이 예수를 의심하고 시기해서 예수는 그 사명을 다하지 못하고 영의 구원만 이루고 가셨다.

비판

예수님이 죽기 위해 온 것이 아니라는 것과 영의 구원만 이루었다는 것은 통일교의 주장을 그대로 차용한 것이다. 문선명 씨는 예수가 예기치 않게 십자가에서 죽음으로 영적 구원만 이루었기에 문선명 씨와 한학자 씨를 참 부모로 하여 육적 구원도 받아야 한다고 주장했다.

(23) 유대교와 기독교의 교리 비교

유대교와 기독교가 초림예수와 재림예수가 구름 타고 온다고 믿는 것과 불 심판을 문자적으로 생각하는 것, 그리고 육체부활을 믿는 점에서 같다는 것이다.

비판

30개론 중 11)번 이단의 개념에서 유대교가 볼 때는 기독교가 이단이라고 주장했다. "유대교와 기독교의 교리 비교"는 결국 정명석 씨가 볼 때는 유대교나 기독교가 같은 이단이라는 것이다. 그런데 이 주장 역시 통일교의 주장을 그대로 차용했다.

(24) 두 감람나무와 두 증인(계11장)

시대별로 사명자들이 두 명씩 있다는 것이다. 아담과 하와, 이스마엘과 이삭, 에서와 야곱, 11형제와 요셉, 루터와 깔뱅, 성부와 성신, 전역사인물과 후역사인물이 있다.

> **비판**

아담과 하와는 부부이고 이스마엘과 이삭, 에서와 야곱은 형제간이다. 그런데 시대별로 사명자가 둘씩 있다고 했는데 11형제와 요셉은 두 명이 아니라 12명이다. 종교개혁자로 루터와 깔뱅을 들었지만 쯔빙글리도 있고 후스도 있다. 성부와 성신을 들었지만 성부와 성자로 나누는 것이 더 적절해 보인다. 그런데 성자를 뺀 것은 예수님의 구원사역이 영적 구원만 이루는 반쪽 구원으로 보기 때문인 것 같다. 전역사 인물은 문선명 씨를, 후역사 인물은 정명석 씨를 의도하는 것으로 보인다. 결국 이 교리는 정명석 씨가 후역사 인물임을 강조하는 것이다.

참고로 천부교 박태선 씨에게서 떨어져 나온 영생교 조희성 씨는, 박태선은 감람나무 둥치이고 자신은 가지인데 열매는 가지에서 맺으므로 자신에게 와야 구원받는다고 주장했었다.

(25) 한 때 두 때 반 때

(1) 668년+1260년=1948년(제1이스라엘 민족의 해방)

(2) 668년 +1290년=1978년(제2이스라엘인 기독교인의 영적 해방으로 영적 지도자가 바뀜)

(3) 668년+1335년=2023년(정명석 씨의 공생애 기간이 끝나는 1999년은 1978년+21년(세이레)인데 2023년 까지는 말씀이 인봉된 기간이다.

> **비판**

먼저 숫자들에 대한 이해가 필요하다.

(1) 668년이라는 숫자는 단11,31절에 "군대는 그의 편에 서서 성소 곧 견고한 곳을 더럽히며 매일 드리는 제사를 폐하며 멸망하게 하는 가증한 것을 세울 것이며" 라는 말씀이 있다. 주후 668년은 회교성전이 예루살렘에 세워진 연도인데 정명석 씨는 이 연도를 일괄적으로 적용하고 있다.

그런데 "멸망케 하는 가증한 것"은 회교성전이 아니다. 주전 167년 시리아의 안티오쿠스가 예루살렘 성전의 제단을 파괴하고 제우스 신상을 세우고 유대인들이 금기시하는 돼지로 제사를 드린 것에서 이 예언은 성취되었다.

(2) 1260은 계11,3절과 12,6절에 나온다.

(3) 한 때 두 때 반 때는 단12,7절과 25절, 계12,14절에 있다.

(4) 668+1260=1948년에서 1948년은 이스라엘이 독립한 연도이다. 그런데 1948년은 통일교가 창립한 연도이다.

(5) 1290은 단12,9-13에 있다.

(6) 668년+1290=1978년에서 제2의 이스라엘인 기독교인들이 영적 해방을 받고 영적 지도자가 바뀐 날이라는 것은 1978년에 정명석 씨가 통일교로부터 주권을 이어 받았다는 것이다.

(7) 1978년+21년(세이레)=1999년은 정명석 씨가 말씀으로 세상을 심판한다는 연도였다.

이상에서 살펴 본 것처럼 연도를 계산하는 출발점인 668년의 산출부터 잘못되었다. 그리고 복음적인 기독교인 어느 누구도 문선명 씨나 정명석 씨를 기독교의 새로운 지도자로 인정하지 않는다. 결국 "한 때 두 때 반 때" 교리는 정명석 씨를 영적 지도자로 부각시키려는 의도에서 만들어진 것이다.

(26) 창조 목적

창1,28절에 근거하여 생육하고 번성하여 만물을 주관하는 것이다. 창조원리는 하나님이 두 가지 성품을 갖고 있는데 육신이 출생하는 것처럼 하나님도 상대자와의 생명의 파장으로 생명이 시작된다. 아담을 흙으로 만들었다는 것은 비유이며 예수님도 생육하셨는데 어릴 때는 메시야인 줄 몰랐다.

비판

"하나님의 두 가지 성품"은 기독교 신학에서 말하는 하나님의 속성(공유적 속성과 비공유적 속성)이 아니라 통일교에서 말하는 이성성상(二性性相)을 가리킨다. 통일교는 하나님의 성상(性相)과 형상(形狀)을 이성성상이라 하고 그 예로서 양성과 음성을 성상과 형상의 속성으로 본다. 결국 하나님의 성품론은 통일교에서 차용한 것이다.

"하나님도 상대자와의 생명의 파장으로 생명이 시작된다."는 말은 하나님을 이해하지 못한 것이다. 하나님은 인과율적인 연기법(緣起法)에 매인 분이 아니라 초월해 스스로 계신 분이다.

"아담을 흙으로 만들었다는 것은 비유이며"라는 것은 과학적으로 말하면 흙에 있는 원소로 만들었다는 것으로 사람을 흙으로 만드셨다고 창2,7절에 "여호와 하나님이 땅의 흙으로 사람을 지으시고 생기를 그 코에 불어넣으시니 사람이 생령이 되니라"고 기록되었다.

"예수님도 생육하셨는데 어릴 때는 메시야인 줄 몰랐다."는 주장은 예수님에 대해서 무지한 결과이다. 예수님은 출생지와 그 사역과 십자가의 죽음이 예언되어 있었다. 이 주장은 재림예수도 사람으로 와서 생육하여 재림예수로 인정받는다는 것인데 통일교의 문선명 씨가 한 주장으로서 결국 정명석 씨가 재림예수 격으로 왔다는 것을 강조하려는 것이다.

(27) 타락론

영적 타락-하와와 천사장 루시퍼와의 불륜

육적 타락-하와가 타락간 상태에서 아담과 부부관계를 한 것인데 타락함으로써 하나님과의 영적인 수수(授受)관계가 끊어졌다. 구약시대는 영적으로 죽었는데 예수님은 영만 구원하고 가셨다.

비판

영적 타락론은 통일교의 인정타락을 차용한 것이고 육적타락은 통일교의 판정타락을 차용한 것이다. 그리고 예수님이 영만 살리고 가셨다는 것도 역시 통일교의 주장이다. 수수관계 역시 통일교에서 사용하는 용어이다.

(28) 구원론

구원이란 물에 빠진 사람이 빠지지 않았던 상태로 되는 것이고 아픈 사람이 건강을 회복하는 것과 타락한 사람이 타락하지 않았던 상태로 돌아가는 것이다.

이방인의 구원은 복음이 전파되기 전의 사람과 오지에 살아서 복음을 듣지 못한 사람은 지옥이 아니라 연옥(선영계, 음부)에 가서 복음을 듣는다. 영들은 영들끼리 복음을 전한다. 그리고 이 시대는 선생님(JMS)를 중심하여 말씀으로 구원시킨다.

비판

개혁교회는 연옥 교리를 인정하지 않는다. 연옥 교리는 가톨릭의 교리이다. 그리고 선생님(정명석 씨-저자 주)을 중심하여 말씀으로 구원시킨다는 것은 "다 이루었다"(요19,30)고 하신 예수님의 십자가 사역을 무의미하게 만드는 것이다.

그리고 복음을 듣지 못한 사람들의 구원문제에 대해서 성경은 다음과 같이 설명한다. 행14,16-7 "하나님이 지나간 세대에는 모든 족속으로 자기의 길을 다니게 묵인하셨으나 그러나 자기를 증거하지 아니하신 것이 아니니, 곧 너희에게 하늘로서 비를 내리시며 결실기를 주시는 선한 일을 하사 음식과 기쁨으로 여러분의 마음에 만족하게 하셨느니라 하고"

또 롬1,19-20절에 "19.이는 하나님을 알만한 것이 저희 속에 보임이라. 하나님께서 이를 저희에게 보이셨느니라 20.창세로부터 그의 보이지 아니하는 것들 곧 그의 영원하신 능력과 신성이 그 만드신 만물에 분명히 보여 알게 되나니 그러므로 저희가 핑계치 못할지니라"라고 되어 있다.

그리고 롬2,14-5절에 "14.율법 없는 이방인이 본성으로 율법의 일을 행할 때는 이 사람은 율법이 없어도 자기가 자기에게 율법이 되나니 15.이런 이들은 그 양심이 증거가 되어 그 생각들이 서로 혹은 송사하며 혹은 변명하여 그 마음에 새긴 율법의 행위를 나타내느니라"고 하였다.

즉 하나님은 자연의 섭리를 통하여 당신을 계시하셨다(행14,16-7;롬1,19-20). 그리고 복음을 듣지 못하고 죽은 사람들의 구원은 그 양심의 증거에 따라(롬2,14-5) 하나님이 판단하실 문제임을 알 수 있다.

(29) 재림론

엘리야의 영이 세례요한에게 임하고 모세의 영이 예수에게 임한 것처럼 재림예수는 구름타고 오는 것이 아니라 시대의 중심인물에게 예수의 영이 임해서 도와줌으로 재림예수의 사명을 감당한다.

비판

엘리야의 영이 세례요한에게 임했다는 주장에 대해서는 고급편, 21)엘리야와 예수님의 재림승천 실상비교에서 비판한 바 있다. 정명석 씨가 시대의 중심인물임을 강조하면서 예수의 영이 임한 재림예수라는 것이다.

(30) 역사(A.B.C) [101] 동시성으로 본 섭리역사 이치

화 (계 8:13)	화	화
사 생 애	공 생 애	부 활 생 애
(소 생 기)	(장 성 기)	(완 성 기)

---

101 아래의 도표들은 탁명환, 『기독교이단연구』, 267-268을 옮긴 것이다.

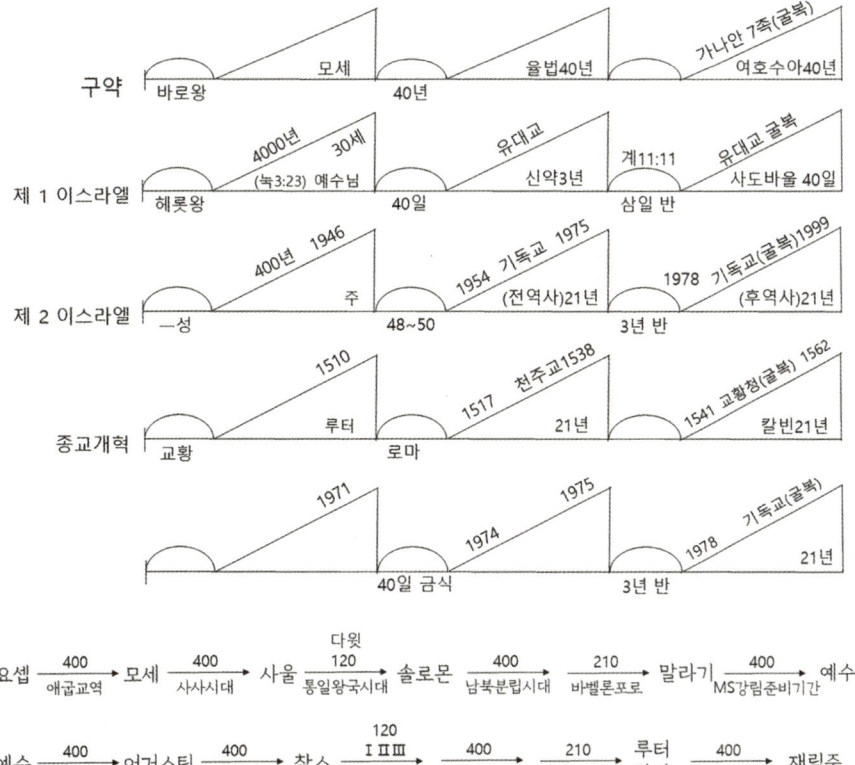

전역사-1954~1978년 문선명의 재림주로서의 공생애 기간

후역사-1978년 6월~JMS 공생애 시작

1999년 말씀 선포

1993년~2023년까지 인봉

영육전쟁(아마겟돈 전쟁)은 기독교와 통일교 사이의 전쟁, 그리고 기독교와 JMS와의 전쟁이다.

비판

섭리 역사 이치에서 화(禍)를 세 번 말하는 것은 계8,13절에서 화를 세 번 말하기 때문으로 보인다. 계8,13 "내가 또 보고 들으니 공중에 날아가는 독수리가 큰 소리로 이르되 땅에 사는 자들에게 화, 화, 화가 있으리니 이는 세 천사들이 불어야 할 나팔 소리가 남아 있음이로다 하더라"고 기록되어 있다. 그런데 "섭리역사 이치"는 통일교에서 인류의 역사 과정을 소생기(구약시대-구약성서-유대교), 장성기(신약시대-신약성서-기독교), 완성기(성약시대-원리강론-통일교)로 나눈 것을 차용한 뒤에 완성기에 문선명 씨 대신에 정명석 씨를 넣고 원리강론 대신에 30개론과 정명석 씨의 말씀을 넣은 것이다.

그리고 "요셉→모세(애굽교역,400)"는 400년이 아니라 430년이다. 출 12,40-1절 "40.이스라엘 자손이 애굽에 거주한 지 사백삼십 년이라 41.사백삼십 년이 끝나는 그 날에 여호와의 군대가 다 애굽 땅에서 나왔은즉" 이라고 되어 있다.

정명석 씨는 400이라는 숫자에 집착하여 연도를 맞추느라 분명히 기록된 성경의 연도까지 틀리게 인용하고 있다.

아마겟돈 전쟁은 통일교와 기독교, 기독교와 JMS와의 전쟁이 아니다. 아마겟돈 전쟁은 계19,14-21절에 나온다. 아마겟돈은 히브리어이고 헬라어로는 므깃도의 산(Har Megiddo)이다. 선지자 에스겔은 겔38-39장에서 종말에 곡과 마곡이 하나님의 백성과 싸울 곳을 '이스라엘의 산'이라 불렀는데 이곳이다. 따라서 아마겟돈 전쟁은 그리스도의 재림 전에 있을 하나님과 사단의 군대, 동방에서 오는 왕들과 천하 임금들 간의 최후 결전장으로 예고되어 있다. 이 전쟁은 세계적인 전쟁이다. 그런데 이 전쟁을 기독교와 통일교가 싸우고 기독교와 JMS가 싸운다는 것은 전쟁을 종교적 전쟁으로 국한시키는 것이고 공간적 스케일이 너무 작다. 그리고 에스겔과 계시록의 예언은 실제적인 전쟁을 가리킨다.

그리고 요셉에서 예수에 이르는 역사와 예수에서 MS강림준비기간을 거쳐 재림주에 이르는 역사를 대조해 놓은 것은 결국 정명석 씨가 재림주라는 것을 강조하는 것이다. 그리고 전역사는 통일교의 역사이고 후역사는 JMS의 역사이다.

H. 던칸은 만약에 주님의 재림이 없다면 다음과 같은 일곱 가지 문제들이

발생한다고 지적한다.[102] 1)우리는 우리의 사랑하는 자들이 영광스러운 몸을 입고 있는 모습을 볼 수 없을 것이다. 왜냐하면 성경은 그리스도께서 오실 때에 죽은 자들이 일어날 것이라고 가르치기 때문이다. 2)그리스도인들은 자신의 공력에 따른 상을 받지 못할 것이며 순교자들의 죽음도 헛된 것이 될 것이다. 왜냐하면 성경은 그리스도께서 재림하셔야만 그리스도인들이 상을 받게 될 것이라고 가르치기 때문이다. 3)그분들이 악인들의 손에서 당하셨던 모든 부당한 대우를 갚지 못하게 될 것이다. 4)하나님께서 그분의 택한 백성 이스라엘에게 약속하신 일들도 이루어지지 않을 것이다. 5)천지만물은 영원히 죄의 저주 아래에 있을 것이다. 6)사탄이 계속해서 온 세상을 지배할 것이다. 7)이 땅에는 결코 정의와 평화가 실현되지 않을 것이다. 왜냐하면 예수님만이 평강의 왕(사9,6)이 되시기 때문이다.

이상에서 살펴 본 기독교복음선교회(JMS)의 30개론은 통일교의 교리를 차용한 것이 많은데 그것은 정명석 씨가 통일교 산하기관인 승공연합에서 강사로 있었기 때문으로 보인다. 30개론의 목표는 통일교의 문선명 씨는 지나간 전 역사이고 이제 정명석 씨를 후 역사의 '중심인물'로, 재림주로 인식시키기 위한 과정이라고 볼 수 있다.

---

102   H. 던칸 외/기독지혜사 편집부 역, 『재림과 종말』 (서울: 기독지혜사, 1986), 64.

8장

예수 그리스도 후기 성도교회 (몰몬교)

1 | 예수 그리스도 후기 성도교회
몰몬교의 역사

몰몬교(The Latter-Dad Saints: Mormonism)는 교주 요셉 스미스2세(Joseph Smith Jr)에 의해 창립되었다. 그는 1805년 12월 23일 미국 버몬트 주의 샤론이라는 마을에서 출생하였다. 1820년 기도 중 천사를 만나는 신비체험을 하였다고 한다. 그 후 1823년 9월 21일 밤에 모르나이(Morni)라는 천사를 만나 금판을 받게 될 것이라는 말을 들었고 그 금판에는 미국 원주민의 기원에 대해 적혀 있다고 하면서 금판이 묻힌 장소를 알려주었다고 한다. 1827년 9월 22일 스미스는 금판을 찾았는데 거기에는 우림과 둠밈, 흉패 등이 들어 있었다고 주장한다. 1829년 교사 출신의 올리버 카우드리와 함께 금판을 번역한 것이 몰몬경이다.[103] 그리고 번역이 끝나자 천사가 금판을 회수해갔는데 세 목격자(올리버 카우드리, 데이비드 휘트머, 마르틴 해리스 등)가 금판을 보았다 하고 후에 8명의 목격자가 금판을 보았다고 한다.[104] 그리고 1830년 4월 6일 몰몬교가 창립되었다.

103　몰몬경은 니파이전·후서, 야곱서, 이노스서, 예이롬서, 옴나이서, 몰몬의 말씀, 모사이야서, 앨마 서, 힐라맨서. 제3니파이, 제4니파이, 몰몬서, 이더, 모로나이서 등으로 15권의 책이 합쳐진 것이다.

104　몰몬교의 역사에 대하여 탁명환, 『기독교이단연구』, 270-281; 박영관, 『異端宗派批判』, 48-52를 보라. 탁명환에 의하면 몰몬경에 대해서는 다음과 같은 설이 있다고 한다. 솔로몬 스폴딩이라는 사람이 미국인은 이스라엘 민족의 분손(分孫)이라는 생각을 하고 소설을 써서 1812년에 발표했는데 요셉 스미스가 그 원고를 사서 올리버 카우드리와 마르틴 해리스를 조수로 써서 1830년에 출판했다고 한다. 나중에 올리버 카우드리와 마르틴 해리스는 몰몬교에서 탈퇴 후 그 금판을 본 적이 없다고 증언했다는 것이다. 탁명환 『기독교이단연구』, 281을 보라.

2 | 예수 그리스도 후기 성도교회
몰몬교의 주요 교리와 비판

1) 신론

삼위일체가 아닌 삼위 각체의 하나님을 믿는다. 그런데 하나님이 영이라는 것을 부인하고 인간처럼 육체를 가졌다고 한다. 예수님 역시 육체를 가진 존재인데 성령은 영적 실유(實有)라고 한다.[105] 신이 육체를 가진 것의 근거로 여호와의 손(사59,1-2), 여호와의 눈(시33,18), 여호와의 귀(시34,15), 여호와의 팔(사40,10) 등의 구절을 든다. 또 신은 남성과 여성이며 하나님을 아버지라고 부르는 것은 남성이기 때문인데 하늘에 남성과 여성이 존재하여 영적 자녀들을 낳았고 예수님은 장자라는 것이다. 그리고 첫 사람 아담은 천사장 미가엘이라고 주장한다.

비판

딤전2,5절 "하나님은 한 분이시요 또 하나님과 사람 사이에 중보자도 한 분이시니 곧 사람이신 그리스도 예수라"고 하였고 고전8,6절 "그러나 우리에게는 한 하나님 곧 아버지가 계시니 만물이 그에게서 났고 우리도 그를 위하여 있고 또한 한 주 예수 그리스도께서 계시니 만물이 그로 말미암고 우리도 그로 말미암아 있느니라"는 말씀은 하나님은 한 분이신데 성부와 성자와 성령, 삼위로 계심을 말한다. 그리고 신이 남성과 여성이 있어 자녀를 낳는다는 말

---

105 『교리와 성약』 130:22 "아버지는 인간의 육체와 같이 만질 수 있는, 뼈와 살이 있는 육체를 가졌다."

이나 예수님이 장자라는 설명은 받아들이기 어려운 주장이다.[106] 그리고 성경에서 하나님의 눈, 귀, 팔 등의 표현은 신인동성적(神人同性的) 표현이지 하나님이 인간처럼 육체를 가졌다는 말이 아니다.

2) 계시론

몰몬경의 내용에 대해 니파이전서 서문 "니파이의 다스림과 성역"에는 리하이와 그의 아내 새라이라 및 네 아들, 레이맨, 레뮤엘, 샘, 니파이가 등장한다.

나중에 리하이가 예루살렘을 탈출했는데 리하이의 넷째 아들인 니파이가 예언자가 되어 예수의 탄생과 십자가 죽음, 12사도의 활동과 계시록의 종말까지 예언하고 있다. 그런데 주전 421년 리하이의 장남 레이맨과 4남 니파이가 전쟁을 벌여 니파이족이 전멸하였고 최후에 남은 모로나이가 몰몬경을 기록하여 숨긴 뒤 죽고 악한 레이맨족은 하나님의 벌을 받아 피부가 검게 되어서 흑인이 되었다고 한다.[107] 그리고 미국 원주민은 이스라엘 요셉의 자손이며 미국에 그리스도가 재림하여 새 예루살렘이 세워진다고 주장한다.

또 이들은 계시의 연속성을 믿는데 신구약 성경 외에도 『몰몬경』, 『교리와 성약』, 『값비싼 진주』등을 경전으로 믿는다.[108]

---

106 탁명환은, 몰몬교주가 금판이 주후 421년부터 1827년 까지 묻혀있었다고 하지만 몰몬경 중에는 영국의 제임스 왕의 명에 의한 영국흠정역성경(KJV)의 번역문을 그대로 인용한 곳이 1천 군데가 넘음을 지적한다. 탁명환, 『기독교이단연구』, 281.

107 니파이후서5:21. "또 그는 그들의 죄악으로 인하여 저주로 그들에게 임하게 하셨나니, 참으로 혹독한 저주라. 이는 보라, 그들이 그를 대하여 자기들의 마음을 완악하게 하여 그 마음이 마치 부싯돌 같이 되었음이라. 그런즉 그들이 희고 심히 곱고 기뻐할 만 하였던지라, 그들이 나의 백성에게 꾀임이 되지 않게 하시려고, 주 하나님께서는 검은 빛깔의 피부로 그들에게 임하게 하셨더라".

108 『교리와 성약』은 교리와 성약, 공식선언-1, 공식선언-2를 포함하고 있다. 『값진 진주』는 모세서, 아브라함서, 조셉 스미스-마태, 조셉 스미스-역사, 신앙개조, 조셉 스미스 역 성경, 경전 안내서를 포함하고 있다.

비판

앞에서 언급했지만 금판을 번역했다는 몰몬경의 진위 자체가 의심스럽다. 게다가 미국 원주민이 이스라엘 자손이라고 하거나 레이맨족이 하나님의 벌을 받아 흑인이 되었다는 주장들은 더더욱 설득력이 없다. 이런 주장들은 문화 인류학적이나 역사적으로도 근거가 없는 것이다.

3) 인간론

인간이 영적존재로 있다가 세상에 창조되었다고 한다. 그리고 아담과 하와가 선악과를 먹은 것은 타락이 아니라 하나님이 축복하시기 위해서라고 한다. "아담이 타락한 것은 사람이 존재하게 하려 함이요, 사람이 존재함은 기쁨을 갖기 위함이니라"[109]

비판

성경은 인간이 흙에서 창조되었다고 증거 한다. 창2,7절 "여호와 하나님이 땅의 흙으로 사람을 지으시고 생기를 그 코에 불어넣으시니 사람이 생령이 되니라" 그리고 선악과 사건은 하나님의 축복이 위한 것이 아니라 말씀을 어긴 범죄였다. 그 증거는 창2,14-9절까지 뱀과 하와와 아담이 벌을 받는 것을 통해서 알 수 있다.

4) 기독론

몰몬교도 예수님의 메시야 됨을 믿고 구원을 받아야 한다고 한다. "그러한즉 구속은 거룩하신 메시야 안에서 거룩하신 메시야를 통해 임하나니, 니는

---

[109] 니파이후서 2,25절.

그가 은혜와 진리로 충만하심이라"¹¹⁰ 그런데 예수님을 창조된 피조물로 보고 성자 하나님으로 인정하지 않는 것이 문제이다.

비판

요8,58절 "예수께서 이르시되 진실로 진실로 너희에게 이르노니 아브라함이 나기 전부터 내가 있느니라 하시니"라는 말씀과 요17,5절 "아버지여 창세 전에 내가 아버지와 함께 가졌던 영화로써 지금도 아버지와 함께 나를 영화롭게 하옵소서"라는 말씀은 예수님의 선재성(先在性)과 함께 신성을 잘 보여준다.

5) 구원론

그리스도의 대속으로 구원받음을 말하지만 순종을 요구하고 있다. 그 순종은 복음에 요구된 율법과 규례들을 자원하여 지켜야 한다고 주장한다. "… 마찬가지로 각 사람은 예수 그리스도를 믿는 신앙을 통하여 하나님의 은혜로 영적 사망에서 또한 구함 받을 수 있다. 이 신앙은 율법 및 복음의 의식들에 대한 순종 그리고 그리스도에 대한 봉사의 생활에서 나타난다."¹¹¹

비판

구원은 율법에 대한 순종이 아니라 믿음으로 받는다. 롬10,9-10절 "9.네가 만일 네 입으로 예수를 주로 시인하며 또 하나님께서 그를 죽은 자 가운데서 살리신 것을 네 마음에 믿으면 구원을 받으리라 10.사람이 마음으로 믿어 의에 이르고 입으로 시인하여 구원에 이르느니라."

---

110 니파이후서 2,6절.
111 한국어판 『몰몬경』의 '경전 안내서' 31쪽 '구원'란을 보라.

6) 종말론

새로운 예루살렘이 미국에 세워지고 예수님이 미국 땅에 재림할 것을 믿는다. 몰몬교는 세 개의 천국을 주장한다. 주님의 명령을 지키는 충성스러운 자들이 가는 태양의 천국과 달의 천국(율법 없이 죽은 자들과 살아 있을 때 믿지 않았으나 후에 믿은 자), 별의 천국(복음이나 예수의 간증을 받지 않은 자들과 성령을 부인하는 자들과 지옥에 던져진 자들이 가는 곳)을 믿는다.

비판

성경은 오직 천국과 지옥만이 있다고 증거 한다.

계21,2-3 "2.또 내가 보매 거룩한 성 새 예루살렘이 하나님께로부터 하늘에서 내려오니 그 준비한 것이 신부가 남편을 위하여 단장한 것 같더라 3.내가 들으니 보좌에서 큰 음성이 나서 이르되 보라 하나님의 장막이 사람들과 함께 있으매 하나님이 그들과 함께 계시리니 그들은 하나님의 백성이 되고 하나님은 친히 그들과 함께 계셔서" 또 지옥에 대해서는 계20,14-5절 "14.사망과 음부도 불못에 던져지니 이것은 둘째 사망 곧 불못이라 15.누구든지 생명책에 기록되지 못한 자는 불못에 던져지더라."

9장

이슬람

이슬람

1 | 이슬람의 역사

이슬람은 주후 7세기 초 메카와 메디나에서 선지자로 알려진 무함마드가 받은 계시와 더불어 시작되었다.[112]

---

[112] 이슬람의 역사에 대해서는 한국기독교범교단이슬람대책위원회, 『이슬람을 경계하라』 (서울: 한국기독교범교단이슬람대책위원회, 2012), 76-102를 보라.

이슬람

2 | 이슬람의 주요 용어들[113]

꾸란(코란) 이슬람의 경전으로 창시자 무함마드가 주후 610-632년까지 계시를 받았다고 주장하는 것들을 3대 칼리프 우트만이 편집하였다.

나비(Nabi) 선지자, 예언자, 알라로부터 보냄을 받아 인간을 인도하는 사람.

부르카(Burka) 몸과 얼굴, 눈까지 덮은 옷.

라마단 이슬람력 9번째 달의 이름. 일출에서 일몰까지 단식하고 부부관계를 금한다.

마드라사(Madrass)-학교, 일반 교육 보다 이슬람 원리주의를 가르친다.

마스지드(Masjid, Mosque) 이슬람 사원.

메카(Mecca) 무함마드의 출생지로 이슬람의 성지, 주후 622년 메디나로 피신할 때까지 머문 곳.

무슬림(Muslim) 알라에게 복종하는 자를 의미한다.

무함마드(Muhammad) '찬양받는 이'라는 뜻. 이슬람의 창시자.

사탄 '이블리스'라고도 하며 불로 창조되었던 '진'의 우두머리.

진(Jinn) 인간과 천사의 중간인 영적 존재로 사람의 눈에는 보이지 않음.

쌀라(Salāh) 하루에 다섯 번하는 이슬람의 의무 기도.

샤리아(Sharia) 이슬람의 율법. 꾸란과 하디스(Hadith-무함마드의 언행록)를 기준으로 한다. 여기에 없는 것은 샤리아 위원들이 유추 해석하거나 합의 결정한다.

순니파(Sunni) 한국에서는 수니파라고 한다. 소수파인 시아파와 적대 관계에 있다. 약 85%가 수니파이고 14%는 시아파로 추정된다. 시아파는 무함마드

---

113   *Ibid.*, 132-9에서 중요한 용어들을 요약하였다.

의 혈통만이 이슬람의 이맘(성직자)이 될 수 있다고 주장하고 수니파는 역대 칼리파를 계승자로 여긴다.

수라(Surah) 꾸란의 장. 전체 114장이다.

수피(Sufi) 이슬람 신비주의자.

알라(Allah) 이슬람의 절대 신. 아랍 무슬림들은 God으로 번역해 사용.

이맘(Imam) 지도자, 예배 인도자이다. 시아파에서는 종교와 정치의 전권을 갖는다.

이슬람(Islam) 복종, 순종이라는 뜻. 이슬람의 정치, 경제, 사회, 문화, 종교 등을 총칭하여 이슬람이라 한다.

자카트(Zakāt) 수입의 2.5%를 바치는 구제헌금.

지하드(al-Jihad)-성전(聖戰). 알라를 위하여 비 무슬림들과 싸우는 것.

책의 백성(people of the Book) 꾸란에서 유대인들과 기독교인들을 가리키는 용어이다.

타키야(Taqiyya) 상황에 따라서 신앙을 감추는 것을 허용하는 것.

하람(Haram) 금지된 것.

할랄(Halāl) 허용된 것.

히잡(Hijab) 얼굴과 손만 노출하는 이슬람 여성들의 의상.

3 | 이슬람의 신론

이슬람

알라 외에 다른 신을 인정하지 않는다. 창조자를 아들이나 신적인 영으로 인정한다면 그것은 알라와 그의 모든 천사들의 적에 해당한다고 (Suren2:97-8;5:73) 가르친다.[114] 또 "하늘과 땅의 주권이 알라께 있고 알라 외에는 보호자나 원조자가 없다는 것을 모르느냐?"[115] 그리고 이므란 가의 장에서도 "이것은 진실한 말이다. 알라 이외의 신은 없다. 참으로 알라께서는 전지전능(全知全能)한 분이시다"라고 한다.[116]

비판

창1,26절 "하나님이 이르시되 우리의 형상을 따라 우리의 모양대로 우리가 사람을 만들고 그들로 바다의 물고기와 하늘의 새와 가축과 온 땅과 땅에 기는 모든 것을 다스리게 하자 하시고" 라는 구절에서 알 수 있는 것처럼 '우리'는 복수이다. 하나님은 한 분이지만 삼위로 계신다.

---

114 압 둘 마시흐/이동주 역, 『무슬림과의 대화』 (서울: 기독교문서선교회, 2004), 17.
115 『코란』/김용선 역 (서울: 명문당, 2019), 61. 암소의 장(章).
116 *Ibid*., 96. 이므란 가의 장 62항.

4　이슬람
이슬람의 기독론

이슬람은 예수를 '이싸'라고 부른다. 그러나 꾸란5:75에는 "마리아의 아들 메시아(이싸-역자 주)는 단지 사도에 지나지 않는다. 그보다 이전에도 많은 사도가 나왔다"라고 하여 예수님의 신성을 부인한다.[117] 또 꾸란9:31에는 "… 마리얌의 아들 이싸를 그들의 주님으로 경배하나 알라 외에는 경배하지 말라 그 분외에는 신이 없노라"라고 하여 예수님을 경배하지 말 것을 말하고 있다.[118] 또 꾸란4:157에는 "마리얌의 아들이며 알라의 선지자 이싸 알 마시(예수 그리스도)를 우리가 살해하였다라고 그들이 주장하더라. 그러나 그들은 그를 살해하지 아니하였고 십자가에 못 박지 아니했으며 그와 같은 형상을 만들었을 뿐이라…"고 하여 예수님의 십자가 사역과 부활을 부정한다.

비판

예수님은 출생지가 미5,2절에 예언된 분이고 마2,23절에는 성장지가 나사렛으로 예언된 분이다. 그리고 이사야53장은 예수님의 십자가 사역에 대해서 예언하고 있다. 주님의 부활은 고전15,3-8절에서 상세하게 증거하고 있다. 그리고 요일2,22-3절에 "22.거짓말하는 자가 누구냐 예수께서 그리스도이심을 부인하는 자가 아니냐 아버지와 아들을 부인하는 그가 적그리스도니 23.아들을 부인하는 자에게는 또한 아버지가 없으되 아들을 시인하는 자에게는 아버지도 있느니라"라고 사도 요한은 말한다.

117　*Ibid.*, 5.식탁의 장, 152.
118　한국기독교범교단이슬람대책위원회, 『이슬람을 경계하라』, 56-7.

5 이슬람

이슬람의 성령론

꾸란은 성령의 신성을 인정하지 않고 하나의 피조물이며 하나님이 아니라고 주장한다. 꾸란2:97-98:66:4에는 성령이 가브리엘 천사(djibril)라고 한다. 그리고 요14,16절 "내가 아버지께 구하겠으니 그가 또 다른 보혜사를 너희에게 주사 영원토록 너희와 함께 있게 하리니"와 요14,26절 "보혜사 곧 아버지께서 내 이름으로 보내실 성령 그가 너희에게 모든 것을 가르치고 내가 너희에게 말한 모든 것을 생각나게 하리라"는 말씀에 언급된 보혜사가 곧 무함마드라고 한다.[119]

비판

성령은 창조 역사에서 함께 하셨다. 창1,2절 "땅이 혼돈하고 공허하며 흑암이 깊음 위에 있고 하나님의 영은 수면 위에 운행하시니라"는 말씀에서 증거되는 것처럼 성령은 영원 전부터 계신 삼위일체 하나님의 제3위이신 분이다. 그리고 고후13,13절 "주 예수 그리스도의 은혜와 하나님의 사랑과 성령의 교통하심이 너희 무리와 함께 있을지어다"라는 바울의 인사는 성령이 성부, 성자와 더불어 하나님이신 것을 증거하고 있다. 자세한 것은 앞에서 설명한 5.바른 성령론을 참고하라.

---

[119] 이슬람은 그리스어 'parakletos'의 모음을 바꾸어 무함마드와 같은 뜻인 'periklytos'(찬양 받을 자)로 만들었다. 어떤 무슬림들은 기독교인들이 오히려 모음을 변경해서 무함마드를 'parakletos'로 변질시켰다고 한다. 이에 대하여 압 둘 마시흐, 『무슬림과의 대화』, 145를 보라.

이슬람

6 | 이슬람의 구원론

이슬람은 구원의 확신이 없다. 심판 때 알라가 저울에 달아보아서 구원이 결정된다고 가르친다. 꾸란 101:6-11에는 "그날 그의 선행이 무거운 자는 안락한 삶을 영위할 것이나 그의 선행이 가벼운 자는 불지옥의 함정에 있게 되리라"고 하여 예수님으로 인한 구원을 부정한다. 그러나 한 가지 확실한 구원은 순교이다. 꾸란3:169,195에는 순교는 가장 큰 보상이고 심판 없이 모든 죄를 용서 받는다고 한다.[120]

비판

롬10,9-10절 "9.네가 만일 네 입으로 예수를 주로 시인하며 또 하나님께서 그를 죽은 자 가운데서 살리신 것을 네 마음에 믿으면 구원을 받으리라 10.사람이 마음으로 믿어 의에 이르고 입으로 시인하여 구원에 이르느니라" 고 하여 구원의 확신에 대해 증거하고 있다.

---

120 *Ibid.*,61.

7 | 이슬람
이슬람의 계시론

이슬람은 기독교의 성경이 변질되었다고 한다. 그리고 무함마드가 받은 계시만이 유일한 진리라고 믿는다. 선지자가 한 말은 곧 알라의 대언이기 때문이다. 이슬람은 알라가 인류에게 104권의 경전을 주었는데 아담에게 10권, 셋에게 50권, 에녹에게 30권, 아브라함에게 10권을 주었지만 모두 소실되고 모세의 율법, 다윗의 시편, 예수의 복음서, 무함마드의 꾸란 만 남았다고 한다. 이중에서 가브리엘 천사를 통해 계시 받은 꾸란을 최후의 진짜 경전으로 믿는다.[121]

비판

시19,7-9절 "7.여호와의 율법은 완전하여 영혼을 소성시키며 여호와의 증거는 확실하여 우둔한 자를 지혜롭게 하며 8.여호와의 교훈은 정직하여 마음을 기쁘게 하고 여호와의 계명은 순결하여 눈을 밝게 하시도다

9.여호와를 경외하는 도는 정결하여 영원까지 이르고 여호와의 법도 진실하여 다 의로우니"라는 말씀은 여호와의 율법(말씀, 성경)의 완전성에 대해 증거 한다. 그리고 예수님은 마5,17-8절에서 "17. 내가 율법이나 선지자를 폐하러 온 줄로 생각하지 말라 폐하러 온 것이 아니요 완전하게 하려 함이라 18.진실로 너희에게 이르노니 천지가 없어지기 전에는 율법의 일점 일획도 결코 없어지지 아니하고 다 이루리라"고 하셨다.

---

121 한국기독교범교단이슬람대책위원회, 『이슬람을 경계하라』, 71.

10장

전능하신 하나님교회
(동방번개 이하 '전능신교')

1

전능하신 하나님교회
전능신교의 역사

　창시자는 조유산(趙維山) 씨로 본명은 조곤(趙坤)이다. 1951년 12월 생으로 그의 아버지는 중국의 아성 철도국에서 근무하였다. 소학교에서 조곤이라는 이름이 마음에 들지 않는다고 부모님도 모르게 스스로 개명신청을 한 것으로 알려져 있다. 중학교를 졸업하고 목수 일을 배우다가 1971년 부친을 따라 철도국에서 근무 중 1983년 장기 무단결근으로 해고된 뒤 흑룡강성 신화 제2공장에서 일하다가 1985년 아성 녹말제당공장에서 일하였다. 그런데 이곳 역시 장기 무단결근으로 해고 되었다.

　그가 종교에 입문한 것은 아내 부운지(付云芝)씨와 더불어 목수 일을 하다가 목수 일을 배우는 제자와 그의 부친이 종교를 갖고 있음을 알게 되었고 그들의 권유로 종교에 입문하였다. 첫 출석교회는 1983년에 중국 아성 현지 기독교 교회였는데 아성교회가 장로파와 소군파(小群派)로 나누어져 분란이 있는 틈을 타서 소군파를 데리고 독립하였다.

　1985년 조유산 씨의 부모와 자식이 가스 중독으로 사망했다. 이때부터 '능력주'(能力主)라는 단체를 세우고 운영하다가 1989년에 영원교회(永源敎會)를 설립하고 자신을 불가능이 없는 자, 전권(全權)의 주(主), 신(神)이라고 칭하면서 비밀집회를 가졌다. 당시 신도들은 이름 대신에 약호를 사용하고 그들만이 통하는 '성령충만방언설'을 한 것으로 알려졌다.

　1990년대에 조유산 씨는 하남성으로 이주하여 '전능신교'를 세우고 양향빈 씨를 '여자 그리스도'로 칭하였는데 양향빈 씨는 대입시험에서 떨어져 정신적인 문제가 있었다고 한다. 그는, 예수의 도성육신은 '은전시대'이고 여자 그리스도가 신도들을 데리고 은전시대에서 내려온 것이 '국도시대'로서 두 번째 도

성육신이라고 주장하면서 『말씀이 육신으로 나타남』에서 신도들은 '여 그리스도'의 말을 들어야 한다고 주장했다.

현재 한국에는 약 3천 명 정도의 신도가 있는데 CBS 노컷뉴스가 지난 2021년 보도한 것에 따르면 2018년부터 충북 보은군 일대의 밭과 논 등186필지 64만 6천 제곱미터의 토지를 외국인이 매입했는데 이중 72%에 달하는 44만 6천 제곱미터의 토지를 전능신교 신도로 보이는 중국인이 매입한 것으로 알려졌다. 이들은 귀화하여 농업법인을 만들어 시세보다 20~40% 비싼 값으로 사들였다고 한다.

한편 전능신교를 '동방번개'라고도 부르는 이유는 마24,27절 "27.번개가 동편에서 나서 서편까지 번쩍임 같이 인자의 임함도 그러하리라" 에 근거하여 동방에서 나서 서쪽까지 가는 번개라고 해석한 뒤 교주의 말이 중국에서 서방까지 전해짐을 의미한다고 주장하기 때문이다.

중국 당국이 1995년 전능신교를 사교(邪敎)로 규정하고 단속을 시작하였다. 그러던 중 2014년 5월 28일 산동 자오위안의 맥도날드 매장에서 살인 사건이 일어났다.[122] 이 사건은 가해자인 장판, 장리둥, 뤼잉춘, 장항, 장차오랜 등이 피해자 오모모가 그들에게 연락처를 가르쳐 주지 않아서인 것으로 알려졌다. 중국 정부의 발표에 의하면 가해자들은 모두 전능신교 신도들이었고 이들은 오모모가 마귀로 보여서 살해했다고 하였다.[123] '종교와 진리'에 따르면 전능신교는 매우 폭력적인 수단으로 추종자들을 통제하는데 명령 불복종자나 의심하거나 배척하는 사람들을 구타하거나 귀를 베거나 눈을 뽑고 팔을 끊고 발가

---

[122] 이 내용은 '종교와 진리'(m.churchheresy.com)에서 지난 2020년 7월 27일자로 보도한 내용을 요약하였다.

[123] 인민 재판 법정에서 장리둥은 그 여자가 악령이라서 밀대로 때려 죽였는데 피해자가 악령인 것은 하나님의 본체 내 딸 '장판'이 그 여자가 악령+악마라고 해서라고 한다. 그리고 가해자인 뤼잉춘은 피해자가 자신을 공격한 사악한 영인데 그 여자와 떨어져 있었지만 자신을 습격하는 게 강하게 느껴졌고 머리부터 자신의 생명을 빨아들이고 있었기 때문이라고 진술했다. 하지만 전능신교에서는 이들이 전능신교의 신도들이 아니라고 하고 일설에는 가해자들의 진술이 엇갈리거나 전능신교를 모른다고 부인했다는 주장도 있다.

락을 자르는 등의 폭력을 쓰는데 이들은 이를 '심판'이라고 미화 시킨다고 지적한다. 그리고 2020년 전능신교 총 본부가 있는 미국에서 신도들에게 내린 통지에는 "코로나19는 신께서 중국을 소멸시키기 위해 직접 내린 심판"이라고 했다는데 어이가 없는 것은 중국이 자신을 핍박했기에 중국을 소멸시키려고 내린 벌이라면 코로나로 중국이 소멸될 리도 없거니와 중국 뿐 만이 아니라 전 세계에 퍼진 코로나는 어떻게 설명해야 하는가? 이 주장은 자신을 자칭 보혜사 진리의 성령이라고 하는 은혜로교회 신옥주 씨가 하는 말과도 같다. 신옥주 씨는 코로나는 자신을 감옥에 가둔 벌로 내린 것이라고 일간지 광고에서 주장하고 있기 때문이다.

한편 조유산 씨는 중국의 단속이 강해지자[124] 전처와 자식을 남겨 두고 양향빈과 함께 2000년 미국으로 도피하여 오늘에 이르고 있다. 한국 내에서는 주요 정통 교단들이 전능신교에 대해 이단 규정을 내리고 천주교에서도 지난 2020년 천주교 대구 대교구 청년국에서 전능신교를 주의하라는 공지문을 홈페이지에 공시한 바 있다.

그리고 전능신교는 조선일보에 "예수님의 재림-전능하신 하나님이 국도(國度)시대에 발표하신 말씀(발췌문) '구주는 이미 '흰 구름'을 타고 다시 돌아왔다"는 광고를 포함하여 중앙일보, 동아일보 등에 "중화 대륙에서 말씀이 육신이 되어 재림했다", "예수의 사역은 하나님의 구속 사역의 절반 만 완료하였다", "하나님이 땅에 와서 그의 육신의 생애를 시작하였다." 등의 전면 광고를 게재함으로 주목을 받았다. 조선족인 전능신교 어느 관계자는, 전 세계를 대상으로 광고를 하는데 그 비용이 하루에 1억 이상을 지출한다고 밝혔다.[125]

124　위키백과의 게시 글에 따르면 2011년에서 2013년 까지 38만 3천명이 잡혀가고 43,640명이 불법 고문을 당하고 111,740명이 금품을 갈취 당했는데 우리 돈으로 약 1,665억 정도라고 2017년 린다 왕(Linda Wang)이라는 신도가 국제인권활동 행사에서 밝혔다고 한다.

125　'뉴스엔조이'의 2013년 5월 11자 보도 인용.

2. 전능신교의 예배 형태[126]

전능하신 하나님교회

비교	전통 기독교회	전능신교
기도	예수의 이름으로 예수님께 기도	각자 전능신에게 기도
찬양	전통이 있는 성가와 찬송가	자편(自編)
집회시간과 장소	고정	수시로 바뀜, 은밀한 곳
집회 인원	인원 제한 없이 자유로 참가	3~7명, 고정 인원
집회 방식	찬송, 기도, 설교	노래, 춤, 전능신의 말씀 전달
설교 내용	성경 말씀	매주 전달받는 내용, 행동, 계획
세례 여부	있음	없음
성찬 여부	있음	없음
조직 형식	유연, 공개	엄밀, 은폐, 비공개
다른 종교에 대한 태도	존중, 우호	적대(敵對), 배타(排他)
사회에 대한 태도	오픈, 관심, 사랑을 나눔	정죄, 심판, 버림
정보에 대한 태도	순종	저주

---

126   아래 도표는 월간 현대종교 2020년12월자에 보도된 백운교수의 글을 옮긴 것이다.

3 | 전능하신 하나님교회
전능신교의 교재들

    이 단체의 성경공부 교재들은 그들이 운영하는 '하나님나라강림 복음사이트'에 게시되어 있다.[127] 교재들은 『말씀이 육신으로 나타남』, 『심판은 하나님 집에서 시작한다』, 『말세의 그리스도 전능하신 하나님의 대표적인 말씀』, 『매일의 하나님 말씀』, 『전능하신 하나님 말씀 선집』, 『어린 양을 따르며 새 노래 부르네』, 『하나님 나라 복음 전파지침』, 『하나님의 양은 하나님의 음성을 듣는다』, 『하나님의 음성을 듣고 하나님의 나타남을 보다』, 『하나님 나라 복음에 관한 대표적인 문답』, 『그리스도의 심판대 앞에서의 체험 간증』, 『이긴 자의 간증』, 『나는 어떻게 전능하신 하나님께 돌아왔는가』, 『전능하신 하나님을 대적하여 징벌 받은 대표적인 사례』, 『생명 진입에 관한 설교』 등이다.[128]

    이중에서 대표적인 교재가 『말씀이 육신으로 나타남』인데 2002쪽으로 방대한 분량이다. 그리고 이 책에는 표지에 '하나님 나라시대 성경'이라는 마크가 찍혀 있다. 이 교재들은 전자책 형태로 다운로드가 가능한데 저자가 다운

---

127 kr.kingdomsalvation.org

128 이 책들 중에서 이 단체의 핸드폰 앱을 설치해야 볼 수 있는 책들은 『그리스도의 심판대 앞에서의 체험 간증』, 『나는 어떻게 전능하신 하나님께 돌아왔는가』, 『생명 진입에 관한 설교』, 『어린 양을 따르며 새 노래 부르네』, 『이긴 자의 간증』, 『전능하신 하나님을 대적하여 징벌 받은 대표적인 사례』, 『하나님 나라 복음 전파지침』, 『하나님 나라 복음에 관한 대표적인 문답』 등이다. 그리고 페이지가 없는 책들은 『말세의 그리스도 전능하신 하나님의 대표적인 말씀』, 『매일의 하나님 말씀』, 『전능하신 하나님 말씀 선집』, 『하나님의 양은 하나님의 음성을 듣는다』, 『하나님의 음성을 듣고 하나님의 나타남을 보다』 등이다. 앞으로 인용하는 책들 중에서 페이지가 없는 책들은 저자가 편집 순서대로 임의로 페이지를 부여한 것임을 밝혀 둔다.

로드 받은 책들은 『말씀이 육신으로 나타남』, 『심판은 하나님 집에서 시작한다』, 『말세의 그리스도 전능하신 하나님의 대표적인 말씀』, 『매일의 하나님 말씀』, 『전능하신 하나님 말씀 선집』, 『하나님의 음성을 듣고 하나님의 나타남을 보다』 등이다.

4 | 전능하신 하나님교회
전능신교의 두 가지 행정법령

전능신교는 '하나님 나라 선민이 반드시 준수해야 할 10가지 행정법령'과 또 다른 행정법령이 있다.

하나님 나라 선민이 반드시 준수해야 할 10가지 행정법령[129]

1. 사람은 마땅히 하나님을 경배하고 높여야지, 함부로 잘 난 체하거나 자신을 높여서는 안 된다.

2. 마땅히 하나님의 사역에 유익한 모든 일을 행해야 하며, 하나님 사역의 이익에 해가 되는 일을 해서는 안 된다. 하나님의 이름, 하나님의 증거, 하나님의 사역을 수호해야 한다.

3. 하나님 나라의 재물과 물질, 모든 재산은 사람이 마땅히 바쳐야 하는 제물이다. 그 제물은 제사장과 하나님 외에는 누구도 누릴 수 없다. 사람이 바친 제물은 하나님께 누리도록 드린 것이고, 하나님은 그 제물을 오직 제사장에게만 베풀어 누릴 수 있게 하였으므로 다른 사람은 그 제물을 누릴 자격이나 권리가 전혀 없다. 사람이 바친 그 제물(돈과 누릴 수 있는 물질)은 사람이 아닌 하나님께 드린 것이기 때문이다. 그러므로 사람이 그런 것들을 누려서는 안 된다고 하는 것이다. 만약 사람이 그런 것들을 누린다면 제물을 훔쳐 먹는 것과 다름없다. 그런 자들은 유다이다. 유다는 주를 팔았을 뿐 아니라 돈 주머니의 돈도 훔쳐 썼기 때문이다.

4. 사람에게는 패괴 성품은 물론, 감정까지 있다. 그러므로 서로 협력하여

---

129 『말씀이 육신으로 나타남』, 1483-4.

섬길 때 남녀가 단둘이 함께 하는 것은 일률적으로 금지한다. 이를 위반한 사실이 발견되면 누구도 예외 없이 출교한다.

5. 하나님을 판단해서는 안 되고, 하나님의 일을 함부로 논해서도 안 된다. 사라미 해야 할 일을 하고, 해야 할 말을 하되, 범위와 한계를 넘지 말아야 한다. 하나님의 성품을 거스르는 일을 하지 않도록 자신의 말을 경계하고 자신의 행동거지를 조심해라.

6. 마땅히 사람이 해야 할 일을 하고, 너의 의무를 다하며, 너의 직책을 수행하고, 너의 본분을 지켜야 한다. 네가 하나님을 믿는 이상, 하나님의 사역을 위해 자신이 바쳐야 할 몫을 바쳐야 한다. 그러지 않으면 하나님의 말씀을 먹고 마실 자격도, 하나님의 집에 남아 있을 자격도 없다.

7. 사역이나 교회의 사무적인 일에서 하나님께 순종해야 하는 것은 물론, 모든 것은 성령께 쓰임 받는 사람의 지시에 따라야지, 이를 조금이라도 어겨서는 안 된다. 또한 절대적으로 순종하되, 옳고 그름을 분석하지 마라, 옳든 그르든 너와는 무관하니 절대적으로 순종하기만 하면 된다.

8. 하나님을 믿는 사람이라면 마땅히 하나님께 순종하고 경배해야지, 사람을 높이거나 우러러 보아서는 안 된다. 또한, 하나님을 가장 높은 지위에 두고 네가 우러러 보는 사람과 너 자신을 군서대로 그 밑에 두어서도 안 된다. 네 마음속에 어떤 사람의 자리도 있어서는 안 되며

특히 네가 숭상하는 사람을 하나님과 동등하거나 평등하게 보아서는 안 된다. 그것은 하나님이 용납할 수 없는 일이다.

9. 마땅히 교회의 사역을 위해 생각하고 자신의 육적인 앞날은 내려놓아야 한다. 자신의 가정사에 대해서는 바로바로 결단을 내리고, 하나님의 사역에 온 몸과 마음을 쏟아 부어야 한다. 마땅히 하나님의 사역을 주된 것으로 하고, 자신의 삶은 부차적인 것으로 해야 한다. 이것이 바로 성도가 마땅히 갖춰야 할 품위이다.

10. 하나님을 믿지 않는 가족(너의 자녀, 남편이나 아내 또는 형제나 부모 등)을 억지로 데려오지 말아야 한다. 하나님의 집은 사람이 부족하지 않으

니 쓸모없는 자로 머릿수를 채울 필요가 없다. 기꺼이 원해서 믿는 사람이 아니라면 교회로 데려오지 마라. 이 조항은 모든 사람에게 적용되는 것이니, 너희는 이 일에서 서로 제약하고 감독하며 일깨워 주어야 한다. 그 누구도 이를 범해서는 안 될 것이다. 하나님을 믿지 않는 가족이 마지못해 교회에 돌아왔을 지라도 책을 내어 주어서는 안 되며, 세 이름을 지어 주어서도 안 된다. 그런 자는 하나님 집의 사람이 아니니 그런 부류의 사람이 교회에 들어오는 것은 어떻게든 철저히 막아야 한다. 마귀가 교회에 침입하여 문제를 일으킨다면, 너를 출교시키거나 제한을 가할 것이다. 결론적으로 이 일은 모든 사람에게 이행할 책임이 있다. 하지만 함부로 행동하거나 개인적인 앙갚음을 해서는 안 된다.

이상의 10가지 행정 법령을 요약하면 하나님에 대한 철저한 경외와 재물과 헌신, 하나님 외에 어떤 존재도 마음속에 두지 말 것을 강조한다. 문제는 하나님이 바로 조유산 씨 자신을 가리키는 말이라는 것이다. 특히 제9항에서 "자신의 가정사에 대해서는 바로 바로 결단을 내리고, 하나님의 사역에 온 몸과 마음을 쏟아 부어야 한다. 마땅히 하나님의 사역을 주된 것으로 하고, 자신의 삶은 부차적인 것으로 해야 한다."는 말은 이 집단에서 어린아이까지 버려두고 여기로 들어가는 가정파괴가 일어나는 현상이 왜 일어나는지를 짐작하게 한다.

행정법령[130]
1. 누구든 마음으로 맞서는 자는 반드시 심판을 받을 것이다.
2. 내가 택한 자가 그릇된 생각을 품는다면 즉시 징계가 임할 것이다.
3. 나를 믿지 않는 자들은 한쪽으로 제쳐 두어 마음대로 지껄이고 행동하게 두었다가 마지막에 철저히 징벌하고 응징할 것이다.

---

130   *Ibid.*, 103-4.

4. 나를 믿는 자들은 시시각각 돌보고 보호하며 구원의 방식으로 생명을 공급해 줄 것이다. 이 사람들은 내 사랑이 함께하므로 절대 넘어지거나 길을 잃지 않을 것이다. 설령 연약해진다 할지라도 일시적이며 나는 그의 연약함을 기억하지 않을 것이다.

5. 반신반의하는 사람들, 즉 하나님의 존재를 믿지만 그리스도를 추구하지도 않으며 대적하지도 않는 사람들은 가장 가련한 자들이다. 나는 일을 하여 그들로 하여금 확실히 보게 할 것이다. 그 일을 통해 그들을 구원하고 되돌아오게 할 것이다.

6. 가장 먼저 내 이름을 받아들인 장자들은 복이 있다! 나는 반드시 너희에게 가장 좋은 복을 내려 마음껏 누리도록 할 것이다.

5 | 전능하신 하나님교회
전능신교의 주요 교리

이 단체의 교리는 기성 정통교회의 교의신학처럼 정리되어 있지는 않다. 그래서 저자가 다운로드 받은 책들을 중심으로 교의신학에 대입하여 신론, 인간론, 기독론, 구원론, 교회론, 종말론적 관점에서 분석하고 비판하고 성경론, 시대론 등도 살필 것이다.

1) 신론적 관점에서

(1) 신론적 주요 내용1

전능신교의 신론(하나님론)은 철저하게 조유산 씨가 하나님임을 알리는 데 초점을 두고 있다. 먼저 하나님을 믿는 것에 대해 "진정으로 하나님을 믿는다는 말의 함의는 사람이 하나님을 만물의 주재자로 믿는 것을 기초로 하나님의 말씀과 사역을 체험하여 패괴 성품을 벗어 버림으로써 하나님의 마음을 만족게 하는 동시에 하나님을 아는 것이다. 이러한 과정이야말로 하나님을 믿는 것이라 할 수 있다"라고 정의 한다.[131]

또한 "하나님이 두 번째로 성육신 사실을 거부하고 받아들이지 않는다면, 아무 수확 없이 빈손으로 끝나고, 결국 하나님을 대적했다는 죄명을 얻을 수밖에 없다. 진리와 하나님의 사역에 순종 할 수 있는 사람들은 두 번째로 성육신한 하나님, 전능자의 이름 아래로 돌아올 것이다."[132]라고 조유산 씨 자신이

---

131   *Ibid.*, 3.
132   *Ibid.*, 7.

성육신한 하나님임을 강조하고 있다.

그리고 "내가 성육신으로 인간 세상에 오자, 사람들은 자기도 모르는 사이에 나의 인도에 따라 오늘날까지 오게 되었고, 자기도 모르는 사이에 나를 알게 되었다. 하지만 이후의 길을 어떻게 가야 할지 아무도 모르고, 이후의 길이 어디로 향할지 아는 사람은 더욱 없다. 오직 전능자의 보살핌을 받아야만 이 길의 끝까지 갈 수 있고, 오직 동방번개의 인도를 받아야만 내 나라의 문에 들어설 수 있다."[133]라고 철저하게 자신이 성육신한 하나님이며 동방번개라고 주장하고 있다. 그러면서 "하나님을 관념으로 규정한 사람이 어찌 하나님의 계시를 받을 수 있겠는가?"[134]라고 하여 기성교회에서 믿는 하나님은 관념에 불과하지만 조유산 씨 자신은 관념이 아니라 성육신한 하나님임을 강조하고 있다. 그리고 "이사야는 남자 아기가 구유에 강생하리라고 말했을 뿐, 마리아를 통해 예수가 태어난다는 예언은 하지 않았다."[135]라고 말한다.

비판

1) 하나님은 관념이 아니라 자성과 감성과 의지를 가지신 인격적인 하나님이시다.

2) "마리아를 통해 예수가 태어난다는 예언은 하지 않았다."고 주장하지만 분명히 눅1,26-31절에 "26.여섯째 달에 천사 가브리엘이 하나님의 보내심을 받아 갈릴리 나사렛이란 동네에 가서 27.다윗의 자손 요셉이라 하는 사람과 약혼한 처녀에게 이르니 그 처녀의 이름은 마리아라 28.그에게 들어가 이르되 은혜를 받은 자여 평안할지어다 주께서 너와 함께 하시도다 하니 29.처녀가 그 말을 듣고 놀라 이런 인사가 어찌함인가 생각하매 30.천사가 이르되 마리아여 무서워하지 말라 네가 하나님께 은혜를 입었느니라

---

133   *Ibid*., 465.
134   *Ibid*., 1270.
135   *Ibid*., 1272.

31. 보라 네가 잉태하여 아들을 낳으리니 그 이름을 예수라 하라"라고 기록되어 있다. 그리고 예수님은 구유에서 강생하셨다. 그러므로 이사야의 메시아 예언은 곧 예수님에게서 성취된 것이 맞는다.

그리고 『말씀이 육신으로 나타남』이라는 책 제목 자체가 문제가 있다. 이 제목은 요한복음1장에서 따온 것으로 보인다.

원접문맥인 요1,1-14절을 보자.

1 태초에 말씀이 계시니라 이 말씀이 하나님과 함께 계셨으니 이 말씀은 곧 하나님이시니라
2 그가 태초에 하나님과 함께 계셨고
3 만물이 그로 말미암아 지은 바 되었으니 지은 것이 하나도 그가 없이는 된 것이 없느니라
4 그 안에 생명이 있었으니 이 생명은 사람들의 빛이라
5 빛이 어둠에 비치되 어둠이 깨닫지 못하더라
6 하나님께로부터 보내심을 받은 사람이 있으니 그의 이름은 요한이라
7 그가 증언하러 왔으니 곧 빛에 대하여 증언하고 모든 사람이 자기로 말미암아 믿게 하려 함이라
8 그는 이 빛이 아니요 이 빛에 대하여 증언하러 온 자라
9 참 빛 곧 세상에 와서 각 사람에게 비추는 빛이 있었나니
10 그가 세상에 계셨으며 세상은 그로 말미암아 지은 바 되었으되 세상이 그를 알지 못하였고
11 자기 땅에 오매 자기 백성이 영접하지 아니하였으나
12 영접하는 자 곧 그 이름을 믿는 자들에게는 하나님의 자녀가 되는 권세를 주셨으니
13 이는 혈통으로나 육정으로나 사람의 뜻으로 나지 아니하고 오직 하나님께로부터 난 자들이니라
14 말씀이 육신이 되어 우리 가운데 거하시매 우리가 그의 영광을 보니 아버지의

독생자의 영광이요 은혜와 진리가 충만하더라

15 요한이 그에 대하여 증언하여 외쳐 이르되 내가 전에 말하기를 내 뒤에 오시는 이가 나보다 앞선 것은 나보다 먼저 계심이라 한 것이 이 사람을 가리킴이라 하니라

위 구절을 정리하면 1)말씀은 곧 하나님이다. 2)말씀은 창조주이다. 3)말씀 안에 생명이 있다. 4)말씀이 육신이 되어 우리 가운데 오셨다. 4)사도 요한은 이 말씀에 대해 증거 하는 사람이다. 라고 요약할 수 있다. '말씀'으로 번역된 헬라어 단어는 '로고스(λόγος)'이다. 로고스는 말, 이야기라는 뜻이지만 철학적 의미는 이성(理性)을 의미하고 헤라클레이토스나 스토아 철학에서는 이법(理法)이라는 뜻으로 쓰였다. 즉 로고스는 인간의 이성이 도달할 수 있는 최고의 진리라는 뜻이다. 그런데 사도 요한이 이 '로고스'라는 단어를 쓴 것은 당시의 사조(思潮)가 로고스였기 때문이다. 그래서 사도 요한은 당시의 로고스 개념을 빌려와서 인간의 이성이 도달할 수 있는 최고의 진리가 바로 예수님이라는 것을 알리기 원했던 것이다. 그래서 요한복음 1장을 '로고스기독론'이라고 부른다.

(2) 신론적 주요 내용2

"하나님이 거하고 있는 '육신'의 본질"에서 성육신 하나님의 삶과 사역은 크게 두 단계로 나눌 수 있는데 첫 단계는 직분을 이행하기 전의 삶으로 … 신성이 아닌 완전히 정상적인 인성으로 살면서 정상인들이 하는 모든 활동을 하는 것이고 두 번째 단계는 직분을 이행하기 시작한 이후의 삶으로 정상 인성과 완전한 신성의 삶이다.[136] 라고 말한다.

비판

위 내용은 예수님의 공생애 전과 공생애 이후의 삶을 비교하면서 조유산 씨

---

136 *Ibid.*,1358.

자신의 삶을 말하는 것으로 읽힌다. 그러나 예수님은 출생지와 자라실 곳, 그리고 십자가 사역이 구약에 예언되어 있었다는 것이다. 그러나 전능신교의 지도자에게는 그런 예언이 없었다.

(3) 신론적 주요 내용3

『하나님의 양은 하나님의 음성을 듣는다』[137]에 보면 "제1장 전능하신 하나님은 만유를 창조하신 유일한 참 하나님"이라면서 "하나님은 전 인류의 운명을 주재한다"[138]고 하고 "2. 전능하신 하나님은 돌아오신 예수님"[139]이라는 항목 하에 "나는 여호와라고 칭한 적이 있고, 사람들에게 메시야로 불린 적도 있다. 사람들은 나를 우러러 구주 예수라고 부르기도 했다. 그러나 오늘날 나는 더 이상 사람이 예전에 알던 여호와나 예수가 아니라, 말세에 다시 돌아와 시대를 끝내는 하나님이자 나의 모든 성품과 권병, 존귀, 영광을 가득 지니고 땅끝에서 나타난(원문 興起)하나님 자신이다."라고 주장한다.

비판

조유산 씨는 "이사야는 남자 아기가 구유에 강생하리라고 말했을 뿐, 마리아를 통해 예수가 태어난다는 예언은 하지 않았다. 너는 도대체 무엇을 근거로 마리아에게서 태어난 예수를 믿게 된 것이냐. … 어째서 여호와의 이름이 예수로 바뀌었겠느냐? 메시아가 올 것이라고 했는데 어째서 예수라는 이름을 가진 이가 왔겠느냐?"[140]고 하였다. 이 말에서 분명히 그는 메시아와 예수를 다른 인물로 말하고 있는데 "나는 여호와라고 칭한 적이 있고, 사람들에게 메시야로 불린 적도 있다. 사람들은 나를 우러러 구주 예수라고 부르기도 했다."라

137　이 책은 『말씀이 육신으로 나타남』에서 발췌하여 만든 책이다.
138　『하나님의 양은 하나님의 음성을 듣는다』, 22.
139　Ibid.,32.
140　『말씀이 육신으로 나타남』, 1272.

는 말은 예수와 메시아는 동일한 존재임을 스스로 시인하는 모순을 범하고 있다.

(4) 신론적 주요 내용4

『하나님의 양은 하나님의 음성을 듣는다』, 제5장 하나님의 성육신에 관련된 진리[141]라는 항목아래 "1.성육신이란? 그 본질은 무엇인가?"에서 "성육신이란 하나님이 육신으로 나타난 것을 일컫는다. 즉, 하나님이 창조된 사람들 가운데서 육신의 형상으로 사역하는 것이다. … 사실, 하나님이 입은 육신의 함의는 육신으로 사역하고 육신으로 생활하는 하나님이라는 것이다. 즉, 하나님의 본질이 육신이 되고 사람이 된 것이다."라고 한다.[142]

그리고 "2.하나님의 성육신이 갖는 중요성"[143]에서 "또 이 육신이 인류에게 더없이 중요한 것은 그가 사람이면서 더욱이 하나님이기 때문이고, 평범한 육신을 가진 사람이 하지 못하는 사역을 할 수 있기 때문이며, 땅에서 그와 함께 생활하는 패괴된 사람을 구원할 수 있기 때문이다."라고 주장한다.[144]

비판

하나님은 인류의 구원을 위해서 예수님을 보내셨다. 그리고 예수님은 십자가에서 다 이루었다(요19,30)고 말씀하셨다. 다 이루었다고 하신 것은 메시아에 대한 모든 예언을 다 이루셨다는 것이며 성부의 뜻을 다 이루셨다는 것이며 인류의 구원을 다 이루셨다는 것이다. 그러므로 이제 또 다시 어떤 신적 구원자가 와서 구원 사역을 할 필요가 전혀 없다는 것이다.

롬8,1-2절을 보자. "1.그러므로 이제 그리스도 예수 안에 있는 자에게는 결

---

141 『하나님의 양은 하나님의 음성을 듣는다』, 118.
142 *Ibid.*,119.
143 *Ibid.*,131.
144 『말씀이 육신으로 나타남』, 1490.

코 정죄함이 없나니 2.이는 그리스도 예수 안에 있는 생명의 성령의 법이 죄와 사망의 법에서 너를 해방하였음이라"는 말씀은 한 마디로 예수님의 사역으로 구원 끝이라는 것이다.

2) 인간론적 관점에서

(1) 인간론적 주요 내용1
-요약하면, 인간을 윤회하는 존재로 규정하고 있다.

『말씀이 육신으로 나타남』에서 "하나님은 사람 생명의 근원이다"라는 항목 아래 "이 세상에 온 사람은 모두 생과 사의 경험을 하게 되고, 또한 많은 사람이 생사윤회의 과정을 겪게 된다. 살아 있는 사람은 머지않아 죽음을 맞이하게 되고, 죽은 사람은 또 다시 돌아오게 된다. 이 모두는 하나님이 각각의 생명체를 위해 안배한 생명의 여정이다. 그런데 하나님은 이러한 여정과 윤회를 통해 사람에게 한 가지 사실을 알게 하려 한다. 즉 하나님이 사람에게 부여한 생명은 끝없이 지속되며, 육, 시간, 공간의 제한을 받지 않는다는 것이다."라고 주장한다.

그리고 윤회를 더 세분하여 1.이방인의 생사윤회 2.신앙이 있는 사람들의 생사윤회 3.하나님을 따르는 사람들의 생사윤회 4.봉사자의 생사윤회로 구분한다.

1. 이방인의 생사윤회는 첫 관문인 어떤 장소로 인도되어 평생의 행적을 대조 확인한 뒤 벌을 내릴지 환생시킬지를 결정한다고 한다. 둘째 관문은 생전의 악행으로 벌을 받고 윤회 할 때 사람이나 동물로 태어나는데 생전의 죄가 심각하면 일곱 번에서 열두 번까지 동물로 환생한다고 주장한다. 그리고 인간으로 환생시킬 준비를 하는데 사람에 따라서 3일부터 3천년까지 걸린다는 것이다.[145]

2. 신앙이 있는 사람들의 생사윤회는 어떤 종교를 가졌든지 그 사람의 생전

---

145 *Ibid.*,1967-9.

행위와 수행에 달렸는데 승려를 예로 들면 평생 악행을 저지르지 않았다면 인간 세상으로 보내져 다시 승려가 되고 7번의 이런 식의 윤회 후에 영계에 남게 된다고 한다.[146] 기독교도인 경우 승려처럼 일곱 번의 윤회를 거친 후 휴거되어 영계에 남아 일꾼이 된다는 것이다.[147]

   3. 하나님을 따르는 사람의 생사윤회는 죽은 후에 이방인이나 종교인들과는 다른 곳으로 가는데 하나님의 사자가 심사를 한 뒤에 내 보낼지, 남길지를 결정한다. 남긴다는 것은 하나님 나라의 선민에 남기는 것인데 '남길 사람'은 다시 인간 세상에 보내서 사도나 목양자로 쓰고 '내 보낼 사람'은 적절한 벌을 받은 후 이방인이나 종교인들 가운데로 안배한다.[148]

   4. 봉사자의 생사윤회는 하나님이 이방인 중에서 일부 택한 사람들로서 전생에 이방인과 동물들을 넘나들며 환생한 자들인데 하나님의 사역에 봉사하도록 한 사람들이라고 한다.[149]

비판

   위 글에서 인간을 끝없이 윤회하는 존재로 말하고 있다. 윤회설은 힌두교에서 비롯된 것으로서 사실 불교도 엄밀한 의미에서 윤회를 말하고 있지 않다. 기독교의 세계관은 '크로노스'적 세계관(끝없이 순환 반복되는-즉 윤회)이 아니라 창조로부터 종말까지 직선으로 달려가는 '카이로스'적 세계관이다. 그리고 성경 어디에도 윤회설을 지지할 만한 구절이 없다는 점이다. 히9,27절에 "한번 죽는 것은 사람에게 정하신 것이요 그 후에는 심판이 있으리라"고 했다. 만약에 사람이 계속 윤회해야 한다면 몇 번을 죽고 다시 살고 한 뒤에 심판을 받게 될 것인가? 그리고 3.하나님을 따르는 사람의 생사윤회에서 '하나님'은 조

---

146   *Ibid.*,1976.
147   *Ibid.*,1977.
148   *Ibid.*,1980.
149   *Ibid.*,1980-1.

유산 씨를 가리킨다.

(2) 인간론적 주요 내용2

-요약하면, 인간이 하나님의 형상을 가진, 영혼이 있는 영적 존재임을 간과하고 있다.

『말씀이 육신으로 나타남』에서 "사람의 원래 신분과 가치는 어떠한가"라는 제목 아래 "너희는 본디 진흙에서 분리되어 나온 존재다. 어찌 됐건 너희는 더러운 악의 잔당들 가운데서 골라낸 자들로, 원래부터 불결한 존재이며, 하나님이 혐오하는 자들이다. … 툭 터놓고 말해서, 너희는 본래 가장 비천한 하류사회의 개돼지만도 못한 짐승들이다."[150]라고 하였다.

비판

위 글에서 '너희'는 전능신교 신도들을 가리키는 것으로 보인다. 그리고 그 '너희'는 "악의 잔당들 가운데서 골라낸 자들"이다. 이를 정리하면 신도들이 아닌 인간은 악의 잔당들에 불과하다는 것이다. 인간이 흙으로 지어졌다는 것은 창2,7절에 나와 있다. 그런데 중요한 것은 하나님께서 인간을 창조하실 때 생기를 불어 넣으셔서 사람이 생령(살아있는 영적인 존재), 즉 영혼을 가진 존재가 되었다는 것이 중요하다. 그러므로 비록 원죄가 있었지만 인간은 영혼을 가졌기에 개나 돼지와는 다른 존재이다.

(3) 인간론적 주요 내용3

-요약하면, 인간을 하나님의 사랑의 대상이 아니라 쳐부술 대상으로 인식하고 있다.

『말씀이 육신으로 나타남』에서 "진정한 '사람'은 어떤 사람인가"라는 제목 아래 다음과 같이 말한다. "결론적으로 말해 내 사역은 인류를 쳐부수는 것이다. 인류가 내 경영의 부속물이라는 것은 분명한 사실이지만, 더 정확하게 말

---

150 *Ibid.*,1175.

하면 인류는 내 원수요, 나를 대적하고 거역하는 악한 자요, 내게 저주 받은 악한 자의 후예요, 나를 배반한 천사장의 후손이요, 일찍이 내게 버림 받고 나와 첨예하게 맞서는 악마의 유산이기 때문이다."[151]라고 한다.

비판

위 글에서 인류는 하나님께서 쳐부술 대상이 된다. 물론 하나님은 공의의 하나님이시만 또한 사랑의 하나님이시다. 공의의 하나님은 죄를 정죄하고 심판하시지만 사랑의 하나님은 인간을 용서하시기 위해 예수님을 보내셨다. 공의만 지나치게 강조되고 사랑은 간과 되고 있다.

(4) 인간론적 주요 내용4
-요약하면 온전케 된 사람과 정복된 사람으로 나눈다.

『말씀이 육신으로 나타남』에서 "온전케 된 사람만이 의미 있는 인생을 살 수 있다"라는 제목 아래 "진리 진입을 중시하는 사람은 온전케 될 사람이다. 온전케 된 사람과 정복된 사람의 차이점은 바로 진리에 진입했는지에 있다. 진리를 깨닫고, 진리에 진입하고, 진리를 살아 낸 사람은 온전케 된 사람이다. 진리를 깨닫지 못하고, 진리에 진입하지 못하는 사람, 다시 말해 진리를 살아 내지 못하는 사람은 온전케 될 수 없는 사람이다. 만약 이런 사람이 지금 완전히 순종할 수 있다면 그는 정복된 사람인 것이다."라고 한다.

비판

위 글에서 온전케 된 사람은 "진리를 깨닫고, 진리에 진입하고, 진리를 살아 낸 사람"이다. 그리고 정복된 사람은 "진리를 깨닫지 못하고, 진리에 진입하지 못하는 사람, 다시 말해 진리를 살아내지 못하는 사람"이지만 순종할 수 있다면 정복된 사람이라고 한다.

---

151   *Ibid.*,1187.

온전케 된 사람과 정복된 사람이 다르게 보이지만 사실은 동어반복이다. 왜냐하면 온전케 된 사람은 순종하게 될 것이고 순종하는 사람은 온전케 될 것이기 때문이다. 문제는 결국 진리가 성육신한 조유산 씨를 하나님으로 믿어야 한다는 것이다.

성경에 "진리를 알지니 진리가 너희를 자유케 하리라"(요8,32)고 하였다. 그러면 진리가 무엇인가?

1) 성부 하나님이 진리이시다. 사65,16절에 "이러므로 땅에서 자기를 위하여 복을 구하는 자는 진리의 하나님을 향하여 복을 구할 것이요 땅에서 맹세하는 자는 진리의 하나님으로 맹세하리니 이는 이전 환난이 잊어졌고 내 눈 앞에 숨겨졌음이라"라고 하였다.

2) 성령님이 진리이시다. 요16,13절에 "그러나 진리의 성령이 오시면 그가 너희를 모든 진리 가운데로 인도하시리니 그가 스스로 말하지 않고 오직 들은 것을 말하며 장래 일을 너희에게 알리시리라"고 하였다. 3)예수님이 진리이시다. 요14,6절에 "예수께서 이르시되 내가 곧 길이요 진리요 생명이니 나로 말미암지 않고는 아버지께로 올 자가 없느니라"고 하셨다. 4)성경 말씀이 진리이다. 요17,17절에 "그들을 진리로 거룩하게 하옵소서 아버지의 말씀은 진리니이다"라고 하셨다. 성경 어디에도 자신이 성육신한 하나님이라고 주장하는 사람을 진리라고 말하지 않는다.

3) 기독론적 관점에서

(1) 기독론적 주요 내용1
-요약하면, 조유산 씨의 아내 양향빈 씨를 '여자 그리스도'라고 주장한다.

『말씀이 육신으로 나타남』에서 "두 번의 성육신으로 성육신의 의의가 완전해지다"라는 제목으로 "하나님의 각 단계 사역에는 모두 실질적인 의의가 있다. 예수는 예전에 왔을 때는 남성으로 왔었지만 이번에는 여성으로 왔다. 이를 통해 하나님이 남자와 여자를 만든 것은 모두 그의 사역을 위해서이며, 하나님께는 성별의 구분이 없음을 알 수 있다. 그의 영은 언제든지 자유롭게 육신을 취할 수 있고, 그 육신은 하나님을 대표한다. 남자든 여자든, 하나님이 입은 육신이라면 모두 하나님을 대표한다는 말이다. … 예수는 사역할 당시에 독생자라고 불렸다. 독생자의 '자(子)'는 남자를 의미한다. 그렇다면 이번에는 왜 독생자라고 하지 않느냐? 사역의 필요에 따라 예수와 성별이 달라야 했기 때문이다."라고 주장한다.[152]

비판

성경 어디에도 예수님이 여자로 다시 성육신한다는 말씀이 없다. 예수님이 재림하실 때는 여자가 아니라 심판주로 오시기 때문이다.

행1,9-11절에 "9.이 말씀을 마치시고 그들이 보는데 올려져 가시니 구름이 그를 가리어 보이지 않게 하더라 10.올라가실 때에 제자들이 자세히 하늘을 쳐다보고 있는데 흰 옷 입은 두 사람이 그들 곁에 서서 11.이르되 갈릴리 사람들아 어찌하여 서서 하늘을 쳐다보느냐 너희 가운데서 하늘로 올려지신 이 예수는 하늘로 가심을 본 그대로 오시리라 하였느니라."고 하였기 때문이다.

(2) 기독론적 주요 내용2
-요약하면, 조유산 씨가 재림 예수라는 주장이다.

『말씀이 육신으로 나타남』에서 "'구주'는 이미 '흰 구름'을 타고 돌아왔다."고 하면서 "수천 년 동안, 사람은 줄곧 구세주의 강림을 보기를 소망해 왔다. 구주 예수가 수천 년 동안 그를 간절히 사모하고 바라왔던 사람들 가운데 흰 구름을 타고 친히 강림하는 것을 보기를 소망해 온 것이다. … 하지만 구주 예수는 전혀 그렇게 하지 않았다. 그는 사람들의 관념과 완전히 상반되게 하였다. 그는 자신이 돌아오기를 고대하는 사람들 가운데 강림하지 않았고, 흰 구름을 타고 만인 앞에 나타나지도 않았다. 그가 이미 강림했지만, 사람은 그를

---

152   *Ibid.*, 1019.

전혀 알아보지 못하고, 그가 강림한 사실도 알지 못한 채 하염없이 그를 기다리고만 있다. 그가 이미 '흰 구름'(여기서 흰 구름은 그의 영과 그의 말씀, 그리고 그의 모든 성품과 어떠함을 가리킴)을 타고 말세에 온전케 하려는 이기는 자들 가운데 강림한 것을 어찌 모르는 것이냐!"[153]

비판

아직 예수님이 재림하지 않은 것을 근거로 하여 자신이 재림한 예수라는 것이다. 이런 주장은 인류 역사를 6천 년으로 한정해 놓은 통속적 세대주의라는 신학적 오류에서 비롯되었다. 그리고 이런 잘못된 신학에서 지난 1992년의 휴거 소동 같은 시한부 종말론이 나왔다.

세대주의 신학은 인류역사를 6천년으로 한정한다. 이유는 하나님이 6일 동안 창조하셨는데 하루가 천년 같고 천년이 하루 같다(벧후3,8-9)고 했으니 창조의 6일은 6천년이고 창조 후 하루 안식하신 것은 천년왕국이라는 것이다. 그래서 구약 4천년은 지나갔고 신약시대 2천년이 남았는데 1992년에 예수님이 공중재림하시고 성도들은 휴거 되어 공중에서 7년 동안 어린 양 혼인잔치를 하는데 이 때 땅에서는 7년 대 환란이 일어난다는 것이다. 그리고 그 7년이 지나면 2천년이 되기 전인 1999년에 예수님의 지상 재림으로 우주적 종말을 맞게 된다고 한다.

그러나 벧후3,8-9절을 보자. "사랑하는 자들아 주께는 하루가 천 년 같고 천 년이 하루 같다는 이 한 가지를 잊지 말라 9.주의 약속은 어떤 이들이 더디다고 생각하는 것 같이 더딘 것이 아니라 오직 주께서는 너희를 대하여 오래 참으사 아무도 멸망하지 아니하고 다 회개하기에 이르기를 원하시느니라"는 말씀은 하루를 천년으로 계산하라는 말이 아니라 회개하기를 기다리시는 하나님의 마음을 표현한 것이다.

그리고 '구름'을 그의 영과 그의 말씀, 그리고 그의 모든 성품과 어떠함으로

---

153   *Ibid.*,1206-7.

해석해서는 안 된다. 왜냐하면 예수님께서 그의 영과 그의 말씀, 그리고 그의 모든 성품과 어떠함을 타고 승천하셨다는 말이 되기 때문이다. 이 구절은 문자 그대로의 구름이다. 어떤 이단은 구름을 많은 사람으로 해석하기도 하는데 구름을 많은 사람으로 해석하면 예수님께서 많은 사람을 타고 하늘로 올라가셨다고 해석해야 하지 않겠는가?

(3) 기독론적 주요 내용3

-요약하면, 조유산 씨 자신이 시대 따라 여호와였고 예수였는데 이제 하나님으로 칭한다는 것이다.

"'예수'란 이름은 구속사역과 은혜 시대를 대표하는 이름이고 '여호와'란 이름은 율법 아래에 있는 이스라엘 백성들을 위한 고유의 이름이다. … 여호와, 예수 그리고 메시야는 모두 나의 영을 대표하지만 이 이름들은 내 경륜 중의 다른 시대들을 대표할 뿐, 나의 모든 것을 대표하지는 않는다. … 그러므로 말세의 시대 즉, 마지막 시대가 도래하면 나의 이름은 또 바뀌게 된다. 여호와라고도 예수라고도 칭하지 않고 메시야라고는 더욱 칭하지 않는다. 대신 크나큰 능력을 지닌 전능하신 하나님 자신이라고 칭하는데, 이 이름으로 전체시대를 끝낸다. … 사람이 늘 나를 예수 그리스도라고 부르면서 내가 말세에 새 시대를 개척했고 새 사역을 전개한 것을 알지 못한 채 구주 예수의 강림만 하염없이 기다린다면, 나는 그런 자들을 나를 믿지도 않고 알지도 못하며 거짓으로 나를 믿는 자라고 할 것이다."라고 하면서 자신이 재림한 예수인데 이름을 하나님으로 한다는 것이다.

비판

먼저 전능신교가 하나님의 삼위일체를 믿지 않고 구약시대에는 여호와, 신약시대에는 예수라는 이름이라고 하지만 이는 사벨리우스가 주장하다가 이단으로 판정 받은 양태론(樣態論)이다.[154] 예수님은 성자 하나님으로서 예수님의 선재성에 대해서 요8,56-9절에 "56.너희 조상 아브라함은 나의 때 볼 것을 즐거워하다가 보고 기뻐하였느니라 57.유대인들이 이르되 네가 아직 오십 세도 못되었는데 아브라함을 보았느냐 58.예수께서 이르시되 진실로 진실로 너희에게 이르노니 아브라함이 나기 전부터 내가 있느니라 하시니 59.그들이 돌을 들어 치려 하거늘 예수께서 숨어 성전에서 나가시니라"라고 밝히고 있다.

또 요17,5절에 "아버지여 창세 전에 내가 아버지와 함께 가졌던 영화로써 지금도 아버지와 함께 나를 영화롭게 하옵소서"라고 하심으로 성자 하나님이심을 증거 하셨다. 또한 "말세의 그리스도만이 사람에게 영생의 도를 줄 수 있다"[155]고 하면서 자신이 말세의 그리스도라고 주장하지만 이 역시 설득력이 없는 주장이다.

(4) 기독론적 주요 내용4

-요약하면, 하나님이 성육신하셔서 인자로 나타나 사역할 것을 예수님이 직접 예언하셨다는 주장이다.

『하나님의 음성을 듣고 하나님의 나타남을 보다』에서 1.하나님은 말세에 성육신하신 인자로 나타나 사역하신다 라는 항목 아래 "1)예수님은 하나님이 성육신하셔서 인자로 나타나 사역할 것임을 직접 예언하셨다"고 하면서 눅12,40절; 마24,37절; 마24,27절; 눅17,24-5절; 마25;6절; 계3,20절; 계12,12-6절 등을 증거로 들고 있다.[156]

---

154   양태론(Modalism)은 '양태론적 단일신론'의 준말로서 양식론(樣式論)이라고도 불린다. 한 분 하나님이 성부, 성자, 성령의 다른 형식(form)으로 나타났다는 것이다. 즉 창조사역에는 성부로 구속사역에는 성자 예수로, 성화 시대에는 성령으로 나타났다는 주장이다.

155   『말씀이 육신으로 나타남』, 1447.

156   『하나님의 음성을 듣고 하나님의 나타남을 보다』, 5-6.

비판

먼저 전능신교가 증거로 들고 있는 구절들을 보자. 눅12,40절 "그러므로 너희도 준비하고 있으라 생각하지 않은 때에 인자가 오리라 하시니라"와 마24,37절 "노아의 때와 같이 인자의 임함도 그러하리라"는 말씀은 예수님이 사람들이 모르는 때에 오신다는 것이지 조유산 씨가 재림 예수로 온다는 주장을 지지하지 않는다.

그리고 눅17,24-5절 "번개가 하늘 아래 이쪽에서 번쩍이어 하늘 아래 저쪽까지 비침같이 인자도 자기 날에 그러하리라 25.그러나 그가 먼저 많은 고난을 받으며 이 세대에게 버린 바 되어야 할지니라"는 구절 역시 전능신교의 리더가 재림예수라는 주장의 근거로 들 수 없다.

또 마25,6절 "밤중에 소리가 나되 보라 신랑이로다 맞으러 나오라 하매"와 계3,20절 "볼지어다 내가 문 밖에 서서 두드리노니 누구든지 내 음성을 듣고 문을 열면 내가 그에게로 들어가 그와 더불어 먹고 그는 나와 더불어 먹으리라", 그리고 계1.12-6절 "몸을 돌이켜 나에게 말한 음성을 알아 보려고 돌이킬 때에 일곱 금 촛대를 보았는데 13.촛대 사이에 인자 같은 이가 발에 끌리는 옷을 입고 가슴에 금띠를 띠고 14.그의 머리와 털의 희기가 흰 양털 같고 눈 같으며 그의 눈은 불꽃 같고 15.그의 발은 풀무불에 단련한 빛난 주석 같고 그의 음성은 많은 물 소리와 같으며 16.그의 오른손에 일곱 별이 있고 그의 입에서 좌우에 날선 검이 나오고 그 얼굴은 해가 힘있게 비치는 것 같더라"는 구절 역시 전능신교의 주장을 뒷받침하는 근거로 볼 수 있는 아무런 연관성이 없다.

(5) 기독론적 주요 내용5

-요약하면, 예수님의 사역은 죄 사함은 했지만 죄성(사탄의 패괴된 성품)은 없애지 못했기에 실패했다는 주장이다.

『말씀이 육신으로 나타남』에서 "은혜시대에는 예수가 병을 고치고 귀신을 쫓아내고 안수기도를 하고 사람에게 축복하는 사역을 적지 않게 행하였다. … 이번 단계는 형벌과 심판, 말씀의 채찍질, 말씀의 징계와 폭로로 사람 내면의 불의한 것들을 드러낸 뒤 구원받게 하는, 속량보다 더 깊어진 사역이다. 은혜 시대의 은혜는 이미 사람이 충분히 누렸고 체험했으므로 더 이상 누리게 하지는 않는다. 그런 사역은 시대에 뒤떨어졌기에 이제는 하지 않는다. 지금은 말씀의 심판으로 사람을 구원한다. … 사람의 죄는 성육신 하나님을 통해 사함을 받은 것이지, 사람 안에 죄가 없어진 것이 아니다. … 사람은 하나님의 십자가 사역으로 죄 사함을 받기는 했지만 여전히 사탄의 패괴된 옛 성품 안에서 살고 있다. 따라서 사람을 사탄의 패괴 성품에서 완전히 구원해야 하며, 죄성을 완전히 벗겨버리고 더 이상 발전하지 않게 하여 성품이 변화되도록 해야 한다. … 아울러 사람이 하는 모든 일이 하나님의 뜻에 맞도록 하고, 사탄의 패괴성품을 벗어버리게 하며, 사탄의 흑암권세에서 벗어나 죄에서 완전히 나올 수 있게 해야 한다. 그래야만 사람이 완전한 구원을 받게 된다."[157]

비판

조유산 씨는 예수님의 죄 사함을 인정하면서도 예수님으로 말미암는 완전한 구원을 부정한다. 왜냐하면 사람 안에 있는 사탄의 패괴된 성품(죄성)을 벗기지 못했기에 성육신 하나님인 자신이 말씀을 통해서 죄성을 벗기는데 그것이 최종적으로 완전한 구원이라고 한다. 그러나 예수님은 요19,30절에서 "다 이루었다"고 하셨다.

롬5,17-8절을 보자. "17.한 사람의 범죄로 말미암아 사망이 그 한 사람을 통하여 왕 노릇 하였은즉 더욱 은혜와 의의 선물을 넘치게 받는 자들은 한 분 예수 그리스도를 통하여 생명 안에서 왕 노릇 하리로다 18.그런즉 한 범죄로 많은 사람이 정죄에 이른 것 같이 한 의로운 행위로 말미암아 많은 사람이 의롭다 하심을 받아 생명에 이르렀느니라"고 하였다.

또 롬8,1-2절에 "1.그러므로 이제 그리스도 예수 안에 있는 자에게는 결코 정죄함이 없나니 2.이는 그리스도 예수 안에 있는 생명의 성령의 법이 죄와 사

---

[157] 『말씀이 육신으로 나타남』, 1010-1.

망의 법에서 너를 해방하였음이라"고 하였다. 그리고 롬6,14절에는 "죄가 너희를 주장하지 못하리니 이는 너희가 법 아래에 있지 아니하고 은혜 아래에 있음이라"고 하여 예수 믿는 성도가 더 이상 죄 아래 있지 않다고 선포한다. 전능신교의 주장을 따른다면 예수님의 구원사역은 당시대로만 끝나고 아무런 의미가 없기 때문에 결국 예수님의 사역은 실패한 것이 될 것이다.

그러나 히8,24-5절에 "24.예수는 영원히 계시므로 그 제사장 직분도 갈리지 아니하느니라 25.그러므로 자기를 힘입어 하나님께 나아가는 자들을 온전히 구원하실 수 있으니 이는 그가 항상 살아 계셔서 그들을 위하여 간구하심이라"고 하여 예수님의 영존(永存)하심과 예수님으로 말미암은 '온전한 구원'을 선포하고 있다. 그러므로 '온전한 구원'을 위해 더 이상 어떤 존재나 방식이 필요하지 않음을 분명히 알 수 있다.

4) 구원론적 관점에서

구원론적 관점에서의 분석과 비판은 위의 기독론에서 다룬 내용과 중복되므로 다루지 않는다. 정리하면 예수님은 죄는 사했지만 죄성(사탄의 패괴한 성품)을 없애지 못했고 예수님 당시의 소위 은혜시대에 한정된 사역이었기에 조유산 씨 자신이 죄성을 벗기는 완전한 구원을 한다는 것이다. 그러나 위 기독론에서 반증한 것처럼 예수님의 구원은 시대를 초월한 완전한 구원이다.

5) 교회론적 관점에서

전능신교는 특별한 교회론이 없다. 기성교회를 부정하고 이 교단에 들어와야만 구원을 받는다고 주장한다.

6) 성령론적 관점에서

먼저 그들의 교재에 나타난 중요한 주장들을 살펴보자.

"과거, 사람들은 성령을 깊이 알지 못했고, 성령이 가는 길이 무엇인지는 더더욱 알지 못했다. 그래서 사람들은 하나님 앞에서 스스로를 농락하곤 했다. 하나님을 믿는 사람 중 100%에 가까운 사람들이 영을 알지 못하고 흐리멍덩하게 믿고 있다고 할 수 있다."[158]

"예수가 성육신한 사실이 있은 뒤부터 사람은 하늘에는 아버지뿐만 아니라 아들이 있고 심지어는 영까지 있다고 여겼다. 사람은 전통적인 관념으로 하늘에는 이런 하나님, 즉 성부와 성자, 성령이라는 삼위일체의 하나님이 있다고 여겼다. … 그리하여 너희는 이 일에서도 전해 내려온 독소에 중독되었다. 삼위일체의 하나님은 아예 존재하지 않기 때문이다."[159]

"삼위일체설에 따라 세 단계 사역을 따져 보면, 세 분의 하나님이 행한 사역이 다르기 때문에 그들은 세 분인 것이다. … 아버지는 영 아니더냐? 아들의 본질 또한 영 아니더냐? 예수가 행한 사역은 성령이 행한 것 아니더냐? 당시 여호와가 행한 사역 또한 예수의 영과 같은 한 분의 영이 행한 것 아니더냐? 하나님께는 영이 몇이나 존재할 수 있겠느냐? 너의 주장대로 성부와 성자, 성령이 삼위일체라면, 영이 세 분인 것이고, 영이 세 분이면 하나님도 세 분이 된다."[160]

---

158   *Ibid.*, 591.
159   *Ibid.*, 1026.
160   *Ibid.*, 1028-9.

비판

윗글에서 '과거'란 전능신교 이전의 시점이다. '사람들'은 기독교인들을 가리키는 것으로 보인다. 전능신교가 출현하기 이전까지는 기독교인들 중 100%에 가까운 사람들이 성령을 알지 못했다고 한다. 그러나 이 책, 『기독교 이단/사이비 연구』의 앞부분의 '바른 성령론'을 참고하면 이들의 주장이 얼마나 황당한지를 알 수 있다. 이들이 이런 주장을 하는 것은 삼위일체를 부정하기 때문이다. 그리고 성부와 성자가 다 영이라면 성부 하나님과 성자 예수님은 존재하지 않고 한 영만 존재한다고 해석할 수밖에 없다. 이들의 주장대로라면 삼각형은 하나인데 꼭짓점이 세 개이니 한 삼각형이 아니라 세 개의 삼각형이라고 해야 할 것이다.

7) 성경론

-요약하면 성경의 권위 자체를 부인한다.

이단/사이비의 중요한 특징 중 하나가 성경의 권위를 무시하면서도 자기들에게 필요한 구절은 가져다 쓴다는 점이다. 정통교회는 신/구약 성경을 하나님이 주신 특별계시로 믿는다. 그러나 전능신교는 『말씀이 육신으로 나타남』, '성경에 관하여'라는 주제 아래 1,2,3으로 나누어 설명하고 있다. 이중에서 성경에 관한 그들의 핵심 교리는 '성경에 관하여'1에 집중되어 있다. 전능신교의 주장을 직접 살펴보는 것이 이들의 성경관을 이해하기 쉬울 것이다.

"오랜 세월 사람이 전통적으로 믿어 온 것 방식(세계 3대 종교 중 기독교의 믿음법)은 성경을 보는 것이었다. 성경을 떠나면 주를 믿는 것이 아니고, 성경을 떠나면 사이비이자 이단이라는 것이다. … 그러므로 성경이 지난 날 사람에게 얼마나 큰 도움이 되었든, 지금에 와서는 하나님의 최신 사역에 걸림돌이 되었다고 하는 것이다. 성경이 없었다면, 사람은 하나님의 발걸음을 따로 찾을 수 있었을 것이다. 그러나 오늘날 하나님의 발걸음은 모두 성경에 '통제'되었고, 최신 사역을 확장하는 일은 훨씬 더 어려워져 조금도 진전되지

못하고 있다."¹⁶¹

"성경은 사람들 마음속의 우상이 되었고, 사람들 머릿속의 '불가사의'가 되었다. 사람은 하나님이 성경 밖에서 따로 사역할 수 있다는 사실과 사람이 성경을 떠나 하나님을 찾을 수 있다는 사실을 전혀 믿지 못한다. … 네가 율법시대의 사역이나 이스라엘 백성이 여호와의 도를 어떻게 행하였는지를 알고 싶다면 구약성경을 봐야 하고, 은혜시대의 사역을 알고 싶다면 신약성경을 봐야 한다. 그렇다면 네가 말세의 사역에 대해 알려면 어떻게 해야겠느냐? 오늘날의 하나님 인도를 받아들이고, 오늘날의 사역으로 들어가야 한다. 이것은 새로운 사역이라 성경에 미리 '기록'해놓은 사람이 없기 때문이다."¹⁶²

"오늘날, 하나님은 성육신하여 따로 중국에서 다시 선민들을 택했고 이들에게 사역하며 땅에서의 사역을 계속하고 있다. … 너희는 성경에 대해 알아야 한다. 이는 너무나 필요한 일이다! 하지만 오늘날 너는 성경을 볼 필요가 없다. 성경에는 별로 새로운 것이 없고 시대에 뒤떨어진 것뿐이기 때문이다."¹⁶³

비판

"성경이 지난 날 사람에게 얼마나 큰 도움이 되었든, 지금에 와서는 하나님의 최신 사역에 걸림돌이 되었다고 하는 것이다. 성경이 없었다면, 사람은 하나님의 발걸음을 따로 찾을 수 있었을 것이다."라고 한 것은 아마도 전능신교를 비판하는 사람들이 성경을 근거로 자신들을 비판하기 때문일 것이다.

성경은 어느 시대에 국한되고 효용이 있는 책이 아니다. 성경을 기록한 것은 사람이지만 성령의 영감(완전/축자/유기적 영감)으로 기록되었기 때문이다.

---

161   *Ibid.*, 950-1.
162   *Ibid.*, 954.
163   *Ibid.*, 955.

예수님은 요5,39절에서 "너희가 성경에서 영생을 얻는 줄 생각하고 성경을 연구하거니와 이 성경이 곧 내게 대하여 증언하는 것이니라"고 분명히 말씀하셨다. 성경은 영생의 길을 제시하고 예수님에 대해서 증거 하는 책이지 이단/사이비 교주를 증거 하는 책이 아니다.

또, 딤후3,15-7절에서 "15.또 어려서부터 성경을 알았나니 성경은 능히 너로 하여금 그리스도 예수 안에 있는 믿음으로 말미암아 구원에 이르는 지혜가 있게 하느니라 16.모든 성경은 하나님의 감동으로 된 것으로 교훈과 책망과 바르게 함과 의로 교육하기에 유익하니 17.이는 하나님의 사람으로 온전하게 하며 모든 선한 일을 행할 능력을 갖추게 하려 함이라"고 기록되어 있다.

8) 종말론적 관점에서

종말론적 관점을 논하기에 앞서 전능신교가 말하는 '시대론'을 먼저 살펴보자. 그들은 인류를 경영(구원)하는 사역을 세 단계로 나누는데 창세사역은 포함시키지 않는다고 한다. 그 세 단계 사역은 율법시대의 사역과 은혜시대(구속시대)의 사역, 그리고 하나님나라시대(왕국시대)로 나눈다. 율법시대의 사역은 사탄에 의해 패괴된 인류를 구원하는 사역이고[164] 은혜시대의 사역은 예수님을 통한 사역이다.[165] 하나님나라시대의 사역은 말씀시대로서 말씀으로 시대를 열고, 말씀으로 사역의 방식을 바꾸며, 말씀으로 전체 시대의 사역을 행한다.[166]고 주장하고 있다. 한편, 하나님나라시대의 사역에 대해 다음과 같이 말하고 있다.

"이것은 현재의 사역이자 이후의 사역이고, 6천 년 사역 중에서 가장 마지막에 이루려는 최고의 사역이며, 또한 각 부류의 사람을 드러내는 사역의 방

---

164 *Ibid.*, 955.
165 *Ibid.*, 1222.
166 *Ibid.*, 758.

식이기도 하다. 하나님을 알게 하는 이 사역을 통해 각 부류 사람들의 등급을 드러낼 것이다."[167]

그러면 전능신교의 종말론을 알아보자. 정통교회의 종말론처럼 정리된 자료는 없지만 앞서 언급한 것처럼 이들은 인류 역사를 6천년으로 정해 놓고 있다. 그리고 이것은 세대주의 신학에서 나온 것임을 말한 바 있다. 전능신교는 『하나님의 음성을 듣고 하나님의 나타남을 보다』라는 책에서 5)하나님의 말세의 심판과 형벌의 사역이 진정 인류를 구원하는 데에 가장 중요하고 결정적인 사역이다.[168]라고 하면서 다음 구절들을 근거로 들고 있다.

계14,7절 "그가 큰 음성으로 이르되 하나님을 두려워하며 그에게 영광을 돌리라 이는 그의 심판의 시간이 이르렀음이니 하늘과 땅과 바다와 물들의 근원을 만드신 이를 경배하라 하더라"

벧전4,17절 "하나님 집에서 심판을 시작할 때가 되었나니"

사2,4절 "그가 열방 사이에 판단하시며 많은 백성을 판결하시리니"

요12,47-8절 "47.사람이 내 말을 듣고 지키지 아니할지라도 내가 그를 심판하지 아니하노라 내가 온 것은 세상을 심판하려 함이 아니요 세상을 구원하려 함이로라 48.나를 저버리고 내 말을 받지 아니하는 자를 심판할 이가 있으니 곧 내가 한 그 말이 마지막 날에 그를 심판하리라"

요16,12-3절 "12.내가 아직도 너희에게 이를 것이 많으나 지금은 너희가 감당하지 못하리라 13.그러나 진리의 성령이 오시면 그가 너희를 모든 진리 가운데로 인도하시리니 그가 스스로 말하지 않고 오직 들은 것을 말하며 장래 일을 너희에게 알리시라"

예수가 인간 세상에 와서 율법시대를 끝내고 은혜시대를 열었지만 말세에 하나님은 다시 성육신 하였으며, 이번 성육신은 은혜시대를 끝내고 하나님나라시대를 연 것인데 이 두 번째 성육신을 받아들여야 하나님나라 시대로 들어

167　*Ibid.*, 1334.
168　『하나님의 음성을 듣고 하나님의 나타남을 보다』, 113.

갈 수 있다고 한다.[169]

그러면서 "사람을 사탄의 권세에서 완전히 구원하려면 예수가 속죄 제물이 되어 사람의 죄를 담당해야 할 뿐만 아니라, 하나님이 더 큰 사역을 하여 사탄에 의해 패괴된 사람의 성품을 완전히 벗겨야 한다. 그래서 하나님은 사람이 죄 사함을 받은 후 다시 성육신하여 사람을 새 시대로 인도하고, 형벌과 심판의 사역을 시작했다."[170]고 한다.

그리고 자신이 시온산으로 들어가는 것이 마지막 공정(工程)이라고 주장한다. "그래서 나는 시온산에서 우주 세계를 향해 내 본체를 나타내겠다고 말한 것이다. 이로써 알 수 있듯 시온산에 들어가는 것은 내 마지막 공정(工程)이다. 시온 산에 들어갈 때, 나의 나라는 이미 건축에 성공한 것이다. 다시 말해, 나의 본체가 바로 나의 나라이며, 장자들이 몸으로 진입할 때가 바로 나의 나라가 실현될 때이다. 그래서 나는 장자들이 시온산에 들어가는 일을 거듭 언급했다. 이는 내 모든 경륜의 중심점이나, 역대로 누구도 알지 못했다."[171]

조유산 씨가 시온산에 들어가는 때가 언제인지는 모르나 그 때가 전능신교가 말하는 종말(우주적 종말)로 보인다.

> 비판

위의 인용문에서 알 수 있는 것처럼 전능신교는 이미 형벌과 심판을 '시작'했다고 한다. 그들은 '종착지'를 말하면서도 그 종착지의 정확한 내용은 앞서 살폈던 '인간론적 관점' 중 윤회설과 시온산이 중심이다. 그들이 근거로 든 구절들을 보자.

계14,7절 "그가 큰 음성으로 이르되 하나님을 두려워하며 그에게 영광을 돌리라 이는 그의 심판의 시간이 이르렀음이니 하늘과 땅과 바다와 물들의 근원을 만드신 이를

169　*Ibid.*, 113.

170　이 말은 『말씀이 육신으로 나타남』 서문에 있는 것을 인용한 것이다. Ibid., 113.

171　시온에 대해서는 『말씀이 육신으로 나타남』, 242-4를 보라.

경배하라 하더라"

벧전4,17절 "하나님 집에서 심판을 시작할 때가 되었나니"

사2,4절 "그가 열방 사이에 판단하시며 많은 백성을 판결하시리니"

요12,47-8절 "47.사람이 내 말을 듣고 지키지 아니할지라도 내가 그를 심판하지 아니하노라 내가 온 것은 세상을 심판하려 함이 아니요 세상을 구원하려 함이로라 48.나를 저버리고 내 말을 받지 아니하는 자를 심판할 이가 있으니 곧 내가 한 그 말이 마지막 날에 그를 심판하리라"

요16,12-3절 "12.내가 아직도 너희에게 이를 것이 많으나 지금은 너희가 감당하지 못하리라 13.그러나 진리의 성령이 오시면 그가 너희를 모든 진리 가운데로 인도하시리니 그가 스스로 말하지 않고 오직 들은 것을 말하며 장래 일을 너희에게 알리시리라"

등의 구절을 증거로 대고 있다.

이 구절들은 자신이 하나님이거나 성령, 예수님이 아니면 인용하기 어려운 것이다. 그런데 전능신교의 리더인 조유산 씨 자신이 하나님이라고 주장하니까 이 구절들을 들고 있다. 그러면 누구라도 내가 하나님이라고 하면서 이 구절들을 증거로 댈 수 있지 않겠는가?

결론

전능신교는 창시자인 조유산 씨 자신이 하나님이라고 주장한다. 구약의 여호와는 율법시대를 사역하고 신약의 예수님은 은혜시대를 사역했는데 자신은 하나님으로서 하나님나라시대를 사역하기 위해 두 번째로 성육신했다고 주장한다.

윤회설을 주장하면서, 예수님의 사역에 대해 죄는 사했으나 인간의 죄성(패괴된 성품)은 벗기지 못하여 완전한 구원을 이루지 못했기에 죄성을 벗겨서 완전한 구원을 주기 위해 왔다는 것이다. 성경의 권위를 부정하면서도 자신에게 필요한 구절은 인용하는 모순을 보인다. 삼위일체도 부인한다.

두 종류의 행정법령에서 알 수 있는 것처럼 신도들에게 철저한 순종과 헌신을 요구하고 있다. 중국에서 가정이 파괴되었다는 말이 많은데 이것은 다음의 글에서 누구라도 짐작할 수 있을 것이다.

"우리는 도래할 그날을 위해서라면 무엇이든 아낌없이 바칠 수 있었다. 어떤 이는 일을 그만 뒀고, 어떤 이는 가정을 버렸으며 어떤 이는 결혼을 포기했고, 심지어 어떤 이는 모든 적금을 바쳤다. 이 얼마나 사심 없는 봉헌인가!"[172]

그리고 전능신교는 "하나님에 대한 인식과 하나님의 공의로운 성품에 대한 깨달음을 놓고 볼 때, 사람이 처한 단계와 각 단계의 분량을 대략 다섯 부류로 나눌 수 있다"[173]고 하면서 다음의 다섯 단계로 구분한다. 첫 부류는 강보에 싸인 아기 단계로 하나님에 대한 인식이 무지한 상태이고 둘째 부류는 젖 먹는 아기 단계로 아기 단계보다 나으나 하나님에 대한 분명한 인식이나 깨달음이 없는 단계이다. 셋째 부류는 젖을 뗀 유아 단계인데 하나님의 은혜를 누림과 동시에 하나님을 위해 무언가 하고 싶어 하고 본분을 이행하며 고생과 수고를 하며 하나님과 협력하기 원하는 단계이다. 넷째 단계는 유년단계로서 충분히 은혜를 누린 후 하나님을 믿는 의미에 대해 탐구하는 단계이다. 다섯 째 단계는 성년단계로서 생명의 성장단계를 말한다.[174]

또 베드로와 바울을 비교 설명하면서 베드로는 책망과 훈계와 연단을 거치고 하나님을 사랑하는 마음으로 사역했지만 바울은 상을 받기 위해 했고 자신의 패괴된 성품을 알지 못했고 그저 궤변에 능하고 굽히기 싫어했다. 베드로는 성공한 모든 사람을 대표하지만 바울은 실패한 모든 사람을 대표하며 바울은 겉으로만 순종할 뿐 하나님을 진정으로 사랑하는 마음이 없는 사람, 진리가 없는 모든 사람을 대표한다[175]고 주장한다. 그가 이렇게 베드로를 높이고

---

172 『하나님의 양은 하나님의 음성을 듣는다』, 13.
173 『말씀이 육신으로 나타남』, 1789. 여기서 '하나님'은 조유산 씨를 말한다.
174 Ibid., 1790-7.
175 Ibid., 1299-1312. 이글은 "성공 여부는 사람이 가는 길에 달려 있다"라는 제목이 붙어 있다.

바울을 폄훼하는 이유가 어디 있을까? 조직 안에 바울 같은 똑똑한 사람보다 베드로처럼 배우지 못했지만 순종하는 사람이 되라고 한 말처럼 읽힌다.

조유산 씨 자신은 전능하신 하나님이라고 주장하면서도 치유나 기적 같은 것은 은혜시대의 사역이므로 하지 않는다고 한다. 혹시 할 능력이 없기 때문은 아닐까 하는 생각이 누구라도 들것이다.

새 예루살렘이 이미 땅에 임했다고 하면서[176] 그는 144,000[177]을 데리고 시온으로 간다고 한다. 그리고 모든 사역이 끝난다는 것이다. 그날이 과연 언제일까? 아니 그날이 오기는 할 것인가?

이상에서 살펴 본 것처럼 전능신교의 주장들은 황당무계한 것이 많다. 문제는 그런데도 미혹되는 사람들이 있다는 것이다. 예를 들면, 신천지가 포교를 시작했을 때 연구하고 비판해서 예방을 하지 않고, 일고의 가치가 없는 이단이라는 한 마디로 마무리 한 교단도 있었다. 전능신교도 마찬가지다. 병에 걸려서 치료 받는 것보다 걸리지 않도록 예방하는 것이 더 중요하다. 이단/사이비 대책도 마찬가지라고 생각한다.

---

176   *Ibid.*, 245-246. "새 예루살렘은 나의 진노, 나의 행정 법령, 나의 나라, 그리고 내가 장자들에게 베푼 무한한 축복으로 구성 된다"고 한다.

177   *Ibid.*, 241. 144,000은 '이긴 남자 아이'인데 자신과 함께 시온에 돌아갈 사람들이라고 한다.

제3부

신천지예수교 증거장막 성전

11장

신천지예수교 증거장막 성전

1 신천지예수교 증거장막 성전의 역사[178]

신천지예수교 증거장막 성전

한국교회 역사상 신천지만큼 큰 피해를 입힌 집단은 그 유례를 찾기 힘들 것이다. 신천지의 뿌리는 1966년에 출발한 유재열 씨의 장막성전이고 장막성전의 뿌리는 김종규 씨의 호생기도원이다.

신천지 총회장 이○희 씨는 1931년 9월 15일 경북 청도군 풍각면 현리에서 출생하여 17세에 경복궁 앞 천막교회에서 세례를 받았고 고향의 장로교회에 출석하였다. 이후 박태선의 신앙촌에 들어갔다가 나와서 장막성전의 유재열 씨에게로 갔다. 1967년 장막성전을 이탈한 뒤 1971년 9월 7일, 40개 항목의 혐의로 유재열 씨와 신도 김창도 씨를 고소했다. 1978년에는 장막성전에서 솔로몬 천사로 통하던 백만봉을 따랐고 '솔로몬 창조교회'의 12사도 중의 하나로 있었다. 이후에 경기도 안양에 홍종효, 신종환, 유인구 씨 등과 함께 신천지 안양교회를 세우고 자신과 홍종효를 '두 증인', '모세와 아론'으로 칭하면서 포교를 하다가 홍 씨와 결별하였다. 그 후 '신천지예수교 증거장막 성전'을 만들어 오늘에 이르고 있다.

---

178 장막성전(이삭교회)과 신천지의 역사에 대해서는 탁명환, 『기독교이단연구』, 341-9, 358을 보라. 그리고 탁지원, 『신천지와 하나님의 교회의 정체』 (서울: 현대종교, 2007), 12-7을 참고하라.

2 | 요한계시록의 해석 방법

신천지예수교 증거장막 성전

신천지의 특징은 요한계시록을 소위 '실상증거' 한다며 비유적으로 푸는 것이다. 그래서 먼저 요한 계시록에 대한 해석 방법을 먼저 살펴보고 3장에서는 바른 비유론을 살핀 다음 신천지의 구체적인 교육과정을 고찰하기로 한다.

계시록을 해석하는 방법에 크게 다섯 가지가 있다.[179]

첫째, 과거적 해석(Preterist Interpretation)이 있다. 요한이 계시록을 기록한 것은 그 당시 소아시아의 일곱 교회를 대상으로 한 것이다. 즉 그 때 일어났고 일어나고 있던 사건들과 곧 일어날 사건들을 기록한 것으로 보고 그 당시의 역사적 사건에 초점을 맞추어 해석하는 방법이다.

둘째, 미래적 해석(Futurist Interpretation)은 장차 일어날 사건들에 대한 기록으로 본다. 예를 들면 계1,1절의 "반드시 속히 될 일"을 과거적 해석을 하면 주후 70년 직전에 계시록이 기록되었기에 주후 70년 예루살렘 멸망의 긴박한 시점을 의미하는 것으로 보지만 미래적 해석을 따르면 요한 때부터 수 천 년 이후의 미래에 일어날 사건으로 본다.

셋째, 이상주의적(상징)해석(Symbolic or Idealist Interpretation)이 있다. 이 해석을 따르면 구체적인 역사적 사건이 아니라 하나님과 사단사이의 대결을 이상적

---

[179] 관점으로 볼 때는 크게 두 가지가 있다. 하나는 세계중심관점이고 다른 하나는 교회중심관점이다. 세계중심의 해석은 흔히 영적해석으로 불리는데 계시록을 세계사에 대한 직접적인 예언으로 보는 것이다. 즉 장차 일어날 재앙에 대한 묘사로 보는 것이다. 교회중심 해석은 교회와 세상의 관점에서 계시록이 실제적이거나 교회사적 배경을 지닌다고 본다. 전통적인 관점은 교회중심 관점이라 할 수 있다. 교회 중심관점도 전승사적 해석이 있고 세대주의적 해석으로 나누어지나 세대주의적 해석은 올바른 방법으로 인정하지 않는다.

으로 표현한 것으로 본다.

넷째, 교회 역사적 해석(Historical Interpretation)이 있다. 이 해석은 계시록을 교회 역사 전체에 대한 상징적 예언으로 보는 해석이다.

다섯째, 풍유적 해석(Allegorical Interpretation)이 있다. 이 해석을 따른다면 풍유적인 그 무엇인가를 제시한 것으로 보고 풍유(비유)적 해석을 하게 된다. 이 풍유적 해석을 신비주의적 해석이라고도 하는데 가장 경계해야 할 해석으로 신천지의 해석은 주로 이 풍유적 해석을 따르고 있다.

한편 권성수는 성경을 해석할 때 네 가지 원칙을 제시한다.[180]

첫째, 글의 흐름을 타라(문단과 문맥을 중요하게 살피라).

문맥에는 근접문맥(immediate context)과 원접문맥(remote context)이 있는데 가장 많은 실수가 근접문맥을 파악할 때 단어를 문장과 문단의 흐름에 관계없이 해석하는 것을 지적한다.

둘째, 성경 당시로 돌아가라. 이 말은 성경이 기록될 당시의 삶의 자리(Sitz im Leben)를 고려하라는 말로 읽히는데 사회학적 성경해석이 여기에 해당된다.

셋째, 성경은 성경으로 풀어라.

넷째, 성령에 다이얼을 맞추라 등을 들고 있다. 이것은 성경을 기록한 성령의 의도를 파악하라는 뜻이다.

---

180   권성수, 『성경해석학』 (서울: 총신대학교출판부, 1995), 30-42.

3 | 비유의 형태와 종류

신천지예수교 증거장막 성전

먼저 성경에 나타난 비유(parable)의 형태를 알아보면 1)실화체 비유가 있다. 이 비유는 실제의 삶에서 재료를 얻는 비유이다. 예를 들면 양 떼를 떠나서 방황하는 한 마리 양(마18,12-4)의 비유, 잃어버린 동전 한 닢을 찾는 여인(눅15,8-10)의 비유 등이다. 2)이야기체 비유가 있는데 이것은 과거에 일어난 특정 사건을 언급하는데 주로 개인의 경험이다. 마13,24-30에 나오는 농부의 비유, 눅18,1-8에 나오는 불의한 재판관의 비유가 여기에 속한다. 3)예화체의 비유가 있다. 눅12,16-21절의 어리석은 부자 비유, 눅18,9-14절의 바리새인과 세리 비유 등이다.[181]

다음으로 비유의 종류를 살펴보면 다음과 같다.

첫째, 은유(metaphor)가 있다. 이것은 서로 다른 두 가지를 암시적으로 비교하는 것이다. 예를 들면 내 마음은 호수라고 표현하면 마음과 호수는 서로 다르지만 마음이 호수 같음을 암시하는 것이다.

둘째, 직유(simile)가 있다. 직유는 ~처럼, ~같이 등이 주로 쓰인다. 예를 들면 그는 사자처럼 용감하다. 라는 문장이 직유이다.

셋째, 풍유(諷諭, allegory)가 있다. 이것은 여러 개의 이야기 형태로 구성되는 은유인데 사전적 의미로는 슬며시 나무라며 가르치는 것이다.

넷째, 비사(祕辭, esoterica)가 있다. 이것은 과거에 있었던 실제 이야기를 가져오는 것이다.

다섯째, 대유(代喩, rhetoric)가 있는데 대유에는 제유(提喩, synecdoche)와 환

---

[181] 샤이먼 키스트메이커/김근수·최갑종 역, 『예수님의 비유』 (서울: 기독교문서선교회, 1994), 12.

유(換喩, metonymy)가 있다.

제유는 사물의 한 부분으로 전체를 표현하거나 전체로 한 부분을 나타내는 것으로 '백의(白衣)의 천사'는 간호사를 가리키는 것과도 같다. 즉, 그 단어의 개념을 확장하거나 축소시켜 사용하는 것이다. 예를 들면 '말은 제주도로 보내고 사람은 서울로 보낸다' 라는 문장에서 제주도와 서울은 지명이지만 그 의미를 확장하면 단순히 지명만을 의미하지는 않는다. 또 '월 스트리트'는 뉴욕의 거리 이름이지만 경제의 중심지라는 뜻으로 그 의미가 확장된다. 더 예를 들면 "빵이 아니면 죽음을 달라" 라는 문장에서 '빵'은 식량을 의미한다.

환유(換喩, metonymy)는 표현하려는 사물과 관련되는 다른 사물이나 사물의 속성으로 본래의 대상이나 사물을 표현하는 것이다. 예를 들면 어떤 사람을 가리켜 '늑대'라고 표현하면 늑대라는 말이 갖고 있는 부정적인 이미지로 그 사람의 속성을 표현하는 것과도 같다. 예를 들면 '감투를 썼다'라는 문장에서 감투는 벼슬이나 중요한 직책을 의미한다. 더 예를 들면 '토끼 같은 내 새끼'라는 문장에서 '토끼'는 자식의 귀여움을 토끼에 비유한 것이다.

4 복음서에 나타난 비유들

신천지예수교 증거장막 성전

그렇다면 바른 비유론이란 어떤 것인지 살펴보자. 막4,10-1절에 "10예수께서 홀로 계실 때에 함께 한 사람들이 열두 제자와 더불어 그 비유들에 대하여 물으니 11.이르시되 하나님 나라의 비밀을 너희에게는 주었으나 외인에게는 모든 것을 비유로 하나니"라는 말씀이 있다. 신천지는 이 말씀을 근거로 비유를 풀어야 성경을 바로 알 수 있다고 주장하면서 기성교회는 계시록을 풀지 못하기에 '짖지 못하는 개', '벙어리', '소경' 등으로 폄하하고 있다. 과연 그러할까? 그러면 복음서에 나와 있는 예수님의 비유들을 먼저 살펴보자.

1) 슈타인(K. H. Stein) 의 분류[182]

(1) "비유"라는 명칭이 분명하게 있는 비유들

생베조각(막2,21=마9,16=눅5,36)

갈라진 집(막3,23-6=마12,25-6=눅11,17-8)

씨 뿌리는 자(막4,2-9;13-20=마13,3-9;18-23=눅8,4-8;11-5)

말 아래 등불(막4,21-2=눅8,16-7)

헤아림(막4,24-5=눅8,18)

은밀히 자라는 씨(막4,26-9)

겨자씨(막4,30-2=마13,31-2=눅13,18-9)

사람을 더럽게 하는 것(막7,14-5=마15,10-1)

---

182 Stein, Parables, 22-26. 김득중, 『복음서의 비유들』 (서울: 컨콜디아사, 1999), 16-9.

악한 포도원 농부(막12,1-11=마21,33-43=눅20,9-17)

무화과 나무(막13,28-9=마24,32-3=눅21,29-31)

알곡과 가라지(마13,24-30;36-43)

누룩(마13,33=눅13,20-1)

감추인 보화(마13,44)

진주(마13,45-6)

그물(마13,47-50)

집주인(마13,52)

결혼 잔치(마22,1-10)

결혼 예복(마22,11-4)

달란트(마25,14-30)

의사여 네 자신을 고치라(눅4,23)

장님이 장님을 인도함(눅6,39=마15,14)

어리석은 부자(눅12,16-21)

깨어 있는 종(눅12,35-8)

밤중의 도적(눅12,39=마24,43-4)

열매 없는 무화과나무(눅13,6-9)

잔치에서의 좌석(눅14,7-11)

잃은 양(눅15,3-7=마18,12-4)

불의한 청지기(눅16,1-8)

바리새인과 세리(눅18,9-14)

므나(눅19,11-27, cf. 마25,14-30)

(2) 분명히 비유인 이야기들

깨어 있는 문지기(막13,34-47, cf. 마25,14-30=눅19,11-27)

용서하지 않는 종(마18,23-35)

포도원 일꾼(마20,1-16)

두 아들(마21,28-31)

지혜로운 종과 어리석은 종(마24,45-51=눅12,42-6)

지혜로운 처녀와 어리석은 처녀=열 처녀(마25,1-13)

양과 염소=최후 심판(마25,31-46)

빚진 두 사람(눅7,41-3)

선한 사마리아인(눅10,30-5)

밤에 찾아온 친구(눅11,5-9)

닫힌 문(눅13,25-30, cf. 마25,1-13)

큰 잔치(눅14,15-24, cf. 마22,1-10)

잃은 은전(눅15,8-10)

탕자(눅15,11-32)

불의한 청지기(눅16,19-31)

종의 임무(눅17,7-10)

(3) "같은", "마치" 라는 말로 소개되는 비유 형태의 이야기들

지혜로운 건축자와 어리석은 건축자(마7,24-7=눅6,47-9)

장터에서 노는 아이들(마11,16-9=눅7,31-5)

(4) 비유로 생각될 수 있는 말씀들

의사와 병자(막2,17=마9,12=눅5,31)

결혼 손님과 금식(막2,19-20=마9,15=눅5,34-5)

새 포도주와 낡은 부대(막2,22=마9,17=눅5,37-8)

강한 자(막3,27=마12,29=눅11,21-2)

자녀의 떡(막7,27=마15,26)

맛없는 소금(막9,50, cf. 마5,13=눅14,34-5)

세상의 소금(마5,13=눅14,34-5, cf. 막9,50)

산 위의 도시(마5,14)

말 아래 등불(마5,15=눅11,33)

고소하는 자와의 화해(마5,25-6=눅12,58-9)

성한 눈(마6,22-3=눅11,34-6)

두 주인(마6,24=눅16,13)

티와 들보(마7,3-5=눅6,41-2)

돼지 앞의 진주(마7,6)

구하는 아들(마7,9-11=눅11,11-3)

나무와 열매(마7,16-20=눅6,43-4)

추수할 것이 많음(마9,37-8=눅10,2)

웅덩이에 빠진 짐승(마12,11=눅14,5)

돌아온 더러운 귀신(마12,43-5=눅11,24-6)

아버지가 심지 않은 나무(마15,13)

날씨의 징조(마16,2-3=눅12,54-6)

세상 왕에 대한 세금(마17,25-6)

잔 밖을 깨끗이 씻음(마23,25-6=눅11,39-41)

독수리와 시체(마24,28=눅17,37)

망대 건축의 비용 계산(눅14,28-30)

전쟁 수행의 희생 계산(눅14,31-2)

2) 율리허(A. Julicher) 의 분류[183]

(1) 유비에 속하는 것

무화과나무(막13,28-9=마24,32-3=눅21,29-31)

종의 임무(눅17,7-10)

장터에서 노는 아이들(마11,16-9=눅7,31-5)

---

183   *Ibid.*,19-21.

구하는 아들(마7,9-11=눅11,11-3)

학생과 선생(마10,24-5=눅6,40)

장님이 장님을 인도함(눅6,39=마15,14)

참된 정결(막7,14-23=마15,10-20)

소금(마5,13=막9,49-50=눅14,34-5)

등경 위의 등불(막4,21-2=눅8,16-7=마5,14-6)

산 위의 도시(마5,14)

숨긴 것이 드러남(막4,22=마10,16-27=눅8,17)

몸의 빛인 눈(마6,22-3=눅11,34-6)

두 주인(마6,24=눅16,13)

나무와 열매(마7,16-20=눅6,43-4)

올바른 서기관(마13,52)

시체와 독수리(마24,28=눅17,37)

도적(마24,43-4=눅12,39-40)

신실한 종과 신실치 않은 종(마24,45-51=눅12,41-8)

늦게 돌아오는 집 주인(눅12,35-8=막13,33-7)

의사여 네 자신을 고치라(눅4,23)

의사와 병자(막2,17=마9,12=눅5,31)

신랑과 금식(막2,18-20=마9,14-6=눅5,33-5)

낡은 옷과 낡은 가죽부대(막2,22=마9,17=눅5,37-8)

망대 건축과 전쟁 준비(눅14,28-30)

바알세불(막3,22-7=마12,22-30; 43-5=눅11,14-26)

재판관에게 가는 도중(마5,25-6=눅12,57-9)

잔치에서의 자리(눅14,7-14)

자녀와 개(막7,27-8=마15,26-7)

(2) 비유에 속하는 것

반석 위의 집과 모래 위의 집(마7,24-7=눅6,47-9)

밤에 찾아온 친구(눅11,5-9)

과부와 불의한 재판관(눅18,1-8)

돈놀이꾼과 빚진 두 사람(눅7,36-40)

용서하지 않는 종(마18,21-35)

잃은 양과 잃은 은전(마18,10-4=눅15,1-10)

잃은 아들(눅15,11-32)

서로 다른 두 형제(마21,28-32)

악한 포도원 농부(막12,1-11=마21,33-43=눅20,9-17)

초청에 응하지 않은 손님(마22,1-14=눅14,15-24)

열매 없는 무화과나무(눅13,6-9)

열 처녀(마25,1-13)

노동에 대한 동일한 품삯(마20,1-16)

맡긴 돈(마25,14-30=눅19,11-27)

불의한 청지기(눅16,19-31)

네 종류의 밭(막4,3-9;14-20=마13,3-9;18-23=눅8,5-8;11-5)

스스로 자라는 씨(막4,26-9)

알곡과 가라지(마13,24-30;36-43)

겨자씨와 누룩(막4,30-2=마13,31-2=눅13,18-21)

보화와 진주(마13,44-6)

(3) 예화에 속하는 것

선한 사마리아인(눅10,29-37)

바리새인과 세리(눅18,9-14)

어리석은 부자(눅12,16-21)

부자와 거지 나사로(눅16,19-31)

3) 헌터(A. M. Hunter)의 분류[184]

헌터는 비유의 출처를 중심으로 분류하였다.

(1) 마가복음에 나오는 비유들

의사와 병자(막2,17)

결혼식 손님(막2,19-20)

생베 조각(마2,21)

포도주 부대(막2,22)

갈라진 집안(막3,24-6)

강한 사람(막3,27)

씨 뿌리는 사람(막4,3-9)

들불과 등경(막4,21)

은밀히 자라는 씨(막4,26-9)

겨자씨(막4,30-32)

맛 잃은 소금(막9,50)

악한 포도원 농부(막12,1-9)

싹을 내는 무화과나무(막13,28-9)

파수꾼(막13,34-7)

(2) Q자료[185]에 나오는 비유들

장님을 인도하는 장님(눅6,39=마15,14)

---

184 *Ibid.*, 21-4.

185 Q자료란 독일어로 '자료', '출처', '원천'을 뜻하는 단어 Quelle의 첫 자를 딴 것으로서 예수의 어록으로 알려지는 가상의 문서를 말한다. 예를 들면 원 복음서인 마가에 없는 자료를 마태복음과 누가복음에 공통적으로 기록된 것을 볼 때 마태와 누가가 마가복음서외의 어떤 자료를 인용했다고 가정하고 이 자료를 Q자료라고 한다.

티와 들보(눅6,41-2=마15,14)

나무와 열매(눅6,43-5=마7,16-20)

두 건축자(눅6,47-9=마7,24-7)

장터에서 노는 아이들(마11,16-9=눅7,31-5)

추수와 일꾼(눅10,2=마9,37-8)

구하는 아들(마7,9-11=눅11,11-3)

갈라진 집(마12,25-6=눅11,17-8)

강한 사람(눅11,21-3=마12,29)

빈 집(눅11,24-6=마12,43-5)

들불과 등경(눅11,33=마5,15)

몸의 등불(눅11,34-6=마6,22-3)

기다리는 종들(눅12,35-8)

도적(마24,43-4=눅12,39-40)

권위 있는 종(눅12,42-6)

고소하는 자(눅12,57=마5,25-6)

날씨의 징조(눅12,54-6)

겨자씨(막4,30-2=마13,31-2=눅13,18-9)

누룩(마13,33=눅13,20-1)

큰 잔치(눅13,15-23)

맛 잃은 소금(눅14,34-5=마5,13)

(3) 마태복음에만 나오는 비유들

산위의 도시(마5,14)

가라지(마13,24-30)

감추인 보화(마13,44)

값진 진주(마13,45-6)

그물(마13,45-6)

집 주인(마13,52)

잃은 양(마18,12-4)

무자비한 종(마18,23-35)

포도원 일꾼(마20,1-16)

두 아들(마21,28-31)

결혼 잔치(마22,1-10)

결혼 예복(마22,11-3)

열 처녀(마25,1-13)

달란트(마25,14-30)

양과 염소(마25,31-46)

(4) 누가복음에만 나오는 비유들

의사여 너 자신을 고치라(눅4,23)

두 빚진 자(눅7,41-3)

선한 사마리아인(눅10,30-7)

밤중에 찾아온 친구(눅11,5-8)

어리석은 부자(눅12,16-21)

열매 없는 무화과나무(눅13,6-9)

잔치 때의 좌석(눅14,7-11)

망대 건축자(눅14,28-30)

전쟁하려는 왕(눅14,31-2)

잃은 양(눅15,3-7)

잃은 은전(눅15,8-10)

탕자(눅15,11-32)

불의한 청지기(눅16,1-8)

부자와 거지 나사로(눅16,19-31)

농부와 그의 종(눅17,7-10)

졸라대는 과부(눅18,1-8)

바리새인과 세리(눅18,10-4)

므나(눅19,12-7).

5 바른 비유론

신천지예수교 증거장막 성전

그렇다면 바른 비유론이란 무엇인가? 이를 알기 위해서는 예수님이 비유를 드신 목적을 알아야 한다. 막4,10-2절에 "10.예수께서 홀로 계실 때에 함께 한 사람들이 열두 제자와 더불어 그 비유들에 대하여 물으니 11.이르시되 하나님 나라의 비밀을 너희에게는 주었으나 외인에게는 모든 것을 비유로 하나니 12.이는 그들로 보기는 보아도 알지 못하며 듣기는 들어도 깨닫지 못하게 하여 돌이켜 죄 사함을 얻지 못하게 하려 함이라 하시고"라는 구절이 있다. 그렇다면 비유를 드신 예수님의 목적이 알지 못하고 깨닫지 못해서 죄 용서를 받지 못하게 하는 데 목적이 있었을까?

막4,33-4절에는 "33.예수께서 이러한 많은 비유로 그들이 알아들을 수 있는 대로 말씀을 가르치시되 34.비유가 아니면 말씀하지 아니하시고 다만 혼자 계실 때에 그 제자들에게 모든 것을 해석하시더라"라는 말씀도 있기 때문이다. 이에 대해 스타인(R. H. Stein)은 예수님이 비유를 든 목적이 계시와 예증을 위해서, 보다 잘 이해할 수 있도록 비유를 든 것으로 해석한다.[186] 사실 복음서에 나타난 비유들을 보면 당시의 삶과 밀접하게 관련되어 있는 일들을 예수님께서 비유로 드신 것을 알 수 있다. 즉 감추기 위함이 아니라 쉽게 이해할 수 있도록 비유를 드신 것이다. 또 폴 핸슨(P. Hanson)은 "사회학자들이 말하듯이 모든 묵시문학 운동의 뿌리가 소외된 계층(a minority phenomenon)에서 비롯되었

---

[186] 김득중, 『복음서의 비유들』, 25-9. 특히 28. 김득중은 다드(C. H. Dodd)와 맨슨(T. W. Manson), 예레미아스(J. Jeremias)의 해석을 비교하면서 스타인의 해석이 설득력이 더 있다고 본다.

다"라고 한다.[187] 즉 비유나 묵시는 그 목적에 있어서 쉽게 이해하도록 하는 데 있고 그 대상은 당시의 소외된 계층을 위주로 한 것을 알 수 있다.

신천지의 비유 해석의 특징은 첫째, 당시의 삶의 정황들을 무시한다는 점. 둘째, 특히 원접문맥과 근접문맥을 고려하지 않는다는 점. 셋째, 전술한 것처럼 문맥에서 단어들을 뽑아 연결시켜 풍유적 해석을 한다는 데 있다.

바른 비유론은 다음과 같다. 1)성경이 기록될 당시의 사회적 정황을 고려하라. 2)근접문맥을 살피라. 3)원접문맥을 살피라. 4)특정 단어가 그 문맥에서 갖고 있는 의미(tone)를 파악하라. 예를 들면 벧전5,8절에 "근신하라 깨어라 너희 대적 마귀가 우는 사자 같이 두루 다니며 삼킬 자를 찾나니"라는 말씀에서 마귀는 사자로 비유되었지만 잠28,1절에 "악인은 쫓아오는 자가 없어도 도망하나 의인은 사자 같이 담대하니라'에서는 의인(성도)으로 비유되었기 때문이다. 5)성령의 의도를 파악하라. 6)풍유적 해석을 지양하라 등으로 요약할 수 있다.

풍유적 해석의 좋은 실례를 하나 든다.[188] 왜 소방차는 빨간 색일까? →소방차는 바퀴가 네 개고 8명이 탄다→4+8=12이다→12인치면 자(ruler)가 된다→통치자(ruler)는 엘리자베스 여왕이다→여왕은 일곱 개의 바다를 항해 한다→일곱 개의 바다에는 고기가 있다→고기는 지느러미(fins)가 있다→핀란드 사람들(finns-fins 와 발음이 같다-역자 주)은 러시아 사람들을 싫어한다→러시아 사람들(Russians)은 피부가 빨갛다→소방차는 늘 시운전을 한다(rushin'-Russians 와 발음이 비슷하다-역자 주)→그래서 늘 빨간 것이다. 소방차가 러시아 사람들로 연결된 어이 없는 해석이 된다.

---

187 폴 핸슨/이무용·김지은 역, 『묵시문학의 기원』 (서울:크리스챤다이제스트, 1999), 12.
188 D. A. 카슨/박대영 역, 『성경해석의 오류』(서울: 성서유니온선교회, 2002), 115.

6 | 신천지예수교 증거장막 성전
신천지의 교육과정

그동안 한국 교회는 신천지를 비판 할 때 주로 조직신학적 관점에서 접근하였다. 그래서 성도들이 신천지의 구체적 교육과정을 모르고 미혹되는 일이 많았다. 그래서 이 책에서는 신천지의 교육과정을 입문편에 해당하는 6과와 초등과정 41과, 중등과정 30과의 내용을 전재(全載)하고[189] 각 과정마다 비판하는

---

[189] 자료마다 과정들이 다르다. 예를 들면 한국기독교이단상담소협회 강남상담소의 홈페이지에는

〈초등〉
제 1 장 성경입문
  제 1 과 선.악 구분
  제 2 과 성경개론
  제 3 과 신앙의 3요소 : 지식 믿음 행함
제 2 장 비유론
  제 1 과 성경과 비유
  제 2 과 비유한 씨, 밭, 나무, 새
  제 3 과 비유한 양식. 누룩
  제 4 과 비유한 그릇. 저울. 지팡이
  제 5 과 비유한 불. 향로. 가마
  제 6 과 비유한 빛과 등대와 소경. 귀머거리. 예복
  제 7 과 비유한 보물. 부자. 노래
  제 8 과 비유한 물. 샘. 강
  제 9 과 비유한 바다. 어부. 그물. 고기. 배
  제10 과 비유한 짐승과 머리. 뿔. 꼬리
  제11 과 비유한 어린양의 피와 살. 포도주. 감람유
특 강 거듭나는 성장 과정과 인내의 믿음
  제12 과 비유한 산
  제13 과 비유한 인. 나팔
  제14 과 비유한 돌. 우상

제15 과 비유한 생물과 바람
제16 과 비유한 죽음과 부활
제17 과 비유한 신랑. 신부. 과부. 고아
제18 과 비유한 예루살렘. 바벨론과 전쟁
제19 과 비유한 천지와 해. 달. 별
제20 과 비유한 이스라엘
제21 과 말씀과 시온
제22 과 비유한 천국과 지옥의 열쇠와 비밀
- 비유풀이 총 정리

〈중 등〉주제별 강해
제 1 과 창조. 언약. 배도. 심판(창2:3:5:)
제 2 과 재창조의 노정(창6:-9:)
제 3 과 아브라함과 그 후손에게 언약하고 성취되는 노정(창15:17:)
제 4 과 약속하신 출애굽의 노정(출3:-4:)
제 5 과 언약의 결과(신28:)
제 6 과 예루살렘의 종말과 새 창조(사1:-2:4)
제 7 과 예레미야의 사명(렘1:)
제 8 과 정통 대언의 목자(겔1:-3:)
제 9 과 뜨인 돌과 우상(단1:-12:)
제10 과 진리의 성읍 새 예루살렘 창건(슥1:-4:)
제11 과 주님 가르치신 기도의 참 뜻(마6:5-15)
제12 과 비유한 천국비밀(마13:)
제13 과 주 재림과 말세의 징조(마24:)
제14 과 재림의 주를 맞이할 수 있는 자격요건(마25:)
제15 과 새 언약(눅22:)
제16 과 약속한 처소와 다른 보혜사(요16:)
제17 과 다른 보혜사의 증거 : 죄. 의. 심판(요16:)
제18 과 마지막 나팔과 부활(고전15:)
제19 과 세 가지의 천국비밀과 성취순리(살후2:1-12)
제20 과 도의 초보와 사이비 이단과 정통(히5:11-6:8)

〈고 등〉핵심교리
고등 1호 계1장 예수님의 계시와 속히 될 일 ①
고등 1호 계1예수님의 계시와 속히 될 일 ②
고등 1호 본문 계1:9-20 예수님께서 사도 요한 택함
고등 2호 계2장 예수님의 대언자 사도요한의 편지
고등 3호 계3장 예수님이 대언자 사도요한의 편지

형식을 취하기로 한다.[190]

신천지의 교육 과정은 입문 편 격에 해당하는 '태초의 말씀', '종교', '성경상식 1과', '성경상식 2과', '성경상식 3과', '성경상식 4과'를 거친 다음에 초등 41과, 중등 30과 그리고 고등과정이 있다. 이후에는 계시록 전장(全章) 강해로 알려져 있다. 이 외에도 많은 교육 교재들이 있는데 이것들은 중등과정 까지 살핀 후에 검토할 예정이다.

고등 4호 계4장 영계의 하나님의 보좌 형상
고등 5호 계5장 일곱인(印)으로 봉(封)한 하나님의 책
고등 6호 계6장 어린양의 진노로 심판받는 해, 달, 별
고등 7호 계7장 하나님의 인과 영적 새 이스라엘 12지파
고등 7호 계7장 하나님의 인과 영적 새 이스라엘 12지파 ②
고등 8호 계8장 일곱째인과 7천사의 7나팔소리
고등 9호 계9장 무저갱에서 나온 황충들과 마병대
고등 10호 계10장 하늘에서 온 책과 천국비밀
고등 11호 계11장 두증인과 일곱 째 나팔 ①
고등 11호 계11장 두증인과 일곱 째 나팔 ②
고등 12호 계12장 해를 입은 여자가 낳은 아이와 용과의 전쟁
고등 13호 계13장 하나님의 장막과 용의 일곱머리①
고등 13호 계13장 하나님의 장막과 용의 일곱머리②
고등 14호 계14장 시온산의 인맞은 첫열매 144,000
고등 15호 계15장 짐승을 이긴 증거장막성전
고등 16호 계16장 진노의 일곱 대접
고등 17호 계17장 짐승 음녀의 비밀과 어린양의 구원
고등 18호 계18장 심판받는 귀신의 처소 바벨론
고등 19호 계19장 어린양의 혼인잔치집
고등 20호 계20장 첫째 부활과 천년 세계
고등 21호 계21장 새하늘 새땅 새 예루살렘
고등 22호 계22장 열두가지 열매 맺는 생명나무와 거룩한 성
〈특강〉 목자구분으로 되어 있다.

190 본 글에서 다루는 초등41과와 중등 30과 속에 고등과정이 나누어져 들어 있다고 보면 된다.

그러면 입문 편 1에 해당하는 [태초의 말씀]부터 살펴보자.[191] 아래의 글은 신천지 신도가 공부한 교재 그대로를 옮긴 것이다.

[태초의 말씀](입문 편1)

◇ 성경 말씀 공부
  성경 공부는 왜 해야 하는가?
◇ 성경을 알아야 할 필요성
  성경에는 하나님께서 이룰 뜻이 기록되어 있다.

* 마7:21/ 나더러 주여 주여 하는 자마다 천국에 다 들어갈 것이 아니요 다만 하늘에 계신 내 아버지의 뜻대로 행하는 자라야 들어가리라
* 호4:6/ 내 백성이 지식이 없어 망하는 도다.
* 요17:3/ 영생은 곧 유일하신 참 하나님과 그의 보내신 자 예수그리스도를 아는 것이니라.

〈본문 성구〉 요1:1~5 (슥12:4)
[어두움] 살전5:1~9
빛의 아들들과 어두움의 아들들이 있다.
〈본문성구〉 요일1:1~2
태초부터 있는 생명의 말씀에 관하여는 우리가 들은 바요 눈으로 본 바요 주목하고 우리 손으로 만진 바라 이 생명이 나타내신 바 된지라 이영원한 생

---

191 입문 편 1,2,3,4,5,6은 저자 주이다. 문맥에 무리가 없는 선에서 최소한도의 오자 수정 및 띄어쓰기를 적용하였다. 성경의 장과 절 표시는 가능한 한 신천지 공부 노트 원본을 그대로 실었다. 초등교재의 경우, 노트에 있는 그림들은 글로 풀어 썼다.

명을 우리가 보았고 증거하여 너희에게 전하노니 이는 아버지와 함께 계시다가 우리에게 나타내신바 된 자니라

◇ 영생의 말씀
*요4:24, 하나님은 영이시니 신령과 진정으로 예배할지니라.
*요1:32~34
 성령이 비둘기 같이 하늘에서 내려와 예수위에 머무르심.
*요10:30/ 하나님과 예수님은 하나가 되었다. (영육 일체가 됨)
*마4:4/ 예수께서 대답하여 가라사대 기록되었으며 사람이 떡으로만 살것이 아니요 하나님의 입으로 나오는 모든 말씀으로 살 것이라 하였느니라 하시니
*요6:67~68
 예수께서 열두 제자에게 이르시되 너희도 가려느냐 시몬 베드로가 대답하되 주여 영생의 말씀이 계시매 우리가 뉘게로 가오리이까,

◆ 하나님의 씨와 성령으로 거듭남
*눅8:11 이 비유는 이러하니라, 씨는 하나님의 말씀이요,
*벧전1:23 너희가 거듭난 것이 썩어질 씨로 난 것이 아니요 썩지 아니할 씨로 된 것이니 하나님의 살아 있고 항상 있는 말씀으로 되었느니라.
  ▸ 마13:37~39
     말씀의 씨로 하나님의 아들이 됨
     좋은 씨 : 천국의 아들들
     가라지 : 악한 자의 아들들
  ▸ 행17:29. 이와 같이 신의 소생이 되었은즉 신을 금이나 은이나 돌에다 사람의 기술과 고안으로 새긴 것들과 같이 여길 것이 아니니라.
  ▸ 요10:35 성경은 폐하지 못하나니 하나님의 말씀을 받은 사람들을 신(神)이라 하셨거든
  ▸ 약1:18 그가 그 조물 중에 우리로 한 첫열매가 되게 하시려고 자기의 뜻

을 좇아 진리의 말씀 우리를 낳으셨느니라
▶ 고전3:16~17
16 너희가 하나님의 성전인 것과 하나님의 성령이 너희 안에 거하시는 것을 알지 못하느냐?
17 누구든지 하나님의 성전을 더럽히면 하나님의 그 사람을 멸하시리라 하나님의 성전은 거룩하니 너희도 그러하니라
▶ 요17:17~19
저희를 진리로 거룩하게 하옵소서 아버지의 말씀은 진리니이다 아버지께서 나를 세상에 보내신 것 같이 나도 저희를 세상에 보내었고

◆ 말씀을 알아야 할 중대성
▶ 말씀이 있는 곳에
  하나님과 예수님과 생명과 빛이 있다
▶ 말씀으로 거듭나야만 하나님의 아들이 된다.
▶ 말씀으로 거룩해진다.
▶ 말씀으로 사단을 이긴다.
▶ 설계된 말씀을 알므로 뜻이 하늘에서 이룬 것 같이 이 땅에도 이룰 수 있다.
▶ 말씀으로 천국과 영생을 유업으로 받게 된다.
☆ 성경 공부 합시다!
하나님같이 예수님같이 말씀으로 거듭나 인 맞고 걸어 다니는 성경이 됩시다(말씀체). 아멘!

[태초의 말씀](입문 편1) 총평
성경을 공부하는 것은 아무리 강조해도 지나치지 않다. 그러나 복선을 깔아 놓고 공부하는 것은 위험하다. 위에서 마7,21절에 "나더러 주여 주여 하는 자마다 천국에 다 들어갈 것이 아니요 다만 하늘에 계신 내 아버지의 뜻대로 행하는 자라야 들어가리라"고 하였다 아버지의 뜻은 요6,40절에 "내 아버지의

뜻은 아들을 보고 믿는 자마다 영생을 얻는 이것이니 마지막 날에 내가 이를 다시 살리리라 하시니라"고 나와 있다. 즉 예수 믿고 구원받는 것이 아버지의 뜻이다. 그리고 위에서 요17:3절에 "영생은 곧 유일하신 참 하나님과 그의 보내신 자 예수 그리스도를 아는 것이니라"고 하였다. 즉 예수를 보내신 하나님의 뜻을 알고 예수 믿으면 구원받는 것이지 다른 사족을 달아서는 안 된다.

〈입문 편1 주요 내용1〉
빛의 아들들과 어두움의 아들들

〈입문 편1 비판1〉
살전5,1-9를 인용하면서 빛의 아들들과 어두움의 아들들로 나누고 있는데 빛의 아들들은 예수 믿고 하나님의 자녀 된 성도들이고 어두움의 아들들은 예수 믿지 않은 사람들이다. 그런데 신천지가 이를 언급하는 것은 자기들 교리에 따르면 빛의 아들들이 되고 안 따르면 어두움의 아들들이 된다는 것을 나중에 제시하기 위한 복선이다.

〈입문 편1 주요 내용2〉
하나님과 예수님은 하나가 되었다.
말씀의 씨로 아들들이 된다.

〈입문 편1 비판2〉
요10,30을 인용하면서 하나님과 예수님은 하나가 되었다고 하는데 이는 삼위일체 하나님의 하나 됨이고 또 구원사역에서의 일치를 말한다.

마13,37-9를 인용하면서 말씀의 씨로 아들들이 된다고 하였다. 하나님의 아들들이 되는 것은 복음이다. 신천지가 이렇게 말하는 것은 장차 자기들이 전하는 말씀의 씨를 따로 예정해 놓고 있기 때문이다.

〈입문 편1 주요 내용3〉

☆ 성경 공부 합시다! 하나님같이 예수님같이 말씀으로 거듭나 인 맞고 걸어 다니는 성경이 됩시다 (말씀체).

〈입문 편1 비판3〉

위와 같은 언급은 신성모독이다. 왜냐하면 하나님과 예수님은 거듭나셔야 할 분들이 아니기 때문이다.

종 교 (宗敎) (입문 편2)

본문: 요3:31~34 하늘의 것 땅의 것

1. 종교란 무엇을 말한 것인가? 宗 → 갓머리(하늘), 볼시

1) 뜻

 宗 (으뜸 종) 敎(가르칠 교) : 으뜸가는 교육

2) 종교의 주인 (교주)

 신 곧 하나님

3) 경서

 신이 신의 뜻을 육체인 사람에게 알리는 유일한 신서

4) 이유와 목적

생명이신(하나님)과 사망자인 (마귀)를 알리기 위해

하나님 ----길---〉 천국 (영생)(딤후3:15, 마7:21), 구원에 이르는 지혜

마귀 -----길---〉 지옥 (영벌)(요12:48, 계20:12), 말씀 저버리는 자

하나님의 뜻대로 행하는 자

자기 행위대로 심판(책에 기록 된 대로)

5) 종류

☆ 기독교 : 성경

유교, 불교 이슬람교, 힌두교 깔뱅교

2. 신앙(信仰)의 참 의미는 무엇인가?

1)신앙의 기준

★ 요1:1 말씀 = 하나님

▶ <u>믿음 = 하나님, 예수님의 말씀을 믿는 것</u>
　　　　　　　약속

2) 하나님이 인정하시는 신앙(마7:21)

자기생각, 판단, 꿈, 환상 =맹목적 신앙

하나님의 뜻 -성경: 길, 스승 ---〉 성경적 신앙(천국)

3. 인간에게 종교가 필요한 이유

　종교가 (죄)에 빠진 인생에게 (하늘의 것)을 교육하여 죄에서 나와 하나님께로 돌아와(사망)에서 (생명)으로 구원 받아 하나님의 나라(천국)에서 함께 살기 위한 (천국교육)이기 때문이다.

〈입문 편2 주요 내용1〉

4) 이유와 목적

명이신(하나님)과 사망자인 (마귀)를 알리기 위해

하나님 -----길----〉 천국 (영생)(딤후3:15, 마7:21), 구원에 이르는 지혜

마귀　 -----길---〉 지옥 (영벌)(요12:48, 계20:12), 말씀 저버리는 자

〈입문 편2 비판1〉

　결국 "말씀을 저버리는 자"는 신천지가 전하는 말씀(성경공부)을 저버리는 자를 의도하는 복선을 깔고 있다.

〈입문 편2 주요 내용2〉

2) 하나님이 인정하시는 신앙(마7:21)

자기생각, 판단, 꿈, 환상 =맹목적 신앙

하나님의 뜻 -성경: 길, 스승 ---〉 성경적 신앙(천국)

〈입문 편2 비판2〉

신천지 지도자 자신이 예수님을 만났다든지, 천사를 만났다든지 하는 환상을 가장 많이 말하고 있지 않은가?

성경 상식 1과(입문 편 3)

강사 이○○

본문: 딤후3:16 모든 성경은 하나님의 감동으로 된 것으로 교훈과 책망과 바르게 함과 의로 교육하기에 유익하니

1. 성경의 저자

(딤후3:16)

모든 성경 = 하나님의 감동

(벧후1:21)

예언 = 사람의 뜻 아님

성령의 감동 입은 사람: 기록

영의 세계 -하나님(저자)

육의 세계- 약 35-40명 (대언· 대필)

(요일4:1) 영들 ----〉 시험하라.
      성령과 악령의 소속을
        구분하라.

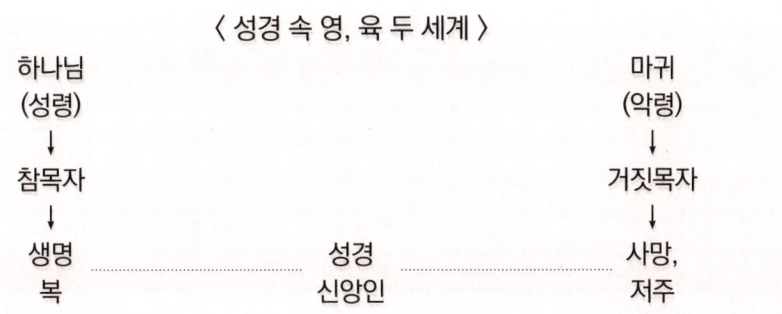

2. 성경의 구성

성경전서

聖經全書 구약: 39권, 신약 27권

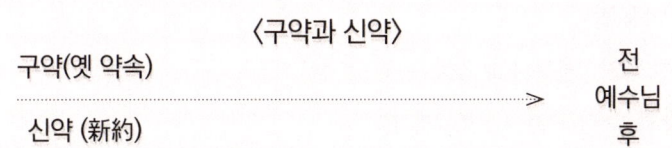

⟨성경은 언약서⟩

	구약	신약
대상	(출19:5~6) 유대인(육적 IS)	(눅22:14~20) 그리스도인 (영적 IS)
내용	(요5:39) 초림 예수님	(요14:1~3) 재림 예수님
결과	(히8:7) 깨어짐	(계 \ 22:7) 지켜야 함

2. 성경의 구성

1) 총 권수: 66권 (구약 39권, 신약 27권)

2) 총 장수: 1189장 (구약 929장, 신약 260장)

3) 총 절수: 31,173절 (삼위일체설)

　　　　(구약 23,214절, 신약 7,959절)

4) 총기록자: 약 35 ~40명

⟨성경 목록과 약자⟩

구약 39권	
모세오경(5권)	창, 출, 레. 민, 신
역사서(12권)	수, 삿, 룻, 삼상, 삼하, 왕상, 왕하, 대상, 대하, 스, 느, 에
시가서(5권)	욥, 시, 잠, 전, 아
선지서(17권)	사,렘,애,겔,단,호,욜,암,옵,욘,미,나,합,습,학,슥,말
신약 27권	
사복음서(4권)	시가서(5권)
역사서(1권)	시가서(5권)
서신서(21권)	롬, 고전, 고후, 갈, 엡, 빌, 골, 살전, 살후, 딤전, 딤후, 읻, 몬 히, 약, 벧전, 벧후, 요 1,2,3 유
예언서(1권)	계

⟨성경 이용법⟩

　　　창세기: 제목 1장 3절 -----〉 창1 : 3

▶ 단락과 단락구분, ( ) 보충설명

= 지명, - 인명, ~외래어 설명,

두 글자 들여 씀 → 다른 성구 인용기록.

3. 성경의 내용상 구분

1)역사 : 이미 성취된 사건

　　　(고전10:11) 말세 만난 신앙인의 거울과 경계

2)교훈 (딤후3:16 ~ 17)

　　　성경 = 교훈, 책망, 바르게 함, 의

　　　목적 = 하나님의 사람

3) 예언 (요14: 29)

　　　예언=이루어질 때(성취) 믿게 하기 위함

4) 성취

예언대로 이루어진 것

구약　----〉 초림 : (요 19:30)　다 이루었다.

신약 ----〉 재림 : (계21:6)   다 이루었다.

4. 예언서 기록방법

역사 , 인명, 지명 등 빙자.

1)역사(눅17장) 말세 =노아 때 , 롯 때

2)인명(계2장) 발람, 벌락, 여자 이세벨

3)지명(계11:8)큰성 = 소돔, 애굽, 골고다

〈입문 편3 - 총정리〉

1. 성경의 저자는 유일하신 하나님

2. 영육의 두 세계를 구분하기 위함

3. 성경은 예언서(구약, 신약)

4. 성경의 내용상 구분 :역사, 교훈, 예언, 성위

5. 예언서는 역사, 지명, 인명 등을 빙자함

　　성경은 언약서(예언서)

〈입문 편3 주요 내용1〉

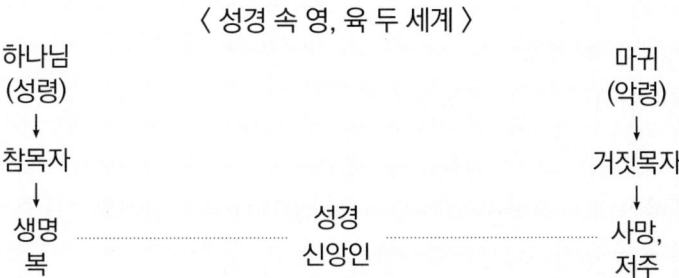

〈입문 편3 비판1〉

　　얼핏 보면 문제가 없어 보이지만 의도는 참 목자는 신천지에 있고 거짓목자는 기성교회에 있다는 것을 전제하기 위한 포석임을 알 수 있다.

그리고 〈성경은 언약서〉에서 유대인을 육적 이스라엘로, 그리스도인을 영적 이스라엘로 분류했다. 이 분류는 나중에 새 이스라엘(신천지)을 말하기 위한 복선이다.

〈입문 편3 주요 내용2〉
4)성취
예언대로 이루어진 것
　구약---〉초림 : (요 19:30) 다 이루었다.
　신약---〉재림 : (계21:6) 다 이루었다.

〈입문 편3 비판2〉
예수님의 재림은 아직 이루어지지 않았다. 재림이 이루어졌다고 하는 것은 그 단체의 지도자에게 예수님의 영이 임해서 이미 재림이 이루어졌다고 말하기 위한 포석이다.

성경상식 2과 시대구분(입문 편4)

　　　　　　　　　　　　　　　　　　　　　　　　　강사 이○○

〈본문성구〉 눅12:56
눅12:56 천지의 기상: 분변 함
　　　　　이 시대: 분변 못함
아담부터 아브라함까지 2000, 아브라함부터 예수님까지 2000, 예수님부터 오늘날까지 2000. 아담부터 오늘날까지 6000.

아담창조시대 → 노아홍수심판 재창조시대 → 모세출애굽시대
(창 15:13~17 이방의 객 → 400년 후 많은 재물 가지고 나올 것임)
　　　　(4대)

→사사시대→왕권시대→선지예언시대→예수하늘 복음시대→제자서신시대→예수재림신천지시대(천년시대)

⟨입문 편4 비판1⟩

예수님이 말씀하신 "이 시대"는 현재시대가 아니다. 예수님 당시의 시대이다. 그리고 아브라함부터 예수님까지 4천년, 예수님으로부터 오늘날 까지 2천년으로 정해놓은 것은 인류역사가 6천년에 끝난다는 것을 암시하면서 긴박한 종말을 강조하는 것이다. 그런데 이런 연대 해석은 세대주의적 해석이다. 이렇게 성경을 해석하면 1992년의 휴거 소동이 일어나게 된다. 왜냐하면 인류의 역사를 6천년으로 한정하니까 1999년에 예수님이 재림해야 하는데 7년 대 환란을 계산하면 1992년에 공중 재림하셔서 믿는 성도들은 휴거되어 어린 양 혼인잔치를 하고 땅에서는 7년 대 환란을 겪게 된다는 엉터리 해석이 나오는 것이다. 세대주의적 해석은 하루를 천년으로 해석한다. 하나님께서 6일 동안 창조하셨으니 인류 역사는 6천년에 끝나야하고 하루 쉬신 것은 천년왕국이라고 해석한다.

벧후3,8에 근거하여 이렇게 푸는데 근접문맥인 벧후3,4-10절을 보자.
4. 이르되 주께서 강림하신다는 약속이 어디 있느냐 조상들이 잔 후로부터 만물이 처음 창조될 때와 같이 그냥 있다 하니
5. 이는 하늘이 옛적부터 있는 것과 땅이 물에서 나와 물로 성립된 것도 하나님의 말씀으로 된 것을 그들이 일부러 잊으려 함이로다
6. 이로 말미암아 그 때에 세상은 물이 넘침으로 멸망하였으되
7. 이제 하늘과 땅은 그 동일한 말씀으로 불사르기 위하여 보호 하신 바 되어 경건하지 아니한 사람들의 심판과 멸망의 날까지 보존하여 두신 것이니라
8. 사랑하는 자들아 주께는 하루가 천 년 같고 천 년이 하루 같다는 이 한 가지를 잊지 말라
9. 주의 약속은 어떤 이들이 더디다고 생각하는 것 같이 더딘 것이 아니라 오직 주

께서는 너희를 대하여 오래 참으사 아무도 멸망하지 아니하고 다 회개하기에 이르기를 원하시느니라

10. 그러나 주의 날이 도둑 같이 오리니 그 날에는 하늘이 큰 소리로 떠나가고 물질이 뜨거운 불에 풀어지고 땅과 그 중에 있는 모든 일이 드러나리로다

벧후3,4-10절은 예수님의 재림을 부정하고 종말의 불 심판이 없다고 하는 사람들을 경계하기 위해서 주신 말씀이고 8절의 "주께는 하루가 천 년 같고 천 년이 하루 같다는 이 한 가지를 잊지 말라"는 말씀은 하루를 천년으로 환산해서 계산하라는 것이 아니라 회개하기를 기다리는 하나님의 심정을 표현한 것이다. 그리고 『길동무』는 요한계시록이 종말의 시기를 말하는 책이 절대로 아니라고 말한다. 그 이유는 계시록은 교회가 가장 어려울 때 위기를 돌파할 방법(순교)을 제시했으며 또한 박해의 종식을 기정사실화 하면서 교회가 나아가야 할 방향을 제시했기 때문이라는 것이다.[192]

〈입문 편4 주요 내용1〉

아담창조시대 →노아홍수심판 재창조시대→ 모세출애굽시대

(창 15:13~17 이방의 객 → 400년 후 많은 재물 가지고 나올 것임)

(4대)

→사사시대→왕권시대→선지예언시대→예수하늘 복음시대→제자서신시대→예수재림신천지시대(천년시대)

〈입문 편4 비판2〉

"예수재림신천지시대"는 성경어디에서도 찾아 볼 수 없는 말이다.

---

192 길동무, 『요한계시록에 길을 묻다』 (군포: 케노시스 영성원, 2017), 9-10.

성경상식 3과(입문 편5)

강사 김○○

1. 천지지간(天地之間) 만물지중(萬物之衆)에는 하나님과 마귀와 만물이 있다.
2. 하나님은 천지만물의 창조주이시며, 유일신(唯一神)이시다.

    요4:24 하나님 = 영

    창1:1 하나님 = 천지창조주(히3:4)

    사37:16 하나님 = 유일신

3. 마귀는 배도한 천사 그룹이다 〈 처음 : 하나님 소속)

    애가3:33

    수5:13~14 여호와 군사(네 생물(네 그룹)+많은 천사들

    네 그룹 중 1-마귀(많은 범죄한 천사들)-사14,12-15. 계명성

4. 만물은 창조 받은 피조물이다.

    요1:1~4 (하나님) → 말씀 → 生命 → 만물창조

5. 인생은 죄로 수명이 단축되고, 사망에 이르게 되었다.

    약1:15 욕심 → 죄 → 사망

    창6:1~3, 시90:10

6. 하나님과 마귀간에는 계속 전쟁이 있어 왔다.

    영계 하나님 〈----전쟁-----〉 마귀

    육계 하나님의 군사〈---전쟁----〉 마귀의 군사

    고전15:28 만유 안에 계시기를 원하심, 엡6:10~17 영적 전쟁

〈입문 편5 주요 내용1〉

6. 하나님과 마귀간에는 계속 전쟁이 있어 왔다.

    영계 하나님 〈----전쟁-----〉 마귀

    육계 하나님의 군사〈---전쟁----〉 마귀의 군사

⟨입문 편5 비판1⟩
결국 신천지는 하나님의 군사이고 신천지가 아니면 마귀의 군사라는 복선을 깔고 있고 전쟁이 있어 왔다는 것은 신천지와 기성교회와의 교리적 싸움을 정당화하기 위한 의도로 보인다.

성경상식 제4과(입문 편 6)

강사 김○○

1. 종교의 길(도: 道)

▶ 종교(宗敎): 으뜸가는 교훈

▶ 종교의 주인(교주) =하나님

▶ 요1:1 말씀 =하나님

2. 도의 초보와 완전한 도

▶ 히5:12~14

도의 초보	완전한 도	
(젖)	(단단한 식물)	장성한자
어린아이	요1:17	
율법	계시	롬3:20
		(죄 법안에 가둠)

▶ 갈 3:23 ~27 율법 = 몽학선생

⟨초림⟩

완전한 도= 구약을 이룬 계시의 말씀

도의 초보= 초림의 계시 말씀

⟨재림⟩

완전한 도=신약을 이룬 계시의 말씀

도의 초보=초림의 계시 말씀

3. 세상과 천국과 지옥

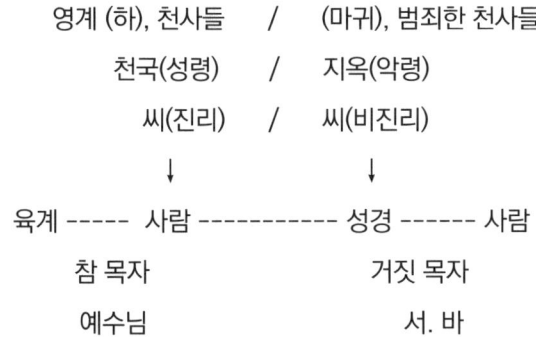

```
            영계 (하), 천사들    /   (마귀), 범죄한 천사들
               천국(성령)       /      지옥(악령)
                씨(진리)        /       씨(비진리)
                   ↓                      ↓
         육계 ----- 사람 ---------- 성경 ------ 사람
              참 목자                   거짓 목자
              예수님                     서. 바
```

4. 세 가지 목자와 교리

1) 예언의 목자 (선지자): 예언

2) 약속의 목자(대언자): 실상

3) 일반목자(복음전도자): 약속의 목자와 실상증거

5. 언약과 새 언약 - 시89:3(택한 자와 언약)

▶ 출19:5~6

```
                        모세
         (하) <-----------------------> 육적 이스라엘
                      짐승의 피
```

렘31:31~32 새 언약 세울 것 예언

히8:7 첫 언약 흠 유(有) ---〉 둘째 것 세움

눅22:14 ~20

```
                       예수님
         (하) <-----------------------> 영적 이스라엘
                     예수님의 피
```

요 6장 예수님의 피와 살 먹으면 -------------------- 〉 영생
      = 말씀   요1:1 , 요일1:1 말씀

▶ 마26:26~29, 눅 22:14~20

언제, 어디서, 무엇으로 먹는가?

하나님(아버지)나라가 임할 때까지 포도나무에서 난 것을 다시 마시지 아니하리라

요15:1 예수님이 포도나무 → 십자가지고 가셨기 때문 → 포도주 먹지 않고 → 다시 오실 때 → 포도주 마실 수 있다.

초림 - 구약을 이룬 포도주,

재림 - 신약을 이룬 계시 말씀 =새 포도주

6. 거듭난 새 피조물

시82:6~7 지존자의 아들들(신), 범인(凡人) 같이 죽음

▶ 창6:1~3 하나님의 아들들→육체→거듭남→물과 성령(요3:5, 벧전 1:23)

▶ 행17:29 신의 소생

▶ 요3:34 하나님이 보내신 자→하나님의 말씀

〈초림〉구약의 봉한 책의 말씀을 계시 (사29: 9~14, 마11:27)

〈재림〉신약의 봉한 책의 말씀을 계시(계5장, 계10장, 계22:16)→예의 사자 = 증거

〈입문 편6 주요 내용1〉

〈초림〉

완전한 도= 구약을 이룬 계시의 말씀

도의 초보= 초림의 계시 말씀

〈재림〉

완전한 도=신약을 이룬 계시의 말씀

도의 초보=초림의 계시 말씀

〈입문 편6 비판1〉

도의 초보를 초림의 계시말씀으로 풀었다. 그러나 예수님이 말씀하신 "도의 초보"는 당시의 율법을 말함이지 초림의 계시말씀을 가리키는 것이 아니다.

〈입문 편6 주요 내용2〉

4. 세 가지 목자와 교리

1) 예언의 목자(선지자): 예언

2) 약속의 목자(대언자): 실상

3) 일반목자(복음전도자): 약속의 목자와 실상증거

〈입문 편6 비판2〉

2) 약속의 목자(대언자): 실상은 성경 어디에도 없는 이론으로 그들의 지도자가 대언자라는 것을 암시하기 위한 것이고 3) 일반목자(복음전도자): 약속의 목자와 실상증거는 신천지 교인들이 약속의 목자격인 지도자와 더불어서 신천지 교리를 전한다는 뜻이다. 그러나 복음은 철저하게 예수 그리스도를 전하는 것이지 다른 것을 전하는 것이 아니며 성경 어디에도 약속의 목자(대언자)라는 언급은 찾아볼 수 없다.

7 신천지의 교육과정 - 초등

신천지예수교 증거장막 성전

〈초등1과〉 천국비밀, 이유(비유를 잘못 쓴 듯-저자 주)

본문 : 마13:34~35 (시78:1~4, 요16:25)

1. 예수님의 천국증거, "비유"

시78:1~4 -------------------------〉 마13:34~35
(선지자: 예언)   (예수님=성취)
  아삽

  예수님 ------------ 증거---------〉 비유(천국비밀, 마13,10-13))

2. 비유를 아는 자와 모르는 자의 차이와 결과

막4:10~13,

아는 자(저희)   모르는 자 (외인)

죄사함 받고 (의인),   죄사함 없고 (죄인)

하나님소속 ---〉 천국   마귀소속 ---〉 지옥

3. 비유의 증거와 실상의 증거 (요14,15,16장)

요16:25

        시편   예수님   진리의 성령 보혜사
(비유로 말할 것 예언)   (비유의 증거)   (실상 증거)

단12:4 마지막 때까지 봉함하고 간수하라

렘 23:20 말일에 너희가 완전히 깨달으리라

마 13:39 추수 때 말씀

4. 계시록의 3가지 비밀

1)일곱별과 일곱 금 촛대의 비밀 (계1:20) 〈배도〉

2)일곱 머리와 열 뿔 가진 짐승의 비밀 (계17장) 〈멸망〉

3)일곱째 나팔의 비밀 (계10:7) 〈구원〉

〈초등1과 주요 내용1〉

2. 비유를 아는 자와 모르는 자의 차이와 결과

막4:10~13,

아는 자(저희)	모르는 자 (외인)
죄사함 받고 (의인),	죄사함 없고 (죄인)
하나님소속---〉천국	마귀소속 ---〉지옥

〈초등1과 비판1〉

성경 어디에도 비유를 모르면 마귀 소속이 되고 지옥 간다는 말은 없다. 예수님께서 비유와 죄 사함을 연결시킨 것은 앞에서도 설명했지만 비유 속에 있는 천국복음을 깨닫지 못하는 경우를 말씀하신 것이다. 마귀소속이 되고 지옥가는 것은 비유를 몰라서가 아니라 예수님을 믿지 않기 때문이다.

〈초등1과 주요 내용2〉

3. 비유의 증거와 실상의 증거 (요14,15,16장)

요16:25

시편	예수님	진리의 성령 보혜사
(비유로 말할 것 예언)	(비유의 증거)	(실상 증거)

〈초등1과 비판2〉

앞에서 언급한 〈5.바른 성령론〉을 참고하라. 행1,8 "오직 성령이 너희에게 임하시면 너희가 권능을 받고 예루살렘과 온 유대와 사마리아와 땅 끝까지 이르러 내 증인이 되리라 하시니라" 성령님은 그리스도인들이 권능을 받고 예수님의 증인되게 하시려고 오셨다. 그리고 예수님을 증거 하려고 오셨다. 요 15,26 "내가 아버지께로부터 너희에게 보낼 보혜사 곧 아버지께로부터 나오시는 진리의 성령이 오실 때에 그가 나를 증언하실 것이요"

그러므로 성령은 오직 예수 그리스도를 증거 하기 오신 것이지 이단/사이비 교주를 증거하거나 '실상'을 증거 하려고 오신 것이 아니다.

〈초등1과 비판3〉

렘23,20절 "여호와의 진노가 내 마음의 뜻하는 바를 행하여 이루기까지는 그치지 아니하나니 너희가 끝날에 그것을 완전히 깨달으리라"는 말씀은 근접 문맥을 보아야 한다. 여기서 끝날은 세상의 종말을 가리키는 것이 아님을 렘 23,39-40절에서 말하고 있다. "39.내가 너희를 온전히 잊어버리며 내가 너희와 너희 조상들에게 준 이 성읍을 내 앞에서 내버려 40.너희는 영원한 치욕과 잊지 못할 영구한 수치를 당하게 하리라 하셨느니라". 즉, 렘23,20절의 "끝날"은 예레미야 선지자를 통해서 바알 등 우상을 숭배하는 이스라엘을 책망하시면서 예루살렘의 파괴와 유다의 멸망을 예언하신 것이다.

〈초등1과 주요 내용3〉

4. 계시록의 3가지 비밀
1)일곱별과 일곱 금 촛대의 비밀 (계1:20) 〈배도〉
2)일곱 머리와 열 뿔 가진 짐승의 비밀 (계17장) 〈멸망〉
3)일곱째 나팔의 비밀 (계10:7) 〈구원〉

〈초등1과 비판4〉

계1,20절 "네가 본 것은 내 오른손의 일곱별의 비밀과 또 일곱 금 촛대라 일곱별은 일곱 교회의 사자요 일곱 촛대는 일곱 교회니라"는 말씀에서 일곱별과 일곱 촛대는 계시록에 나오는 소아시아의 일곱 교회를 가리킨다. 계17장의 일곱 머리와 열 뿔은 짐승의 몸이다. 계10,7절 "일곱째 천사가 소리 내는 날 그의 나팔을 불려고 할 때에 하나님이 그의 종 선지자들에게 전하신 복음과 같이 하나님의 그 비밀이 이루어지리라 하더라"라는 말씀은 복음의 비밀을 말한다. 그 비밀은 예수 믿으면 구원받는 것을 말한다. 그리고 1)일곱별과 일곱 금 촛대의 비밀 (계1:20) 〈배도〉라고 했는데 배도-멸망-구원이라는 도식을 억지로 맞추려고 한 것으로 보인다. 왜냐하면 일곱별과 일곱 촛대는 계시록에 나오는 일곱 교회를 가리키는데 이 교회들이 다 배도한 것은 아니기 때문이다. 예를 들면 에베소, 서머나, 버가모, 두아디라, 사데, 빌라델비아, 라오디게아 교회 중에서 에베소교회와 버가모교회, 사데교회는 칭찬과 책망을 같이 들었고 서머나 교회와 빌라델비아교회는 칭찬만 들었으며, 두아디라교회와 라오디게아교회는 책망만 들었기 때문이다. 그러므로 1)일곱별과 일곱 금 촛대의 비밀 (계1:20) 〈배도〉라고 푼 것은 성경을 의도적으로 왜곡한 것으로 보인다.

〈초등2과〉 성경의 예언과 비유

강사 이○○

본문. 시78:1~4. 1) 옛 비밀한 말: 비유로 전할 것 예언
마 13:34~35. 2) 창세부터 감추인 것: 비유로 드러냄
요 16:25. 3) 때가 되면 밝히 드러냄

성경이 말한 비유란 무엇이며 무엇을 빙자한 것인가?
장래에 나타낼 실체 ------〉 비슷한 다른 대상
하나님과 말씀을 알지 못하는 사람 ---〉 짐승, 잠30:2~3

2. 비유로 말씀하신 이유

① 마13:10~13, 너희 :천국비밀 허락
　　　　　　　 저희 :천국비밀 허락 불허.
　→천국의 비밀을 대적에게 감추기 위해서 마13:10~13
② 구약선지자로 하신 말씀을 이루시기 위해서 마13:34~35

3. 비유를 깨달은 자와 깨닫지 못한 자의 결과?
막4:10~12.　너희 (깨닫는 자)→천국, 구원
비유 안에 천국비밀 : 너희 (깨닫는 자) - 천국, 구원
비유-(외인)(이방인: 깨닫지 못한 자, 죄사함 받지 못함, 지옥

4. 비유로 예언한 천국비밀의 실체는 언제 보게 되는가?
▸ 예언이 성취되는 오늘날 주 재림 때
요14:29, 예언이 이룰 때 믿음,
요16: 25, 비유, 비사→때가 되면 밝히 증거
요1:14　말씀　→　육신(실체)
　　　　(예언)　　　예수님

5. 비유와 실상

구약　　　　　　　　초림
(예언) ------------ ＞ (성취)
시78:1~4　　　　　　마13:34~35
옛 비밀 → 비유　　　천국 비밀 → 비유
　신약　　　　　　　재림
(예언)) ------------ ＞ (성취)
요16:25　　　　　　 계1:1~2,
때 --- ＞ 밝히　　　 계시 --- ＞ 실상증거

6. 너희와 저희의 구분과 그 결과

너희 (허락) 〈------------〉 저희 (불허)

	너희	저희
아담	노아가족	범죄한 아담, 뱀
모세 때	모세	바로왕
초림 때	예수님 소속	서기관, 바리새인들 소속
오늘날	하나님과 예수님의 인 맞은 자	짐승의 표 받은 자

7. 비유풀이의 예

인물-호12,10

사물-사28,16

국명 지명-계 11:8, 짐승-잠30,2-3

〈초등2과 주요 내용1〉

3. 비유를 깨달은 자와 깨닫지 못한 자의 결과?

막4:10~12.   너희 (깨닫는 자)→천국, 구원

비유 안에 천국비밀 : 너희 (깨닫는 자) - 천국, 구원

비유-(외인)(이방인: 깨닫지 못한 자, 죄사함 받지 못함, 지옥

〈초등2과 비판1〉

앞에서도 언급했지만 구원과 천국은 비유를 깨닫는 데 달린 것이 아니라 예수님을 믿고 안 믿고의 문제이다.

〈초등2과 주요 내용2〉

5. 비유와 실상

구약   초림

(예언) ------------〉 (성취)

시78:1~4   마13:34~35

옛 비밀 ---〉 비유   천국 비밀 --〉 비유

〈초등2과 비판2〉

천국 비밀은 복음을 말하고 복음은 곧 예수님이다. 예수님을 믿고 구원받는 것이다. 비유를 풀어야 천국 가는 것이 아니다.

〈초등2과 주요 내용3〉

신약　　　　　　　재림
(예언) ----------〉(성취)
요16:25　　　　　계1:1~2,
때--〉밝히　　　　계시---〉실상증거

〈초등2과 비판3〉

성경 어디에도 계시를 실상 증거 한다는 말은 없다.

〈초등2과 주요 내용4〉

6. 너희와 저희의 구분과 그 결과
너희 (허락) 〈--------------〉 저희 (불허)

	너희	저희
아담	노아가족	범죄한 아담, 뱀
모세 때	모세	바로왕
초림 때	예수님 소속	서기관, 바리새인들 소속
오늘날	하나님과 예수님의 인 맞은 자	짐승의 표 받은 자

〈초등2과 비판4〉

위 표에서 오늘날의 너희는 하나님과 예수님의 인 맞은 자이고 저희는 짐승의 표 받은 자라고 했다. 그러나 오늘날의 '너희' 역시 예수 믿고 구원받은 성도들이다. 그리고 '저희'는 당연히 불신자들이다. 신천지는, 하나님과 예수님의 인 맞은 자는 신천지 교인들로 생각하는 반면에 신천지 교인들이 아닌 사람들을 짐승의 표 받은 자로 본다. 그러나 성경 어디에도 오늘날의 너희와 저희를 이렇게 구분하라고 언급한 곳이 없다.

〈초등3과〉 비유한 씨, 밭

강사 이○○

본문성구 : 마 13:31~32

천국 비유 ----〉 겨자씨 (자기밭)

‣ 비유한 씨, 밭의 실체는 무엇인가?

‣ 그 실체: 씨 = 말씀, 밭= 사람의 마음과 교회

‣ 설명

1. 비유한 씨

씨에 대한 비유의 중요성-막4:13 (씨 비유 가장 기본, 중요함)

※ 육적특성　① 모든 생물의 생명의 근원

　　　　　　② 심은 대로 거둠(유전형질)

　　　　　　　육적인 것 ----〉 영적인 것

1)비유한씨의 실체(참뜻)

눅8:11. 씨 = 하나님의 말씀

막4:14. 뿌리는 자는 말씀을 뿌림

벧전1,23. 썩지 아니할 씨. 곧 말씀으로 거듭남→비유한 씨의 실체=말씀(요1:4)→씨=생명이 있다.

2)비유한 씨의 종류

두 가지 영(하나님과 마귀)→두 가지 씨(하나님의 씨와 마귀의 씨)

렘 31:27 (예언) 사람의 씨	짐승의 씨
마 13:24~25(성취) 좋은 씨	가라지
마 13:37 ~38 하나님의 씨	마귀의 씨
하나님의 말씀 (진리)	마귀의 말 (비진리)

천국의 아들들	악한자의 아들들
요일 3:9~10 하나님의 자녀, 천국비밀 =씨	마귀의 자녀 (요 8:44)

3)비유한 씨의 중요성

2. 비유한 밭

※ 육적 특성- ① 씨가 뿌려지는 곳

　　　　　　② 뿌려진 씨가 자라 열매 맺는 곳

고전3:9, 밭 = 너희 (人)

눅8:15 좋은 땅 = 좋은 마음

마13:38, 밭= 세상 (예수님의 세상 → 예수님의 교회)

→ 비유한 밭의 실체 : 사람의 마음, 교회

3. 4가지 밭에 대한 비유

마13:3 ~8 씨 뿌리는 비유 ----------------> 해석

씨 : 뿌림 -길가, 돌밭, 가시떨기, 좋은 땅

밭=천국 말씀을 받은 사람의 마음

▸ 마13:13 ~19 길 가: 악한 자에게 마음에 뿌리운 것을 빼앗기는 자

▸ 마13:20 ~21 돌밭: 환난과 핍박이 일어날 때에 넘어지는 자

▸ 마13:22 가시떨기: 세상의 염려와 세파의 유혹에 말씀이 막혀 결실치 못하는 자

▸ 마13:23 말씀을 듣고 깨달아 결실하는 자 (좋은 땅)

〈초등3과 주요 내용1〉

1. 씨: 말씀 (하나님 / 마귀)

→ 하나님의 씨가 있다. = 하나님의 자녀

→ 천국비밀= 씨

2. 밭: 사람의 마음, 교회

〈초등3과 비판1〉

씨가 말씀인 것은 맞다. 문제는 신천지가 자기들의 교리를 천국의 비밀이고 씨라고 주장하는 것이 문제이다. 그러기 때문에 ▸마13:23 말씀을 듣고 깨달아 결실하는 자 (좋은 땅) 라는 것도 신천지 교리를 받아들이는 마음이 좋은 밭이라는 것으로 연결시키기 위한 것이다.

〈초등3과 주요 내용2〉

벧전1:23. 썩지 아니할 씨. 곧 말씀으로 거듭남 → 비유한 씨의 실체 = 말씀 (요1:4) → 씨 = 생명이 있다.

〈초등3과 비판2〉

(요1:4)→씨=생명이 있다. 라고 하는 것은 신천지에서 하는 비유풀이가 썩지 아니할 씨이며 이 씨(신천지 교리)를 받아들여야 말씀으로 거듭난다고 주장하는 것이 문제이다. 씨는 복음이고 복음의 중심은 오직 예수 그리스도이다.

〈초등4과〉 비유한 나무, 새

본문 : 마13:31~32

천국: 겨자씨(말씀) → 밭(마음) → 나무 → 가지 → 새

비유한 나무와 새의 실체는 무엇인가?

▸ 그 실체

나무= 말씀의 씨로 거듭난 속사람

새= 영

▸ 설명

비유한 나무

육적 특성 : 씨가 자라서 된 것, 새가 와서 앉는 곳,

사5:7, 나무 = (유다)사람

렘5:14 나무 = 백성

※ 영적 나무의 종류

하나님의 나무 (참 목자와 조직체)

사단의 나무(거짓 목자와 조직체)

1)하나님의 나무: 참 목자와 조직체,

요15:1 예수님= 참 포도나무 (생명나무)

요15:5 가지= 제자

겔47:12-잎사귀=약재료=전도자

약1:18, 첫 열매= 성도

잠13:2, 입의 열매= 말씀

2) 사단의 나무 : 거짓목자와 조직체

신32:31~33, 대적 = 들 포도나무, 뱀, 독 (선악나무)

단4:22. 나무 : 바벨론 왕

계18:2, 귀신의 나라, 목자

3) 비유한 새의 의미

육적 특성 : 날아다닌다. 나무에 와서 앉는다.

(1)하나님의 새 :성령

마3:16 예수님- 비둘기, 성령

계19:17 천국 혼인잔치-새

2) 사단의 새: 악령

눅 8:5, 12.말씀의 씨 빼앗는 새 - 마귀

계 18:2 바벨론: 가증한 새

4) 두 가지 나무의 결과

마7:15 ~ 20(천국)----------------------- 지옥

참 목자 ---------------------------------- 거짓목자

생명나무(생명나무 과실) ------------------ 선악나무(선악나무 과실)

(예수님-참 말씀, 진리) -------------------- 서기관 바리새인(비 진리)

생명 ----------------------------------- 사망

열매로 나무를 분별하자

⟨초등4과 비판1⟩

사5,7절 "무릇 만군의 여호와의 포도원은 이스라엘 족속이요 그가 기뻐하시는 나무는 유다 사람이라 그들에게 정의를 바라셨더니 도리어 포학이요 그들에게 공의를 바라셨더니 도리어 부르짖음이었도다"에서 나무를 유다 사람에 비유했다. 그러나 그렇다고 해서 성경에 나오는 모든 나무를 사람으로 풀라는 뜻은 아니다.

⟨초등4과 비판2⟩

새는 영이 아니다. 신천지가 하나님의 새를 성령(비둘기)으로 본 것은 오해이다. 비둘기는 예수님 수세 시에 성령이 임한 모습을 표현한 것이지 성령을 새로 풀라는 뜻이 아니다.

⟨초등4과 주요 내용1⟩

약1:18, 첫 열매=성도

〈초등4과 비판3〉

약1,18 "그가 그 피조물 중에 우리로 한 첫 열매가 되게 하시려고 자기의 뜻을 따라 진리의 말씀으로 우리를 낳으셨느니라" 는 말씀은 성도를 열매로 해석하라는 것이 아니고 진리의 말씀(복음)으로 거듭난 결과를 열매로 표현한 것이다.

〈초등4과 비판4〉

성경 어디에도 사단의 나무는 없다.

〈초등4과 주요 내용2〉

겔47:12- 잎사귀=약재료=전도자

〈초등4과 비판5〉

겔47,12-3 "12.강 좌 우가에는 각종 먹을 과실나무가 자라서 그 잎이 시들지 아니하며 열매가 끊이지 아니하고 달마다 새 열매를 맺으리니 그 물이 성소를 통하여 나옴이라 그 열매는 먹을 만하고 그 잎사귀는 약 재료가 되리라 13.주 여호와께서 이같이 말씀하셨느니라 너희는 이 경계선대로 이스라엘 열두 지파에게 이 땅을 나누어 기업이 되게 하되 요셉에게는 두 몫이니라"

겔47장은 이스라엘의 회복에 대한 말씀이다. 잎사귀가 약재료로 쓰인다고 했지만 그것은 쓸모 있다, 유용하다, 풍성하다는 뜻이다. 잎사귀를 전도자로 푸는 것은 풍유적 해석이다.

〈초등4과 비판6〉

천국 혼인잔치는 문자 그대로의 잔치이지 새가 아니다.

〈초등 5과〉 때를 따라 주는 양식

강사 이○○

본문 마24:45~47

마24:3 말세의 징조

　　전쟁, 기근, 지진

　　:45~47 충성되고 지혜 있는 종, 때를 따라주는 양식

▸ 비유한 양식의 실체는 무엇인가?

▸ 그 실체: 양식= 말씀

▸ 설명

1. 양식

※ 육적 특성

육적 양식- 먹을 것, 먹지 못할 것

영적 양식- 하나님의 양식, 사단의 양식

1) 하나님의 양식 – 참 진리의 말씀

　사55:1~3, 물, 포도주 젖 : 양식 → 귀: 영혼 살리는 양식(요1,24)

　요6:27, 썩는 양식 아님 / 영생하는 양식. 자신(인자)

　:48~54 ,예수님: 하늘, 산 떡: 살, 피

　요6:63, 예수님: 말씀=영, 생명

　:68, 영생의 말씀

2) 사단의 양식 – 거짓 비 진리의 말

　창2:17 선악과(사단의 양식)

　계18:2~3 바벨론 : <u>음행의 포도주</u> (사단의 비진리의 말)

　　　　　　　　만국 무너짐

2. 양식 분별 방법

욥34:3~4 육적 양식: 입 분별, 영적 양식: 귀 분별,

스스로 옳은 것을 택하자!!

3. 기근이란 무엇인가?
암 8:11, 하나님 말씀을 듣지 못함 : 기근

4. 말세 때 성도가 구해야 할 양식
마24:45 때를 따른 양식
    예언: 봉함 → 성취: 계시
마6: 11 일용할 양식(약속의 예언의 말씀이 이루어진 계시 말씀)
계시의 말씀 (예언과 실체) 마지막 때 먹어야 할 양식

5. 충성되고 지혜 있는 종은 누구인가?
계2:17, 예수님 감추었던 만나 → 이긴 자
계10:8~11 열린 책을 받아먹은 새 요한
계22:16 예수님, 예수님의 사자 (증거) → 교회들

※핵심정리
1. 하나님의 양식: 참 진리의 말씀
2. 사단의 양식: 거짓 비 진리의 말
3. 때를 따른 양식: 계시 말씀(예언 → 실상증거의 말씀)
4. 충성되고 지혜 있는 종: 계시의 말씀을 증거 하는 약속의 목자

〈초등5과 주요 내용1〉
창2:17절의 선악과는 사단의 양식

〈초등5과 비판1〉
창2,17절의 선악과는 사단의 양식이 아니다. 하나님께서 만드시고 금하신

나무이다.

⟨초등5과 주요 내용2⟩
마24:45 때를 따른 양식

⟨초등5과 비판2⟩
마24,45 때를 따른 양식은 신천지의 교리를 말하는 것이 아니다. 예수님 이이 말씀을 하신 것은, 초림 전에는 율법이 때를 따른 양식에 해당되지만 초림 후에는 복음이 때를 따른 양식이라는 말씀이다. 그래서 마13,51절에 "예수께서 이르시되 그러므로 천국의 제자된 서기관마다 마치 새것과 옛것을 그 곳간에서 내오는 집주인과 같으니라"라고 하셨다. 즉 마태공동체 안에 예수님을 믿게 된 서기관들이 있었음을 말하는 것이고 옛것은 율법이고 새것은 복음이다.[193]

⟨초등5과 주요 내용3⟩
계시의 말씀 (예언과 실체) 마지막 때 먹어야 할 양식

⟨초등5과 비판3⟩
계시의 말씀 (예언과 실체) 마지막 때 먹어야 할 양식 – 이런 언급은 성경 어디에도 없다. 이런 것이 '사람의 교훈'에 해당된다.

⟨초등5과 주요 내용4⟩
계10:8~11 열린 책을 받아먹은 새 요한

---

[193] 마태공동체에 대해서는 저자의 논문 『마태공동체와 마태의 예수』를 참고하라. 이 논문은 저자의 연세대 연합신학대학원 2001년도 신약학 석사학위 논문이다. 마태공동체는 사용한 화폐단위를 볼 때 부유한 공동체였고 활동 반경을 볼 때 도시공동체였으며 서기관들이 있는 학문공동체였다.

〈초등5과 비판4〉

계10:8~11 열린 책을 받아먹은 새 요한- 요한이지 '새 요한'이 아니다. 신천지는 지도자를 새 요한으로 보지만 성경 어디에도 새 요한이 와야 할 필요성이나 당위성에 대해서 말하고 있지 않다.

〈초등 6과〉 비유한 누룩

강사 조○○

◆ **본문 마13:33**

〈천국〉누룩

여자 → 누룩 → 가루 서 말

▸ 비유한 누룩의 실체는 무엇인가?

▸ 그 실체: 누룩: 심령을 변화시키는 교훈

▸ 설명

1. 비유한 누룩

육적 특성: 부풀린다(변화시킨다)

마16:6~8 육적 떡에 관한 누룩 아님, 영적누룩임 → 교훈

　　　:12 바리새인과 사두개인의 누룩 → 교훈

※영적 누룩의 교훈

하나님의 누룩 = 하나님의 교훈

사단의 누룩 = 사단의 교훈

1) 하나님의 누룩

마 13:33 여자(하나님) 소속의 참 목자, 그릇(성도), 부풀다(변화되다-거듭남)

바울, 고전4: 15낳음, 갈4:16 해산의 수고

하나님 소속 목자. 교훈 → 성도 → 거듭남: 변화 → 천국백성

엡4:21~24. 예수님: 진리(교훈)듣고 가르침 → 옛 사람 : 새사람 심령변화

고후5:17 새로운 피조물

2)사단의 누룩

눅12:1. 바리새인의 누룩=외식 (마귀의 교훈)

막7:6 ~9. 외식= 사람의 계명: 교훈

사29:9 ~13. 묵시=봉한 책의 말 → 사람의 계명, 하나님의 말씀 아님, 천국 못감

계2:14 발람의 교훈= 사단의 거짓 목자가 주는 마귀의 교훈

잠19: 27 지식의 말씀에서 떠나게 하는 교훈 듣지 ×

하나님의 참목자→하나님의 누룩→하나님의 교훈→사람의 마음변화→하나님 모양과 형상

사단의 거짓 목적→사단의 누룩→사단의 교훈→사람의 마음 변화→사단모양과 형상

<초등6과 주요 내용1>

바울, 고전4: 15낳음 , 갈4:16 해산의 수고

하나님 소속 목자. 교훈→성도→거듭남: 변화→천국백성

<초등6과 비판1>

고전4,15절을 보라. "그리스도 안에서 일만 스승이 있으되 아버지는 많지 아니하니 그리스도 예수 안에서 내가 복음으로써 너희를 낳았음이라"

바울이 예수 그리스도의 복음을 전해서 결신자를 얻었다는 것이다.

갈4,16절이 아니고 19절이다. 갈4,19절 "나의 자녀들아 너희 속에 그리스도의 형상을 이루기까지 다시 너희를 위하여 해산하는 수고를 하노니" 역시 이 말씀도 바울이 갈라디아 교회의 성도들의 믿음이 자라도록 수고한다는 것이지 신천지의 교리를 가르치는 수고를 말함이 아니다.

〈초등6과 주요 내용2〉

고후5:17 새로운 피조물

〈초등6과 비판2〉

예수 믿고 거듭나는 것이 새로운 피조물이다. 고후5,17절 "그런즉 누구든지 그리스도 안에 있으면 새로운 피조물이라 이전 것은 지나갔으니 보라 새 것이 되었도다". 신천지는 소위 자기네 교리의 말씀으로 재창조를 받아야 새로운 피조물이 된다고 하지만 성경은 예수 안에 있으면 새로운 피조물이라고 말씀한다.

〈초등6과 주요 내용3〉

계2:14 발람의 교훈= 사단의 거짓 목자가 주는 마귀의 교훈
잠19: 27 지식의 말씀에서 떠나게 하는 교훈 듣지 마라

〈초등6과 비판3〉

신천지는 사단의 거짓목자를 기성교회의 목회자라고 가르친다. 그러면서 기성교회의 목회자의 교훈을 듣지 말라고 강조한다. 그러나 잠19,27절을 이해하려면 근접문맥인 26절부터 보아야 한다. 잠19,26-7절 "26.아비를 구박하고 어미를 쫓아내는 자는 부끄러움을 끼치며 능욕을 부르는 자식이니라 27.내 아들아 지식의 말씀에서 떠나게 하는 교훈을 듣지 말지니라"는 말씀은 아비를 구박하고 어미를 쫓아내는 패역한 가르침들을 멀리하라는 것이지 신천지의 교리에서 떠나게 하는 말들을 듣지 말라는 것이 아니다.

⟨초등 7과⟩ 비유한 그릇

강사 김○○

본문 계15:7 하나님의 진노 (말씀) , 일곱 금 대접

▸ 비유한 그릇의 실체는 무엇인가?

▸ 그 실체, 그릇=사람마음, 교회

▸ 설명

1. 비유한 그릇.

⟨육적 특성⟩ 담는 도구, 토기장이: 진흙 → 그릇

사64:8, 토기장이(하나님), 진흙 (우리: 사람)

롬9:21~24 그릇 = 우리 (부르신 자)

행9:15 예수님 택함 → 사명(바울) →이방인

두 가지 영의 그릇   (1) 하나님의 그릇
                    (2) 사단의 그릇

2. 하나님의 그릇과 사단의 그릇

하나님의 양식(진리)   사단의 양식(비 진리)

하나님의 그릇(복)   사단의 그릇 (저주)

렘48:11 ~12 그릇(술 + 찌끼), 모압 족속

기울일 자→병: 부숨 (심판),

요19:30, 구약예언 - 예수님이 이룸.

마23: 25~26

서기관, 바리새인 "화"

겉: 깨끗, 안: 더러운 것들 가득.

롬2: 28~29. 표면적 유대인, 이면적 유대인,

딤후2:21

자기를 깨끗케 하면 → 귀한 그릇,

요15:3 내가 일러준 말로 이미 깨끗하게 되었으니
벧전1:22 진리를 순종함으로 깨끗하게 됨

3. 사람을 담는 그릇.

마13:47~48, 합1:14, 사람 - 바다의 어족

좋은 고기(의인) → 그릇, 못된 고기(악인) → 내어버림

※ 말씀을 담는 그릇 = '사람의 마음'
　사람을 담는 그릇 = '교회'

▸ 내가 누구의 그릇인지 내 자신을 점검해 봐야 한다.
▸ 하나님의 말씀 온전히 깨닫고 말씀으로 가득 채워야 한다.

〈초등7과 주요 내용1〉
본문 계15:7 하나님의 진노 (말씀), 일곱 금 대접

〈초등7과 비판1〉
본문을 계15,7절로 하고 하나님의 진노 (말씀), 일곱 금 대접으로 설명했다. 대접을 그릇으로 푼 뒤에 그릇의 비유한 실체를 설명하면서 ※말씀을 담는 그릇= '사람의 마음' 사람을 담는 그릇 = '교회' 라고 해석했다. 그릇이 사람의 마음이라면 사람을 담는 그릇도 마음이 되어야 한다. 그리고 계15,7절을 바르게 해석하려면 근접문맥인 계15,5-8절까지를 보아야 한다.

계15,5-8

5. 또 이 일 후에 내가 보니 하늘에 증거 장막의 성전이 열리며
6. 일곱 재앙을 가진 일곱 천사가 성전으로부터 나와 맑고 빛난 세마포 옷을 입고 가슴에 금 띠를 띠고
7. 네 생물 중의 하나가 영원토록 살아 계신 하나님의 진노를 가득히 담은 금 대접 일곱을 그 일곱 천사들에게 주니

8. 하나님의 영광과 능력으로 말미암아 성전에 연기가 가득 차매 일곱 천사의 일곱 재앙이 마치기까지는 성전에 능히 들어갈 자가 없더라

5절에 하늘에 증거 장막의 성전이 열렸다고 하고 7절에 일곱 대접을 일곱 천사에게 준다. 일곱 대접은 일곱 재앙을 의미하는 것이지 그릇=대접으로 풀 것이 아니다. 왜냐하면 각 대접마다 재앙이 담겼기 때문이다. 신천지는 자신들이 '신천지 예수교 증거장막 성전' 이라고 주장하지만 그러나 8절을 보라. 일곱 재앙이 마치기까지는(종말의) 성전(증거 장막 성전)에 들어갈 자가 없다고 분명히 기록되어 있다. 그러므로 계15,8절에 근거하면 신천지의 주장은 설득력이 없다.

〈초등7과 주요 내용2〉
사람을 담는 그릇 = '교회'

〈초등7과 비판2〉
사람을 담는 그릇= '교회'라고 했는데 얼핏 보면 문제가 없는 표현 같지만 여기에도 복선이 있다. 신천지만이 참된 교회라는 것을 암시하는 것이다. 그리고 교회는 사람을 담는 그릇이 아니고 거듭난 성도들의 모임이고 유형적이면서 무형적인 조직체이다.

〈초등7과 주요 내용3〉
‣ 내가 누구의 그릇인지 내 자신을 점검해 봐야 한다.
‣ 하나님의 말씀 온전히 깨닫고 말씀으로 가득 채워야 한다.

〈초등7과 비판3〉
하나님의 그릇과 사단의 그릇을 구분한 뒤 결론을 이렇게 말하고 있다. 결국 신천지에 들어와야만 하나님의 그릇이 되고 하나님의 말씀을 온전히 깨닫

게 되니 신천지의 교리 말씀으로 가득 채울 것을 주문하고 있는 것이다.

〈초등 8과〉 비유한 저울, 지팡이

강사 조○○

본문 계6:5, 계11:1~2

셋째인: 셋째생물 → 검은말 탄 자 → 저울

사도요한 + 지팡이 같은 갈대 (두증인)

척량 → 성전과 제단: 경배하는 자

▸ 비유한 저울, 지팡이의 실체는 무엇인가?

▸ 그 실체

저울 = 믿음을 달아보는 말씀

지팡이 = 말씀과 말씀가진 사람

철장 = 다스리는 교권

▸ 설명

1. **저울:** 육적특성-무게를 달아보는 도구(저울질 한다, 또는 '달아본다')-무겁다, 가볍다 판단.

(1) 하나님의 저울

잠24:12 하나님: 저울→마음: 저울질

삼상2:3 하나님: 저울→행동 달아봄

욥31:6 공평한 저울→정직함.

◆ 세상법정

법전(육법 전서) → 죄: 달아봄(행위 따라)

저울(기준)　　　무겁다(중범죄)

　　　　　　　　가볍다 (경범죄)

※ 관련기관 심볼 마크 들

법무부, 대한변호사협회, 대법원 등

▸ 하나님의 저울 → 마음, 믿음, 행동: 달아봄,

법(말씀)- 기준

단5:25~30 메네메네 데겔 우바르신, 저울-부족함(합당치 않음) ---〉죽임당함.

계20:12 책들 → 기록된 대로 행위 따라 심판, 성경 (66권)

(2) 사단의 저울

잠11:1   공평한 저울 〈---〉   속이는 저울,

           공평한 추   속이는 추,

           성경 66권, 말씀, 법

※추- 기준(해석). (계22:18~19)

요15:1 참 포도나무 - 참 목자(예수님)

서, 바 -거짓목자 (마귀의 목자), 요8:44

마23:33, 서기관, 바리새인, 뱀-계20:2. 뱀, 사단, 마귀, 용

호12:7 상고(거짓목자) → 거짓 저울: 사취, 육적IS-말씀-분별못함(계18:5, 사치)

2. 비유한 지팡이

육적 특성- 돕는 도구, 의지의 대상 (분별, 보호, 인도)

다스리는 권세 상징 (왕권, 치리권)

시23:1~목자: 지팡이, 막대기   안위 → 나 (백성), 양(겔 34:31)

렘 23:29 하나님의 말씀 - 방망이 (막대기, 지팡이)

사11:4. 그의 업: 막대기 → 친다(심판) → 세상

창49:10. 홀, 치리자의 지팡이 → 실로

다스리는 권세 상징(왕권, 치리권)예수님

예언- 시2: 6-9, 시온 → 왕 (아들)

성취- 행13:33

계2:26 ~27 하나님 → 철장 → 예수님 철장 → 이긴다.
(철장- 만국을 다스리는 권세)
계12:5 해를 입은 여자 - 낳음 → 아들(철장)
요17:2, 하나님 말씀, 만민을 다스리는 권세, 다스리는 교권 =철장,
요17,8 예수님 말씀, 저희
※핵심정리
저울 = 믿음을 달아보는 말씀, 지팡이=말씀과 말씀가진 사람, 철장=다스리는 교권

〈초등8과 주요 내용1〉
▸ 비유한 저울, 지팡이의 실체는 무엇인가?
▸ 그 실체
저울= 믿음을 달아보는 말씀

〈초등8과 비판1〉
본문 계6,5절을 보자. "셋째 인을 떼실 때에 내가 들으니 셋째 생물이 말하되 오라 하기로 내가 보니 검은 말이 나오는데 그 탄 자가 손에 저울을 가졌더라". 검은 말 탄 자가 저울을 가졌다고 했다. 그런데 신천지는 이 저울을 "믿음을 달아보는 말씀"으로 해석한다. 계6,5절을 정확하게 해석하기 위해서는 근접 문맥인 계6,6절까지 보아야 한다. "5.셋째 인을 떼실 때에 내가 들으니 셋째 생물이 말하되 오라 하기로 내가 보니 검은 말이 나오는데 그 탄 자가 손에 저울을 가졌더라 6.내가 네 생물 사이로부터 나는 듯한 음성을 들으니 이르되 한 데나리온에 밀 한 되요 한 데나리온에 보리 석 되로다 또 감람유와 포도주는 해치지 말라 하더라". 즉 검은 말 탄자가 가진 저울은 말씀을 달아보는 믿음을 다는 저울이 아니고 말세에 한 데나리온에 밀 한 되, 한 데나리온에 보리 석 되를 살

수 있을 정도의 기근을 말한다. 만약에 신천지가 암8,11절을 인용하면서 말씀을 듣지 못한 기갈이 아니냐고 할 수도 있지만 계6,5-6절의 저울은 문자 그대로의 기근이고 암8,11절은 영적인 기갈(기근과 갈증)로서 분명히 구분된다.

〈초등8과 주요 내용2〉
지팡이= 말씀과 말씀가진 사람

〈초등8과 비판2〉
계11,1-2절을 보라. "1.또 내게 지팡이 같은 갈대를 주며 말하기를 일어나서 하나님의 성전과 제단과 그 안에서 경배하는 자들을 측량하되
2.성전 바깥 마당은 측량하지 말고 그냥 두라 이것은 이방인에게 주었은
즉 그들이 거룩한 성을 마흔두 달 동안 짓밟으리라"에서 알 수 있는 것처럼 지팡이가 아니라 갈대이다. 그리고 이 갈대는 측량도구이지 말씀 가진 사람이 아니다.

〈초등8과 주요 내용3〉
철장= 다스리는 교권

〈초등8과 비판3〉
철장에 대해서는 계2,26-7에 나와 있다. "26.이기는 자와 끝까지 내 일을 지키는 그에게 만국을 다스리는 권세를 주리니 27.그가 철장을 가지고 그들을 다스려 질그릇 깨뜨리는 것과 같이 하리라 나도 내 아버지께 받은 것이 그러하니라". 위 본문에서 알 수 있는 것처럼 철장은 다스리는 교권이 아니고 만국을 다스리는 권세이다. 신천지가 이렇게 교권으로 푸는 것은 신천지가 다스리는 교권을 가지고 있는 것처럼 각인시키기 위함으로 보인다.

〈초등8과 주요 내용4〉

2. 비유한 지팡이

육적 특성- 돕는 도구, 의지의 대상 (분별, 보호, 인도)

다스리는 권세 상징 (왕권, 치리권)

〈초등8과 비판4〉

거듭 말하지만 지팡이가 아니라 갈대이다. "지팡이 같은 갈대"라고 했으니 갈대가 주개념이고 지팡이는 종개념이다. 그러므로 비유한 지팡이가 아니라 갈대로 풀어야 한다. 그러면 신천지는 갈대의 영적 특성을 무엇이라고 풀 것인지 궁금하다.

〈초등 9과〉 비유한 불

강사 이○○

본문 : 눅 12:49, 예수님께서 땅에 불을 던지러 오심

1. 비유한 불

육적 특성: 뜨겁다, 사른다, 소멸시킨다.

〈비유한 불의 참뜻〉

(렘5:14) 네 입의 나의 말= 불, 백성=나무 사르리라.

(렘23:29) 하나님의 말씀 = 불

(슥5:1~5)두루마리: 저주 → 사르리라 (심판)

(사6:6~7)불; 입 → 악, 죄사함(소멸), 계11:5

(계11:5) 두 증인의 입의 불 → 원수 소멸

2. 영적인 불의 종류

1) 하나님의 불- 하나님의 말씀(진리)

2) 사단의 불- 사단의 말(비 진리)

(레10:1 ~2) 명하지 않은 다른 말,(계9:17) 말들: 입 → 불

3. 불 심판의 예언과 성취

⟨구약의 예언⟩

(말4:1 ~2) 극렬한 풀무 불

  교만, 악행(불사름)

  여호와 경외(치료)

⟨초림의 성취⟩

(마3:11~12) 예수님: 불

  →쭉정이 (불 심판)

  →알곡 (불 세례) (요15:3) 깨끗해짐

(눅12:49) 예수님: 불(말씀) →던짐(전하심) →땅(사람)

⟨신약의 예언⟩

(벧후3:10~13) 주의 날: 불→하늘, 땅, 사름

벧후3: 16

(요12:48) 예수님 말씀→마지막 날: 심판

⟨정리⟩

1. 비유한 불 = 소명과 심판의 말씀

2. 하나님의 불= 하나님 말씀

3. 사단의 불=사단의 말

4. 불 심판= 말씀 심판

⟨초등9과 주요 내용1⟩

⟨비유한 불의 참뜻⟩

(렘5:14) 네 입의 나의 말= 불, 백성=나무 사르리라.

(렘23:29) 하나님의 말씀=불

(슥5:1~5) 두루마리: 저주→사르리라 (심판)

(사6:6~7) 불: 입→악, 죄사함(소멸), 계11:5

(계11:5) 두 증인의 입의 불→원수 소멸

〈초등9과 비판1〉

눅12,49절을 본문으로 잡고 예수님께서 불을 땅에 던지러 오셨다고 했다. 그러면서 불=심판과 소멸의 말씀이라고 해석했다. 그리고는 원수 소멸로까지 연결 지었다. 결론을 미리 말하면 이 해석은 틀린 해석이다. 왜냐하면 예수님이 던지러 오신 불은 복음이지 다른 불이 아니기 때문이다.

〈초등9과 주요 내용2〉

4. 불 심판= 말씀 심판

〈초등9과 비판2〉

불 심판은 말씀 심판이 아니다. 벧후3,3-7절을 보라.

3. 먼저 이것을 알지니 말세에 조롱하는 자들이 와서 자기의 정욕을 따라 행하며 조롱하여

4. 이르되 주께서 강림하신다는 약속이 어디 있느냐 조상들이 잔 후로부터 만물이 처음 창조될 때와 같이 그냥 있다 하니

5. 이는 하늘이 옛적부터 있는 것과 땅이 물에서 나와 물로 성립된 것도 하나님의 말씀으로 된 것을 그들이 일부러 잊으려 함이로다

6. 이로 말미암아 그 때에 세상은 물이 넘침으로 멸망하였으되

7. 이제 하늘과 땅은 그 동일한 말씀으로 불사르기 위하여 보호하신 바 되어 경건하지 아니한 사람들의 심판과 멸망의 날까지 보존하여 두신 것이니라

그러므로 이 본문은 문자적으로 풀어야 한다. 성경은 분명히 홍수심판(물

심판)을 언급하면서 종말의 불 심판을 예고하고 있다.

<초등 10과> 비유한 향로, 가마

강사 이○○

본문/ 계8:5, 렘1:13

천사: 향로+불→땅, 끓는 가마: 북→남

▸ 비유한 향로, 가마의 실체는 무엇인가?
　그 실체=향로=사람의 마음, 가마=교회

▸ 설명

1. 비유한 향로 (향, 향연)

1)향로의 유래
　출25:8~9. 3500년 전,
　히8:5. 하나님의 모형과 그림자
　히9:4, 9~10. 비유

2)향로의 참의미
　시141:2. 분향=기도
　계5:8
　계8:3~4
　향연. 계8:4 올라가는 기도 소리
　향 - 기도
　불 - 말씀
　향로 - 사람의 마음

3) 하나님께 상달되는 기도의 법칙

향로 : 불 + 향연 →

① 불 없고, 향 있음 = 향연 아님

사 16:12. 봉사, 기도=무효.

레10:1 ~2. 다른 불 = 비 진리

② 불○, 향 ×, →향연×

③ 불○, 향 ○, →향연 ○

잠 15:8 정직한 자의 기도

　　29 의인의 기도

계8:5, 천사: 향로 + 불→땅,

2. 비유한 가마 (솥, 남비)

1) 특성

가마: 끓인다. 삶는다.

2) 비유한 가마의 참의미

겔11:3~4, 가마= 성읍 / 고기= 백성

겔24:3~6 패역한 백성=비유=녹슨 가마

가마= 교회, 고기= 성도, 불=말씀, 나무= 목자

슥14,20-21. 성결의 가마

렘1:13~16, 끓는 가마 : 북→남: 예루살렘.

※ 핵심정리

1. 향로: 사람의 마음

2. 응답받는 기도의 법칙

　마음: 하나님의 말씀 +기도→상달(향로: 하나님의 불, 말씀)+향→향연, 말씀+기도=〉상달

3.가마

성읍, 교회 (조직체)

〈초등10과 주요 내용1〉

1) 향로의 유래

출25:8~9. 3500년 전.

히8:5. 하나님의 모형과 그림자

〈초등10과 비판1〉

히8,5절을 인용하여 향로를 하나님의 모형과 그림자라고 했는데 하나님의 모형과 그림자가 아니라 하늘에 있는 것의 모형과 그림자이다.

히8,5절에 "그들이 섬기는 것은 하늘에 있는 것의 모형과 그림자라 모세가 장막을 지으려 할 때에 지시하심을 얻음과 같으니 이르시되 삼가 모든 것을 산에서 네게 보이던 본을 따라 지으라 하셨느니라"라고 되어 있다. 그리고 이 모형과 그림자는 향로가 아니라 하늘 성전의 모형과 그림자를 말한다. 또 모형과 그림자는 같은 말이다.

〈초등10과 주요 내용2〉

향 - 기도

불 - 말씀

향로 - 사람의 마음

〈초등10과 비판2〉

향은 기도로 해석할 수 있지만 불은 말씀이 아니다. 이 향로의 불은 그냥 문자적인 불이다. 그리고 향로는 사람의 마음이 아니라 그냥 향로일 뿐이다. 비유로만 말씀을 풀려고 하니까 이런 문제가 생긴다.

⟨초등10과 주요 내용3⟩

3) 하나님께 상달되는 기도의 법칙

향로: 불 + 향연 →

‣ 불 없고, 향 있음 = 향연 아님

⟨초등10과 비판3⟩

불을 말씀으로 비유풀이를 한 뒤 말씀이 없는 기도는 상달되지 않는다고 한다. 즉 신천지가 전하는 말씀을 받지 않고 드리는 기도는 응답이 없다는 것인데 성경 어디에도 이런 언급은 없다.

⟨초등10과 주요 내용4⟩

2) 비유한 가마의 참의미

겔11:3~4, 가마 = 성읍 / 고기 = 백성

겔24:3~6 패역한 백성=비유=녹슨 가마

가마 = 교회, 고기 = 성도, 불 = 말씀, 나무 = 목자

⟨초등10과 비판4⟩

가마=성읍이고 고기= 백성이라는 것을 정확하게 해석하려면 근접문맥을 살펴야 한다. 근접문맥인 겔11,1-10절을 보자.

1. 그 때에 주의 영이 나를 들어올려서 여호와의 전 동문 곧 동향한 문에 이르시기로 보니 그 문에 사람이 스물다섯 명이 있는데 내가 그 중에서 앗술의 아들 야아사냐와 브나야의 아들 블라댜를 보았으니 그들은 백성의 고관이라
2. 그가 내게 이르시되 인자야 이 사람들은 불의를 품고 이 성 중에서 악한 꾀를 꾸미는 자니라
3. 그들의 말이 집 건축할 때가 가깝지 아니한즉 이 성읍은 가마가 되고 우리는 고기가 된다 하나니
4. 그러므로 인자야 너는 그들을 쳐서 예언하고 예언할지니라

5. 여호와의 영이 내게 임하여 이르시되 너는 말하기를 여호와의 말씀에 이스라엘 족속아 너희가 이렇게 말하였도다 너희 마음에서 일어나는 것을 내가 다 아노라
6. 너희가 이 성읍에서 많이 죽여 그 거리를 시체로 채웠도다
7. 그러므로 주 여호와께서 이같이 말씀하셨느니라 이 성읍 중에서 너희가 죽인 시체는 그 고기요 이 성읍은 그 가마인데 너희는 그 가운데에서 끌려 나오리라
8. 나 주 여호와가 말하노라 너희가 칼을 두려워하니 내가 칼로 너희에게 이르게 하고
9. 너희를 그 성읍 가운데에서 끌어내어 타국인의 손에 넘겨 너희에게 벌을 내리리니
10. 너희가 칼에 엎드러질 것이라 내가 이스라엘 변경에서 너희를 심판하리니 너희는 내가 여호와인 줄을 알리라

'가마 = 성읍, 고기 = 백성'이라는 말은 하나님이나 에스겔 선지자의 말이 아니다. 앗술의 아들 야아사냐와 브나야의 아들 블라댜의 말인데 이들은 2절에 의하면 악한 꾀를 꾸미는 자라고 나와 있다. 그리고 이들이 이렇게 말한 것은 에스겔의 일을 방해하려고 한 것이고 에스겔이 일을 하면 재앙이 임할 것인데 가마 속의 고기 신세가 될 것이라는 것이지 가마 = 성읍, 고기 = 백성으로 풀라는 뜻이 아니다.

〈초등10과 주요 내용5〉
불=말씀, 나무= 목자

〈초등10과 비판5〉
향로의 불은 물리적인 불이다. 불=말씀이라고 한 번 정해 놓으니까 성경에 나오는 불이라는 단어를 문맥도 살피지 않고 무조건 말씀이라고 풀고 있다. 나무는 목자라는 말은 지나친 풍유적 해석이다. 성경 어디에도 나무를 목자로 풀 수 있는 구절은 없다.

〈초등10과 주요 내용6〉

3.가마

성읍, 교회 (조직체)

〈초등10과 비판6〉

가마=성읍이라고 해석하더니 슬쩍 교회(조직체)도 끼워 놓았다. 이렇게 풀면 녹슨 가마=녹슨 교회라고 할 것이고 기성교회라고 할 것이다.

〈초등 11과〉 비유한 빛과 어두움

강사 홍○○

◆ **본문 요1:1~5**

말씀=하나님, 생명, 빛 → 어두움 (깨닫지 못함)

▸ 그 실체, 빛=하나님과 생명의 말씀. 어두움=하나님과 말씀이 없는 무지

▸ 설명

1. 비유한 빛과 어두움

1) 육적 특성

　빛 ① 만물의 생명의 근원, 어두움을 밝혀 보게 함,

　　② 어두움을 밝혀 보게 함

2) 빛의 영적인 참뜻과 중대성

요1:1~5. 말씀=하나님. 요4: 24- 하나님은 영

시119:105. 생명, 빛

눅8:11, 씨

벧전1:23. 거듭남

행17:29. 신의 소생 → 천국

2. 초림 때 빛과 어두움의 실체
요일1: 5. 하나님, 빛
마3:16. 예수님, 빛, 빛의 자녀, 천국
요8:12. 생명의 빛. 말씀 무지-어두움, 밤.

3. 빛(낮)과 어두움(밤)에 대한 신약 예언
살전5:1-5. 주 재림→밤에 오심

형제들아 !!

1~3절	4~5절
밤: 도적 같이 ○	낮: 도적 같이 ×
→ 멸망	→ 구원
어둠의 자녀	빛의 자녀

4. 재림 때인 오늘날 빛과 어두움의 실체
계10:1~2, 성경-계시 말씀, 빛.
계10:8~10, 새 요한(목자), 빛
빛의 자녀 천국, 말씀에 무지한 자 어두움, 밤

〈결론〉
빛- 하나님과 생명의 말씀, 어두움: 하나님과 말씀이 없는 무지.

〈초등11과 주요 내용1〉
2) 빛의 영적인 참뜻과 중대성
요1:1~5. 말씀=하나님. 요4: 24- 하나님은 영
시119:105. 생명, 빛
눅8:11, 씨

벧전1:23. 거듭남

행17:29. 신의 소생 → 천국

〈초등11과 비판1〉

요1,1-5절을 인용하여 말씀=하나님이라고 했다. 여기서 하나님은 삼위일체 하나님의 제2위이신 예수 그리스도를 가리킨다. 시119,105절 "주의말씀은 내 발에 등이요 내 길에 빛이니이다" 라는 말씀은 그 당시 유대인들은 밤에 외출할 때 발등에 작은 불을 달고 다녔기 때문이다.

그 의미는 하나님의 말씀이 내 발(행동)에 기준이 된다(환히 밝혀주니까)는 것이고 내 길(인생 여정)에 빛으로서 인도한다는 뜻이다. 물론 말씀=생명이고 빛이라고 할 수 있지만 문맥의 의미를 무시하고 일괄적으로 적용해서는 안 된다. 신천지가 이렇게 푸는 것은 결국 자기들이 가르치는 말씀만이 생명이고 빛이라는 것을 은연 중 각인시키기 위함이다. 그리고 눅8,11절의 씨는 복음의 씨를 말한다.

벧전1,23절을 인용하여 거듭남이라고 했는데 거듭나는 것은 오직 예수 믿고 구원받아 하나님의 자녀가 되는 것이다. 요3,3절 "예수께서 대답하여 이르시되 진실로 진실로 네게 이르노니 사람이 거듭나지 아니하면 하나님의 나라를 볼 수 없느니라". 또 요3,14-6절 "14.모세가 광야에서 뱀을 든 것 같이 인자도 들려야 하리니 15.이는 그를 믿는 자마다 영생을 얻게 하려 하심이니라 16.하나님이 세상을 이처럼 사랑하사 독생자를 주셨으니 이는 그를 믿는 자마다 멸망하지 않고 영생을 얻게 하려 하심이라"

니고데모에게 말씀하신 이상의 구절들에서 알 수 있는 것처럼 거듭나는 것은 예수 믿는 것이고 믿으면 영생을 얻는다. 그런데 신천지는 이 단순 명료한 복음을 변개 시켜서 자기들의 교리를 받아들여야 거듭나는 것처럼 주장하니까 문제가 되는 것이다.

〈초등11과 주요 내용2〉

4. 재림 때인 오늘날 빛과 어두움의 실체
계10:1~2, 성경-계시 말씀, 빛
계10:8~10, 새 요한(목자), 빛
빛의 자녀 천국, 말씀에 무지한 자 어두움, 밤

〈초등11과 비판2〉

　신천지는 예수님 때에 세례요한이 길을 예비한 것처럼 새 요한 (목자)이 와야 한다고 주장한다. 그리고 이 새 요한이 지도자이고 그가 목자이며 빛이라는 것이다. 계10:1~2, 성경-계시 말씀, 빛. 이라고 해놓고 새 요한도 빛이라고 슬쩍 끼워 놓았다. 신천지 식으로 해석을 적용하면 그들의 지도자가 곧 성경이 되는 셈이다.

〈초등 12과〉 비유한 등대, 소경, 귀머거리

강사 이○○

본문 : 슥4:2, 계3:17

천사; 순금등대→스가랴
라오디게아 교회사자→눈 먼 것 알지 못함

◆ 비유한 등대, 소경 귀머거리의 실체는 무엇인가?
등대=영과 사명자
소경=말씀을 보아도 깨닫지 못하는 자
귀머거리=말씀을 들어도 깨닫지 못하는 자

◆ 설명
1. 비유한 등대

육적 특성 : 장막에 있음. 어두움을 밝힌다.

〈장막안의 등대〉

(출25:8~9) 장막: 본대로 지음

(출27:20)감람기름

(출27:21)저녁-아침

(히8:5)모세의 장막→하늘의 모형과 그림자

〈비유한등대의 참뜻〉

(계4:5) 일곱 등불=일곱영

(계5:6) 일곱 눈=일곱영

(사29:10)눈=선지자 (하나님의 말씀을 먼저 깨달은 자)

등대=촛대=눈=영과 사명자

〈등대의 예언과 성취〉

구약: 아들, 초림: 세례요한, 재림: 일곱별(등대, 일곱 사자)

(히9:9~10). 장막: 현재까지의 비유→개혁

(요5:35). 요한: 켜서 비취는 등불

(계1:20) 일곱별과 일곱 금 촛대

2. 비유한 소경과 귀머거리

육적 특성: 소경 -보지 못하는 자, 귀머거리-듣지 못하는 자,

(계3:17~18) 목자: 눈 먼 것 알지 못함

(마13:9) 귀 있는 자는 들어라

(사42:18~20). 소경, 귀머거리=하나님의 종

(사29:9~13). 눈=선지자, 모든 묵시=봉한 책,

〈소경과 귀머거리의 실체: 초림〉

(마23;16) 소경 된 인도자= 서기관 바리새인(마15:14)

소경이 소경 인도→구덩이= 지옥
(마13:15). 마음 완악→소경과 귀머거리,
(요9:39~41). 예수님; 소경→보게 하심, 보는 자→소경

〈소경과 귀머거리의 실체 : 재림〉
(계2:5). 회개 없다. 촛대 옮김→소경
(계3:17). 눈먼 것 알지 못함.

〈총정리〉
등대, 촛대, 눈= 영과 사명자,
소경=말씀을 보아도 깨닫지 못하는 자
귀머거리= 말씀을 들어도 깨닫지 못하는 자

〈초등12과 주요 내용1〉
(사29:10)눈=선지자 (하나님의 말씀을 먼저 깨달은 자)

〈초등12과 비판1〉
사29,10절을 보자. "대저 여호와께서 깊이 잠들게 하는 영을 너희에게 부어 주사 너희의 눈을 감기셨음이니 그가 선지자들과 너희의 지도자인 선견자들을 덮으셨음이라"는 이 말씀은 유다의 환란을 경고하시면서 선지자와 선견자들이 이를 깨닫지 못한다는 뜻이지 눈=선지자로 해석하라는 말이 아니다.

〈초등12과 주요 내용2〉
등대=촛대=눈=영과 사명자

〈초등12과 비판2〉
슥4,2절 "그가 내게 묻되 네가 무엇을 보느냐 내가 대답하되 내가 보니 순

금 등잔대가 있는데 그 위에는 기름 그릇이 있고 또 그 기름 그릇 위에 일곱 등잔이 있으며 그 기름 그릇 위에 있는 등잔을 위해서 일곱 관이 있고"라는 말씀은 스룹바벨이 성전기초를 놓았으니 그 일을 반드시 완수하게 될 것을 환상으로 예시하신 것이지 등대=촛대=눈=영과 사명자로 해석하라는 말이 아니다.

〈초등12과 주요 내용3〉
(계3:17~18) 목자: 눈 먼 것 알지 못함

〈초등12과 비판3〉
계시록3,17-8을 정확하게 해석하려면 근접문맥인 계3,14-8절까지를 보아야 한다.

14. 라오디게아 교회의 사자에게 편지하라 아멘이시요 충성되고 참된 증인이시요 하나님의 창조의 근본이신 이가 이르시되
15. 내가 네 행위를 아노니 네가 차지도 아니하고 뜨겁지도 아니하도다 네가 차든지 뜨겁든지 하기를 원하노라
16. 네가 이같이 미지근하여 뜨겁지도 아니하고 차지도 아니하니 내 입에서 너를 토하여 버리리라
17. 네가 말하기를 나는 부자라 부요하여 부족한 것이 없다 하나 네 곤고한 것과 가련한 것과 가난한 것과 눈 먼 것과 벌거벗은 것을 알지 못하는도다
18. 내가 너를 권하노니 내게서 불로 연단한 금을 사서 부요하게 하고 흰옷을 사서 입어 벌거벗은 수치를 보이지 않게 하고 안약을 사서 눈에 발라 보게 하라

위의 본문은 라오디게아 교회의 사자에게 주시는 경고와 책망의 말씀이다. 라오디게아는 무역 도시로서 부유했고 특히 안약의 생산지로 유명했다. 그런데 이 교회의 사자가 현실의 부요함에 취해서 영적 감각이 어두워졌다는 것이다. 그것을 눈 먼 것으로 표현했다.

그런데 "(계3:17~18) 목자: 눈 먼 것 알지 못함"이라고 규정하면 라오디게

아 교회의 사자에게만 해당하는 개별적이고 특수한 상황을 전체 목자로 확대시키는 일반화의 오류를 범하는 것이다. 예를 들면 사람도 사나운 사람이 있고 온유한 사람도 있다. 그런데 내가 사나운 사람을 만났다고 해서 모든 사람이 사납다고 해선 안 될 것이고 온유한 사람을 만났다고 해서 모든 사람이 다 온유하다고 말하면 일반화의 오류를 범하는 것이다.

물론 신천지의 의도는 분명해 보인다. 신천지를 제외한 목회자들이 눈이 멀었다고 규정하고 싶은 것이다. 그러나 해석에 있어서 가장 기초적인 일반화의 오류를 범하면서 성경을 해석하면 안 될 것이다.

〈초등 13과〉 비유한 보물 부자.

강사 조〇〇

본문 : 계 3:17~18

사라 !

예수님 ------------------------〉 예수님의 사자(자칭부자)
(금, 흰 옷, 안약)　부요하라(부자)　　(가난한 자, 벌거벗고 눈 먼 자)

▸ 비유한 보물, 부자의 실체는 무엇인가?
▸ 그 실체: 보물: 진리의 말씀과 하나님의 백성

　　　　　부자: 영적 재물인 말씀(지식)이 분량이 많은 사람.

▸ 설명

1. **비유한 보물.**
2. **육적 특성**: 귀하고 값지다. 변치 않음.

※ 종류 → 금, 은, 진주, 보석 보배,

①비유한 금, 은에 대한 이해
잠16:16. 지혜, 명철 → 금, 은
시12: 6. 하나님의 말씀 (진리)=순은

애4:2. 시온의 아들: 보배 → 정금

마25:14, 30. 주인(예수님) → 종: 금달란트 → 장사(전도)

      (5+5=10, 2+2=4.....진리의 말씀)

②비유한 진주에 대한 이해

마7:6. 거룩한 것. 진주를 주지 마라- 개, 돼지(벧후2:20~21)

요17:17. 진리(=하)의 말씀 → 거룩해짐

잠3:15 지혜 → 진주보다 귀함

③비유한 보물, 보화에 대한 이해

마13:44 천국= 밭에 감추인 보물,

신28:12. 하늘보고 → 비

신33:13. 하늘의 보물 → 이슬,

④ 비유한 보석 보배에 대한 이해

벧전2:4. 보배로운 산돌 (보석)-예수님

출28:15~21. 대제사장: 판결 흉패 → 12보석(12제자)

히3:1.   (예수님)

히10:1. 율법= 그림자, 참 형상(실체)아님

요14:2 예수님. 처소를 예비하러 가심

계21:9- 영계; 천국=거룩한 성 새 예루살렘

12 진주문= 12지파, 12 기초석(12보석) =12제자, 성=정금,

마6:10, 육계: 천국-나라이 임하옵시며, 뜻: 하늘→땅

※ 사단의 재물 (거짓재물)

계17:4-5. 음녀(바벨론) → 금, 보석 진주 꾸밈,

계18:2. 바벨론 = 귀신의 처소, 상품: 금, 은 보석, 진주등 (비 진리)

2. 비유한 부자,

육적: 금, 은, 보석 재물이 많은 사람

※ 종류

- 육적부자

- 영적부자=참 재물 〈---------〉 거짓재물: 부자

▸ 육적부자: 마6:24. 하나님과 재물을 겸하여 섬길 수 없다.

: 마19:16 ~24. 부자→천국가기 어려움

▸ 영적 부자

금, 은, 보석 〈---------------------〉 금, 은, 보석

(하나님의 보물, 참 재물, 진리)　 (사단의 보물, 거짓재물, 비 진리)

〈초등13과 주요 내용1〉

①비유한 금, 은에 대한 이해

잠16:16. 지혜, 명철→금, 은

시12: 6. 하나님의 말씀 (진리)=순은

애4:2. 시온의 아들: 보배→정금

마25:14, 30. 주인(예수님)→종: 금달란트→장사(전도)

　　　　　　　(5+5=10, 2+2=4.....진리의 말씀)

〈초등13과 비판1〉

잠16,16절은 지혜와 명철의 중요성을 금과 은에 비교한 것이지 지혜와 명철=금으로 풀 것이 아니다. 예를 들면 욥22,24-5절을 보라. "24.네 보화를 티끌로 여기고 오빌의 금을 계곡의 돌로 여기라 25.그리하면 전능자가 네 보화가 되시며 네게 고귀한 은이 되시리니"라는 말씀이 있다.

이 말씀을 신천지 식으로 풀면 금=돌이 되고 하나님은 신이 아니라 은이 된

다. 욥기의 이 말씀은 모든 보배보다 하나님을 더 소중하게 여기라 (경외하라)는 뜻인데 금은 돌이고 하나님은 은이라고 성경을 풀면 되겠는가?

거듭 말하지만 잠16,16절은 지혜와 명철의 중요성을 금과 은에 비교한 것이지 지혜와 명철은 금으로 풀 것이 아니다.

〈초등13과 주요 내용2〉
②비유한 진주에 대한 이해 ③비유한 보물, 보화에 대한 이해
③비유한 보물, 보화에 대한 이해 ④ 비유한 보석 보배에 대한 이해

〈초등13과 비판2〉
이 비유들 역시 〈비판1〉을 참고하라.

〈초등13과 주요 내용3〉
마25:14, 30. 주인(예수님)→종: 금달란트→장사(전도)
　　　　　　　(5+5=10, 2+2=4.....진리의 말씀)

〈초등13과 비판3〉
마25장의 달란트 비유는 당시의 사회적 정황을 먼저 이해해야 한다. 예수님 당시의 종들 중에는 똑똑한 종들이 있었다. 그래서 주인은 이 종들의 능력대로 돈을 맡기고 장사를 하게 했다. 그런데 금달란트 → 장사(전도) (5+5=10, 2+2=4.....진리의 말씀)이라고 하면 당시의 정황을 무시하는 해석이다.

예수님이 이 비유를 드신 것은 하나님께 받은 달란트(은사)를 활용해서 열심히 일하여 열매를 거두라는 것이지 금달란 트→ 장사(전도) 식으로 풀 것이 아니다. 굳이 적용하자면 '장사'는 전도, 기도, 봉사, 헌금 등 모든 것을 적용할 수 있다. 예를 들면 악기를 다루거나 노래를 잘하는 사람은 찬양대에서 봉사할 수 있는 것과 같고 요리를 잘하는 사람은 교회 식당에서 봉사하는 것이 달란트를 남기는 것이다.

〈초등 14과〉 비유한 노래와 예복

강사 ○○○

본문: 계15:2~3, 모세의 노래, 어린양의 노래,

마22 : 11 ~12. 예복: 천국 혼인잔치

유리 바다 위에 모세의 노래, 어린양의 노래,

예복 입은 자: 혼인잔치 참여, 입지 않은 자 : 결박. 내어 쫓김.

▸ 비유한 노래와 예복의 실체는 무엇인가?

▸ 그 실체

노래= 복음(말씀)

예복= 옳은 행실(의의 옷)

▸ 설명

1. 비유한 노래

▸ 노래의 육적 특성: 부른다.

1) 비유한 노래

시119:54,172. 노래= 주의 율례(말씀)

    신31:19~21 하나님. ---------〉 모세 ----------〉 이스라엘 백성

               노래를 가르쳐 부르게 하라,

                  노래를 가르침 →

   노래의 내용: 예언: 가나안 땅, 다른 신 섬김, 언약을 어기리니

             이스라엘 백성- 노래를 배워 부르다.

2) 모세의 노래, 어린양의 노래

계15:2~.3, 유리 바닷가에 서 있는 자들 → 모세의 노래, 어린양의 노래 부르다.

▸ 모세의 노래= 구약성경의 말씀(예언)

‣ 어린양의 노래= 신약성경의 말씀(예언)

3) 새노래

계14:3. 시온산- 하나님의 보좌 앞 → 144,000 : 새 노래 부르고 배움

사42:9 ~10

‣ 새 노래 = 예언이 응한 현실을 알리는 '실상의 복음'

마지막 때의 새 노래: 신약이 성취된 실상의 복음

초림 때의 새 노래 : 구약을 이룬 실상의 복음 (눅 16:16).

※사단의 노래 (비 진리)

사25:5 포학한 자의 노래

계18:22 바벨론: 거문고, 풍류, 퉁소, 나팔 부는 자들의 소리

2. 비유한 예복,

◆ 비유한 예복의 실체는 무엇인가?

‣ 그 실체 : 예복 = 옳은 행실 (의의 옷)

‣ 설명: 역사서 - 육적 예복, 출28:2~5 제사장: 거룩한 옷,
  　　　예언서 - 영적 예복,

마22:11~14. 천국- 혼인잔치 집, 청함 받은 자들, 예복 입은자→택함을 입음, 예복 입지 않은 자 - 쫓겨 남

계9 : 13. 피 뿌린 옷 = 이름: 하나님의 말씀,

계19:8 세마포= 성도들의 옳은 행실

‣ 예복= 말씀, 행실,

계3:4 ~5. 이기는 자 - 흰 옷

계22:14. 두루마기를 빠는 자: 복→거룩한 성에 들어감

※ 사단의 옷

계17:4, 여자(음녀) - 자줏빛과 붉은 빛 옷을 입음

〈초등14과 주요 내용1〉
※사단의 노래 (비 진리)
사25:5 포학한 자의 노래
계18:22 바벨론: 거문고, 풍류, 퉁소, 나팔 부는 자들의 소리

〈초등14과 비판1〉
성경에 사단의 노래는 없다. 사25,5절을 정확하게 해석하려면 근접문맥인 사25,3-5절을 살펴야 한다.
3. 강한 민족이 주를 영화롭게 하며 포학한 나라들의 성읍이 주를 경외하리이다
4. 주는 포학자의 기세가 성벽을 치는 폭풍과 같을 때에 빈궁한 자의 요새이시며 환난당한 가난한 자의 요새이시며 폭풍 중의 피난처시며 폭양을 피하는 그늘이 되셨사오니
5. 마른 땅에 폭양을 제함 같이 주께서 이방인의 소란을 그치게 하시며 폭양을 구름으로 가림 같이 포학한 자의 노래를 낮추시리이다

위 본문 3절에 "강한 민족이 주를 영화롭게 하며 포학한 나라들의 성읍이 주를 경외하리이다"라는 말씀이 열쇠이다. 즉 포학한 나라들이 하나님께로 돌아와서 하나님을 섬기게 되고 그래서 포학한 자의 노래가 잦아들 것이라는 말씀이다. 그렇다면 사단의 노래가 아니라 찬송이라고 해석해야 성경 본문에 맞지 않겠는가?

〈초등14과 주요 내용2〉
사42:9 ~10
▶ 새 노래 = 예언이 응한 현실을 알리는 '실상의 복음'
마지막 때의 새 노래: 신약이 성취된 실상의 복음

초림 때의 새 노래 : 구약을 이룬 실상의 복음 (눅 16:16).

⟨초등14과 비판2⟩

새 노래를 예언이 응한 실상의 복음이라고 했다. 복음은 복음이지 실상의 복음이 따로 있는 것이 아니다. 신천지는 계시를 환상계시와 실상계시로 나누는데 사도 요한이 계시록에서 본 것은 환상계시이고 신천지가 비유로 푸는 것은 실상계시라는 것이다. 그래서 복음도 '실상의 복음'을 말하고 있다. '실상'이라는 말은 '환상'을 전제로 할 때 가능한 용어이므로 실상의 복음은 환상의 복음을 전제로 할 때 성립된다. 그러면 예수님의 복음은 환상복음인가?

롬8,1-2절을 보라.

1. 그러므로 이제 그리스도 예수 안에 있는 자에게는 결코 정죄함이 없나니
2. 이는 그리스도 예수 안에 있는 생명의 성령의 법이 죄와 사망의 법에서 너를 해방하였음이라

또 롬10,9-11절을 보자.

9. 네가 만일 네 입으로 예수를 주로 시인하며 또 하나님께서 그를 죽은 자 가운데서 살리신 것을 네 마음에 믿으면 구원을 받으리라
10. 사람이 마음으로 믿어 의에 이르고 입으로 시인하여 구원에 이르느니라
11. 성경에 이르되 누구든지 그를 믿는 자는 부끄러움을 당하지 아니하리라 하니

위 본문에서 알 수 있는 것처럼 예수님의 복음이 문자 그대로 '실상의 복음'이다. 예수 믿으면 누구든지 구원받는다. 이긴 자, 약속의 목자, 새 요한을 모르고 계시록을 모르고 비유풀이를 몰라도 구원받는다. 그래서 복음이다. 왜냐하면 성경이 그렇게 말하고 있기 때문이다. 여기서 벗어나면 이것이 곧 '사람의 교훈'이다.

갈1,6-9절에 있는 사도 바울의 경고를 들어 보자.

6. 그리스도의 은혜로 너희를 부르신 이를 이같이 속히 떠나 다른 복음을 따르는 것을 내가 이상하게 여기노라

7. 다른 복음은 없나니 다만 어떤 사람들이 너희를 교란하여 그리스도의 복음을 변하게 하려 함이라

8. 그러나 우리나 혹은 하늘로부터 온 천사라도 우리가 너희에게 전한 복음 외에 다른 복음을 전하면 저주를 받을지어다

9. 우리가 전에 말하였거니와 내가 지금 다시 말하노니 만일 누구든지 너희가 받은 것 외에 다른 복음을 전하면 저주를 받을지어다

위 성경 본문에 의거해서 고찰할 때, 사도 바울의 경고를 들어야 할 대상이 과연 누구인가. 누가 복음을 변하게 하고 있으며 누가 다른 복음을 전하고 있는가. 기성교회인가. 신천지인가. 바울이 실상의 복음과 환상의 복음을 말한 적이 있는가. 누가 저주를 받아야 하는가.

〈초등 15과〉 비유한 물, 샘, 강

강사 이○○

본문- 계 22:17

성령: 신부 오라→듣는자, 목마른 자, 값없이 생명수 받으라
▸ 그 실체: 물= 말씀, 샘= 목자와 성전, 강= 제자, 전도자의 마음.

▸ 설명
1. 비유한 물.

육적 특성: 생명의 근원. 더러움을 씻는다. 마실 수 있는 물과 없는 물이 있다.
(신32:1 ~ 2). 비= 나의 교훈, 이슬=나의 말→하나님의 말씀
　　　　　비와 이슬은 채소에게 하나님의 말씀은 사람에게.

(요15:3). 예수님 말씀 → 깨끗해짐
(벧전1:22) 진리: 순종 → 영혼 깨끗해짐

〈영적 물의 종류〉
1) 하나님의 물→하나님의 말씀
2) 사단의 물→사단의 말 (비진리)
(사1:22). 은→찌꺼기, 포도주→물: 섞임

〈찾아야 할 생명수 (초림)〉
(암8:11~12). 양식 없어 주림 아님. 물이 없어 갈함 아님. 하나님 말씀을 듣지 못한 기갈.
(요7:37). 목마르거든 내게로 와서 마시라
(요3:32). 예수님: 보고 들은 것 증거: (구약을 이룬 계시 말씀)
(마24:7). 말세: 전쟁, 기근, 지진 (영적 기근)
(계22:17), 생명수 받으라
(계22:8). 요한: 보고 들은 것 증거 ---신약을 이룬 계시 말씀

2. 비유한 샘= 목자, 성전
육적 특성 ; 물이 나오는 근원지
(잠10:11). 의인의 입= 생명의 샘, 악인의 입= 사망의 샘
(요4:14) 예수님이 주시는 물 → 영생하도록 솟아나는 샘물 = 생명수
  예수님= 생명수 샘
〈찾아야 할 생명수 샘〉
(계7:17). 예수님: 인도 → 생명수 샘
(계10:8~11). 천사: 열린 책 (생명수) → 사도요한, 생명수(샘: 새 요한)

〈사단의 샘〉

(벧후2:17). 물 없는 샘 = 사단의 목자(계시가 없다)

3. 비유한 강

육적 특성: 물이 흐르는 강

(겔47:1~2). 성전: 물→강물→바다: 소성

(요17:8). 예수님(생명수샘)→제자들(생명수강)→세상

(계22:1~2) 보좌(샘): 새 요한→생명수: 계시말씀→생명수강: 제자, 전도자 →만국 소성

비유	실체	초림	재림
불	말씀	구약 이룬 계시 말씀	신약 이룬 계시 말씀
샘	목자성전	예수님	새요한
강	제자, 전도자	제자, 전도자	제자, 전도자
만국 소성			

〈초등15과 주요 내용1〉

▸ 그 실체: 물= 말씀, 샘= 목자와 성전, 강= 제자, 전도자의 마음.

〈초등15과 비판1〉

물은 말씀으로 풀 수는 있으나 신천지의 교리가 아니라 복음의 말씀이다. 신천지의 의도는 샘은 물이 나오는 근원이니 목자와 성전이고 강은 흘러가니 제자와 전도자의 마음이라는 뜻이겠지만 물이 말씀이라면 샘도 강도 물이 모여 된 것이니 말씀이 되어야지 샘은 목자와 성전이고 강은 제자와 전도자의 마음이 될 수는 없지 않은가?

〈초등15과 주요 내용2〉

〈찾아야 할 생명수 (초림)〉

〈초등15과 비판2〉

생명수는 초림과 재림 때를 막론하고 오직 예수 그리스도의 복음 밖에 없다. 신천지가 이렇게 초림이라고 한 것은 재림 때의 생명수가 따로 있다는 것을 미리 암시하는 것이다. 물론 그 생명수는 신천지의 교리일 것이다.

〈초등15과 주요 내용3〉

〈 찾아야 할 생명수 샘〉

(계7:17). 예수님: 인도→생명수 샘

(계10:8~11). 천사: 열린 책 (생명수)→사도요한, 생명수(샘: 새 요한)

〈초등15과 비판3〉

더 이상 찾아야 할 생명수 샘은 없다. 생명수(샘: 새 요한)는 신천지의 생각이다. 성경 어디에도 새 요한의 존재를 언급하거나 필요하다는 구절은 없다.

〈초등15과 주요 내용4〉

〈사단의 샘〉

(벧후2:17). 물 없는 샘= 사단의 목자(계시가 없다)

〈초등15과 비판4〉

계시는 자연계시(일반계시)와 초자연계시(특별계시-성경과 예수 그리스도)로 완결되었다. 이것이 계시의 충족성이다. 신천지처럼 계시가 계속 주어진다면 초자연계시의 의미가 없어지고 영적인 혼란은 극심할 것이기 때문이다. 신천지의 주장대로 한다면 지금도 계시를 받지 못하는 모든 목회자는 사단의 목자인데 성경 어디에도 계속 계시를 받아야 하고 계시를 못 받으면 사단의 목자라는 언급은 찾아볼 수 없다. 그리고 어떤 영적인 특별한 체험을 할 수도 있지만 그것은 계시가 아니라 '성령의 조명'이다. 신천지가 이런 주장을 하니까 나도 계시 받았다는 신천지의 아류 '새천지'(정해동 씨)가 나오게 되는 것이다.

<초등16과> 비유한 바다, 어부, 그물, 고기, 배

강사 이○○

본문 마 13: 47 ~48

천국=바다: 각종 물고기→그물, 좋은 물고기: 그릇에 못된 물고기: 버림,

▸ 비유한 바다, 어부, 그물, 고기, 배의 실체는 무엇인가?

▸ 그 실체= 바다= 세상, 고기= 사람, 어부= 목자, 배 =교회, 그물= 말씀

▸ 설명

1. 비유한 바다

※ 육적 특성 : 많은 물이 모인 곳, 각종 물고기 서식, 식수로 사용 못함

(1) 바다에는 누가 사는가?

시74:13. 바다→용, 악어 : 파쇄,

사27:1. 그날 :바다→뱀, 용: 죽임

계12:9. 용= 뱀= 마귀, 사단: 온 천하를 꾀는 자

(2) 바다는 무엇인가?

단7:3. 이상: 바다→네 짐승

단7:17. 해석: 세상→네 왕

계17:1. 음녀 : 사단의 거짓목자 (주석)

    : 15, 많은 물 :백성, 무리, 열국, 방언, 많은 물= 바다,

    바다: 사단이 주관하는 종교 세상

바닷물 : 사단의 거짓 교리(비 진리, 주석)

(3)바다의 실체

① 구약예언 → 초림 성취(실체)

겔7:8~9. 성전(샘)은 예수님: 강물은 제자 → 바다(유대교): 소성, 거듭나게 하는 것.

마23:33, 서기관, 바리새인: 뱀→유대교=바다

② 신약 예언→재림 성취(실체)
계22:1~2. 보좌: 생명수강→만국 소성
계18:2~3. 바벨론: 음행. 포도주→만국: 무너짐

2. 비유한 어부, 그물, 고기, 배
육적: 어부→그물→고기→배 (그릇)
영적: 목자→말씀→성도→교회
마4:18~19. 사람을 낚는 어부
합1:14~15. 사람= 어족, 그물= 말씀,
계18:17~19. 배=교회, 선장 = 목자, 선인 =전도자 (제직), 선객: 성도

3. 천국= 고기 잡는 비유
마13:47~50. 바다 → 그물: 좋은 고기 → 그릇 = 천국
마24:3~39 =하나님의 목자, 재림 때 = 노아 때, 좋은 물고기: 의인 배(그릇), 교회(천국)
그물: 천국말씀, 각종 물고기: 각 교단 신앙인

〈핵심정리〉
①바다: 사단의 세상+종교세상
②어부: 전도하는 하나님의 목자 :전도자
③그물: 천국말씀
④고기: 각 교단의 신앙인들
⑤배: 세상 중에 있는 하나님의 교회(=천국)

⟨초등16과 주요 내용1⟩

바닷물 : 사단의 거짓 교리(비 진리, 주석)

⟨초등16과 비판1⟩

바다와 바닷물을 구분할 수 있는가? 바닷물이 사단의 거짓교리인데 비 진리와 주석을 들었다. 잘못된 주석도 있을 수 있지만 모든 성경주석이 비 진리이며 사단의 거짓 교리는 아니다. 신천지가 주석을 사단의 교리로 드는 것은 신도들이 주석을 보는 것이 두렵기 때문이 아닐까? 왜냐하면 잘못된 성경해석이 드러나기 때문이다.

⟨초등16과 주요 내용2⟩

⟨핵심정리⟩

①바다: 사단의 세상+종교세상

⟨초등16과 비판2⟩

위에서는 바다=천국이라고 하고 핵심정리에서는 바다를 사단의 세상+종교세상 이라고 한다. 바다 자체가 사단의 세상이고 종교 세상이라면 거기에서 무슨 좋은 물고기를 건질 수 있겠는가? 왜냐하면 바다 자체가 사단의 세상이고 종교세상이라고 이미 규정했기 때문이다.

⟨초등16과 주요 내용3⟩

⟨핵심정리⟩

②어부: 전도하는 하나님의 목자 :전도자

⟨초등16과 비판3⟩

어부는 전도하는 하나님의 목자: 전도자가 아니다. 굳이 비유하자면 예수님 이시지 다른 인간이 될 수 없다. 그리고 좋은 물고기와 못된 물고기를 가르는 기준은 신천지의 교리가 아니라 복음이다.

〈초등16과 주요 내용4〉
〈핵심정리〉
③그물: 천국말씀

〈초등16과 비판4〉
그물은 천국말씀이 아니고 오직 복음이다. 신천지는 자기들의 교리를 천국말씀이라고 하겠으나 예수 그리스도의 복음 외에 다른 천국말씀은 없다.

〈초등16과 주요 내용5〉
〈핵심정리〉
④고기: 각 교단의 신앙인들

〈초등16과 비판5〉
신천지는 각 교단의 신앙인들이 고기라고 한다. 그래서 신천지의 교리를 받아들이면 좋은 고기, 안 받아들이면 못된 고기가 된다. 그러나 성경이 말하는 고기는 모든 인생들이고 모든 영혼들이지 각 교단의 신앙인들로 한정할 수는 없다.

〈초등16과 주요 내용6〉
〈핵심정리〉
⑤배: 세상 중에 있는 하나님의 교회(=천국)

〈초등16과 비판6〉
노아 홍수 때의 방주를 예상하고 배-교회라고 풀었겠지만 예수님이 이 예화를 드실 때의 배는 그냥 실체적인 배를 언급하신 것이다. 그러면 배를 타고 고기를 잡지 무엇을 타고 잡겠는가?

〈초등 제17과〉 비유한 짐승

강사 이○○

▸ **본문 계 13:2, 계 13:1 ~2 바다 : 짐승(표범, 곰, 사자)**

▸ 비유한 짐승의 실체는 무엇인가?

▸ 그 실체

짐승= 하나님과 말씀을 깨닫지 못하는 자

사람= 하나님과 말씀을 깨닫는 자

▸ 설명: 짐승의 육적 특성: 이성 없이 본능대로 행함

1. 사람과 짐승 (교훈서)

잠30:2~4. 거룩하신 자를 아는 지식이 없다.→짐승

시49:20. 존귀: 깨닫지 못함→짐승

유1: 10. 알지 못하는 것: 훼방

　　　　본능으로 아는 것: 멸망

영적 의미

짐승: 하나님과 말씀을 깨닫지 못하는 자, 사람: 하나님과 말씀을 깨닫는 자

2. 비유한 짐승의 분류 (예언서)-살후2,1-3

배도자: 하나님 소속→사단 소속(개, 돼지)

마7:6. 거룩한 것 진주 – 개, 돼지에게 주지 마라.

벧후2:20 ~22. 말씀을 저버린 자- 개, 돼지.

멸망자: 사단 소속 (사 56:9~11 벙어리 개), (들짐승, 뱀, 이리)

창3:1. 들짐승: 뱀

마7:15-거짓선지자, 이리, 마23:33- 뱀, 독사

계13:1~2. 표범, 곰, 사자
구원자: 하나님 소속 (어린양, 양, 소)
요1 :29. 어린양: 예수님
마25:31~34. 양 같은 신앙인: 천국 유업
고전9:9 ~10. 사명자, 목자 : 소

영적 의미 :
개, 돼지: 배도한 몰각한 목자.
뱀, 사나운 짐: 멸망자.
어린양: 구원자이신 예수님.
양, 소: 의로운 신앙인.

〈초등17과 주요 내용1〉
바다 : 짐승(표범, 곰, 사자)

〈초등17과 비판1〉
바다에 짐승들이 사는 것은 맞지만 표범, 곰, 사자는 바다가 아니라 육지에 산다. 그렇다면 육지의 육적 특성과 영적 특성까지도 논해야 하지 않겠는가?

〈초등17과 주요 내용2〉
2. 비유한 짐승의 분류 (예언서)-살후2,1-3
배도자: 하나님 소속→사단 소속(개, 돼지)

〈초등17과 비판2〉
살후2,1-4절을 보라.
1. 형제들아 우리가 너희에게 구하는 것은 우리 주 예수 그리스도의 강림하심과 우리가 그 앞에 모임에 관하여

2. 영으로나 또는 말로나 또는 우리에게서 받았다 하는 편지로나 주의 날이 이르렀다고 해서 쉽게 마음이 흔들리거나 두려워하거나 하지 말아야 한다는 것이라
3. 누가 어떻게 하여도 너희가 미혹되지 말라 먼저 배교하는 일이 있고 저 불법의 사람 곧 멸망의 아들이 나타나기 전에는 그 날이 이르지 아니하리니
4. 그는 대적하는 자라 신이라고 불리는 모든 것과 숭배함을 받는 것에 대항하여 그 위에 자기를 높이고 하나님의 성전에 앉아 자기를 하나님이라고 내세우느니라

위 구절에서 배교자에 대해서 말하고 있다. 1절에는 분명히 예수 그리스도의 강림이 있음을 예고하고 예수님의 강림을 부정하는 사람들 때문에 흔들리지 말 것을 2절에서 강조하고 있으며 3절에서는 적그리스도의 출현을 예고한다.

그 적그리스도의 특징은 4절에서 "자기를 높이고 하나님의 성전에 앉아 자기를 하나님이라고 내세우는" 것이다. 그렇다면 누가 배교자인가? 예수님의 강림을 부정하고 종말의 불 심판을 말씀심판이라고 주장하며 스스로 자기를 높여서 하나님처럼 내세우는 사람이 누구인가? 기성교회의 목회자인가? 신천지는 신현옥(전 신천지 교육부장)씨나 부인이었던 김남희 씨를 배도자라 하고 신현옥 목사를 신 뱀, 그의 이단상담소를 뱀 소굴이라고 한다지만 위 본문 살후 2,1-4절은 복음의 진정한 배교자가 누구인지를 분명히 말하고 있다.

〈초등17과 주요 내용3〉
마7:6. 거룩한 것 진주 - 개, 돼지에게 주지 마라.
벧후2:20 ~22. 말씀을 저버린 자- 개, 돼지.

〈초등17과 비판3〉
예수님께서 말씀하신 거룩한 것은 신천지의 교리가 아니라 복음이다. 말씀 역시 복음이지 신천지의 교리가 아니다,

〈초등 18과〉 비유한 머리, 뿔, 꼬리

강사 정○○

본문 계 12:3~4

비유한 머리, 뿔, 꼬리의 실체는 무엇인가?
 그 실체: 비유한 머리= 지도자 목자,
    비유한 뿔= 권세자
    비유한 꼬리= 거짓 선지자

▸ 설명
▸ 머리의 육적 특성- 몸 전체를 통제하고 다스리는 역할
▸ 뿔의 육적 특성-머리에 붙어 있으며, 권세를 나타내거나 싸울 때 무기로 사용한다.

1. 비유한 머리, 뿔

사29:9~10. 머리: 선견자, 지도자, 목자,
계17:12. 열 뿔: 열왕 (나라×), 권세자
비유한 머리 = 지도자 (목자)
비유한 뿔 = 권세자
▸ 종류: 하나님 소속과 사단의 소속
엡4:15. 머리 = 그리스도
계1: 5. 땅의 임금들의 머리 = 예수님
하나님 소속 = 하나님이 함께 하는 지도자

1) 하나님 소속의 머리, 뿔
계5:6, 어린양: 7뿔: 7권세자
2) 사단소속의 머리, 뿔,
창 3:15. 여자의 후손→상하게 함: 뱀의 머리→계12:9.

큰 용=옛 뱀= 사단
계12:3. 붉은 용: 7머리 10뿔.

▸ 7머리와 10뿔의 실체?
계17:7 음녀와 7머리와 10뿔 가진 짐승의 비밀.
계17:9~10. 7머리 = 7산: 7왕
7머리의 실체 = 사단이 함께하는 7목자
계17:12. 10뿔= 10왕: 나라아님, 임금처럼 권세를 받음.
10뿔의 실체 =사단으로부터 권세 받음, 10권세자.
계13:1~2, 5~6
바다-하늘 장막(7머리, 열 뿔)-용(보좌, 능력, 권세)

▸ 비유한 머리, 뿔.
계시록에서 두 소속의 머리와 뿔.:
하나님　　　　　사단
머리: 예수님-7별, 7머리 = 7목자 - 열 뿔

2. 비유한 꼬리
사9:14~16. 꼬리: 거짓말을 가르치는 선지자
계9:19. 꼬리는 뱀 같고, (사탄소속)...비유한 꼬리 = 거짓 선지자

계12:3 ~4. 하늘=장막 / 하나님 소속 → 사탄소속
　　　　　　7머리, 열 뿔, 거짓 선지자
※ 성경속의 시대별 사단의 역사
사단: 악령
아담 때(뱀)-구약(선지자들을 죽인 지도자들).
신약 때(뱀, 거짓 선지자. 예수님을 죽인 서기관과 바리새인들)

오늘날-7머리와 10뿔 가진 짐승들

〈초등18과 주요 내용1〉
비유한 꼬리= 거짓 선지자

〈초등18과 비판1〉
굳이 대입하려면 꼬리=거짓 선지자가 아니라 지도자, 목자에 해당할 것이다.

〈초등18과 주요 내용2〉
1. 비유한 머리, 뿔
사29:9~10. 머리: 선견자, 지도자, 목자,

〈초등18과 비판2〉
사29,9-10절을 보자.

9. 너희는 놀라고 놀라라 너희는 맹인이 되고 맹인이 되라 그들의 취함이 포도주로 말미암음이 아니며 그들의 비틀거림이 독주로 말미암음이 아니니라
10. 대저 여호와께서 깊이 잠들게 하는 영을 너희에게 부어 주사 너희의 눈을 감기셨음이니 그가 선지자들과 너희의 지도자인 선견자들을 덮으셨음이라

위 본문은 패역한 이스라엘의 영적 지도자들의 상태를 말씀하신 것이다. 그런데 위 구절 어디에도 머리=선견자, 지도자, 목자라는 말씀이 없지 않은가?

〈초등18과 주요 내용3〉
2. 비유한 꼬리
사9:14~16. 꼬리: 거짓말을 가르치는 선지자

〈초등18과 비판3〉

계9:19. 꼬리는 뱀 같고, (사탄소속)...비유한 꼬리= 거짓 선지자라고 하더니 사29,9-10절을 인용한 곳에서는 머리라고 한다. 계속 비유로 풀려고 하니 스스로도 헷갈리고 있다.

〈초등18과 주요 내용4〉

2) 사단소속의 머리, 뿔,

창 3:15. 여자의 후손→상하게 함: 뱀의 머리→계12:9.

큰 용=옛 뱀= 사단

〈초등18과 비판4〉

계시의 점진성으로 볼 때 창3,15절은 원시복음이다. 예수님은 동정녀의 몸에서 탄생하실 것이니 여자의 후손으로 명기되었다. 뱀은 예수님의 발뒤꿈치를 상하게 하고 예수님은 뱀의 머리를 상하게 할 것이라는 말씀이다. 발뒤꿈치를 상한다는 것은 십자가에 달리신다는 것이고 뱀의 머리를 상하게 하신다는 것은 부활하심으로 사망 권세를 이기고 승리하신다는 말씀이다. 그래서 구원은 예수님의 부활까지 믿어야 한다.

롬10,9-10절, "9.네가 만일 네 입으로 예수를 주로 시인하며 또 하나님께서 그를 죽은 자 가운데서 살리신 것을 네 마음에 믿으면 구원을 받으리라 10.사람이 마음으로 믿어 의에 이르고 입으로 시인하여 구원에 이르느니라"라고 하신 것이다.

〈초등19과〉 비유한 어린양의 피와 살

강사 김○○

본문- 계7:14

어린양의 피 → 씻음: 흰 옷
▸ 비유한 어린 양의 피와 살의 실체는 무엇인가?
▸ 그 실체 :
어린양의 피와 = 생명 되신 예수님의 말씀

1. 비유한 어린양= '예수님'

출12:1~14. 유월절, 어린양의 피, 고기 → 유월(구원)

요1:29. 어린양= 예수님

고전5: 7. 유월절 양= 예수님

2. 비유한 어린양의 피와 살= '생명 되신 예수님의 말씀'

요6장:27. 썩는 양식 = 육적 양식, 영생하도록 있는 양식 = 영적 양식

(49~5). 하늘로서 내려온 산떡

(53~55). 내 살은 참된 양식. 예수님의 피와 살=하늘로서 내려온 산 떡.내 피는 참 된 음료(요6:63).

요6:68. 영생의 말씀이 있으매 뉘게로 가오리까?

피와 살을 먹은 자 → 12제자= 영생

눅22:14~20

예수님의 피: 새 언약, 떡, 포도주 : 기념

마26:26~29, '새것'으로 먹을 것 약속

계2:17. 예수님 ---감추었던 만나(=예수님의 피와 살)---이기는 그

마24:45~47, 계 10장.

충성: 지혜 있는 종 〈--계1:1---〉 때를 따른 양식 :그 집 사람들

초림 때) 구약을 이룬 실상

재림 때) 신약을 이룬 실상

-----------------------------〉 때를 따른 양식.

⟨초등19과 주요 내용1⟩
예수님의 피: 새 언약, 떡, 포도주 : 기념

⟨초등19과 비판1⟩
예수님의 피로 세운 새 언약은 당시 사람들이 믿고 있었던 구원의 조건으로서의 율법이 아니라 복음을 말한다. 떡과 포도주로 기념하여 성찬식을 하는 것은 예수님께서 십자가에서 찢기신 몸과 흘린 피를 구원의 상징으로 기념하는 것이다.

⟨초등19과 주요 내용2⟩
마26:26~29, '새것'으로 먹을 것 약속

⟨초등19과 비판2⟩
신천지는 자신들의 교리가 새 것에 해당된다고 생각할지 모르나 예수님께서 이 말씀을 하신 것은 복음을 말하신 것이고 예수님의 부활로 새 것은 성취되었다.

⟨초등19과 주요 내용3⟩
계2:17. 예수님 ---감추었던 만나(=예수님의 피와 살)---이기는 그

⟨초등19과 비판3⟩
예수님이 감추신 만나가 무엇인가? 신천지 스스로가 예수님의 피와 살이라고 했다. 그러면 예수님의 피와 살이 의미하는 바가 무엇인가? 십자가에서 죽으심으로 우리의 구원을 다 이루셨다는 것이고 곧 복음이다. 신천지는 자신들이 가르치는 교리가 감추었던 만나라고 하겠지만 스스로도 감추었던 만나(=예수님의 피와 살)이라고 했다.

〈초등19과 주요 내용4〉

초림 때) 구약을 이룬 실상

재림 때) 신약을 이룬 실상

------------------------------〉 때를 따른 양식.

〈초등19과 비판4〉

앞에서도 언급했지만 때를 따른 양식은 율법에 대조되는 복음을 말한다.

〈초등 20과〉 비유한 포도주, 감람유

본문 : 계 6:6

포도주, 감람유 해하지 못한다.
- 비유한 포도주와 감람유의 실체는 무엇인가?
- 그 실체: 포도주 = 말씀, 감람유= 증거의 말씀

◆ 설명

1. 비유한 포도주

육적 특성 : 포도주 〉 포도〉 포도나무

사 5:7, 유다사람 = 포도나무

요 15:1 ~5, 예수님 = 참포도나무

비유한 포도주 = 말씀

사 55:1~3 하나님: 나라

사 25 :6~8 산 : 연회: 돈 없이 값없이 포도주, 젖 : 영, 生

오래 저장해 두었던 맑은 포도주(계시말씀)

비유한 포도주: ①묵은 포도주 ②새 포도주 ③음행의 포도주 (자의적 해석)

:주석, 사단의 말

▶ 눅 5:37~39 〈 초림 때〉

새 포도주	새 부대
구약을 이룬 계시	예수님과 제자들
묵은 포도주	낡은 부대
모세 율법	당시 제사장들

▶ 눅 2218~20, 마 26: 29 (주 재림 때)

새 포도주	새 부대
신약을 이룬 계시	이긴자와 12지파 새 제사장들
묵은 포도주	낡은 부대
구약을 이룬 계시	오늘날의 목자들

※ 음행의 포도주

신32:32~33 대적 : 포도주 =뱀의 독, 독사의 악독.

마23:33. 서, 바 = 뱀, 독사 (창3:1) = 들 포도나무

자의적 해석 = 음행의 포도주

계18:2~3 바벨론 : 음행의 포도주 → 만국 무너짐

계17:1~5, 거짓목적 음녀 (7+10): 금잔 =주석,

목자 (영적시를 받아 영적자녀 낳음).

갈4: 19 해산의 수고.

고전3:2 젖 → 바울

2. 비유한 감람유

※ 육적 특성

감람유〉감람열매〉감람나무

레24:1~4, 11~14. 등불-감람기름

슥4,1-4,11-14

일곱 순금 등대 = 하나님의 일곱 눈 =7명 (계4: 5)

두 감람나무 = 기름발리운자들

계11:3~4. 예수님의 두 증인 = 두 감람나무,

※증거의 말씀 = 감람유

마25:1~13. 열 처녀 비유,

슬기로운 처녀: 등과 기름 준비→천국 혼인잔치 들어감

미련한 처녀 : 등 준비, 기름 없어→천국 혼인잔치 못 들어감

마7:1 나더러 주여 주여 하는 자마다 천국에 들어가지 못함.

아버지의 말씀대로 행한 자-천국

등 = 성경 (시119:105)

기름 =증거의 말씀(계11:3~4). 두 증인= 감람나무 두 촛대 (천국)

기름 파는 자=예수님의 두 증인. 기름으로 등불 밝혀 성경 깨달은 자

〈초등20과 주요 내용1〉

포도주, 감람유 해하지 못한다.

- 비유한 포도주와 감람유의 실체는 무엇인가?
- 그 실체: 포도주 = 말씀, 감람유= 증거의 말씀

〈초등20과 비판1〉

비유한 포도주는 말씀이라고 한다. 그런데 노아는 포도주를 마시고 취해서 자기 입으로 자손을 저주하는 실수를 하였다. 노아는 무슨 말씀을 먹고 취했을까? 그리고 감람유가 증거의 말씀이라는 것은 성경 어디에 있는가?

〈초등20과 주요 내용2〉

사 25 :6~8 산 : 연회: 돈 없이 값없이 포도주, 젖 : 영, 生

오래 저장해 두었던 맑은 포도주(계시말씀)

〈초등20과 비판2〉

사25,6-8절을 근거로 이렇게 풀었다. 사25,6-10절을 보자.

6. 만군의 여호와께서 이 산에서 만민을 위하여 기름진 것과 오래 저장하였던 포도주로 연회를 베푸시리니 곧 골수가 가득한 기름진 것과 오래 저장하였던 맑은 포도주로 하실 것이며

7. 또 이 산에서 모든 민족의 얼굴을 가린 가리개와 열방 위에 덮인 덮개를 제하시며

8. 사망을 영원히 멸하실 것이라 주 여호와께서 모든 얼굴에서 눈물을 씻기시며 자기 백성의 수치를 온 천하에서 제하시리라 여호와께서 이같이 말씀하셨느니라

9. 그 날에 말하기를 이는 우리의 하나님이시라 우리가 그를 기다렸으니 그가 우리를 구원하시리로다 이는 여호와시라 우리가 그를 기다렸으니 우리는 그의 구원을 기뻐하며 즐거워하리라 할 것이며

10. 여호와의 손이 이 산에 나타나시리니 모압이 거름물 속에서 초개가 밟힘 같이 자기 처소에서 밟힐 것인즉

위 본문은 특별한 다른 계시말씀을 주신다는 것이 아니다. 이스라엘의 회복을 말씀하시면서 10절에 모압이 망할 것을 말씀하신다. 즉 하나님께서 이스라엘을 회복시키시고 골수가 가득한 기름진 것과 좋은 포도주(오래 저장한 맑은 포도주)로 잔치를 여신다는 것이다. 신천지 식으로 푼다면 골수의 육적 특성과 영적 특성, 기름진 것의 육적 특성과 영적 특성도 풀고 모압의 육적 특성과 영적 특성까지 풀어야 할 것이다. 소위 비유풀이(풍유적 해석)의 문제점이 여기에 있다.

〈초등20과 주요 내용3〉

등 = 성경 (시119:105)

기름 =증거의 말씀(계11:3~4). 두 증인= 감람나무 두 촛대 (천국)

기름 파는 자=예수님의 두 증인. 기름으로 등불 밝혀 성경 깨달은 자

〈초등20과 비판3〉
시119,105절에 대해서는 앞에서 설명한 바 있다. 그런데 기름이 증거의 말씀인가? 계11,3-4절을 보자. "3.내가 나의 두 증인에게 권세를 주리니 그들이 굵은 베옷을 입고 천이백육십 일을 예언하리라 4.그들은 이 땅의 주 앞에 서 있는 두 감람나무와 두 촛대니" 라고 했다. 두 감람나무와 두 촛대는 두 증인이다. 그들이 천이백육십일을 예언한다고 했다. 신천지 식으로 따지면 하루가 천년이므로 1260×1000=126,000년이다. 그리고 계11,3-4절 어디에도 기름=증거의 말씀이라는 구절은 없다. 단지 그들이 예언을 한다고 했지 무슨 증거의 말씀을 한다고 하지 않았다.

〈초등20과 주요 내용4〉
슬기로운 처녀: 등과 기름 준비→천국 혼인잔치 들어감
미련한 처녀 : 등 준비, 기름 없어→천국 혼인잔치 못 들어감

〈초등20과 비판4〉
예수님이 이 비유를 드신 것은 당시의 풍속에 근거한다. 당시는 남자는 성인식이 끝나는 13세, 여자는 12세에 결혼을 하였다. 신랑은 신부의 지참금을 받았고 신부는 9명의 들러리와 같이 신랑을 기다린다. 이때 신부와 들러리는 등불을 준비했는데 당시의 등불은 15분 정도면 다 연소되었기에 기름통도 같이 준비하는 것이 관례였다. 기름통을 준비한 다섯 처녀는 잔치에 참여했지만 기름통을 준비하지 못한 다섯 처녀는 들어가지 못하였다. 이 비유에서 신랑은 예수님이다. 기름은 성령, 기쁨, 사랑, 선행, 말씀 등으로 해석된다.[194]

기름=말씀으로 규정해 놓고 말씀이 없어서 천국 혼인잔치에 못 들어간다고 하였다. 그런데 〈초등20과 주요 내용3〉에서 보았듯이 등=성경이다. 성경이 곧 말씀 아닌가? 등=성경이라고 할 때 그냥 성경책을 들고 있는 것으로 보

194　예장총회교육진흥국 『한국기독교이단과 자칭 재림주 계보 및 재림사상 비판』, 90.

지 않는 한 말이다. 그렇다면 기름=말씀이 아니다. 왜냐하면 등=성경=말씀이기 때문이다. 그렇다면 기름은 무엇인가? 사실 이 비유에서 중요한 것은 등이 무엇인지, 기름이 무엇인지, 기름 파는 자가 누구인지가 아니다.

등과 기름은 분리할 수 없는 것이다. 왜냐하면 등 없는 기름이 의미가 없고 기름 없는 등도 의미가 없기 때문이다. 예수께서 이 비유를 드신 목적은 따로 있다. 신랑이 예상보다 늦게 온다는 것이다. 그러므로 강조점은 "깨어 있으라"는 말씀이다.

〈초등21과〉 거듭나는 성장과정과 인내의 믿음

강사 이○○

본문 : 렘1:9~10. 뽑고 파괴 / 심고 건설
            고전 3:9

1. 거듭남의 필요성

요3:5~6 물과 성령으로 거듭남→하나님 나라에 들어가기 위해 육으로 난 것은 육이요, 성령으로 난 것은 영이니,

벧전1:23 거듭난 것→썩지 아니할 씨, 항상 있는 말씀,

2. 거듭남의 성장 과정

- 눅8:11~15, 씨= 천국 말씀,

길가 밭 : 깨닫지 못한 자, 지키지 못한 자

돌 밭 : 핍박, 환란, 시험= 배반.

가시밭 : 세상염려 = 환경 : 자라지 못함

좋은 땅 : 말씀을 듣고 지키어 인내로 결실

갈3:23~25

계시될 믿음	계시된 믿음
율법 몽학선생	예수님

배설물처럼 버림(율법, 사울), 바울- 진리 예수님

행24:5. 이단의 괴수라는 핍박 받으며 일함(증거, 전함)

갈4:1~7 초등학문 : 종, 유업 : 아들,

율법 → 그리스도에게로 인도하는 초등학문 몽학선생

마13:37~39. 악한 자 가라지/ 천국의 자녀, 좋은 씨/ 첫 열매 곳간(천국),

약1:18-진리로 낳은 첫 열매.

3. 인내의 말씀

▸ 히10:36 인내 - 뜻을 행한 후에 약속 받음

▸ 롬8:17-18 현재 고난 : 영광과 비교 할 수 없다.

신앙인이 바라보아야 할 두 가지

첫째는 시험이 아닌 말씀이요, 둘째는 현재가 아닌 소망이다.

〈초등21과 주요 내용1〉

1. 거듭남의 필요성

벧전1:23 거듭난 것→썩지 아니할 씨, 항상 있는 말씀

〈초등21과 비판1〉

썩지 아니할 씨, 항상 있는 말씀은 복음이지 신천지의 교리가 아니다.

〈초등21과 주요 내용2〉

2. 거듭남의 성장 과정

행24:5. 이단의 괴수라는 핍박 받으며 일함(증거, 전함)

〈초등21과 비판2〉

바울이 이단의 괴수라는 핍박을 받은 것은 다른 교리가 아니라 오직 예수 그리스도를 전하는 과정에서 받은 것이다. 고전1,22-3절, "22. 유대인은 표적을 구하고 헬라인은 지혜를 찾으나 23.우리는 십자가에 못 박힌 그리스도를 전하니 유대인에게는 거리끼는 것이요 이방인에게는 미련한 것이로되" 또 바울은 고전2,2절에서 "내가 너희 중에서 예수 그리스도와 그가 십자가에 못 박히신 것 외에는 아무 것도 알지 아니하기로 작정하였음이라" 라고 하였다.

〈초등21과 주요 내용3〉

약1:18-진리로 낳은 첫 열매.

〈초등21과 비판3〉

약1,18절 "그가 그 피조물 중에 우리로 한 첫 열매가 되게 하시려고 자기의 뜻을 따라 진리의 말씀으로 우리를 낳으셨느니라." 야고보 사도가 말하는 진리가 무엇인가? 신천지의 "다른 복음"이 아니라 오직 예수 그리스도의 복음이다.

〈초등21과 주요 내용4〉

3. 인내의 말씀
▸ 히10:36 인내-뜻을 행한 후에 약속 받음

〈초등21과 비판4〉

위 본문에서 말하는 약속은 구원이고 상급이지 다른 것이 아니다.

〈초등 제 22과〉 비유한 배도의 산, 멸망의 산, 구원의 산

본문: 마 24: 15~16

마24:3. 주의 임하심과 세상 끝: 징조

바다(세상) 멸망의 가증한 것, 거룩한 곳 → 도망 → 산

‣ 비유한 산의 실체는 무엇인가?

그 실체: 산 = 교회(사람들이 모인 성읍)

설명: 산의 육적 특성 - 많은 흙과 돌이 모인 곳, 많은 나무와 짐승들이 거하는 곳,

1. 비유한 산 :

시8:16. 높은 산들: 시기→하나님이 거하시려는 산

슥8:3. 하나님: 시온산으로 돌아오심

욜3:18. 산들→포도주, 젖,

사2:2. 산 = 전→말씀이 나옴.

> 영적 의미
> 산 : 교회 (사람들이 모인 성읍)

2. 비유한 산의 분류(예언서). 살후2:1~3 배도→멸망→구원

1) 배도자들의 조직체를 비유한 산 (하나님 소속→사단소속)

- 겔36:1~4. 이스라엘 산들 : 옛적 높은 곳, = 버린 성읍(패역한 선민들)
- 계6:14. 산들이 제자리에서 옮김
- 계8: 8. 불붙는 큰 산→바다 (7별, 7금 촛대, 장막)

2) 멸망자들의 조직체를 비유한 산(사단 소속)

-렘51:25. 멸망의 산→온 세계를 멸함,
  렘51:7. 바벨론의 포도주
-계18:2~3. 바벨론: 음행의 진노의 포도주 (주석)
초림 때 : 서, 바리새인들의 조직체- 7산(山)
재림때의 멸망의 산= 비 진리를 가르치는 교회

3)구원자들의 조직체를 비유한 산(하나님의 소속)
계14:1. 어린양: 시온산에 있음
시132:13~14. 하나님→시온산: 안식처 (영생)
사25 :6~8. 맑은 포도주
렘3:14~15 성읍과 족속에서→시온으로
계18:4 바벨론에 거하는 자들을 부르심
사2:2~3 시온산(12지파)→말씀: 만방이 모여 든다.

〈초등22과 주요 내용1〉
▸ 비유한 산의 실체는 무엇인가?
그 실체: 산 = 교회(사람들이 모인 성읍)

〈초등22과 비판1〉
성경 어디에도 산을 교회라고 해석할 수 있는 부분은 없다. 본문 마24,15-21절을 정확하게 해석하려면 근접문맥인 마24,15-21절까지를 보아야 한다.

15. 그러므로 너희가 선지자 다니엘이 말 한 바 멸망의 가증한 것이 거룩한 곳에 선 것을 보거든 (읽는 자는 깨달을진저)
16. 그 때에 유대에 있는 자들은 산으로 도망할지어다
17. 지붕 위에 있는 자는 집 안에 있는 물건을 가지러 내려가지 말며
18. 밭에 있는 자는 겉옷을 가지러 뒤로 돌이키지 말지어다
19. 그 날에는 아이 밴 자들과 젖 먹이는 자들에게 화가 있으리로다

20. 너희가 도망하는 일이 겨울에나 안식일에 되지 않도록 기도하라
21. 이는 그 때에 큰 환난이 있겠음이라 창세로부터 지금까지 이런 환난이 없었고 후에도 없으리라

15절의 "멸망의 가증한 것"은 단9,27절을 인용한 것이다. 기원전 167년에 안티오쿠스 에피파네스(Antiochus Epiphanies)가 유대인들의 성전에 제우스신의 제단을 세우고 유대인들이 가증하게 여기는 돼지로 제사를 드린 사건을 다니엘이 예언했고 약200년 후에 예수님이 다시 인용하신 것인데 위 본문은 유대의 멸망에 관한 경고의 말씀이다. 산=교회로 해석할 아무런 근거를 찾아볼 수 없는 본문이다.

〈초등22과 주요 내용2〉
사2:2. 산 = 전→말씀이 나옴.

〈초등22과 비판2〉
사2,1-2절 "1.아모스의 아들 이사야가 받은 바 유다와 예루살렘에 관한 말씀이라 2.말일에 여호와의 전의 산이 모든 산 꼭대기에 굳게 설 것이요 모든 작은 산 위에 뛰어나리니 만방이 그리로 모여들 것이라"

위 본문은 유다와 예루살렘에 관한 말씀이다. "말일"은 종말이다. "여호와의 전의 산이 모든 산꼭대기에 굳게 설 것이요" 라는 말씀은 예수 그리스도의 재림을 나타내는 말이다. 신천지는 증거장막성전에서 말씀이 나오고 모든 산(기성교회들) 꼭대기에 우뚝 설 것이라고 주장하겠지만 위 본문 어디에서도 전→말씀이 나옴 이라고 해석할 수 있는 여지는 없다.

〈초등22과 주요 내용3〉
2. 비유한 산의 분류(예언서). 살후2:1~3 배도→멸망→구원
1) 배도자들의 조직체를 비유한 산 (하나님 소속→사단소속)

- 겔36:1~4. 이스라엘 산들 : 옛적 높은 곳, = 버린 성읍(패역한 선민들)
- 계6:14. 산들이 제자리에서 옮김
- 계8: 8. 불붙는 큰 산→바다 (7별, 7금 촛대, 장막)

<초등22과 비판3>
겔36,1-4절의 이스라엘의 높은 산들이 버림 받은 성읍이 되었다는 것은 기성교회가 버림받았다는 뜻이 아니고 우상숭배와 혼합주의에 빠진 이스라엘을 하나님께서 심판하신다는 의미이다. 그리고 계6,14절의 산들이 제자리에서 옮겨지는 것은 종말의 심판 때의 모습이다. 신천지는 기성교회를 산으로 비유하고 기성교회가 옮겨진다고 하겠지만 계6,12-4절을 보라.

12. 내가 보니 여섯째 인을 떼실 때에 큰 지진이 나며 해가 검은 털로 짠 상복 같이 검어지고 달은 온통 피 같이 되며
13. 하늘의 별들이 무화과나무가 대풍에 흔들려 설익은 열매가 떨어지는 것 같이 땅에 떨어지며
14. 하늘은 두루마리가 말리는 것 같이 떠나가고 각 산과 섬이 제 자리에서 옮겨지매

위 본문은 말세에 실제로 일어날 심판에 대한 구체적인 보도이다.

<초등22과 주요 내용4>
2) 멸망자들의 조직체를 비유한 산(사단 소속)
-렘51:25. 멸망의 산→온 세계를 멸함,
렘51:7. 바벨론의 포도주
-계18:2~3. 바벨론: 음행의 진노의 포도주 (주석)
초림 때 : 서, 바리새인들의 조직체- 7산(山)

<초등22과 비판4>
신천지는 기성교회를 바벨론으로 본다. 바벨론의 포도주는 기성교회에서

가르치는 말씀을 의미할 것이고 계18,2-3절을 들어서 음행의 진노의 포도주를 주석이라고 해석했다. 신천지 신도들이 성경 주석 보는 것에 대해서 왜 그렇게 싫어하는가? 보라고 장려하고 비교해보라고 해야 할 것이다. 거듭 말하지만 진리는 검증을 두려워해서는 안 되기 때문이다.

렘51,25절 "여호와의 말씀이니라 온 세계를 멸하는 멸망의 산아 보라 나는 네 원수라 나의 손을 네 위에 펴서 너를 바위에서 굴리고 너로 불 탄 산이 되게 할 것이니"라는 말씀은 근접문맥인 26절부터 살펴야 한다.

26. 사람이 네게서 집 모퉁잇돌이나 기촛돌을 취하지 아니할 것이요 너는 영원히 황무지가 될 것이니라 여호와의 말씀이니라
27. 땅에 깃발을 세우며 나라들 가운데에 나팔을 불어서 나라들을 동원시켜 그를 치며 아라랏과 민니와 아스그나스 나라를 불러 모아 그를 치며 사무관을 세우고 그를 치되 극성스런 메뚜기 같이 그 말들을 몰아 오게 하라
28. 뭇 백성 곧 메대 사람의 왕들과 그 도백들과 그 모든 태수와 그 관할하는 모든 땅을 준비시켜 그를 치게 하라
29. 땅이 진동하며 소용돌이치나니 이는 여호와께서 바벨론을 쳐서 그 땅으로 황폐하여 주민이 없게 할 계획이 섰음이라
30. 바벨론의 용사는 싸움을 그치고 그들의 요새에 머무르나 기력이 쇠하여 여인같이 되며 그들의 거처는 불타고 그 문빗장은 부러졌으며
31. 보발꾼은 보발꾼을 맞으려고 달리며 전령은 전령을 맞으려고 달려가 바벨론의 왕에게 전하기를 그 성읍 사방이 함락되었으며

위 본문에서 말하는 "멸망의 산"은 온 세계를 멸하는 산이 아니다. 여기서 말하는 온 세계는 지구가 아니라 바벨론 제국이다. 그래서 27절에 아라랏과 민니와 아스그나스 라는 나라들을 동원해서 바벨론과 전쟁을 하게하고 그 결과 바벨론 제국이 멸망할 것이라는 말씀이다. 그래서 30절에 바벨론의 용사가 싸움을 그친다고 하였다. 그래서 41절에 "슬프다 세삭이 함락되었도다 온 세상의 칭찬 받는 성읍이 빼앗겼도다 슬프다 바벨론이 나라들 가운데에 황폐하

였도다" 라고 바벨론의 멸망을 말씀하신 것이다. 렘51장의 바벨론은 역사적인 바벨론 제국이지 기성교회를 가리키지 않는다.

〈초등22과 주요 내용5〉
3)구원자들의 조직체를 비유한 산(하나님의 소속)
계14:1. 어린양: 시온산에 있음
시132:13~14. 하나님→시온산: 안식처 (영생)
사25 :6~8. 맑은 포도주
렘3:14~15 성읍과 족속에서→시온으로
계18:4 바벨론에 거하는 자들을 부르심

〈초등22과 비판5〉

계14,1절을 들어서 어린양은 시온산에 있다고 하였다. 어린 양은 예수님인데 시온산은 어디인가? 성경에서 시온은 하나님 자신이나 하나님의 임재를 가리키는 '상징적' 표현이다. 그래서 시온좌는 하나님의 보좌를 가리키고 시온백성은 하나님의 자녀들을 가리킨다. 상징적 표현이므로 특정한 장소라고 규정할 수 없는 것이다. 계18,4절을 들어서 바벨론에 거하는 자들을 부르신다고 했는데 정확한 해석을 위해 계18,2-4절을 보자.

2. 힘찬 음성으로 외쳐 이르되 무너졌도다 무너졌도다 큰 성 바벨론이여 귀신의 처소와 각종 더러운 영이 모이는 곳과 각종 더럽고 가증한 새들이 모이는 곳이 되었도다
3. 그 음행의 진노의 포도주로 말미암아 만국이 무너졌으며 또 땅의 왕들이 그와 더불어 음행하였으며 땅의 상인들도 그 사치의 세력으로 치부하였도다 하더라
4. 또 내가 들으니 하늘로부터 다른 음성이 나서 이르되 내 백성아, 거기서 나와 그의 죄에 참여하지 말고 그가 받을 재앙들을 받지 말라

위 본문에서 바벨론은 귀신의 처소, 각종 더러운 영과 더럽고 가증한 새들

이 모이는 곳이다. 기성교회가 귀신을 섬기는가? 더러운 영과 가증한 새들이 모여 있는가? 여기서 말하는 바벨론은 무너진 바벨론 제국인데 그 제국이 하나님을 섬기지 않고 우상 숭배하여 결국 멸망당한 것처럼(렘51장) 종말에 있을 심판을 바벨론 제국의 멸망에 비유한 말씀이지 기성교회를 바벨론에 비유할 근거로 제시된 말씀이 아니다.

〈초등22과 주요 내용6〉
사2:2~3 시온산(12지파) → 말씀: 만방이 모여 든다.

〈초등22과 비판6〉
시온산을 신천지라고 규정하고 12지파가 있고 말씀이 있어서 만방에서 모여 든다고 생각할 것이다. 앞서 시온산은 상징적인 산이라고 말한 바 있다. 사2,1-3절을 보자.

1. 아모스의 아들 이사야가 받은 바 유다와 예루살렘에 관한 말씀이라
2. 말일에 여호와의 전의 산이 모든 산 꼭대기에 굳게 설 것이요 모든 작은 산 위에 뛰어나리니 만방이 그리로 모여들 것이라
3. 많은 백성이 가며 이르기를 오라 우리가 여호와의 산에 오르며 야곱의 하나님의 전에 이르자 그가 그의 길을 우리에게 가르치실 것이라 우리가 그 길로 행하리라 하리니 이는 율법이 시온에서부터 나올 것이요 여호와의 말씀이 예루살렘에서부터 나올 것임이니라

위 본문은 신천지에 대해서 한 말씀이 아니라 유다와 예루살렘에 대하여 하신 말씀이다. 이사야서는 모두 66장으로 구성되어 있다. 1-39장 까지는 이스라엘의 심판과 징계를 말씀하고 40-66장까지는 회복에 대해 말씀한다. 그래서 이사야서를 축소된 성경이라고 부른다. 먼저 위 본문 어디에도 12지파는 나오지 않는다. 그리고 시온에서 나오는 것은 율법이고 말씀은 예루살렘에서 나오는데 여기서 율법=말씀이다. 선지자 이사야는 신천지에 대해서 말씀을

받은 것이 아니고 유다와 예루살렘, 즉 유다지파에 대해서 말하는데 이 본문에서 유다지파는 이스라엘을 대표하는 의미로 쓰였다.

〈초등 제 23과〉 하나님의 교회와 세상교회

강사 홍○○

본문 - 요일4:5~6

저희 : 세상에 속한 자 〈--------------------〉 우리 : 하나님께 속한 자
세상에 속한 말, 미혹의 영   하나님께 속한 말, 진리의 영
세상교회   하나님의 교회

▸ 하나님
의 교회와 세상교회의 실체는 무엇인가?
▸ 그 실체
하나님의 교회 = 하나님께서 계신 곳, 하나님의 말씀 = 진리
세상교회 = 세상에 속한 영이 있는 곳, 세상에 속한 말 = 비 진리

▸ 설명 :

1. 참된 교회는 어떤 곳인가?

1) 교회란? 모아서 가르치는 곳, 말씀.
2) 참된 교회란: 건물, 크기, 성도수가 중요한 것이 아님. 하나님→하나님의 집, 성전 (교회) 하나님께서 계신 곳.

2. 하나님의 교회와 세상교회의 차이

하나님 교회	세상 교회
요4:24/ 하나님= 영(성령)	엡6:12/ 사단 = 악령
요1:1/ 말씀 = 하나님	요8:44/ 진리가 없고 거짓말. 제 것으로 가르침.

요3: 34 하늘(하나님) 목자,   요 3: 31 땅(세상)목자,
하나님의 말씀 = 진리   땅(세상)에 속한 말=비 진리

3. 하나님께 속한 자와 세상에 속한 자의 구분법
하나님께 속한 자   세상에 속한 자
말씀을 듣고 순종함 (요일4,5-6)   말씀을 듣지 않고 순종하지 않음.
알곡   (마13,30)   가라지

4. 말씀의 기갈
암8:11~12, 양식, 물 없음→말씀 없음, 기갈
초림 때, 사29:9~14→유식, 무식한자 읽지 못함
재림 때, 계5:1~3→펴거나 볼 자가 없음
세상교회: 말씀이 없는 기근
하나님교회: 말씀이 넘쳐남

5. 세상교회에 말씀이 없는 이유?
성도들에게 말씀이 없는 이유는?
담임 목자에게 말씀이 없기 때문
목자에 말씀이 없는 이유는?
목자가 배운 신학교에 말씀이 없기 때문
신학교에 말씀이 없는 이유는?
말씀의 본체이신 성령이 그곳에 없기 때문이다.

〈결론〉
하나님의 교회 = 하나님께서 계신 곳, 하나님의 말씀 = 진리
세상교회 = 세상에 속한 영이 있는 곳, 세상에 속한 말 = 비 진리
막4:10-13/ 천국비밀 알지 못함, 죄 사함 없음, 외인

요16:25/ 밝히 알리는 때, 비사가 아니라, 실상을 증거
마13:37~39 추수되어 간 자, 천국의 아들들, 마귀의 아들들

〈초등23과 주요 내용1〉
본문 요일4:5~6
저희 : 세상에 속한 자 〈----------〉 우리 : 하나님께 속한 자
세상에 속한 말, 미혹의 영　　　　　하나님께 속한 말, 진리의 영
세상교회　　　　　　　　　　　　　하나님의 교회

〈초등23과 비판1〉
　신천지가 저희와 우리를 구분하는 것은, 철저하게 저희는 기성교회 신자들이고 우리는 신천지 교인들을 가리킨다. 그러나 신약성경에서 너희와 저희, 저희와 우리는 기성교회 대 신천지가 아니다. 예수님 시대로 돌아가서 고찰해야 한다. 너희와 우리는 예수님의 제자들이고 저희는 당시 예수님을 받아들이지 않던 서기관, 바리새인, 제사장 그룹을 뜻한다.

〈초등23과 주요 내용2〉
2.하나님의 교회와 세상교회의 차이

하나님의 교회	세상 교회
요4:24/ 하나님 = 영(성령)	엡6:12/ 사단 = 악령
요1:1/ 말씀 = 하나님 요8:44/	진리가 없고 거짓말. 제 것으로 가르침.
요3: 34 하늘(하나님) 목자,	요 3: 31 땅(세상) 목자,
하나님의 말씀 = 진리	땅(세상)에 속한 말 = 비 진리

〈초등23과 비판2〉
　신천지의 의도는 명백하다. 신천지는 하나님의 교회이고 기성교회는 세상교회이며 신천지는 하늘 목자이고 기성교회는 땅의 목자라는 것이다.

그런데 요3,28-35절을 보자.

28. 내가 말한 바 나는 그리스도가 아니요 그의 앞에 보내심을 받은 자라고 한 것을 증언할 자는 너희니라
29. 신부를 취하는 자는 신랑이나 서서 신랑의 음성을 듣는 친구가 크게 기뻐하나니 나는 이러한 기쁨으로 충만하였노라
30. 그는 흥하여야 하겠고 나는 쇠하여야 하리라 하니라
31. 위로부터 오시는 이는 만물 위에 계시고 땅에서 난 이는 땅에 속하여 땅에 속한 것을 말하느니라 하늘로부터 오시는 이는 만물 위에 계시나니
32. 그가 친히 보고 들은 것을 증언하되 그의 증언을 받는 자가 없도다
33. 그의 증언을 받는 자는 하나님이 참되시다는 것을 인쳤느니라
34. 하나님이 보내신 이는 하나님의 말씀을 하나니 이는 하나님이 성령을 한량없이 주심이니라
35. 아버지께서 아들을 사랑하사 만물을 다 그의 손에 주셨으니
36. 아들을 믿는 자에게는 영생이 있고 아들에게 순종하지 아니하는 자는 영생을 보지 못하고 도리어 하나님의 진노가 그 위에 머물러 있느니라

위 본문은 세례요한이 한 말이다. 요한은 자신이 그리스도가 아니며 그리스도는 흥해야하고 자신은 쇠해야 한다고 하였다. 그리고 31절에 땅에 속한 자는 누구인가? 기성교회가 아니라 "하늘로부터 오시는 이" 인 예수 그리스도를 믿지 않는 사람들이다. 그리고 34절에 하나님의 보냄을 받은 자가 하나님의 말씀을 하는 것은 성령을 한량없이 받았기 때문이다. 그래서 구원은 36절에 있는 것처럼 오직 하나님의 아들 되신 예수 그리스도를 믿는 데 있다고 결론을 내린다. 위 본문은 하늘 목자와 땅의 목자를 신천지 교리가 아니라 오직 예수 그리스도를 믿는지 안 믿는지로 구분하고 있다.

〈초등23과 주요 내용3〉
5. 세상교회에 말씀이 없는 이유?

성도들에게 말씀이 없는 이유는?
담임 목자에게 말씀이 없기 때문
목자에 말씀이 없는 이유는?
목자가 배운 신학교에 말씀이 없기 때문
신학교에 말씀이 없는 이유는?
말씀의 본체이신 성령이 그곳에 없기 때문이다.

〈초등23과 비판3〉

신학교에 성령이 없기 때문에 세상교회에 말씀이 없다고 한다. 성령이 어떤 분인가? 오직 예수 그리스도를 증거 하려고 오신 분이다. 그리고 행1,8절 "오직 성령이 너희에게 임하시면 너희가 권능을 받고 예루살렘과 온 유대와 사마리아와 땅 끝까지 이르러 내 증인이 되리라 하시니라" 라고 하였다. "내 증인"은 예수님의 증인이지 이단/사이비 교주의 증인이 아니다. 그렇다면 성령이 없는 곳이 과연 어디인가?

〈초등 제 24과〉 비유한 인 (표)

강사 이○○

본문/ 계7:2~3

천사 : 하나님의 인→인침→하나님의 종들
◆ 비유한 인의 실체는 무엇인가?
◆ 실체 : 인(표) = 증거의 말씀, 말씀 받은 사람
◆ 설명

1. 비유한 인(표) : 印

육적 특성: 이름 기록, 인 친다. 소유 확인

〈도장의 제작 과정〉

재료 택함(나무, 돌)→이름 새김

〈비유한 인의 참뜻〉

(요1:1) 말씀 = 하나님

(욥33:16) 귀 :여시고→인 치듯 교훈→사람

(합2:2) 묵시→판에 명백히 새김

(잠 3:3) 진리→마음 판 : 새김

(요3:32~33) 보고 들은 것 증거 (말씀, 예수님),
　　　　　　증거 받는 이(인 맞은 자)←인 쳤다.

비유한 인= 증거의 말씀, 말씀 받은 사람

인 친다 = 말씀 증거

인 맞는다 = 말씀 받고 마음에 새김

인 치는 목적 = 하나님의 소유확인

2. 인치는 일에 대한 예언과 성취

〈구약예언〉

(학2: 23) 그날 : 하나님-택함(인 치심)-스룹바벨(인침을 받은 자)

〈초림성취〉(요6:27), 택함(눅9:35), 말씀(요17:8~9)

하나님-인 치심-목도장(포도나무)-예수님=하나님의 인-인 치심-인 맞은 자(하나님의 소유)-12제자.

〈신약: 예언〉

(계7:2~3) 천사 : 하나님의 인

(계22:8) 보고 들은 것 증거 : 요한→새 요한→시온산→144,000→하나님의 종들

(계14:1)

3. 영적인 인의 종류

1)하나님의 인 : 증거의 말씀, 말씀 받은 사람

2)사단의 인 : 사단의 말, 거짓목자

(계13:16~18)/ 이마와 오른손 표, 짐승의 이름, 이름의 수, 사람의 수 = 666

(계14:11)/ 짐승의 표 받은 자 → 쉼을 얻지 못함

〈총정리〉

비유한 인-증거의 말씀, 말씀 받은 사람

인 친다-말씀 증거/ 인치는 장소-시온산

인치는 목적-하나님의 소유 확인/ 인 맞는다-말씀 받아 마음에 새김

인치는 때-배도자, 멸망자, 심판 후

〈초등24과 주요 내용1〉

〈신약: 예언〉

(계7:2~3) 천사 : 하나님의 인

(계22:8) 보고 들은 것 증거 : 요한→새 요한→시온산→144,000→하나님의 종들

(계14:1)

〈초등24과 비판1〉

　신천지는 그들의 지도자가 새 요한이라고 주장하겠지만 성경 어디에도 새 요한을 보내신다는 말은 없다. 그리고 144,000은 실제의 수가 아니라 상징적인 숫자이다. 앞에서 살핀 이단/사이비의 특징 중 하나가 상징적인 숫자인 144,000을 실제의 숫자로 생각하고 자기네 집단에 들어와야만 한다고 주장한다.

〈초등24과 주요 내용2〉

(계14:11)/ 짐승의 표 받은 자→쉼을 얻지 못함

⟨초등24과 비판2⟩

계13,8절을 보라. "죽임을 당한 어린 양의 생명책에 창세 이후로 이름이 기록되지 못하고 이 땅에 사는 자들은 다 그 짐승에게 경배하리라"

그리고 계14,11-2절을 보자.

11. 그 고난의 연기가 세세토록 올라가리로다 짐승과 그의 우상에게 경배하고 그의 이름 표를 받는 자는 누구든지 밤낮 쉼을 얻지 못하리라 하더라
12. 성도들의 인내가 여기 있나니 그들은 하나님의 계명과 예수에 대한 믿음을 지키는 자니라.

계13,8절에는 어린 양의 생명책에 기록되지 못한 자가 짐승에게 경배한다고 했다. 그리고 계14,11-2절에는 짐승의 표를 받는 자는 우상에게 경배하고 어린 양 예수에 대한 믿음을 지키지 못하는 자이다. 그러므로 어린 양의 생명책에 기록된 자, 즉 예수 믿고 구원받은 자는 짐승에게 경배할 수도 없고 짐승의 표를 받지 않으므로 성도에게는 아무 상관이 없는 말씀이다.

⟨초등 제 25과⟩ 비유한 나팔

강사 조○○

본문 - 마 24:31

마24:29~31/ 그날 환난 후 : 해, 달, 별, 큰 나팔소리 - 택한 자 : 모음
◆ 비유한 나팔의 실체는 무엇인가?
◆ 그 실체 : 나팔 부는 자 =영계의 천사, 나팔 = 사람, 나팔소리 = 증거의 말씀
◆ 설명 : 성경의 나팔 : 육적 나팔, 영적 나팔
나팔의 육적 특성: 널리 전하고 알리는 데 쓰이는 도구

1. 비유한 나팔의 의미

사58:1, 마10:20/ 말씀하신 이: 성령

하나님→이사야→나팔(죄와 허물 알리는 소리, 증거의 나팔)→내 백성, 야곱의 집

2. 나팔이 불려지는 장소
사18:3/ 산들 위에: 기호세우고, 나팔 분다.
욜2:1, 15~16/ 시온성산 - 나팔, 호각
나팔 분다 → 모든 거민: 들으라 (백성을 모음)
(시온산)

3. 초림 때의 나팔
요14:24
마10:20-예루살렘 성(죄와 허물)-증거의 말씀-하나님-예수님=나팔

4. 재림의 나팔
마24:29~31/하나님-예수님-천사-새 요한=나팔
계8:2
계10:7
계11:15

5. 사단의 나팔
계18:22/ 바벨론: 나팔 부는 자들의 소리
◆ 주 재림 때 나팔
누가 : 7천사
언제 : 배도와 멸망의 일 후
어디서 : 시온산
무엇을 : 7나팔
어떻게 : 천사가 사명자를 들어 증거의 말씀을 전함

왜 : 택한 자를 모으기 위해

〈초등25과 주요 내용1〉
◆ 비유한 나팔의 실체는 무엇인가?
◆ 그 실체 :
나팔 부는 자 =영계의 천사, 나팔 = 사람, 나팔소리 = 증거의 말씀

〈초등25과 비판1〉
나팔=사람이 아니다. 나팔은 천사가 부는 도구로서의 나팔이다. 그리고 나팔소리 역시 증거의 말씀이 아니라 그냥 소리이다.

〈초등25과 주요 내용2〉
3. 초림 때의 나팔
요14:24
마10:20-예루살렘 성(죄와 허물)-증거의 말씀-하나님-예수님=나팔

〈초등25과 비판2〉
신천지는 나팔=증거의 말씀으로 규정해놓았기에 성경에 '말씀'이라는 단어가 나오면 나팔로 연결시키고 있다. 그러나 요14,24절 "나를 사랑하지 아니하는 자는 내 말을 지키지 아니하나니 너희가 듣는 말은 내 말이 아니요 나를 보내신 아버지의 말씀이니라"는 나팔과 아무런 관계가 없는 말씀이다.

〈초등25과 주요 내용3〉
◆ 주 재림 때 나팔
누가 : 7천사
언제 : 배도와 멸망의 일 후
어디서 : 시온산

무엇을 : 7나팔

어떻게 : 천사가 사명자를 들어 증거의 말씀을 전함

왜 : 택한 자를 모으기 위해

〈초등25과 비판3〉

신천지는 그들의 지도자가 사명자이고 증거의 말씀을 전하여 신천지 교인들을 모은다고 하겠지만 계18,22절 "또 거문고 타는 자와 풍류하는 자와 퉁소 부는 자와 나팔 부는 자들의 소리가 결코 다시 네 안에서 들리지 아니하고 어떠한 세공업자든지 결코 다시 네 안에서 보이지 아니하고 또 맷돌 소리가 결코 다시 네 안에서 들리지 아니하고"에 보면 천사가 사명자를 들어서 증거의 말씀을 전한다는 내용이 전혀 없다.

〈초등 제 26과〉 비유한 돌

강사 조○○

본문 말씀 : 계2:17

예수님 → 이기는 그 : 감추었던 만나, 흰 돌 (새 이름)

◆ 비유한 돌의 실체는 무엇인가?

◆ 그 실체

돌=심판의 말씀과 말씀가진 목자

◆ 설명

육적 특성 – 단단하다, 깨뜨리고 부순다.

〈모세 때〉

출24:12/ 하나님 (율법, 계명), 말씀→돌판(증거 판)=심판

요12:48/ 예수님: 말씀→심판

요5:22/ 하나님→심판 권세→예수님

1) 하나님의 돌

(1) 구약에 약속된 돌

〈구약: 예언〉

시118:22~23/ 건축자, 버린 돌 → 모퉁이: 머릿돌

사28:16/ 시온 → 한돌: 기초돌(믿는 자, 급절하지 않는다).

(1) 구약에 약속된 돌

〈신약: 성취〉

마21:42~46/ 대제사장, 바리새인, 목자, 깨어짐, 가루→돌(엡2:20~22)

벧전2:4~8/ 예수님→보배로운 산돌, 믿는 자 : 보석 (보배), 안 믿는 자: 부딪히는 돌

(2) 예수님을 돌로 비유한 이유.

모세 때: 하나님의 말씀을 새김→돌비 (심판)

초림 때: 하나님의 말씀을 새김→예수님, 심비 (심판)

요 17:8

하나님의 말씀(구약을 이룬 성취된 계시의 말씀)

(반석. 고전10:4)/ 예수님= 산돌, 보석, 말씀, 심판권세 (마 19:28)

저희: 12제자= 12보석(돌)

(3) 계시록에 예언된 돌

계2:17 이기는 그→흰 돌= 심판의 권세

재림 때= 하나님의 말씀, (새김, 심판권세)→이기는 자(흰 돌)

계10장 펴 놓인 책, 보고 들은 계시의 말씀(계 22:8)

    사도요한 = 새 요한=이긴 자(흰돌) 전함→백성, 나라, 방언, 임금→만국

단2:31~35

(꿈=이상=예언)

신상= 우상, 머리: 정금, 가슴과 팔; 은, 배와 넓적다리: 놋, 종아리: 철,

발: 철+진흙. 초림 : 예수님, 심판 = 발 쳐서 부숴뜨림

2) 사단의 돌
신32:31/ 대적의 반석= 사단의 목자 (거짓목자)
계6:15~16/ 임금들, 왕족들, 장군들, 각종과 자주자→굴, 산, 바위에 숨음.

〈초등26과 주요 내용1〉
예수님→이기는 그 : 감추었던 만나, 흰 돌 (새 이름)
◆ 비유한 돌의 실체는 무엇인가?
◆ 그 실체
돌=심판의 말씀과 말씀가진 목자

〈초등26과 비판1〉
계2,17절을 들어서 감추었던 만나, 흰 돌(새 이름)을 말하고 있다. 계2,17절을 보자. "귀 있는 자는 성령이 교회들에게 하시는 말씀을 들을지어다 이기는 그에게는 내가 감추었던 만나를 주고 또 흰 돌을 줄 터인데 그 돌 위에 새 이름을 기록한 것이 있나니 받는 자 밖에는 그 이름을 알 사람이 없느니라." 이 말씀은 신천지가 아니라 버가모 교회에 주신 말씀이다. 왜 버가모 교회에게 이길 것을 강조하셨는가? 근접 문맥인 계2,14-5절에 답이 있다.

14. 그러나 네게 두어 가지 책망할 것이 있나니 거기 네게 발람의 교훈을 지키는 자들이 있도다 발람이 발락을 가르쳐 이스라엘 자손 앞에 걸림돌을 놓아 우상의 제물을 먹게 하였고 또 행음하게 하였느니라
15. 이와 같이 네게도 니골라 당의 교훈을 지키는 자들이 있도다

버가모 교회에 발람의 교훈을 지키는 자들이 있는데 우상 숭배와 행음이다. 그리고 니골라당의 교훈을 지키는 자들도 있기에 거기에 미혹되지 말고 이기라는 것이다. 그러면 감추었던 만나는 무엇인가? 이스라엘은 광야에서 만나를

먹었다. 그러나 그들은 그 만나를 통해 잠시 살았지만 영생을 얻지는 못했다.
요6.31-5절에 감추었던 만나가 나와 있다.

31. 기록된 바 하늘에서 그들에게 떡을 주어 먹게 하였다 함과 같이 우리 조상들은 광야에서 만나를 먹었나이다
32. 예수께서 이르시되 내가 진실로 진실로 너희에게 이르노니 모세가 너희에게 하늘로부터 떡을 준 것이 아니라 내 아버지께서 너희에게 하늘로부터 참 떡을 주시나니
33. 하나님의 떡은 하늘에서 내려 세상에 생명을 주는 것이니라
34. 그들이 이르되 주여 이 떡을 항상 우리에게 주소서
35. 예수께서 이르시되 나는 생명의 떡이니 내게 오는 자는 결코 주리지 아니할 터이요 나를 믿는 자는 영원히 목마르지 아니하리라

위 본문을 통해서 알 수 있는 것처럼 '감추인 만나'는 예수님이지 신천지의 교리가 아니다. '흰 돌'은 흰옷과 같은 의미로서 구원받은 성도를 말한다. '새 이름'은 고후5,17절 "그런즉 누구든지 그리스도 안에 있으면 새로운 피조물이라 이전 것은 지나갔으니 보라 새 것이 되었도다" 라는 말씀처럼 이제 하나님의 자녀라는 새 이름을 갖게 된 것을 말한다.

〈초등26과 주요 내용2〉

(3) 계시록에 예언된 돌
계2:17 이기는 그→흰 돌 = 심판의 권세
재림 때= 하나님의 말씀(새김, 심판권세)→이기는 자(흰 돌)
계10장 펴 놓인 책, 보고 들은 계시의 말씀(계 22:8)
사도요한 = 새 요한=이긴 자(흰돌) 전함→백성, 나라, 방언, 임금→만국

〈초등26과 비판2〉

앞에서 설명한 것처럼 계2,17의 흰 돌=심판의 권세가 아니다. 그리고 성경

어디에도 새 요한의 존재를 말한 곳이 없다.

〈초등 27과〉 비유한 우상

본문 계 13:15
땅: 짐승, 우상
-비유한 우상의 실체는 무엇인가?
◆ 그 실체: 우상 = 거짓목자
우상의 제물 = 거짓교리
◆ 설명

1. 비유한 우상(偶像)

출20:4~6/ 십계명: 둘째 계명, 우상숭배 하지마라.
신27:15/ 우상: 하나님께 가증 → 저주(이를 은밀히 세우는 자)
시135:15~18
열방의 우상 = 은, 금, 사람의 수공물
입: 말 못함, 눈: 보지 못함, 귀: 듣지 못함 입: 기식(氣息) 못함
역사: 육적 우상
교훈: 탐심(골3:5)
예언: 말하는 우상?
시41:21~24
하나님 → 우상: 소송 일으키라 !
- 확실한 증거 없다.
- 장래사, 후래사 진술 못함
- 복, 화를 주지 못함
시41:29/ 우상 = 바람, 허탄한 것
렘5:13/ 바람 = 말씀 없는 선지자

합2:18/ 우상= 거짓 스승, 생기 없다.

비유한 우상= 거짓 목자

요 8:44/ 너희 아비 마귀, 23:7 회칠한 무덤, 서기관과 바리새인과 그 소속 성도→우상숭배

고후 6:14 ~ 18

믿는 자 : 의, 그리스도, 빛, 성전, 예수님

믿지 않는 자: 불법, 벨리알, 어두움, 우상, 서기관과 바리새인

단2: 44 ~45

머리: 정금, 가슴, 팔: 은, 배, 넙적다리 : 놋, 종아리: 철, 발: 진흙+철

보배로운 산돌인 예수님(벧전2,4)-뜨인 돌로 우상을 가루로.

마21:42~44 /건축자 버림 . 모퉁잇돌, 머릿돌.

계14:9~11/ 영원한 지옥 형벌(바다 짐승-땅 짐승-생기-우상

계12:11/ 짐승과 죽기까지 싸워 이긴 자

하나님, 예수님, 천국-천국은 흰 돌-이긴 자=돌.

계15:2~5/ 증거 장막 성전

잠30:2/ 하나님 모르는 자 짐승

단7:3-8/ 세상에서 들어 옴. 땅에서 올라왔다-장막출신.

2. 우상의 제물

고전10:19~21

이방인의 제사= 귀신에게 제사

롬12:1/ 제사= 영적예배

※우상의 제물= 거짓 교리

계2:14~15

발람의 교훈, 니골라당의 교훈

발람→민22~24장(이스라엘의 선지자로 이방술사). 모압 왕 발락으로부터 불의의 삯을 받아 이스라엘 백성들에게 우상제물 먹게 하고 이방신을 섬기게 한 인물

행6:3~5/ 거짓목자 (니골라당)

니골라-백성의 정복자 〈 이방인-〉유대교-〉예수교-〉당을 지음〉

〈초등27과 주요 내용1〉

-비유한 우상의 실체는 무엇인가?

◆ 그 실체: 우상= 거짓목자

우상의 제물= 거짓교리

〈초등27과 비판1〉

계13,15절 "그가 권세를 받아 그 짐승의 우상에게 생기를 주어 그 짐승의 우상으로 말하게 하고 또 짐승의 우상에게 경배하지 아니하는 자는 몇이든지 다 죽이게 하더라" 라는 구절을 보자. 신천지는 기성교회 목자들이 거짓 목자라고 생각하겠지만 이 구절 어디에도 우상의 실체가 거짓목자라고 나와 있지 않다. 우상은 우상일 뿐이다.

〈초등27과 주요 내용2〉

- 확실한 증거 없다.
- 장래사, 후래사 진술 못함
- 복, 화를 주지 못함

〈초등27과 비판2〉

우상에 대해 설명한 말이다. 우상은 확실한 증거가 없다. 신천지의 리더가 새 요한이라는 성경적 증거가 어디에 있는가? 우상은 장래사를 진술 못한다. 계시록을 풍유적으로 해석해놓고 성경을 다 풀었다고 한다면 누구나 그렇게

할 수 있다. 예를 들면 한 갓 난 아기를 지목하여 이 아이가 8살에 어느 초등학교에 들어가고... 26세에 김OO양과 결혼하고 아이를 둘 낳고 80세에 죽을 것이라고 한다면 이것이 그 아이의 장래를 다 푼 것인가? 이렇게 풀지 못한다고 해서 짖지 못하는 개, 소경, 벙어리라고 말 할 수 있는가? 계시록은 때가 되어 성취되어야 알 수 있는 부분이 분명히 있는 것이다.

〈초등27과 주요 내용3〉
계15:2~5/ 증거 장막 성전
잠30:2/ 하나님 모르는 자 짐승
단7:3-8/ 세상에서 들어 옴. 땅에서 올라왔다-장막출신.

〈초등27과 비판3〉
계시록15장에서 말하는 증거장막성전은 신천지의 증거장막성전이 아니다. 그리고 단7,3-8절은 땅에서 올라온 짐승 넷에 대한 말씀이다. 아마도 신천지는 신천지 출신으로서 소위 배도자를 말하는 것 같으나 거듭 말하지만 이렇게 계시록을 풀면 그 스케일이 너무 작다고 말할 수밖에 없지 않은가?

〈초등 28과〉 비유한 생물과 바람

강사 조OO

본문/ 계7: 1~4

네 천사: 바람을 붙잡다 → 불지 못하게 함
◆ 비유한 생물과 바람의 실체는 무엇인가?
◆ 그 실체
생물과 바람= 영계의 천사장을 중심으로 한 천사들
네 생물 (네바람) = 영계의 네 천사장
바람 분다= 천사를 들어서 심판한다.

바람을 붙잡는다 = 심판중지

◆ 설명
생물의 육적 특성 : 살아 있는 존재
바람의 육적 특성 : 보이지 않지만 존재한다. 바람은 불기도 하고 멈추기도 한다.

1. 하나님의 영계보좌(천국)
계4장 하늘 : 영계
요한이 밧모섬에서 성령에 감동되어 하늘을 봄
하늘: 영계
네 생물
24장로
보좌
7영
유리바다

2. 비유한 생물
계6~8/ 네 생물: 사자, 송아지, 사람, 독수리
겔1:5~10 네 생물: 사자, 소, 사람, 독수리,
겔10:12~14 그룹: 사자, 그룹, 사람, 독수리
눈이 가득함.
계6:1~8/ 네 생물: ①생물 흰말 ②생물 붉은말 ③생물 검은말 ④생물 청황색말
슥6:1~3/ 네 병거: ①병거 홍마 ②병거 흑마 ③병거 백마 ④ 병거 어룽진마
슥6:4~5/ 네 바람
히1:7/ 바람= 천사, 사역자: 불꽃

시18:9~10 그룹타고 날으시고 구름을 타고 높이 날으심
◆ 네 생물 = 네 그룹 = 네 병거 = 네 바람 → 영계의 네 천사장
◆ 눈 = 그룹 = 말들 = 바람 = 생 물 = 스랍 → 영계의 천사장을 중심으로 한 천사들

3. 네 생물의 사명
단7:2~3
네 바람: 네 짐승: 하나님의 성도를 괴롭게 함
계6:네 생물: 천사장, 대풍(바람): 심판, 7머리 열 뿔 짐승-하늘=장막-이 일 후에
계7:8/ 바람 붙잡음: 심판 중지, 시온산, 증거 장막, 인 맞은 12지파, 144,000.
계7:9 환란: 심판, 바람 분 자-흰 무리가 시온산으로 온다.

◆ 결론
- 네 생물 = 네 그룹 = 네 병거 = 네바람 =====〉 영계의 천사장
- 눈 = 그룹= 말들 = 바람 = 생물 = 스랍 ====〉 영계의 천사장을 중심으로 한 천사들
- 바람 분다 = 천사를 들어 심판한다.
- 바람을 붙들어 둔다 = 잠시 심판 중지 한다(144,000명을 모음).

〈초등28과 주요 내용1〉
히1:7/ 바람= 천사, 사역자: 불꽃

〈초등28과 비판1〉
히1,7절 "또 천사들에 관하여는 그는 그의 천사들을 바람으로, 그의 사역자들을 불꽃으로 삼으시느니라 하셨으되" 라는 말씀에 근거하여 바람=천사이고

사역자는 불꽃으로 풀었다. 이것을 정확하게 이해하려면 근접문맥인 히1,1-7절까지를 보아야 한다.

1. 옛적에 선지자들을 통하여 여러 부분과 여러 모양으로 우리 조상들에게 말씀하신 하나님이
2. 이 모든 날 마지막에는 아들을 통하여 우리에게 말씀하셨으니 이 아들을 만유의 상속자로 세우시고 또 그로 말미암아 모든 세계를 지으셨느니라
3. 이는 하나님의 영광의 광채시요 그 본체의 형상이시라 그의 능력의 말씀으로 만물을 붙드시며 죄를 정결하게 하는 일을 하시고 높은 곳에 계신 지극히 크신 이의 우편에 앉으셨느니라
4. 그가 천사보다 훨씬 뛰어남은 그들보다 더욱 아름다운 이름을 기업으로 얻으심이니
5. 하나님께서 어느 때에 천사 중 누구에게 너는 내 아들이라 오늘 내가 너를 낳았다 하셨으며 또 다시 나는 그에게 아버지가 되고 그는 내게 아들이 되리라 하셨느냐
6. 또 그가 맏아들을 이끌어 세상에 다시 들어오게 하실 때에 하나님의 모든 천사들은 그에게 경배할지어다 말씀하시며
7. 또 천사들에 관하여는 그는 그의 천사들을 바람으로, 그의 사역자들을 불꽃으로 삼으시느니라 하셨으되

위 본문은 천사들과 예수님을 비교한 말씀이다. 4절의 "그"는 예수님이다. 그리고 6절에 예수님이 재림할 때에 모든 천사들이 경배해야 한다고 하신다. 그리고 7절에 천사들을 바람으로 사역자를 불꽃으로 비유하였다. 이렇게 비유하신 것은 바람이 잠시 지나가는 것과 같고 불꽃은 금방 꺼지지만 예수님은 영원하시다는 것을 강조하기 위해서 하신 말씀이지 성경에 나오는 천사들을 바람으로, 사역자를 불꽃으로 해석하라고 하신 말씀이 아닌 것을 상식적으로 알 수 있다.

〈초등28과 주요 내용2〉

계7:8/ 바람 붙잡음: 심판 중지, 시온산, 증거 장막, 인 맞은 12지파, 144,000.

계7:9 환란: 심판, 바람 분 자-흰 무리가 시온산으로 온다.

〈초등28과 비판2〉

신천지는 144,000이 차면 하늘의 순교자들의 영이 내려와 신천지신도들과 합하고 전 세계의 흰 무리가 보물들을 들고 신천지로 찾아온다고 가르친다. 그러나 단언하건대 그런 일은 결코 일어나지 않을 것이다.

〈초등 제 29과〉 비유한 생기, 죽음, 무덤

강사 김○○

본문 - 창2:7

사람 + 생기 → 생령

◆ 비유한 생기, 죽음, 무덤의 실체는 무엇인가?

◆ 그 실체

생기 = 생명의 말씀

죽음 = 영의 죽음

무덤 = 육체, 비 진리의 조직체

◆ 설명

1. 비유한 생기(生氣)

육적 특성-살아 숨 쉬게 하는 기운

창2:7 사람+생기---〉생령

창3:22 생명나무, 과실 먹으면---〉영생

요1:1~4/ 말씀, 생명 ----------〉 말씀 안에 담긴 생명

요6:63/ 살리는 것 = 영 = 말씀

요6:68/ 주여 영생의 말씀이 계시니 어디로 가리오리까

2. 비유한 죽음

창2:17/ 선악나무의 실과 먹으면 ---〉 죽음

겔18:4/ 범죄 ---〉 영혼 죽음

마8:21~ 22/ 죽은 자들 : 죽은 자 장사

엡4:18 /총명이 없고, 무지(말씀이 없고) : 생명에서 떠남(영적죽음)

3. 비유한 무덤 = 육체, 비 진리의 조직체

롬3: 13 저희 목구멍 = 열린 무덤

겔37:1~14, 요5:24~28/ 하나님 믿는 자 영생, 죽은 자 살아남, 무덤에서 살아나옴.

마23: 27~28/ 회칠한 무덤

눅11: 44/ 평토장한 무덤

마23:27~28/ 그 안에 생명의 말씀이 없어 죽은 자와 같다

〈정리〉

1. 비유한 생기 = 생명의 말씀

2. 비유한 죽음 = 영의 죽음

3. 비유한 무덤 = 육체, 비 진리의 조직체

〈초등29과 주요 내용1〉

2. 비유한 죽음

엡4:18 /총명이 없고, 무지(말씀이 없고) : 생명에서 떠남(영적죽음)

〈초등29과 비판1〉

엡4,18절을 이해하려면 근접문맥인 엡4,15-20절까지 보아야 한다.

15. 오직 사랑 안에서 참된 것을 하여 범사에 그에게까지 자랄지라 그는 머리니 곧

그리스도라

16. 그에게서 온 몸이 각 마디를 통하여 도움을 받음으로 연결되고 결합되어 각 지체의 분량대로 역사하여 그 몸을 자라게 하며 사랑 안에서 스스로 세우느니라
17. 그러므로 내가 이것을 말하며 주 안에서 증언하노니 이제부터 너희는 이방인이 그 마음의 허망한 것으로 행함 같이 행하지 말라
18. 그들의 총명이 어두워지고 그들 가운데 있는 무지함과 그들의 마음이 굳어짐으로 말미암아 하나님의 생명에서 떠나 있도다
19. 그들이 감각 없는 자가 되어 자신을 방탕에 방임하여 모든 더러운 것을 욕심으로 행하되
20. 오직 너희는 그리스도를 그같이 배우지 아니하였느니라

17절에 마음이 허망하고 18절에 총명이 어두워지고 무지하고 마음이 굳어져서 생명에서 떠나 있다고 하였다. 왜 이렇게 되었는가? 신천지가 주장하는 어떤 말씀이 없어서가 아니라 15절, 그리스도의 장성한 분량까지 자라지 못했기 때문이다. 그래서 19절에 방탕과 더러운 욕심으로 행한다고 하였다. 즉 이 본문에서 강조하는 것은 어떤 말씀을 깨닫지 못하는 것이 아니라 그리스도 안에서 신앙이 성장하지 못하는 것을 지적하는 말씀이다.

〈초등29과 주요 내용2〉

〈정리〉

1. 비유한 생기 = 생명의 말씀
2. 비유한 죽음 = 영의 죽음
3. 비유한 무덤 = 육체, 비 진리의 조직체

〈초등29과 비판2〉

비유한 생기=생명의 말씀이 아니다. 생기=영이다. 그리고 비유한 무덤은 육체, 비 진리의 조직체가 아니다. 무덤은 무덤일 뿐이다.

⟨초등 제30과⟩ 비유한 부활

강사 김○○

본문/ 요5:29

선한일 행한 자 ------⟩ 생명의 부활

악한일 행한 자 ------⟩ 심판의 부활

◆ 비유한 부활의 실체는 무엇인가?

◆ 그 실체

부활 = 다시 산 영

◆ 설명

1. 부활의 의미와 종류

부활 = 죽었다가 다시 살아남

부활의 종류

- 육적 부활 : 육이 죽은 사람이 다시 사는 것

- 영적 부활 : 살아 있는 사람 속에 있는 영이 죽었으나 그 영이 다시 사는 것

2. 영적 부활의 예언과 성취

(구약 : 예언)- 겔37:1~14

겔37:9~14 --------⟩ 요5:24~29(초림 성취)

뼈는 이스라엘 족속, 영적으로 죽어 소망이 없다. 하나님의 생기=말씀이 들어가 부활시킴.

인자=예수님이 영적 이스라엘에게 생명 주심.

마23: 27~28/ 회칠한 무덤, 죽은 자들의 뼈 가득

눅23:27-28/ 회칠한 무덤, 죽은 자들의 뼈 가득

눅11:44/ 평토장한 무덤 같아 밟는 이들이 모름

3. 재림 때의 영적부활

계17장, 18장

무덤 = 바벨론

예수님→새 요한. 생기=말씀(계17,14/계18,4), 새 요한이 사망한 영적 이스라엘에게 말씀으로 생기를 주어 새 생명 줌.

〈초등30과 주요 내용1〉

인자=예수님이 영적 이스라엘에게 생명 주심.

〈초등30과 비판1〉

신천지는 육적 이스라엘(이스라엘 민족)과 영적 이스라엘(예수 믿은 성도), 그리고 새 이스라엘(신천지)로 나눈다. 그러나 성경 어디에도 영적 이스라엘이나 새 이스라엘은 언급되지 않았다.

〈초등30과 주요 내용2〉

3. 재림 때의 영적부활

계17장, 18장

무덤 = 바벨론

예수님→새 요한. 생기=말씀(계17,14/계18,4), 새 요한이 사망한 영적 이스라엘에게 말씀으로 생기를 주어 새 생명 줌.

〈초등30과 비판2〉

신천지는 무덤=바벨론=기성교회로 본다. 바벨론은 앞에서 설명하였기에 생략한다. 그런데 예수님이 새 요한에게 생기를 준다는 말씀은 성경 어디에도 없는 것이다. 게다가 그 새 요한이 사망한 영적 이스라엘(예수 믿고 구원받은 성도)에게 생기를 주어서 새 생명을 준다는 말씀은 존재하지 않는다. 구원의 필요충분조건은 예수 믿음으로 충족된다.

성경 롬8,1-2절 "1.그러므로 이제 그리스도 예수 안에 있는 자에게는 결코 정죄함이 없나니 2.이는 그리스도 예수 안에 있는 생명의 성령의 법이 죄와 사망의 법에서 너를 해방하였음이라"라고 하셨다.

또 롬10,9-10절 "9.네가 만일 네 입으로 예수를 주로 시인하며 또 하나님께서 그를 죽은 자 가운데서 살리신 것을 네 마음에 믿으면 구원을 받으리라 10.사람이 마음으로 믿어 의에 이르고 입으로 시인하여 구원에 이르느니라."

〈초등 제 31과〉 비유한 신랑, 신부, 과부, 고아

본문 마22:1~2

천국 =비유=혼인잔치(신랑, 신부)

◆ 비유한 신랑, 신부, 과부, 고아의 실체는 무엇인가?

◆ 그 실체 = 신랑 = 영, 신부 = 육, 과부 = 배도한 목자,
　　고아 = 배도한 목자 소속의 성도들

◆ 설명

1. 비유한 신랑, 신부

육적: 신랑 (씨)-----〉 신부 (젖, 밥)---〉 자녀

영적: 영(신랑)--(말씀)--〉 육: 목자 (신부)--(말씀)--〉 성도(자녀)

(1) 하나님 소속의 신랑 신부

호2:19~20/ 하나님 신랑, 장가 --〉 호세아(신부) : 영원히 살되

사62:4~5/ 하나님 신랑---〉 이사야 (신부): 헵시바= 하나님 기쁨, 뿔라=결혼한 여자

마3:16~17/ 하나님 성령 ----〉 예수님: 나의 기뻐하는 자

요10:30/ 하나님 +예수님= 하나 (혼인)

요17:8/ 하나님 말씀 ---〉예수님 말씀 ---〉 12제자

마22:1~2 /천국 = 혼인잔치 = 임금(하나님)--〉아들(예수님):신랑

딤전1:2/ 예수님(신랑) ---〉 바울(신부) ---〉 아들=디모데(자녀)

계22:17/ 성령(신랑) + 신부(목자) -----〉 생명수 받으라

계3:12/ 하나님, 예수님(신랑), 천국 --------〉 이긴자 (신부)

계10:8~11/ 열린 책 받아먹은 새 요한 ----〉다(多) 백성 (자녀)

(2) 사단 소속의 신랑, 신부

마23:33/ 뱀(마귀)+ 서기관, 바리세인

요8;44/ 마귀 (아비): 신랑, 씨 ---〉서기관과 바리새인(신부) 씨 ----〉너희 : 유대인

계18:23/ 시랑 +신부 --〉만국미혹

계17:5/ 마귀 + 음녀 〈-------- 가증한 것들의 어미

2. 비유한 과부, 고아

애5:3(과부) 신랑 : 성령 씨=진리

마귀(악령)-씨-비 진리

렘3,8/ 행음

간음 (행음), 신부 : 목자, 과부=배도한 목자

자녀 : 성도, 고아 =배도한 목자 소속 성도들

3. 천국 혼인잔치

1) 때

계19:1/ 계18장의 이일(배도자, 멸망자=심판/ 계 19장의 '후'(어린 양의 혼인기약)

2) 장소

계3:12/ 하나님 성전, 계 14:1 시온산, 계15:5절, 증거 장막 성전.

3) 자격조건: 마22장, 25장, 예복, 등과 기름

예수님 → 이긴 자(시온산) → 증거 장막 성전

천국=혼인잔치 집=하나님 성전

** 핵심 정리

1. 신랑 – 영 (하나님/ 마귀)

2. 신부 – 육 (참 목자/ 거짓 목자)

3. 과부 – 배도한 목자

4. 고아 – 배도한 목자 소속 성도들

5. 혼인잔치

    때: 계18장 사건 후 (배도자, 멸망자 심판)

    장소: 시온산 증거 장막 성전

    자격 조건: 등과 기름, 예복

〈초등31과 주요 내용1〉

천국 =비유=혼인잔치(신랑, 신부)

◆ 비유한 신랑, 신부, 과부, 고아의 실체는 무엇인가?

◆ 그 실체 = 신랑 = 영, 신부 = 육, 과부 = 배도한 목자,

        고아 = 배도한 목자 소속의 성도들

〈초등31과 비판1〉

마22,1-2절을 들어서 신랑, 신부, 고아, 과부를 예로 들었다.

마22,1-2절, "1.예수께서 다시 비유로 대답하여 이르시되 2.천국은 마치 자기 아들을 위하여 혼인 잔치를 베푼 어떤 임금과 같으니"가 본문이다. 혼인잔치이니 신랑과 신부는 있을 것이지만 뜬금없이 고아나 과부가 왜 등장하는 지 알 수 없다. 그렇다면 홀아비도 있어야 하지 않겠는가? 신랑은 당연히 예수님이다. 왜냐하면 임금은 하나님이시고 아들은 예수님이다. 아들인 예수님이 신랑이라면 신부는 교회이고 성도들이다. ◆ 그 실체 = 신랑 = 영, 신부 = 육, 과

부=배도한 목자, 고아 = 배도한 목자 소속의 성도들 이라고 했지만 위 본문 어디에도 이런 내용은 나오지 않는다. 그리고 과부가 배도한 목자라면 배도가 무엇인가? 아들(예수님)을 위한 잔치이니 예수 그리스도의 구원의 복음을 배도한 목자와 신도가 해당될 것이다.

〈초등31과 주요 내용2〉
계22:17/ 성령(신랑) + 신부(목자) -----〉 생명수 받으라

〈초등31과 비판2〉
성령이 신랑이 아니고 아들인 예수님이다. 신천지가 신랑을 성령이라고 하는 것은 그들의 지도자를 암시하는 것 같은데 신랑은 예수님이 분명하다. 그리고 신부는 목자가 아니라 교회이다.

〈초등31과 주요 내용3〉
3) 자격조건: 마22장, 25장, 예복, 등과 기름

〈초등31과 비판3〉
예복은 다른 것이 아니고 흰옷이다. 이 흰 옷은 구원받아 죄용서 받은 성도들을 뜻한다. 등과 기름은 앞에서 설명했지만 이 비유에서 등과 기름은 분리될 수 없다. 그리고 이 비유의 초점은 등이나 기름이 아니라 생각보다 늦게, 언제 오실지 모르는 신랑 되신 예수님을 깨어 기다리라는 것이다. 그러므로 자격 조건은 오직 예수 믿고 거듭난 것이 자격이며 조건이다.

〈초등31과 주요 내용4〉
예수님→이긴 자(시온산)→증거 장막 성전
천국=혼인잔치 집=하나님 성전

〈초등31과 비판4〉

이긴 자는 신천지의 지도자가 아니다. 앞서 설명했지만 "이긴 자"는 버가모 교회에 대해 주신 말씀이다. 버가모 교회가 발람의 교훈을 좇아 우상숭배와 음행에 빠져 있고 니골라당의 교훈을 좇는 자들이 있기에 이것들을 이겨내라는 것이고 이긴 자에게 흰 돌을 주고(예수 구원), 새 이름을 새긴다는 것은 고후5,17절의 새로운 피조물, 즉 하나님의 자녀가 됨을 말한다.

〈초등 제 32과〉 비유한 예루살렘과 바벨론

강사 이○○

본문/ 눅21: 20, 계17: 5, 눅21:20~21

계 17: 5

7머리 10뿔 짐승 : 음녀 = 바벨론

◆ 비유한 예루살렘과 바벨론의 실체는 무엇인가?

◆ 그 실체

예루살렘= 하나님 소속 선민

바벨론 = 사단소속의 이방

◆ 설명

육적인 유다 (예루살렘) + 육적 선민나라(성읍)

육적인 바벨론 = 선민 유다를 멸망시킨 이방나라

1. 예언서에 등장하는 인물, 지명, 국명은 역사적 배경을 빙자하여 비유로 기록했다.

계11:8/ 두 증인 죽음: 큰 성=영적: 소돔, 애굽, 골고다

눅 17:26~30/ 마지막 때 = 노아와 롯의 때

2. 역사서에 등장한 육적 예루살렘과 바벨론

삼하 5: 4~10 유다 (예루살렘)

= 하나님이 함께 하시는 선민나라(이스라엘, 예루살렘, 시온)

왕하 24: 10~ 14 바벨론 = 유다와 예루살렘을 멸망시킨 이방나라 (애굽, 앗수르)

3. 예언서에 등장하는 예루살렘과 바벨론(영적)

(영적 예루살렘)

렘3:17/ 예루살렘 = 하나님의 보좌

슥8:3/ 예루살렘 = 진리의 성읍

요1:12~13/ 육적혈통의 시대는 끝이 남(영적 바벨론).

계18:2 바벨론 = 귀신의 처소

(구약 역사) -----〉 (구약 예언의 초림성취)

바벨론(서기관, 바리새인, 예루살렘 세,요 제단) → 새 예루살렘(예수님)

구약(육적)	나라	왕	백성
신약 (영적)	교회	목자	성도

하나님의 선민 나라	유다, 예루살렘, 이스라엘, 시온
사단의 이방나라	바벨론, 앗수르, 애굽

(신약 :예언-성취), 눅21: 20(군대 --〉 산),

마24:15~16/ (멸망의 가증한 것 --〉 거룩한 곳 --〉 산)

계17:1-5/ 7머리, 열 뿔 짐승(42달 권세), 바벨론-계13,5-6/ 7금 촛대, 장막, 예루살렘 → 시온산(계14,1-3, 새 예루살렘, 144,000 명이 새 노래 부름

〈초등32과 주요 내용1〉

3. 예언서에 등장하는 예루살렘과 바벨론(영적)

(영적 예루살렘)

렘3:17/ 예루살렘= 하나님의 보좌

슥8:3/ 예루살렘 = 진리의 성읍

요1:12~13/ 육적혈통의 시대는 끝이 남(영적 바벨론).

〈초등32과 비판1〉

요1,12-4절을 보자.

12. 영접하는 자 곧 그 이름을 믿는 자들에게는 하나님의 자녀가 되는 권세를 주셨으니

13. 이는 혈통으로나 육정으로나 사람의 뜻으로 나지 아니하고 오직 하나님께로부터 난 자들이니라

14. 말씀이 육신이 되어 우리 가운데 거하시매 우리가 그의 영광을 보니 아버지의 독생자의 영광이요 은혜와 진리가 충만하더라

위 말씀은 요한 사도가 예수님에 대하여 증거 하는 말씀이다. 13절의 뜻은 당시 유대인들이 아브라함의 자손이라는 육적 혈통에 매여 선민의식에 젖어서 예수님을 영접하지 않기 때문에 한 말이다. 여기서 혈통, 육정, 사람의 뜻이 의미하는 것이 곧 아브라함의 자손, 선민의식이다. 그러면 "오직 하나님께로 부터 난 자들이니라"는 무엇을 뜻하는가? 답이 14절에 있다. 말씀이(로고스, λόγος) 육신이 되신 예수님을 믿고 거듭나는 것이다. 당시 사람들의 관심은 로고스였다. 우주만물의 존재 이법(理法), 이성(理性), 진리(眞理)가 로고스이다. 그래서 요한 사도는 당시 사람들의 철학적 관심인 로고스를 들어서 예수님을 증거 하기 원했다. 너희들이 찾는 궁극적 이성, 궁극적 진리가 바로 예수님이라는 것이다. 그래서 요한복음 1장을 로고스 기독론이라고 한다.

〈초등32과 주요 내용2〉

요1:12~13/ 육적혈통의 시대는 끝이 남(영적 바벨론)

〈초등32과 비판2〉

영적 바벨론은 신천지에서 기성교회를 가리키는 말이다. 그런데 위 본문에서 살핀 것처럼 육적 혈통의 시대는 아브라함의 자손이라는 선민의식이고 이 의식은 예수 믿음으로 끝이 나는 것이지 신천지의 교리를 받아들여야 끝나는 것이 아니다.

〈초등 33과〉 비유한 전쟁

강사 이○○

◆ **본문/ 마24:6~8**

민족, 나라 〈---대적 ---〉 민족, 나라

◆ **그 실체**

전쟁 = 교리싸움

◆ **설명**

1. 비유한 설명

육적 특성: 두 나라 이상이 어떤 목적을 두고 싸우는 행위 (승리, 패망)

〈성경 속 전쟁의 대상〉

영의 세계, 하나님의 나라 : 선민이 -전쟁- 육의 세계, 사단의 나라 → 이방

〈비유한 전쟁의 참뜻〉

(엡6:11~12) 씨름(전쟁) = 혈과 육 아님. 대상 : 어두움의 세상 주관자 악의 영들

(엡 6:17) 성령의 검 = 하나님 말씀

구약 시대 (육적 전쟁)

(렘25:9~11), 바벨론 (이방) 〈----〉 이스라엘 (선민)

무기는 창과 칼

초림 때 (영적 전쟁)

(마3:7), 바리새인 (독사) 〈----〉 세례요한
(마11:11~12) 세례요한 때부터 천국 침노
재림 때 (영적전쟁)
(계13:6~7), 짐승 〈----〉 하늘장막
(계12:7~11), 하늘 : 용 〈----〉 미가엘
짐승(이방)-하늘 장막(선민)/ 증거의 말씀=새 요한(12지파, 증거 장막 성전, 시온산, 하나님의 성전)

〈진자와 이긴 자의 증거〉
1) 진자
(신28:7), 7갈래로 도망

2) 이긴 자
이스라엘이 되어 12지파 창조

2. 비유한 병기
〈병기의 종류〉 검, 활, 철장, 갑옷(갑주)
(엡6;17) 성령의 검 = 하나님 말씀
(시54:7) 하나님 ; 화살 ---〉 저희
(계2:27) 이긴 자 : 철장 ---〉 저희 깨뜨림
(엡6:13~17) 전신갑주 취하라

〈총정리〉
비유한 전쟁 = 교리 싸움
비유한 병기 = 증거의 말씀
진자의 증거 = 7갈래로 도망
이긴 자의 증거 = 이스라엘이 되어 12지파 창설

〈초등33과 주요 내용1〉

〈총정리〉

비유한 전쟁 = 교리 싸움

비유한 병기 = 증거의 말씀

〈초등33과 비판1〉

계13,6-7절과 계12,7-11은 하나님의 군대와 사단의 군대가 종말에 싸우는 실제적인 전쟁이지 이 땅에서 기성교회와 신천지가 벌이는 교리싸움이 아니다.

〈초등33과 주요 내용2〉

2) 이긴 자

이스라엘이 되어 12지파 창조

〈초등33과 비판2〉

전술한 바와 같이 "이긴 자"는 버가모 교회에 주신 말씀이다. 그리고 이긴 자의 증거가 이스라엘이 되어 12지파를 창조한다고 했다. 신천지는 육적 이스라엘(유대민족), 영적 이스라엘(기성교회), 새 이스라엘(신천지)로 나눈다. 그런데 성경 어디에도 새 이스라엘이 나오지 않고 더구나 이긴 자의 증거가 12자파를 창조한다는 말도 없다.

〈초등 제 34과〉 비유한 천지(天地)

강사 김○○○○

본문/ 벧후3:7

불사름 ----〉 하늘과 땅

벧후3:10~13/ 주의 날(주 재림), 하늘과 땅--〉불심판, 새 하늘과 새 땅--〉구원

◆ 비유한 하늘과 땅의 실체는 무엇인가?

하늘(영계)	땅(육계)
선민의 장막	예수님과 소속성도
지도자(목자)	백성(성도)
(하나님)의 처소	(사단)의 처소

◆ 설명

※ 육적 특성

하늘: 높다 / 땅: 낮다

1) 영계(天)와 육계(地)

마6:9/ 하늘에 계신 우리 아버지 = 영계

마6:10/ 하늘 : 뜻 이룸 ---〉 땅 이룸

           = 영계   = 육계

요3:13 예수님 ----〉 하늘에 올라갔다 온 자

계4:1~8 성령 감동.

사도요한 ----〉 하늘에 올라감, 영계(하나님)의 보좌 ----〉 장차 오실 자

2) 선민의 장막(天)과 소속 성도(地)

출24:8~9/ 모세 때 장막 = (하나님)의 처소

히8:5/ 하늘의 모형과 그림자

히9:9~10/ 장막 ----〉 비유

마4:17, 마3:16/ 영계 (하나님의 보좌)

마13:24, 37/ 천국 = 예수님

예수님의 장막 = 하늘, 그 소속 성도들 = 땅

계13:6, 3 (하나님)의 장막 = 하늘/ 그 성도들 = 땅

계1:20/ 7별, 7금 촛대, 장막 = 하늘/ 그 성도들 =땅

3) 지도자(天)와 백성(地) (목자와 성도)
사1:2 하늘: 들으라 / 땅: 귀 기울이라
사1:10, 관원 (=지도자) / 백성
렘4: 23 땅 : 혼돈, 공허 / 하늘들 : 빛 없음

※ 없어지는 천지와 새로 창조되는 천지
- 창1장 천지창조 ---->새 하늘, 새 땅
사65:17, 새 하늘, 새 땅 창조 -----이전 것 기억 하지 않음
벧후3:10~13/ 주 재림 때 처음 하늘, 처음 땅 불살라 없어지고, 새 하늘, 새 땅 창조

〈초림〉
요5: 35, 마3장, 마11,11-13(뱀, 서기관과 바리새인)-마23:2
요1:6-8-세례요한-장막=하늘, 그 백성들=땅
요한은 커서 비취는 등불(요16:33, 마4,17, 마3,16)-영계(하나님 보좌) → 이긴 자(예수님)-예수님의 장막=새 하늘, 그 백성들=새 땅

〈재림〉
계13장
용7+10 짐승,
하나님 장막=하늘,
성도들 =땅
계15장
하나님, 예수님, 천국
증거 장막 성전, 이긴 자, 새 하늘
그 백성들=새 땅

4) 하나님의 처소(天)와 사단의 처소(地)

영계 하나님의 보좌,   사단의 보좌

육계 하나님의 처소,   사단의 처소

◆ 결론

하늘	땅
영계	육계
선민의 장막	예수님과 소속성도
지도자(목자)	백성(성도)
(하나님)의 처소	(사단)의 처소

〈초등34과 주요 내용1〉

3) 지도자(天)와 백성(地) (목자와 성도)

〈초등34과 비판1〉

지도자는 하늘이고 땅을 백성으로 말하고 있으나 벧후3,10-3절에 나오는 하늘과 땅은 지금 보는 지구를 말한다.

〈초등34과 주요 내용2〉

※ 없어지는 천지와 새로 창조되는 천지

-창1장 천지창조--〉새 하늘, 새 땅

사65:17, 새 하늘, 새 땅 창조 -----이전 것 기억 하지 않음

벧후3:10~13/ 주 재림 때 처음 하늘, 처음 땅 불살라 없어지고, 새 하늘, 새 땅 창조

〈초등34과 비판2〉

벧후3,10-3절을 들면서 하늘과 땅을 비유로 해석했다. 그러나 이 본문은 비유로 해석할 것이 아니다. 종말에 실제로 지금 있는 하늘과 땅이 불살라 없

어진다는 것이다. 그래서 ※없어지는 천지와 새로 창조되는 천지-창1장 천지 창조-->새 하늘, 새 땅

사65:17, 새 하늘, 새 땅 창조 -----이전 것 기억 하지 않음 벧후3:10~13/ 주 재림 때 처음 하늘, 처음 땅 불살라 없어지고, 새 하늘, 새 땅 창조 라고 스스로 밝혀 놓고 영적 실체라는 비유로 풀고 있으니 자체 모순이다.

〈초등34과 주요 내용3〉
2) 선민의 장막 (天)과 소속 성도(地)
출24:8~9/ 모세 때 장막 = (하나님)의 처소
히8:5/ 하늘의 모형과 그림자
히9:9~10/ 장막 ----〉 비유

〈초등34과 비판3〉
모형으로서의 성전 개념에 대해 Vern S. 포이쓰레스는 "성전은 수직적으로 하늘에 있는 하나님의 거소를 가리키지만 또한 하나님께서 인간들과 함께 거하시는 일이 완전히 실현될 말세를 지향하기도 한다"고 하였다. 더 나아가 포이쓰레스는 구약시대에 성전의 두 차원, 문자적인 차원의 돌로 된 성전과 예표적이고 영적 차원(하나님이 인간들과 교제하신다는 영적인 실재로서 지금은 부활과 성령의 강림으로 성취된 차원)이 있었던 것처럼 신약시대에도 두 차원이 왜 있어야 하는지를 묻고 있다.[195]

〈초등34과 주요 내용4〉
계15장
하나님, 예수님, 천국

195　Vern S. 포이쓰레스/권성수 역, 『세대주의 이해』 (서울: 총신대학출판부, 1992),154. 즉 포이쓰레스는 신약시대에 성전의 모형과 실재라는 두 차원은 필요 없음을 말한다.

증거 장막 성전, 이긴 자, 새 하늘

그 백성들=새 땅

〈초등34과 비판4〉

계15장에 나오는 증거장막성전, 이긴 자, 새 하늘은 신천지와 관련이 없는 것이다. 신천지는 그 신도들이 새 땅에 들어간다고 하겠지만 성경 어디에도 그런 구절은 없다. 새 하늘과 새 땅을 볼 자들은 예수 믿고 거듭난 성도들이다.

〈초등 제 35과〉 비유한 해, 달, 별

마24:29~31

그날 환난 후 ; 해, 달, 별이 떨어지고 ->택하신 자 추수

◆ 비유한 해, 달, 별의 실체는 무엇인가?

1) 영계를 하늘이라 할 때

해 = 하나님, 별 = 천사

2) 육계 선민의 장막 또는 성전(교회)을 하늘이라 할 때

해 = 목자, 달 = 전도자, 별 = 성도

◆ 설명

※ 육적 특성: 하늘에 있다.

해는 빛의 근원, 달과 별은 해로부터 빛을 받아 어두움을 밝힌다.

1) 영계를 하늘로 비유할 때

시84:11, 하나님 = 해, 방패, 생명의 근원,

사14:13, 하나님의 뭇별 = 천사

※ 떨어진 별 = 범죄 한 천사 (사단)

2) 육계 선민의 장막 또는 성전(교회)를 하늘로 비유할 때

창37:9~10, 야곱의 가족들 = 해, 달, 별 (父 = 해, 母 = 달, 子 = 별)

창32:28, 야곱 = 이스라엘, 12아들, = 12지파

요16:33, 세상(마귀세상)을 이기셨다.

예수님 = 영적 이스라엘, 12제자 = 12지파

선민 이스라엘 = 해, 달, 별로 비유

선민의 장막(성전) = 하늘

해 = 목자, 달= 전도자, 별 = 성도

계12:1, 하늘 : 해, 달, 별을 입은 여자?

◆ 사단소속의 해, 달, 별

계16:8, 사람들을 불로 태우는 해

계8:10, 하늘에서 떨어진 별

◆ 해, 달, 별이 어두워지고 떨어진다는 것은?

선민 이스라엘의 종말

종교세계의 말세

〈구약의 예언과 성취〉

사34:4/ 하늘의 만상이 사라짐 (일월성신)

욜2:31/ 여호와의 크고 두려운 날이 이르기 전에 해, 달, 별이 떨어진다.

출19:5~6/ 제사장 나라, 예언 ---〉왕상

눅 16:16/ 선지자, 율법 : 세례요한까지

요1:9~13, 요16: 33 ---〉 참 빛, 세상 이긴 자

예수님 (빛)= 영적 이스라엘, 12제자 = 12지파

〈신약의 예언과 성취〉

마24:29, 그날 환란 후 : 해, 달, 별이 떨어진다.

마24:15~16, 멸망자 ---〉 거룩한 곳

계13장:7+10짐승 ---〉 하늘 장막

계6:12 ~13/영적 이스라엘의 종말(용과 7+10짐승)
계7장/ 새 이스라엘의 창조-이긴 자(영접→하나님의 자녀)→증거 장막 성전

〈결론〉
1) 영계를 하늘이라 할 때
   해= 하나님, 별 = 천사
2) 육계 선민의 장막 또는 성전(교회)을 하늘이라 할 때
   해=목자, 달=전도자, 별=백성

〈초등35과 주요 내용1〉
그날 환난 후 ; 해, 달, 별이 떨어지고 ->택하신 자 추수

〈초등35과 비판1〉
택하신 자를 추수하시는데 신천지 교인들이 아니라 예수 믿은 성도들이다.

〈초등35과 주요 내용2〉
그날 환난 후 ; 해, 달, 별이 떨어지고 → 택하신 자 추수
◆ 비유한 해, 달, 별의 실체는 무엇인가?
1) 영계를 하늘이라 할 때
해=하나님, 별=천사

〈초등35과 비판2〉
하늘에는 해와 별만 있는 것이 아니라 달도 있다. 그러면 달의 육적 특성과 영적 특성은 무엇인가? 해=하나님이 아니다. 하나님은 해를 창조하신 분이다. 그러므로 별도 천사가 아니다. 해=하나님이라고 해놓고 그날 환난 후 ; 해, 달, 별이 떨어지고 ->택하신 자 추수라고 하면 하나님이 어디로 떨어지신다는 것인가? 시84,11절 "여호와 하나님은 해요 방패이시라 여호와께서 은혜와 영화

를 주시며 정직하게 행하는 자에게 좋은 것을 아끼지 아니하실 것임이니이다" 라는 말씀은 하나님을 해나 방패로 해석하라는 것이 아니다. 태양이 있어 식물이 살고 그 식물을 먹고 동물이 사는 것처럼 하나님이 마치 태양처럼 생명의 근원이 되신다는 뜻이고 방패라고 한 것은 환란을 막아주시기 때문에 방패 같다고 한 것이지 하나님=해, 방패라고 하면 조물주를 피조물로 격하시키는 것이다.

〈초등35과 주요 내용3〉

◆ 사단소속의 해, 달, 별
계16:8, 사람들을 불로 태우는 해
계8:10, 하늘에서 떨어진 별
◆ 해, 달, 별이 어두워지고 떨어진다는 것은?
선민 이스라엘의 종말
종교세계의 말세

〈초등35과 비판3〉

해=하나님이라 해놓고는 사단 소속의 해, 달, 별을 이야기한다. 계16,8절 "넷째 천사가 그 대접을 해에 쏟으매 해가 권세를 받아 불로 사람들을 태우니"는 여호수아의 기도를 들으시고 태양을 멈추신 하나님이 태양을 뜨겁게 해서 실제적인 재앙을 내린다는 것이고 계8,10절 "셋째 천사가 나팔을 부니 횃불 같이 타는 큰 별이 하늘에서 떨어져 강들의 삼분의 일과 여러 물샘에 떨어지니"에서 별은 영적으로 해석하거나 비유로 풀 것이 아니다. 왜냐하면 종말에 있을 실제적인 재앙을 묘사한 것이기 때문이다.

<초등 제 36과> 세 가지 이스라엘

강사 조○○

본문/ 계7:4
인 맞은 자의 수 → 이스라엘 자손 12지파, 144,000

◆ 세 가지 이스라엘의 실체는 무엇인가?
◆ 그 실체
이스라엘 = 승리자, 이긴자, 선민(나라)
세 가지 이스라엘 = 육적 이스라엘, 영적 이스라엘, 영적 새 이스라엘

◆ 설명
1. 육적 이스라엘의 시작과 끝

1) 육적 이스라엘의 시작
창32:28, 야곱의 이름 ---〉 이스라엘
창35:9~11, 야곱 --〉 이스라엘 : 생육, 번성(민족)
창37:9~11, 야곱의 가족 : 야곱, 처, 자식들

하늘 : 해 달 별
선민장막 : 선민 (육적 이스라엘)

야곱 ----------이스라엘
육적 씨, 혈통   12지파
12아들 (생육, 번성)   (육적 이스라엘 민족)

출 9:5~6, 이스라엘 민족 택함 :
언약 지키면 ---------〉하나님 소유, 제사장 나라

2) 육적 이스라엘 끝
욜2:31, (선민종말, 해, 달, 별 떨어짐) / 여호와의 크고 두려운 날

요1:5~12

어두움: 깨닫지 못함 〈--------------- 빛 (예수님)

혈통, 육적 아님.   하나님의 씨(말씀)

하나님의 씨(말씀)   영적 이스라엘: 선민

마11:12~14, 선지자 율법: 세례요한까지

눅16:16, 예수님-천국 복음 전파

세례요한-침노당하는 천국-침노하는 자-서기관, 바리새인-육적 이스라엘의 종말(끝)

예수님-천국복음 전파-영적 이스라엘 12지파-마21:43 천국 빼앗기고, 열매 맺는 백성

2. 영적 이스라엘의 시작과 끝

1) 영적 이스라엘의 시작

요16:33, 예수님: 이기심 = 이스라엘: 12지파 (영적 이스라엘)

        예수님: 영적 씨(진리)=12제자(생육, 번성)

롬2:28~29, 표면적 유대인 아닌: 이면적 유대인이 되어야.

행1:6~8. 땅 끝까지 이르러 예수님을 전파

마 13:24, 천국 = 좋은 씨를 제 밭에 뿌린 사람

2) 영적 이스라엘의 끝

마24:29~31/해, 달, 별 떨어지고 선민의 종말

마37~43/ 원수 = 마귀, 인자 = 예수님

가라지 (비진리)	좋은 씨 (진리)
가라지 (불사름)	알곡 (추수)

제 밭 = 예수님의 세상 = 예수교회

추수 때 = 세상끝 = 예수교회 끝

계6:12~14

3. 영적 새 이스라엘의 시작과 영원함
1)영적 새 이스라엘의 시작
계3:12, 이긴 자 = 이스라엘
영적 씨, 계시의 말씀→12지파(생육, 번성)
이스라엘→12지파(영적 새 이스라엘)
계6:12~4/ 영적 이스라엘 종말 (계17:9~14) 흰무리
계7:1-8/ 인 맞은 144,000(계5:9-10)
멸망의 가증한 것. 영적 이스라엘의 종말 (끝)
시온산-새 하늘, 새 땅(계7:1-8)
12지파, 144,000, 첫 열매(계5:9-10)-영적 새 이스라엘
하나님 나라와 제사장(계7:1-8)
계7:9-14/ 흰 무리, 백성

〈초등36과 주요 내용1〉
◆ 설명
1. 육적 이스라엘의 시작과 끝

〈초등36과 비판1〉
욜2,31절을 근거로 육적 이스라엘(유대민족)의 끝을 들었다. 그러면 지금 이스라엘 민족은 어떤 민족인가? 그리고 성경은 종말이 가까워 올 때에 이스라엘 민족의 회심(回心)을 분명히 선언하고 있다. 눅21,24절 "그들이 칼날에 죽임을 당하며 모든 이방에 사로잡혀 가겠고 예루살렘은 이방인의 때가 차기까지 이방인들에게 밟히리라" 라는 말씀이 그것이다. 그리고 욜2,31절 "여호와의 크고 두려운 날이 이르기 전에 해가 어두워지고 달이 핏빛 같이 변하려니와" 라는 말씀에서 해, 달은 종말에 있을 심판 때에 실제로 해가 어두워지고(예수

님이 십자가에 달리셨을 때처럼) 달빛이 변한다는 말씀이지 육적 이스라엘의 종말을 말하는 구절이 아님을 상식적으로도 알 수 있다.

〈초등36과 주요 내용2〉
2. 영적 이스라엘의 시작과 끝
1) 영적 이스라엘의 시작
요16:33, 예수님: 이기심 = 이스라엘: 12지파 (영적 이스라엘)
예수님: 영적 씨(진리)=12제자(생육, 번성)

〈초등36과 비판2〉
신천지는 영적 이스라엘을 기성교회(신천지식 표현은 예수교회)로 본다.
요16:33, 예수님: 이기심 = 이스라엘: 12지파 (영적 이스라엘) 이라고 했는데 예수님은 12지파에 대해서 말씀하신 적이 없다. 신천지가 12지파를 세워 놓았기에 억지로 결부시키는 것에 지나지 않는다. 그리고 예수님의 12제자는 각 지파의 대표자들이 아니었다.

〈초등36과 주요 내용3〉
롬2:28~29, 표면적 유대인 아닌: 이면적 유대인이 되어야.

〈초등36과 비판3〉
바울이 표면적 유대인과 이면적 유대인을 구분한 기준이 어디에 있는가? 아브라함의 자손이라는 선민의식이 표면적 유대인이라면 예수 믿고 구원받은 것이 이면적 유대인이라는 뜻에서 한 말이다.

〈초등36과 주요 내용4〉
제 밭 = 예수님의 세상 = 예수교회/ 추수 때 = 세상끝 = 예수교회 끝

〈초등36과 비판4〉

성경 어디에도 종말에 예수교회가 끝난다는 말이 없다. 계6,12-4절을 근거로 들고 있는데 거듭 말하지만 종말에 실제로 해, 달, 별이 떨어진다는 것이지 이것을 영적으로 혹은 비유적으로 해석해서 해, 달, 별을 예수교회로 푼다는 것은 전혀 설득력이 없는 해석이다.

〈초등36과 주요 내용5〉

3. 영적 새 이스라엘의 시작과 영원함

1) 영적 새 이스라엘의 시작

계3:12, 이긴 자 = 이스라엘

영적 씨, 계시의 말씀 → 12지파(생육, 번성)

이스라엘 → 12지파(영적 새 이스라엘)

〈초등36과 비판5〉

계3,12절 "이기는 자는 내 하나님 성전에 기둥이 되게 하리니 그가 결코 다시 나가지 아니하리라 내가 하나님의 이름과 하나님의 성 곧 하늘에서 내 하나님께로부터 내려오는 새 예루살렘의 이름과 나의 새 이름을 그이 위에 기록하리라" 는 말씀은 칭찬만 들은 빌라델비아 교회에 주신 말씀이지 신천지에게 준 말씀이 아니다. 신천지는 영적 씨, 계시의 말씀을 받아서 12지파를 세웠다고 하지만 계시는 자연계시와 초자연계시(성경과 예수님)로 이미 충족되었다.

〈초등 제 37과〉 비유한 천국과 지옥의 열쇠와 비밀

본문/ 계1:18, 마13:11

- 예수님 → 사망과 음부의 열쇠
- 천국 열쇠 → 너희 : 허락, 저희 : 허락 안함.
 (비유 : 봉함)

◆ 비유한 천국과 지옥의 열쇠와 비밀의 실체는 무엇인가?
◆ 그 실체
천국 열쇠 = 천국의 비밀을 아는 지혜
지옥 열쇠 = 사단의 비밀을 아는 지혜
◆ 설명
◆ 비유한 열쇠
- 육적 특성- 자물쇠를 여는 데 쓰이는 도구 (자물쇠와 열쇠)
◆ 영적 열쇠의 종류
- 천국 열쇠
- 지옥 열쇠

1. 천국 열쇠

사22:22/ 하나님, 다윗의 열쇠 --〉 그
마16:19/ 하나님, 천국 열쇠, 예수님 천국 열쇠 --〉 베드로
눅11:52/ 율법사 --〉 지식의 열쇠 : 가져감
열쇠 = 지식, 지혜

예〉 낱말 퀴즈〉

가로 열쇠: 1. 세로 열쇠: 2. 〈열쇠 = 지식, 지혜〉

문제 〈자물쇠〉

마13:10 ~ (막4:10~12)

천국 비밀 - 비유 : 봉함--〉 해석 (지식, 지혜)

감추임 : 비밀 (시 78: 2), 비유 : 드러냄

창세, 예수님 (마 13:34~ 35), 요16:25 밝히 증거

※천국 열쇠 = 천국의 비밀을 아는 지혜

2 지옥열쇠

계9:1~ 떨어진 별: 무저갱 열쇠 ---〉 황충(멸망자)

계20:1~ 천사: 무저갱 열쇠와 쇠사슬 ---〉 용 : 잡음(사단)

계1:18 예수님 : 사망과 음부의 열쇠

∴ 지옥 열쇠 = 사단의 비밀을 아는 지혜

3. 요한 계시록에 있는 세 가지 비밀
계1:20, 일곱별과 일곱 금 촛대의 비밀 ---〉 배도의 비밀
계17 ~ 18장, 일곱머리와 열뿔가진 짐승의 비밀 ---〉 멸망(사단)의 비밀
계10: 7, 일곱째 나팔의 비밀 ---〉 구원의 비밀

계5장	계6, 8장	계10장
하나님 7인 봉함	예수님	천사
	계시의 말씀	사도요한(새 요한)
	계1:2, 계22: 8	하나님 종들 (백.나,방,임)
	보고 들음(천국 열쇠, 지옥열쇠)	

◆ 핵심정리
천국 열쇠 = 천국의 비밀을 아는 지혜
지옥 열쇠 = 사단의 비밀을 아는 지혜

〈초등37과 주요 내용1〉
- 천국 열쇠 ---〉 너희 : 허락, 저희 : 허락 안함.
 (비유 : 봉함)

〈초등37과 비판1〉
마13,10; 막4,10-2절을 근거로 천국열쇠에 대해서 해석하고 있다. 너희는 제자들이고 저희는 예수님을 믿지 않는 자들이다. 천국열쇠를 가지면 천국에 들어갈 수 있다고 할 때 그 열쇠가 비유 그 자체인가? 요1,12절 "영접하는 자 곧 그 이름을 믿는 자들에게는 하나님의 자녀가 되는 권세를 주셨으니" 라는 말씀은 따로 천국 열쇠가 필요하다는 말씀이 아니다. "그 이름", 예수 그리

스도를 구주로 영접하는 것이 천국에 들어가는 열쇠이다. 무슨 비유를 풀어서 천국에 들어가야 한다면 요1,12절의 말씀은 수정되어야 할 것이다.

〈초등37과 주요 내용2〉
◆ 핵심정리
천국 열쇠 = 천국의 비밀을 아는 지혜
지옥 열쇠 = 사단의 비밀을 아는 지혜

〈초등37과 비판2〉
천국 열쇠는 예수님을 믿는 것이다. 그리고 지옥 열쇠는 따로 있는 것이 아니며 사단의 어떤 비밀을 알아야 지옥 갈 수 있는 것이 아니고 예수님 믿지 않으면 지옥 간다고 성경에 명시되어 있다.

〈초등 제 38과〉 정통과 이단

강사 김○○

본문/ 갈1:8
다른 복음 전하면 ----〉 저주 받음
◆ 정통과 이단의 실체는 무엇인가?
◆ 그 실체
정통 = 하나님과 말씀
이단 = 하나님의 말씀이 아닌 다른 교리

◆ 설명
1. 정통과 이단의 기준
기독교 = 종교(宗敎)
종교의 주인 = 하나님

정통과 이단의 분별기준 = 성경

2. 정통과 전통과 이단
1)정통(正統) : 당시 하나님으로부터 직접 받은 계시
2)전통(傳統) : 관습적으로 계통을 이루어 전해 내려오는 유전(遺傳)-(막 7:6~9)
3)이단(異端) : 정통과는 다른 교리
①진짜 이단 (벧후2:1~3): 거짓 선지자, 거짓 선생,
②가짜 이단 (행 24:5, 14): 바울 = 나사렛 이단의 괴수

3. 초림 때 정통과 이단
하나님 : 모세: 정통, 유대교 : 부패, 전통, 이단
예수님 ; 정통, 예수교

4. 재림 때 정통과 이단
하나님: 예수님: 정통, 예수교회 : 부패, 전통, 이단
하나님: 새 요한 : 정통, 시온산 12지파, 증거장막 성전, 하나님의 성전

〈초등38과 주요 내용1〉

본문/ 갈1:8
다른 복음 전하면 ----〉 저주 받음

〈초등38과 비판1〉
갈1,8절을 정확하게 해석하려면 근접문맥인 갈1,6-9절까지 보아야 한다.
6. 그리스도의 은혜로 너희를 부르신 이를 이같이 속히 떠나 다른 복음을 따르는 것을 내가 이상하게 여기노라
7. 다른 복음은 없나니 다만 어떤 사람들이 너희를 교란하여 그리스도의 복음을 변

하게 하려 함이라

8. 그러나 우리나 혹은 하늘로부터 온 천사라도 우리가 너희에게 전한 복음 외에 다른 복음을 전하면 저주를 받을지어다
9. 우리가 전에 말하였거니와 내가 지금 다시 말하노니 만일 누구든지 너희가 받은 것 외에 다른 복음을 전하면 저주를 받을지어다

위 본문을 보면 바울이 전하는 복음은 비유풀이나 새 요한이 아니라 오직 예수 그리스도가 복음임을 말하고 있다. 예수 믿으면 구원받는다는 것이 복음이다. 또 바울은 고전1,22-4절에서도 예수님이 복음임을 강조하고 있다.

22. 유대인은 표적을 구하고 헬라인은 지혜를 찾으나
23. 우리는 십자가에 못 박힌 그리스도를 전하니 유대인에게는 거리끼는 것이요 이방인에게는 미련한 것이로되
24. 오직 부르심을 받은 자들에게는 유대인이나 헬라인이나 그리스도는 하나님의 능력이요 하나님의 지혜니라

위 성경 본문에 비추어 볼 때 다른 복음을 전하는 자가 과연 누구인가. 예수교회인가. 신천지인가.

〈초등38과 주요 내용2〉

4. 재림 때 정통과 이단

하나님: 예수님: 정통, 예수교회 : 부패, 전통, 이단

하나님: 새 요한 : 정통, 시온산 12지파, 증거장막 성전, 하나님의 성전

〈초등38과 비판2〉

하나님과 예수님은 정통인데 예수교회는 부패하고 전통을 고수하고 그래서 이단이라고 한다. 그런데 하나님: 새 요한은 정통인데 그 이유는 시온산, 12지파, 증거장막성전, 하나님의 성전이 있기 때문이라는 것이다. 이단은 예

수 그리스도를 부인할 때 이단이다. 신천지가 말하는 예수교회(기성교회)는 예수님을 부인하지 않는다. 오히려 성경에 없는 새 요한을 언급하면서 시온산 12지파, 증거장막성전이 하나님의 성전이라고 주장하는 쪽이 이단일 것이다.

〈초등 제 39과〉 비유한 새 포도주와 새 부대

강사 정○○

본문/ 눅5:37~39

새 포도주 → 낡은 부대 안 됨.

새 포도주 → 새 부대 됨

◆ 비유한 새 포도주와 새 부대의 실체는 무엇인가?

◆ 그 실체: 새 포도주 = 계시의 말씀, 새 부대 = 새 목자

◆ 설명

▶ 포도주의 육적 특성 : 포도나무에서 난 포도로 만든 것

▶ 부대의 육적 특성 : 포도주를 담는 그릇

▶ 비유한 포도주의 의미

사55:1~3/ 물, 포도주, 젖을 사라

비유한 부대의 의미 : 사람의 마음

행9:15/ 바울 : 택한 그릇

▶ 영적인 포도주의 구분

※ 하나님의 포도주

   묵은 포도주

   새 포도주

※ 사단의 포도주

   음행의 포도주

1. 초림 때 포도주와 부대
1)초림 때 묵은 포도주와 낡은 부대
요1:17/ 모세 : 율법
갈3:23~24/ 율법 : 몽학 선생
눅16:16 율법 : 세례요한때까지
사29:9~13/ 봉한 책 : 사람의 계명
묵은 포도주 = 율법과 사람의 계명
낡은 부대 = 율법을 전해온 목자들

2) 초림 때 새 포도주와 새 부대
요5:1/ 예수님 : 참 포도나무
요5:36/ 더 큰 증거: 성경을 이루심
요13: 34/ 새 계명
새 포도주 : 구약을 이룬계시의 말씀(실상)
새 부대 : 예수님과 그 제자들

2. 재림 때의 포도주와 부대
1) 재림 때 묵은 포도주와 낡은 부대
행1:8 땅 끝까지 복음 전파
묵은 포도주 : 구약을 이룬 초림의 복음
낡은 부대 : 오늘날의 목자들
2) 재림 때 새 포도주 새 부대
눅22:14~20/ 하나님의 나라 임할 때
마26:25~29/ 하나님의 나라: 새 것
계14:1~3/ 시온산→새 노래
계7:1~8/ 이스라엘 12지파
새 포도주 : 신약을 이룬 계시의 말씀(실상)

새 부대 : 이긴 자와 12지파 새 제사장들

3. 참포도주와 들 포도주
1) 참포도주(새 포도주): 진리
요15:1~5/ 예수님: 참 포도나무
2) 들 포도주: 비 진리
신32:31~33/ 대적의 포도주: 뱀의 독 , 독사의 악독
마23:33/ 서기관 바리새인: 뱀, 독사

4. 재림 때 참 포도주와 음행의 포도주
1) 참 포도주(새 포도주) 신약을 이룬 계시의 말씀
계10:1~11   천사 : 펴놓은 책 -------〉 새 요한
계2:17   감추었던 만나 ---------〉 이긴 자
계2:7   생명나무 과실 ---------〉 이긴 자
계22:1~2   생명나무 12가지

2)음행의 포도주 : 비 진리, 주석
계17:1 ~5, 음녀(7머리 10뿔): 음행의 포도주
계18:2~3. 음행의 포도주 : 만국 무너짐, 복술: 만국미혹

〈초등39과 주요 내용1〉
비유한 포도주와 부대에 대해서는 초등20과, 비유한 포도주와 감람유에 대한 비판을 보라. 초등20과의 내용과 별 차이가 없으므로 생략한다.

〈초등39과 비판1〉
계2:17/ 감추었던 만나 ---------〉 이긴 자

계2,12-7절은 버가모 교회에 주신 말씀이다. 13절에 버가모 교회는 "사탄의 권좌가 있는 데라"고 하였다. 이 뜻은 당시 버가모에는 1세기 말까지 가장 큰 제우스 제단이 있었기 때문이다.[196] 즉 17절에 "이기는 그에게는" 감추었던 만나와 흰 돌을 준다고 했는데 결국 버가모 교회가 이길 것은 우상숭배와 행음(14절)이었다.

〈초등 제 40과〉 말씀과 시온산

강사 홍○○

본문 : 계 14:1 ~ 3

새 노래, 어린양 + 십사만 사천
▶ 하나님과 예수님께서 오시는 시온산의 실체는 무엇인가?
▶ 그 실체: 시온산 = 구원받은 성도들이 모인 성전 (진리의 성읍)
▶ 설명

1. 말씀의 중대성

요:1~4, 하나님, 빛=생명, 물, 양식

암8:11, 하나님의 뜻 기록, 말씀=생명

눅8:11, 씨

벧전1:23, 거듭남

요3:5, 물+성령→천국

행17:29, 신의 소생

2. 시온산의 영적인 실체

1) 역사서에서 말씀하신 시온

삼하5:7, 시온산성 = 다윗성

---

196 메릴C. 테니/김근수 역, 『요한계시록해석』(서울: 기독교문서선교회, 1993), 24.

예루살렘 시온산 : 지명

2) 예언서에서 말씀하신 시온

사60:14, "너" = 시온 = 사람

슥2:7, 하나님 백성=시온=사람

슥8:3, 하나님 → 시온산 → 진리의 성읍

3) 초림과 재림 때의 시온산의 실체

초림 때 : 마3:16~17/ 하나님-예수님=시온, 제자들

재림 때 : 계3:12, 21, 계14:1~5/ 하나님-예수님-이긴 자=시온(144,000, 성도들)-진리의 성읍=시온산

3. 하나님과 예수님께서 오시는 시온산은 어떤 곳인가?

1) 진리의 말씀으로 양육 받는 곳

사2:1~4/ 시온산→도(道) 말씀

렘3:14~15/ 시온: 목자→말씀 양육

계14:1~3/ 시온산→새 노래 -계시

계10:8 ~11/ 계시말씀→새 요한 = 목자 (이긴 자)→백성, 나라, 방언, 임금

2) 추수된 첫 열매들이 모인 곳

렘3:14~15/ 성읍 1, 족속 2 → 시온

계14:1-5/ 시온산 → 144,000

계14:14~16/ 밭 = 교회 → 시온산

계7:2~9/ 12지파 인 맞은 자들

▶결론

1. 말씀=하나님 = 빛 = 물 = 양식 → 생명

씨 → 말씀으로 거듭난 자가 하나님의 자녀

2. 시온산
= 하나님과 예수님께서 오시는 곳
= 진리의 말씀으로 양육 받는 곳
= 진리로 추수된 첫 열매들이 모인 곳
→ 구원받은 성도들이 있는 성전 (진리의 성읍)

⟨초등40과 주요 내용1⟩
▶ 결론
1. 말씀=하나님 = 빛 = 물 = 양식 → 생명
씨 → 말씀으로 거듭난 자가 하나님의 자녀

⟨초등40과 비판1⟩
예수님은 밤에 찾아온 랍비, 니고데모에게 거듭나야 한다고 말씀하셨다. 아브라함의 자손이라는 육적 혈통으로는 거듭나지 못한다고 하신 것이다. 그러면 거듭난다는 것을 성경에서 어떻게 설명하고 있는가? 하나님의 자녀가 되는 것이 거듭나는 것이다. 요1,12절 "영접하는 자 곧 그 이름을 믿는 자들에게는 하나님의 자녀가 되는 권세를 주셨으니"에서 누구를 영접하는가? 예수 그리스도이시다. 신천지가 말하는 씨, 말씀이 아니라 예수로 거듭나는 것이다.

⟨초등40과 주요 내용2⟩
슥8:3, 하나님 ---⟩ 시온산 ---⟩ 진리의 성읍

⟨초등40과 비판2⟩
시온에 대해서는 앞에서 설명하였다. 시온산이 진리의 성읍인데 이름만 시온산이라고 붙여 놓으면 되는 것이 아니다. 진리가 있어야 한다. 진리가 무엇인가? 삼위일체 하나님이 진리이시고 하나님의 말씀(성경)이 진리이지 다른 진리는 없다.

〈초등40과 주요 내용3〉
계10:8~11/ 계시말씀 → 새 요한 = 목자 (이긴 자) → 백성, 나라, 방언, 임금

〈초등40과 비판3〉
계10,8-11절을 보자.

8. 하늘에서 나서 내게 들리던 음성이 또 내게 말하여 이르되 네가 가서 바다와 땅을 밟고 서 있는 천사의 손에 펴 놓인 두루마리를 가지라 하기로
9. 내가 천사에게 나아가 작은 두루마리를 달라 한즉 천사가 이르되 갖다 먹어 버리라 네 배에는 쓰나 네 입에는 꿀 같이 달리라 하거늘
10. 내가 천사의 손에서 작은 두루마리를 갖다 먹어 버리니 내 입에는 꿀같이 다나 먹은 후에 내 배에서는 쓰게 되더라
11. 그가 내게 말하기를 네가 많은 백성과 나라와 방언과 임금에게 다시 예언하여야 하리라 하더라

위 본문에서 두루마리를 말씀으로 본다면 8-11절에 나오는 인칭들(내게, 네가)은 누구를 가리키는가? 새 요한이 아니라 사도 요한이다. 만약에 누군가가 자신이라고 주장한다면 그는 밧모섬에서 계시 받은 사도 요한이 되는 셈이다.

〈초등 제41과〉 길 예비자와 약속의 목자

강사 김○○

본문 : 마 11: 13~15

엘리야 → 세례요한(길 예비자)

1. 아론과 모세의 사명
출3~4장/ 모세 약속의 목자
출4:14~16/ 아론 : 길 예비자, 등불 밝히는 사명

레24: 1~4

출32:1~6/ 아론: 모세를 의심 : 금송아지

히10:1/ 율법 → 그림자

2. 세례요한과 예수님의 사명

말3:1/ 길 예비사자 전(殿) ← 언약의 사자

말4:5 선지 엘리야

마17:10~13 엘리야 → 세례요한

요5:35/ 요한-켜서 비치는 등불

마11:2~6/ 요한 : 예수님을 의심

마11:11/ 천국 : 극히 작은 자 : 요한

마11:12/ 요한 때부터 천국 → 침노 당함

마4:12~17/ 천국 복음 : 천국완성, 예수님, 12제자(12떡)

초림 때 길 예비자 : 세례요한,

약속의 목자 : 예수님

3. 재림의 길 예비자와 약속의 목자

계1:20/ 7사자, 7교회

계2:5/ 회개하라

계13:56/ 장막 → 침노 당함

계1:1~3/ 하나님 — 예수님 — 천사

　　　　　나라, 백성, 방언: 종들, 임금, 144,000, 흰무리,

계10:8~11/ 새 요한 → 약속의 목자

마23:39/ 주의 이름으로 오시는 이(영이신 예수님을 보지 못함)

계22:16/ 예수님의 사자(계시록 실상 증거, 광명한 새벽별)

계3:12/ 이긴 자(하나님의 성전 기둥, 새 이름 기록함)

계3:21/ 이기는 그(예수님과 하나님의 보좌에 앉게 함)

∴ 재림 때 길 예비자 : 7사자

약속의 목자 : 새 요한

〈초등41과 주요 내용1〉
출4:14~16/ 아론 : 길 예비자, 등불 밝히는 사명

〈초등41과 비판1〉
세례 요한이 예수님의 길을 예비하러 온 것은 성경에 명시되어 있다. 그런데 모세와 아론의 사명에서 아론이 등불 밝히는 사명을 가졌기에 길 예비자라고 한다면 말이 되지 않는 해석이다. 왜냐하면 아론은 대제사장이었다. 그가 하는 일 중에 등불 밝히는 일도 있다. 아론의 두 아들, 나답과 아비후가 다른 불을 드리다가 죽은 것을 보면 사실 등불을 밝히는 것은 대제사장이 전적으로 해야 되는 일은 아니었다. 아론에게 주어진 더 중요한 일은 제사를 드리는 것이었다. 문제는 등불=말씀으로 규정해 놓으니까 그 규정에서 벗어나지 못하고 성경을 해석하는 것이 문제이다.

〈초등41과 주요 내용2〉
3. 재림의 길 예비자와 약속의 목자

〈초등41과 비판2〉
성경 어디에도 재림의 길 예비자에 대한 언급은 없으며 또한 재림 때에 약속의 목자를 언급한 곳도 없다.

〈초등41과 주요 내용3〉
계10:8~11/ 새 요한 → 약속의 목자

〈초등41과 비판3〉

초등 제40과 말씀과 시온산 〈초등40과 비판3〉을 보라. 중복이므로 생략한다.

〈초등41과 주요 내용4〉

계10:8~11/ 새 요한→약속의 목자

〈초등41과 비판4〉

새 요한-약속의 목자는 앞에서 설명했으므로 생략한다.

〈초등41과 주요 내용5〉

마23:39/ 주의 이름으로 오시는 이(영이신 예수님을 보지 못함)

〈초등41과 비판5〉

마23,39절 "내가 너희에게 이르노니 이제부터 너희는 찬송하리로다 주의 이름으로 오시는 이여 할 때까지 나를 보지 못하리라 하시니라" 는 말씀에서 "주의 이름으로 오시는 이"는 다른 어떤 사람이 아니다. 예수 그리스도 자신이다. 예를 들어 어떤 이의 이름이 그 사람을 뜻한다면 예수님은 '주'라는 이름을 가지신 분이다. 그래서 주님이라고 부른다. "영이신 예수님을 보지 못한다"는 것은 그들의 지도자에게 예수님의 영이 임했다는 주장을 뒷받침하기 위한 것으로 해석된다.

〈초등41과 주요 내용6〉

계22:16/ 예수님의 사자(계시록 실상 증거, 광명한 새벽별)

〈초등41과 비판6〉

그들의 지도자가 계시록을 실상 증거하고 광명한 새벽별이므로 계22,16절에 근거하여 예수님의 사자라고 한다. 환상계시와 실상계시에 대한 비판은 앞에서 했으므로 생략한다.

계22,16절 "나 예수는 교회들을 위하여 내 사자를 보내어 이것들을 너희에게 증언하게 하였노라 나는 다윗의 뿌리요 자손이니 곧 광명한 새벽 별이라 하시더라".

1) 위 구절에서 나=예수님=광명한 새벽별이다. 예수님의 사자가 광명한 새벽별이 아니라 예수님이 광명한 새벽별이다. 그러므로 자신을 광명한 새벽별이라고 주장하면 신성모독이다.

2) 계22,16절에서 "내 사자"는 누구인가? 계시록을 실상 증거하는 사람이 예수님의 사자인가? 이것을 정확하게 해석하려면 원어성경과 영어 성경을 같이 보아야 한다. 먼저 계1,1절 "예수 그리스도의 계시라 이는 하나님이 그에게 주사 반드시 속히 일어날 일들을 그 종들에게 보이시려고 그의 천사를 그 종 요한에게 보내어 알게 하신 것이라". 그래서 영어 성경(NIV)에는 "The revelation of Jesus Christ, which God gave him to show his servants what must soon take place. He made it known by sending his angel to his servant John,"으로 번역했다. 즉 하나님이 당신의 천사(his angel)를 사도 요한에게 보내신 것이다. 다음으로 계22,16절의 영어 성경을 보자. "I, Jesus, have sent my angel to give you this testimony for the churches. I am the Root and the Offspring of David, and the bright Morning Star." 한글 성경에는 '내 사자'로 번역했지만 나(예수님)의 천사(my angel)이다.

그러니까 계시록1,1절의 천사와 계22,16절의 내 사자는 동일하게 천사를 가리키는데 한 천사를 말한다. 이 천사가 예수님의 사자(使者)로 와서 사도 요한에게 밧모섬에서 계시한 것이다. 원어성경을 보면 계1,1절의 천사=앙겔루(αγγελου, 천사)이고 계22,16절의 내 사자도 천사(앙겔로스, ἄγγελος)이다.[197]

정리하면 계1,1절의 천사와 계22,16절의 내 사자는 동일한 존재로서 천사이며 이 천사가 사도 요한에게 예수님의 계시를 전달한 것이다.

---

197 αγγελου는 소유격 남성 단수 명사이고 ἄγγελος는 목적격 남성 단수 명사라는 차이 밖에 없다.

〈초등41과 주요 내용7〉

계3:12/ 이긴 자(하나님의 성전 기둥, 새 이름 기록함)

계3:21/ 이기는 그(예수님과 하나님의 보좌에 앉게 함)

〈초등41과 비판7〉

계3,12절 "이기는 자는 내 하나님 성전에 기둥이 되게 하리니 그가 결코 다시 나가지 아니하리라 내가 하나님의 이름과 하나님의 성 곧 하늘에서 내 하나님께로부터 내려오는 새 예루살렘의 이름과 나의 새 이름을 그이 위에 기록하리라"는 말씀은 빌라델비아 교회의 사자에게 주신 말씀이다.

계3,21절 "이기는 그에게는 내가 내 보좌에 함께 앉게 하여 주기를 내가 이기고 아버지 보좌에 함께 앉은 것과 같이 하리라"는 말씀은 라오디게아 교회의 사자에게 주신 말씀이다. 위 두 구절은 종말의 사건과 관계없는 것이다.[198]

---

198   보통 앙겔로스는 천사를 가리키지만 원어성경을 보면 드물게 사람에게 앙겔로스를 쓴 곳도 있다. 예를 들면 마11,10; 막1,2; 눅7,27절 등이다. 그리고 눅9,52절에는 예수님의 길을 준비하는 사람에게도 앙겔로스를 썼다. 그러나 분명한 것은 계1,1절의 '천사'와 계22,16절의 '내 사자'는 동일한 한 천사이다. 그러므로 어떤 이가 예수님의 길을 준비한다고 앙겔로스를 쓸 수는 있으나 계22,16절을 근거로 할 수는 없다는 것이다.

8 신천지의 교육과정 - 중등

신천지예수교 증거장막 성전

〈중등 제1과 [구약]〉

제목 : 아담세계와 노아세계의 시작과 종말

본문: 창 2~11장

- 사건의 때 : 약 6000년 전
- 사건의 장소 : 에덴동산과 방주와 아라랏산
- 기록자 : 모세
- 기록장수 : 창(50장), 출(40장), 레(27장), 민(36장), 신(34장)
- 사건 : 창조와 선민의 배도로 인한 멸망과 재창조
- 아담소개 : 최초 하나님의 생기로 지음 받고 언약한 목자로서(창 2:7) 뱀의 미혹으로 인해 배도하고 930세를 향수하고 죽은 자
- 노아소개 : 범죄한 아담의 9대손으로 셈과 함과 야벳을 낳고 방주를 지은 자이며, 950세를 향수하고 죽음
- 창 1~50 : 재창조의 노정과 아담, 노아, 아브라함, 이삭, 야곱, 요셉까지의 역사가 기록되어 있다. 그리고 그 속에는 장래 일에 감추어 있다.

(약 1500년간 전해짐) 성취 때 이루는 목자: 약 1500년 후 예수

(눅 24:27, 44, 요 5:39, 46, 눅 24장)

◇ 아담 세계와 노아 세계는 누가 창조하였으며 그 시작과 끝은 왜 있게 되었는가?

아담의 세계와 노아의 세계는 하나님이 창조하셨고, 이들의 종말은 하나님

의 말씀을 지키지 않고 뱀의 말을 믿고 따른 배도행위 때문

◇ 성경에 대한 인식
1. 성경을 주신이유
선민의 언약배도로 멸망을 받으므로 : (알고 믿고 행함) 구원 받으라고

2. 성경 내용상 구분 (형식상, 내용상)
역사, 교훈, 예언, 성취

3. 사건 성취 순리 (살후 2:1-3)
언약배도
이방에 의한 멸망
약속의 목자의 구원

4. 시대적 구분(약 6천년)
모세/ 호 8:12 율법 = 만가지로 기록
창세시대 → 출애굽. 율법시대 → 사사시대
왕권시대 → 선지시대 → 하늘복음시대
서신시대 → 재창조 계시시대

5. 천국창조 7가지 노정
창조 → 언약 → 배도 → 심판 → 구원 → 재창조 → 새언약

6. 육하원칙 증거
누가, 언제, 어디서, 무엇을, 어떻게, 왜

◇ 설명

1. 아담 세계의 시작과 종말

1) 창조

창2:7~9/ 아담창조 + 생기 = 생령 (창 2:17 선악과 먹?)

창2:21~23/ 하와를 붙여주심

창2:10~14/ 강: 비손, 기혼, 힛데겔, 유브라데

2) 언약

창2:15~17/ 선악과 먹으면 죽음

3) 배도

창 3:1~14/ 뱀의 미혹 - 선악과 먹음 (하 7/ 뱀의 꼬임 넘어감)

4) 심판

창3:15~19/ 심판: 아담 → 흙(육체)

갈3:3/ 성령 → 육체

창3:22~24/ 에덴동산에서 쫓겨남

창4:1~26/ 가인과 아벨

창5:1~8/ 아담930세 죽음

창6:1~3/ 하나님의 아들들+사람의 딸들 육체가 됨

5) 구원
창6:9/ 아담의 9 대손 노아 택함
창6:13~22/ 방주 지으라
창7~8장/ 범죄한 아담의 세계 홍수로 심판
　　　　노아의 가족 8명 구원

2. 노아 세계의 시작과 종말
6)~7) 재창조 새언약
창9:1-17/ 노아와 세 아들:복
　　　언약의 증표: 무지개

(노아 세계의 종말)
창9:18~29/ 노아의 가족: 포도농사 세 아들(셈, 함, 야벳)
　→ 함과 가나안 저주받음
창11:1~9/ 노아 자손의 족속 - 바벨탑 사건

에스겔28:14~16

◇ 결론
아담도 노아의 세계도 멸망을 받은 이유는 하나같이 언약 배도에서 빚어진 것 신약 시대인 오늘날 우리는 피로 새 언약한 약속의 말씀(계시록)을 지켜 천국 백성이 되자.

〈중등1과 주요 내용1〉
3. 사건 성취 순리 (살후 2:1-3)
언약배도
이방에 의한 멸망

약속의 목자의 구원

⟨중등1과 비판1⟩
살후2,1-4절을 보자.
1. 형제들아 우리가 너희에게 구하는 것은 우리 주 예수 그리스도의 강림하심과 우리가 그 앞에 모임에 관하여
2. 영으로나 또는 말로나 또는 우리에게서 받았다 하는 편지로나 주의 날이 이르렀다고 해서 쉽게 마음이 흔들리거나 두려워하거나 하지 말아야 한다는 것이라
3. 누가 어떻게 하여도 너희가 미혹되지 말라 먼저 배교하는 일이 있고 저 불법의 사람 곧 멸망의 아들이 나타나기 전에는 그 날이 이르지 아니하리니
4. 그는 대적하는 자라 신이라고 불리는 모든 것과 숭배함을 받는 것에 대항하여 그 위에 자기를 높이고 하나님의 성전에 앉아 자기를 하나님이라고 내세우느니라

위 구절은 언약 배도, 이방에 의한 멸망, 약속의 목자의 구원에 관한 구절이 아니다. 적그리스도의 출현에 관한 경고이다. 적그리스도의 특징은 자기를 높이고 하나님이라고 칭하는 것이다. 이단/사이비의 특징 중 하나가 교주를 신격화 하거나 우상시 한다는 점을 명심하자.

⟨중등1과 주요 내용2⟩
4. 시대적 구분(약 6천년)
모세/ 호 8:12 율법 = 만가지로 기록
창세시대 → 출애굽. 율법시대 → 사사시대
왕권시대 → 선지시대 → 하늘복음시대
서신시대 → 재창조 계시시대

⟨중등1과 비판2⟩
하늘복음이 예수 그리스도의 복음을 말한다면 이 시대는 신약 전체를 관통

하는 시대이다. 그러므로 서신시대→재창조 계시시대라는 구분은 성립되지 않는다.

   그리고 재창조는 계21,1-2절에 있다. "1.또 내가 새 하늘과 새 땅을 보니 처음 하늘과 처음 땅이 없어졌고 바다도 다시 있지 않더라 2.또 내가 보매 거룩한 성 새 예루살렘이 하나님께로부터 하늘에서 내려오니 그 준비한 것이 신부가 남편을 위하여 단장한 것 같더라"에서 이 재창조는 예수님의 재림으로 성취되는 우주적 종말의 때에 실제적으로 성취되는 것이다.

〈중등1과 주요 내용3〉

5. 천국창조 7가지 노정

창조 → 언약 → 배도 → 심판 → 구원 → 재창조 → 새언약

〈중등1과 비판3〉

순서가 잘못되었다. 창조-언약-타락-구원-심판이다. 재창조라는 말은 성경에 없다. 그리고 '새 언약'은 율법이 옛 언약이라면 새 언약은 예수님의 복음이다.

〈중등1과 주요 내용4〉

(노아 세계의 종말)

창9:18~29/ 노아의 가족: 포도농사 세 아들(셈, 함, 야벳)
              → 함과 가나안 저주받음
창11:1~9/ 노아 자손의 족속 - 바벨탑 사건

〈중등1과 비판4〉

노아 세계는 종말을 맞지 않았다. 비록 함과 가나안이 저주를 받았지만 셈과 야벳이 남아 있다. 그리고 바벨탑 사건은 창11,1-9절에 기록되었는데 10절부터 32절에는 셈의 족보(10절~26절)가 나오고 27절부터 32절 까지는 데

라의 족보가 나온다. 특히 26절에 "데라는 칠십 세에 아브람과 나홀과 하란을 낳았더라" 라는 구절은 노아세계의 종말이 아니라 아브람(아브라함)으로 이어지는 노아 세계의 계속을 말하고 있다.

〈중등1과 주요 내용5〉
◇ 결론

아담도 노아의 세계도 멸망을 받은 이유는 하나같이 언약 배도에서 빚어진 것 신약 시대인 오늘날 우리는 피로 새 언약한 약속의 말씀(계시록)을 지켜 천국 백성이 되자.

〈중등1과 비판5〉

계시록은 피로 새 언약한 약속의 말씀이 아니다. 소아시아의 일곱 교회에 주신 말씀이고 계시록을 지켜서 천국 백성이 되는 것이 아니다. 천국 백성이 되는 것은 오직 예수 믿고 구원받음으로 되는 것이다.

〈중등 제2과 [구약]〉

제목 : 아브라함과의 언약과 출애굽
- 본문: 창12~15장, 출1~3장
- 사건의 때: 약3500년 전
- 사건의 장소: 애굽과 광야와 가나안땅
- 기록자: 모세
- 기록 장수: 창(50장), 출(40장), 즐(27장), 민(36장), 신(34장)
- 사건: 이방 (애굽)에게 사로잡힌 하나님의 민족(이스라엘)을 구원하심
- 아브라함 소개: 노아의 10대손으로 셈의 자손 데라의 아들
- 모세소개: 야곱의 4대손으로 레위족속 아므람의 아들

- 창1~15장, 출1~40장 아담 때로부터 약 2500년간의 역사와, 장래일이 감추어 있다. (약 1500년간 전해짐)
- 성취 때 이루는 목자: 약 1500년 후 예수

　　　　　　　　　(눅24:27, 44, 골2:16~17)

◇ 본문: 창 12~15장
　　　　출 1~3장

〔히3:5/ 모세=장래에 말할 것을 증거〕

히8:5/ 장막=모형과 그림자

히10:1/ 율법=그림자

◇ 설명

1. 약속하신 예언을 이루시는 하나님

사14:24/ 하나님의 생각, 경영 → 반드시 성취

2. 아브람에게 하신 언약(예언)

창12: 갈대아 우르 → 하란 → 가나안

창15:12~21

창17장 아브라함: 열국의 아비

　　언약의 표칭: 할례

　　아브라함 → 이삭 → 야곱 → 12아들

창32: 야곱= 이스라엘

　　12아들= 12지파

창37:9~11/ 야곱의 가족: 해, 달, 별

3. 출애굽 (모세와 여호수아)

출1장 야곱의 가족: 애굽에 들어감

　　생육, 번성 → 고역에 시달림

출2장 모세의 출생과 성장
- 출2:23~25/ 하나님께 부르짖음
출3장 하나님께서 모세를 택하심
- 출3:14~15/ 하나님=자존자
출4장 하나님 → 모세 → 아론 → 백성(렘1:6, 겔3:15, 계10:8~)

출7~12장 10가지 재앙
- 출12장: 장자의 재앙과 유월절

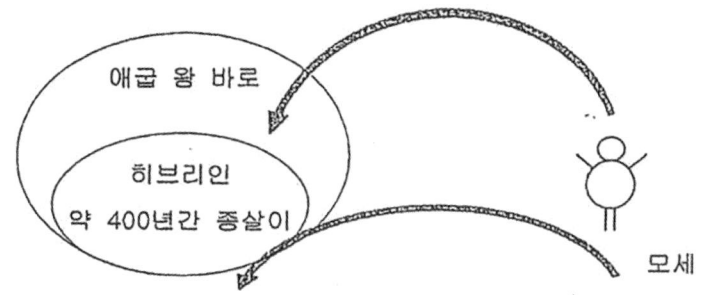

골2:16-17/ 이것들은 장래일의 그림자

[초림 때]
: 예루살렘의 목자와 성도들이 서기관 바리새인들에게 사로잡혀 있을 때 구원자 예수님을 보내심

고전5:7/ 유월절 어린양 = 예수님
요6:27/ 영생하도록 있는 양식
요6:63, 요14:6, 요1:14/ 예수님의 말씀 = 영 = 생명
요5:24/ 예수님 말씀 듣고 보내신, 이를 믿음 → 영생 얻음
영적 어린양의 살 과 피 = 생명 되신 예수님 말씀
　　　　　　(구약을 이룬 계시 말씀)

눅22:14~20, 마26:26~29/ 예수님의 피로 새언약
: 주 재림 때 새것으로 먹으며 지키는 유월절 약속

[재림 때]
계17:14 어린양: 부르심을 입고 빼내심을 얻음
오늘날(계시록 때)의 재앙은 무엇인가?
나는 재앙 중에 유월된 자인가?
스스로에게 물어보아야함
출 19~23장 시내산에서 율법 받음
- 출 19:5~6/ 언약 지키면: 복
- 신30:19-20/ 언약의 결과

구약절기
: 장래일의 그림자,
성경의 예언이 이루어질 때까지 지켜야 할 실체가 있음
출 25:8~9/ 하나님의 장막 지음

4. 선민 언약 배도와 멸망
신8:1~2/ 광야 40년 생활의 이유와 목적
출32장 아론: 금 송아지 세움 → 우상숭배
왕상11장 솔로몬: 이방 신 섬김 → 멸망
호6:7/ 아담처럼 언약을 어김
→ 결과 : 이스라엘 나라가 둘로 나뉘고 이방에게 멸망 받음

〈중등2과 주요 내용1〉
〔히3:5/ 모세=장래에 말할 것을 증거〕

〈중등2과 비판1〉

히3,5-6절을 보자. "5.또한 모세는 장래에 말할 것을 증언하기 위하여 하나님의 온 집에서 종으로서 신실하였고 6.그리스도는 하나님의 집을 맡은 아들로서 그와 같이 하셨으니 우리가 소망의 확신과 자랑을 끝까지 굳게 잡고 있으면 우리는 그의 집이라" 여기서 "모세가 장래에 말할 것"은 다른 것이 아니라 믿음을 지킨 것에 대해서 말하는 것이지 무슨 예언에 대해 언급한 것이 아니다. 그래서 6절에 "집"은 곧 성령의 전인 성도를 가리킨다.

〈중등2과 주요 내용2〉

히8:5/ 장막=모형과 그림자

〈중등2과 비판2〉

히8,5절 "그들이 섬기는 것은 하늘에 있는 것의 모형과 그림자라 모세가 장막을 지으려 할 때에 지시하심을 얻음과 같으니 이르시되 삼가 모든 것을 산에서 네게 보이던 본을 따라 지으라 하셨느니라"에서 모세가 지은 장막이 하늘에 있는 것의 모형과 그림자라는 말은 다음과 같다.

첫째, 하늘에 있는 성전의 모형과 그림자라는 것이지 이 땅에 있거나 있을 어떤 것의 모형과 그림자가 아니라는 말이다.

둘째, 모세의 장막을 보면 제일 앞에 번제단이 있고 다음에 물두멍이 있다. 번제단은 짐승을 잡는 곳인데 짐승을 잡아 죽임으로써 그 짐승이 내 죄를 지고 대신 죽는 것이다. 이것의 의미는 곧 예수께서 내 죄를 지고 십자가에 죽으신다는 것을 예표하는 것이다. 그리고 물두멍은 깨끗하게 씻는 곳이므로 세례를 예표한다. 그래서 그림자와 모형이 되는데 이는 다 예수 그리스도의 속죄를 의미한다.

〈중등2과 주요 내용3〉

히10:1/ 율법=그림자

〈중등2과 비판3〉

율법이 그림자인 것은 복음의 그림자라는 말이다. 롬3,20-4를 보라.

20. 그러므로 율법의 행위로 그의 앞에 의롭다 하심을 얻을 육체가 없나니 율법으로는 죄를 깨달음이니라
21. 이제는 율법 외에 하나님의 한 의가 나타났으니 율법과 선지자들에게 증거를 받은 것이라
22. 곧 예수 그리스도를 믿음으로 말미암아 모든 믿는 자에게 미치는 하나님의 의니 차별이 없느니라
23. 모든 사람이 죄를 범하였으매 하나님의 영광에 이르지 못하더니
24. 그리스도 예수 안에 있는 속량으로 말미암아 하나님의 은혜로 값 없이 의롭다 하심을 얻은 자 되었느니라

〈중등2과 주요 내용4〉

창37장 야곱의 가족; 해, 달, 별

〈중등2과 비판4〉

창37,5-11절은 요셉의 꿈에 대해서 보도한다. 이중에서 해, 달, 별은 창37,9절에 나온다. 이것은 야곱의 가족에 대한 서술이 아니라 장차 요셉이 애굽의 국무총리가 되는 영광을 표현한 것이다. 즉 요셉 개인에 관한 것이다.

〈중등2과 주요 내용5〉

출4장 하나님→모세→아론→백성(렘1,6; 겔3,15; 계10,8~)

〈중등2과 비판5〉

렘1,6절 "내가 이르되 슬프도소이다 주 여호와여 보소서 나는 아이라 말할 줄을 알지 못하나이다 하니"는 하나님께서 예레미야를 부르실 때의 장면이다. 겔3,15-7절 "15.이에 내가 델아빕에 이르러 그 사로잡힌 백성 곧 그발 강

가에 거주하는 자들에게 나아가 그 중에서 두려워 떨며 칠 일을 지내니라 16.칠 일 후에 여호와의 말씀이 내게 임하여 이르시되 17.인자야 내가 너를 이스라엘 족속의 파수꾼으로 세웠으니 너는 내 입의 말을 듣고 나를 대신하여 그들을 깨우치라"는 말씀은 에스겔을 이스라엘 민족의 파수꾼으로 세웠다는 것이다. 그런데 렘1,6절이나 겔3,15절은 각각 예레미야와 에스겔 선지자에 관한 것이지 아론이 백성들에게 말한 것이 아니라는 데 있다. 그리고 더 큰 문제는 계10,8-11의 인용에 있다.

8. 하늘에서 나서 내게 들리던 음성이 또 내게 말하여 이르되 네가 가서 바다와 땅을 밟고 서 있는 천사의 손에 펴 놓인 두루마리를 가지라 하기로
9. 내가 천사에게 나아가 작은 두루마리를 달라 한즉 천사가 이르되 갖다 먹어 버리라 네 배에는 쓰나 네 입에는 꿀 같이 달리라 하거늘
10. 내가 천사의 손에서 작은 두루마리를 갖다 먹어 버리니 내 입에는 꿀같이 다나 먹은 후에 내 배에서는 쓰게 되더라
11. 그가 내게 말하기를 네가 많은 백성과 나라와 방언과 임금에게 다시 예언하여야 하리라 하더라

위 구절은 밧모섬의 사도요한에게 주신 말씀이다. 신천지가 이 구절을 드는 것은 사도 요한이 계시록에 있는 것처럼 '새 요한'이 있음을 암시하기 위한 것이고 요한이 작은 두루마리(말씀)를 먹은 것처럼 새 요한이 말씀을 가지고 있다는 것을 은연 중 강조하면서 요한이 다시 예언(11절)해야 되는 것처럼 새 요한이 예언을 한다는 것을 각인시키고자 하는 복선을 깔고 있는 것이다.

〈중등2과 주요 내용6〉
출7~12장 10가지 재앙
- 출12장: 장자의 재앙과 유월절
골2:16-17/ 이것들은 장래일의 그림자

〈중등2과 비판6〉

출애굽기의 10가지 재앙과 유월절에 대해서 말하면서 골2,16-7을 인용하여 이것들은 장래 일의 그림자라고 하였다. 장자 재앙은 마지막 재앙인데 어린 양의 피를 문설주와 인방에 바른 집은 화를 면하였다. 이것을 기념하여 유월(踰越)절이 생겼다. 골2,16-7절 "그러므로 먹고 마시는 것과 절기나 초하루나 안식일을 이유로 누구든지 너희를 비판하지 못하게 하라 17.이것들은 장래 일의 그림자이나 몸은 그리스도의 것이니라"

"장래 일의 그림자"가 의미하는 것이 무엇일까? 어린 양은 곧 예수님이다. 고전5,7-8절에 답이 있다. "7.너희는 누룩 없는 자인데 새 덩어리가 되기 위하여 묵은 누룩을 내버리라 우리의 유월절 양 곧 그리스도께서 희생되셨느니라 8.이러므로 우리가 명절을 지키되 묵은 누룩으로도 말고 악하고 악의에 찬 누룩으로도 말고 누룩이 없이 오직 순전함과 진실함의 떡으로 하자". 고전5,7절은 곧 예수께서 유월절 양이라고 명시하였다. 그리고 묵은 누룩과 악의에 찬 누룩은 율법을 말하는데 극단적인 율법 준수자들을 가리킨다. 그래서 유월의 의미는 예수 믿고 하나님 나라의 백성으로 옮겨진 것을 말한다.

그런데 신천지가 유월절을 말하면서 골2,16-7을 인용하여 장래일의 그림자를 강조하는 것은 기성교회에서 신천지로 옮겨지는 것을 말하고 이것이 유월절이 갖는 장래 일의 그림자라고 보는 것이 문제이다. 그러나 성경 어디에도 유월절의 의미를 이렇게 해석할 수 있는 근거를 찾아볼 수 없다.

〈중등2과 주요 내용7〉

요5:24/ 예수님 말씀 듣고 보내신, 이를 믿음 → 영생 얻음

〈중등2과 비판7〉

요5,23-4절 "23.이는 모든 사람으로 아버지를 공경하는 것 같이 아들을 공경하게 하려 하심이라 아들을 공경하지 아니하는 자는 그를 보내신 아버지도 공경하지 아니하느니라 24.내가 진실로 진실로 너희에게 이르노니 내 말을 듣

고 또 나 보내신 이를 믿는 자는 영생을 얻었고 심판에 이르지 아니하나니 사망에서 생명으로 옮겼느니라"에서 '보내신 이'가 아니라 "나 보내신 이"이다. 신천지는 의도적으로 "나"를 생략함으로써 예수님께서 보내신 어떤 이가 있는데 그를 믿어야 영생을 얻는 것처럼 말씀을 왜곡하고 있다. 23절에 "그를 보내신 아버지"에서 그는 예수님이고 24절에서 "나 보내신 이"는 하나님이기 때문이다.

〈중등2과 주요 내용8〉
오늘날(계시록 때)의 재앙은 무엇인가?
나는 재앙 중에 유월된 자인가?
스스로에게 물어보아야함

〈중등2과 비판8〉
오늘날이 계시록의 때라는 것은 성경 어디에서도 근거를 찾을 수 없다. 신천지는 코로나19사태가 환란이라고 한다는 말을 들었지만 성경에 나오는 종말의 징조 중에 기근과 지진은 있으나 역병(코로나19)에 관한 예언(말씀)은 없다. 유월된 자는 오직 예수 믿고 거듭난 성도이지 신천지 신도를 말하지 않는다.

〈중등 제3과 [구약]〉

제목: 영계대로 육계에 창조
- 본문: 출25장
- 사건의 때: 약 3500년전
- 사건의 장소: 시내산
- 기록자: 모세
- 기록장수: 창(50장), 출(40장), 레(27장), 민(36장), 신(34장)

- 사건: 애굽에 사로잡힌 육적 이스라엘 민족이 출애굽하여 시내산에서 하나님의 지시대로 장막을 지음
- 모세소개: 야곱의 4대손으로 레위족속 아므람의 아들.
- 모세의 사명: 하나님께서 아브라함에게 하신 언약을 이루어, 이스라엘 백성들을 이끌고 출애굽하여 가나안 땅으로 인도 함. 장래에 말할 것을 증거 (히3:5, 요5:46)
- 출1~40장 출애굽한 당시의 사건과 장래일이 감추어 있다(약1500 년 간 전해짐)
- 성취 때 이루는 목자: 약1500년 후 예수(눅24:27, 44,골2:16~17)

◇ 본문 : 출25장
◇ 본문 배경

창15:13~21/ 하나님과 아브라함과의 약속

        아브라함 → 이삭 → 야곱

출12장 약 430년 후 모세를 통해 언약 성취(출12:40~41)

    애굽   시내산
        출애굽

출25장: 하늘의 것 본대로 하나님께서 거하실 하나님의 성소 지으라

1. 영계와 육계 창조

영계
- 천사 (시103:20~21 하나님의 말씀을 이루고 하나님의 뜻을 행함)
     계4장 하나님의 영계 보좌와 계열 구성

육계
- 창1:26~28/ 사람창조 → 만물을 다스리게 함
- 슥2:1/ 사람만 → 심령 창조 - 히12:9 모든 영의 아버지
     - 롬 1:20 만물보임 = 핑계 못함

목적
- 사람과 하나가 되어 살면서 모든 만물로부터 영광 받으시기 위함
 (마3:16, 요10:30)

2. 영계대로 창조 되는 하나님의 나라
 (계4장, 계21장)
1) 모세 때
출 25:8~9/ 하나님의 성소 지으라

하늘: 보이는 대로

땅: 지으라 시내산

땅: 모세장막

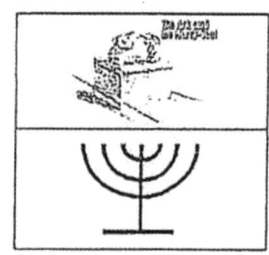

지성소: 하나님 계신곳

성소

출28:1~30/ 제사장의 옷(에봇과 흉패)
 - 흉패: 12보석(12지파)

히8:5/ 하늘의 있는 것의 모형과 그림자
히9:9~10/ 장막 -현재까지의 비유 → 개혁할 때 까지 맡겨 둠
하늘: 영계 하나님의 보좌(계4장)

2) 초림 때

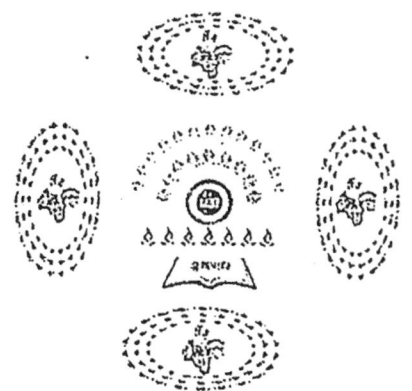

요5:35~36/ 요한: 켜서 비취는 등불
요5:19~20/ 예수님 본대로 행함
마4:17/ 천국이 가까이 왔다
요2:21/ 예수님의 육체=하나님의 성전
고전3:16~17/ 사람의 마음 = 하나님의 성전
눅16:16/ 율법과 선지자는 요한의 때까지
벧전2:4/ 예수님 보배로운 산 돌
    12제자 = 12보석
계21:14~20/ 12사도(12지파) - 보석

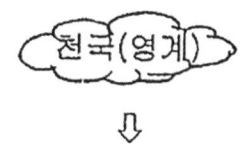

예수님
12제자

영적 이스라엘 12지파

요14:2~3/ 예수님께서 처소 예비
   - 다시 오신다.
마6:10/ 뜻: 하늘 (성취) → 땅 (성취)

3) 재림 때
계1:20/ 일곱 별 일곱 금 촛대
계3:12/ 이긴자: 하나님, 예수님, 영계천국 임함
  영계 하나님의 나라가 이긴 자에게 임하므로 이긴 자는 영계 천국을 보고 이 땅에 하나님의 나라를 창조한다.

계14:1~3/ 시온 산에 인 맞은 십사만 사천
계7:2~8/ 12지파 창조

계7:15/ 하나님 → 장막을 치심
계21:1~4/ 새 하늘 새 땅에
  하나님께서 임해 오신다,

예수님 초림 때 성도들이 믿어야 할 것은 구약을 이룬 초림의 실상
주 재림 때 성도들이 믿어야 할 것은 신약을 이룬 재림의 실상

◇ 결론
▷ 성경에 기록된 영계대로 육계에 창조는 어떤 창조인가?
아6:10/ 뜻: 하늘 (성취)->땅(성취)

1. 모세 때
: 출25:8~9/ 모세가 하늘의 것 보고 본대로 창조한 장막이 천국이요

2. 초림 때
: 요5:19~20/ 예수님이 하늘의 것 보고 본대로 창조한 영적 이스라엘이 천국이요

3. 재림 때
: 계4장, 계15장, 계21장
영계 거룩한 성 새 예루살렘과 같이 창조된 새 하늘 새 땅이 천국이다.

〈중등3과 주요 내용1〉
히8:5/ 하늘의 있는 것의 모형과 그림자

〈중등3과 비판1〉
하늘에 있는 것의 모형과 그림자에 대해서는 앞에서 설명했으므로 생략한다.

〈중등3과 주요 내용2〉

히9:9~10/ 장막 -현재까지의 비유 → 개혁할 때 까지 맡겨 둠

〈중등3과 비판2〉

이 구절을 정확하게 이해하기 위해서는 근접문맥인 히9,6-12절을 보아야 한다.

6. 이 모든 것을 이같이 예비하였으니 제사장들이 항상 첫 장막에 들어가 섬기는 예식을 행하고
7. 오직 둘째 장막은 대제사장이 홀로 일 년에 한 번 들어가되 자기와 백성의 허물을 위하여 드리는 피 없이는 아니하나니
8. 성령이 이로써 보이신 것은 첫 장막이 서 있을 동안에는 성소에 들어가는 길이 아직 나타나지 아니한 것이라
9. 이 장막은 현재까지의 비유니 이에 따라 드리는 예물과 제사는 섬기는 자를 그 양심상 온전하게 할 수 없나니
10. 이런 것은 먹고 마시는 것과 여러 가지 씻는 것과 함께 육체의 예법일 뿐이며 개혁할 때까지 맡겨 둔 것이니라
11. 그리스도께서는 장래 좋은 일의 대제사장으로 오사 손으로 짓지 아니한 것 곧 이 창조에 속하지 아니한 더 크고 온전한 장막으로 말미암아
12. 염소와 송아지의 피로 하지 아니하고 오직 자기의 피로 영원한 속죄를 이루사 단번에 성소에 들어가셨느니라

신천지는 10절을 근거로 "개혁할 때까지 맡겨 둔 것"을 강조한다. 그러면 개혁이란 무엇인가? 불완전하므로 고치고(改) 바꾼다(革)는 것이다. 무엇을 개혁하는가? 첫 장막인 성소와 둘째 장막인 지성소를 개혁한다는 것이다. 지성소는 일 년에 단 한 번 대 속죄일에 대제사장이 전 민족의 죄를 지고 회개하는 곳이다. 그러면 어떻게 개혁하는가? 11절과 12절이 답이다. 예수께서 대제사장이 되셔서 영원한 속죄를 이루사 단번에 성소에 들어가심으로 개혁을 이루

셨다. 신천지는 자신들이 개혁할 때까지 맡겨둔 것으로 말하지만 위 성경 구절은 예수님이 개혁을 완성하셨음을 분명히 말한다.

〈중등3과 주요 내용3〉

요2:21/ 예수님의 육체=하나님의 성전
고전3:16~17/ 사람의 마음 = 하나님의 성전
눅16:16/ 율법과 선지자는 요한의 때까지
예수님-12제자-영적 이스라엘12지파

〈중등3과 비판3〉

예수님의 육체를 하나님의 성전으로 표현한 것은 예수님이 곧 하나님의 본체, 성자 하나님임을 말한 것이다. 그리고 사람의 마음을 하나님의 성전이라고 한 것은 성령이 거하시는 전이기 때문이다. 고전3,16절 "너희는 너희가 하나님의 성전인 것과 하나님의 성령이 너희 안에 계시는 것을 알지 못하느냐".

눅16,16절 "율법과 선지자는 요한의 때까지요 그 후부터는 하나님 나라의 복음이 전파되어 사람마다 그리로 침입하느니라"는 말씀은 선지자인 세례 요한 때까지 율법이 주관한다는 것이고 그 후에는 복음, 즉 예수 그리스도께서 주관하신다는 것을 말한다. 영적 이스라엘은 신천지가 기성교회를 가리키는 말인데 기성교회가 요한의 때까지라는 말은 신천지의 지도자인 '새 요한' 때까지를 암시한다. 그러나 성경 어디에도 기성교회가 요한 내지는 새 요한 때까지라고 언급한 곳은 없다.

〈중등3과 주요 내용4〉

계3:12/ 이긴자: 하나님, 예수님, 영계천국 임함
영계 하나님의 나라가 이긴 자에게 임하므로 이긴 자는 영계 천국을 보고 이 땅에 하나님의 나라를 창조한다.

⟨중등3과 비판4⟩

계3,12절의 "이긴 자"는 빌라델비아 교회의 사자에게 한 말씀이다. 이 말씀을 주신 이유는 이 교회에 "사탄의 회당"(계3,9), "거짓말하는 자들"이 있었기 때문이다. 자신을 이긴 자로 주장하려면 먼저 자신이 빌라델비아 교회의 사자인 것을 증명해야 할 것이다.

⟨중등3과 주요 내용5⟩

3. 재림때
: 계4장, 계15장, 계21장
영계 거룩한 성 새 예루살렘과 같이 창조된 새 하늘 새 땅이 천국이다.

⟨중등3과 비판5⟩

창조된 새 하늘과 새 땅은 영계가 아니라 종말에 실제적으로 성취될 것으로서 어떤 집단이 새 하늘과 새 땅이 아니다.

⟨중등 제4과 [구약]⟩

제목: 언약의 결과
- 본문: 신28장
- 사건의 때: 약 3500년 전
- 사건의 장소: 모압평지
- 기록자: 모세
- 기록장수: 창(50장), 출(40장), 레(27장), 민(36장), 신(34장)
- 사건: 하나님의 택함을 받은 선민과의 언약, 언약의 결과를 예언
- 모세소개: 야곱의 4대손으로 레위 족속 아므람의 아들
- 모세의 사명: 하나님께서 아브라함에게 하신 언약을 이루어, 이스라엘 백

성들을 이끌고 출애굽하여 가나안 땅으로 인도함, 장래에 말할 것을 증거(히3:5, 요5:46)

신1~34장/ 시내산에서 모압 땅에 이르기까지 주신 말씀이 기록, 장래일에 감추어 있다(약1500년 간 전해짐)

• 성취때 이루는 목자: 약1500년 후 예수(눅24:27,44/ 골2:16~17)

◇ 본문 : 신28장(출19:5~6)

◇ 본문의 배경

모세가 죽기 전 모압 평지에서 가나안 땅을 바라보며 광야에서 태어난 출애굽 2세대에게 전하신 말씀

신28장(언약장) ─┬─ 언약을 지킨 자 → 복, 승자
　　　　　　　　└─ 언약을 지키지 않은자 → 저주, 패자

※ 선민의 필수조건: 하나님과의 언약(시89:3)

언약=성경(언약서)

목자+백성 = 선민, 선민의 나라

◇ 설명

1. 신28장

: 언약을 지킨 자와 지키지 않은 자의 결과

1~14절　하나님의 말씀 지키면 (순종)
　　　　　→ 복 (대적이 7갈래로 도망, 머리)
　　　　　▷ 승자 → 이스라엘 12지파 창설

15~28절 하나님의 말씀 지키지 않으면 (불순종)
→ 저주 (선민이 패함, 꼬리)

언약을 지킨 자 → 복, 승자

언약을 지키지 않은자 → 저주, 패자

2. 시대별 언약의 결과

1) 아담 세계

하나님

↓ 언약: 선악과 먹지 말라

아담 세계: 아담, 하와 언약 지키지 않음 (창2:15~17)

▷ 결과 : 저주, 에덴동산 쫓겨남
- 하나님과의 언약 어긴 아담(창3장)의 결과
  : 하나님 떠나심, 저주, 사망
- 범죄한 아담의 세계 홍수로 심판 후
  : 노아(아담의 9대손) 택하여 역사하심

2) 노아 세계

⬇ 언약:

노아세계 (마24:37~39):함, 가나안 언약 지키지 않음
- 함과 가나안의 언약 어김 → 노아의 세계 끝남
▷ 결과 : 저주, 노아의 세계 끝남(함과 가나안의 언약 어김
  → 노아의 세계 끝남
- 노아의 후손의 범죄로 아브라함(노아의 10대손)을 택하여 역사하심

3) 아브라함, 모세의 세계(육적 이스라엘)

⬇ 언약(창15:13~16)가나안 땅 정복

아브라함 언약: 자손들이 이방의 객이 된 후 나올 것 약속

출 19:5~6 ┌ 제사장 나라
          └ 거룩한 민족

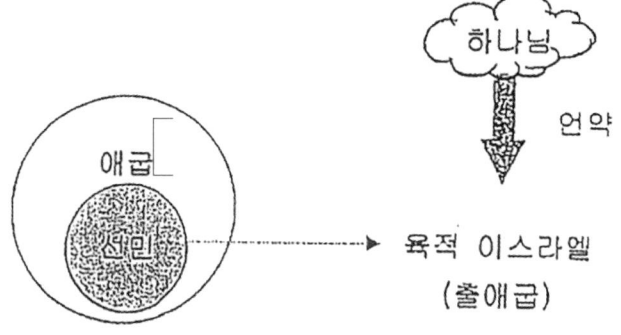

하나님 언약 지킬 때 - 제사장 나라, 거룩한 민족이 됨

하나님
 ↓

모세 →	여호수아 →	왕권시대 →	구약선지자
이스라엘	돌로	솔로몬	이사야~말라기
백성들	맹약	이방신 섬김	(히 9:15)
	(수 24:27)	(호 6:7)	

다윗 : 이방 여인과 혼인 → 이방신 섬기지 않음
솔로몬 : 이방 여인과 혼인 → 이방신 섬김

언약 불순종의 결과: 북 이스라엘 (11지파) ← 앗수르에게 멸망
　　　　　　　　　　남 유다 (1지파) ← 바벨론에 멸망
⇒ 구약 선지자들을 통해 죄에서 구원할 예수님 보내실 것 약속(요19:30)

4) 초림 때 언약을 지켜 믿는 자와 믿지 않는 자

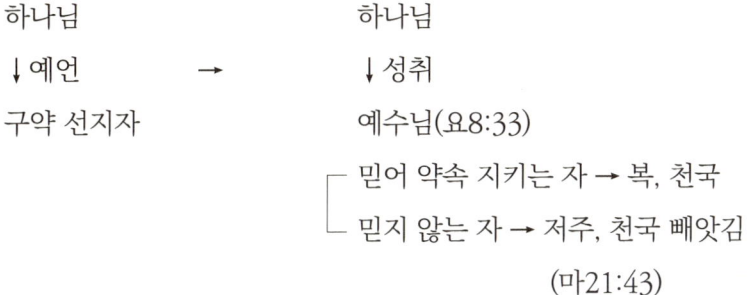

3. 오늘날 신약을 지킨 자와 지키지 않은 자의 결과

렘31:31/ 새 언약 세울 것 약속
눅22:20/ 예수님의 피: 새 언약 세우심
　　　→ 새 언약의 대상 : 영적 이스라엘 선민 (그리스도인)
▶ 새 언약 = 신약의 예언
마24:14/ 모든 민족에게 증거되기 위해 전파됨
요14:29/ 일이 이룰 때 (신약 성취 시) - 믿게 하기 위함

4. 주 재림 때 언약의 결과

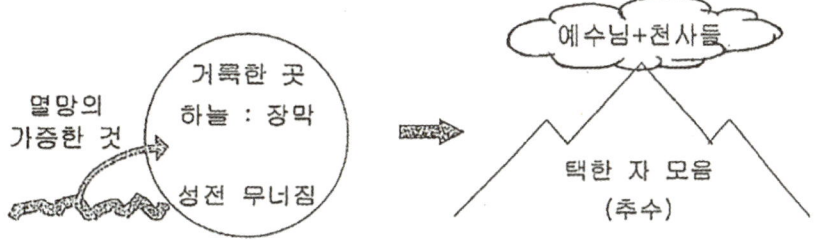

첫 열매 144,000人 인맞아 12지파 소속

계시록 = 새 언약의 내용

요14:23/ 예수님 말씀 지킴 → 예수님과 거처 함께 함

히8:10/ 새언약 : 하나님 법 생각과 마음에 새김

새 언약(계시록)의 내용: 알고 믿고 지켜야 함

마7:21/ 하나님의 뜻대로 행함: 천국 들어감

◇ 주 재림 때 지켜야 할 새 언약

- 추수되어 가는 것

- 인 맞는 것

- 12지파에 소속 되는 것

- 계시록을 가감하지 않는 것

- 생명책에 녹명 되는 것

◇ 결론

새 언약 지킨 자와 지키지 않은 자의 결과

계1:3/ 예언의 말씀 : 지키는 자들 → 복

계5:9-10/ 예수님의 피로 죄사함 받아 나와 제사장이 되는 복

┌ 새 언약을 지킨 자 → 복, 나라와 제사장, 천국
└ 새 언약을 지키지 않은 자 → 저주, 지옥, 심판

〈중등4과 주요 내용1〉

노아세계 (마24:37~39):함, 가나안 언약 지키지 않음

- 함과 가나안의 언약 어김 → 노아의 세계 끝남

▷ 결과 : 저주, 노아의 세계 끝남(함과 가나안의 언약 어김

　　→ 노아의 세계 끝남

⟨중등4과 비판1⟩

⟨중등1과 - 비판4⟩를 보라. 중복되므로 생략한다.

⟨중등4과 주요 내용2⟩

눅22:20/ 예수님의 피: 새 언약 세우심

　　　→ 새 언약의 대상 : 영적 이스라엘 선민 (그리스도인)

⟨중등4과 비판2⟩

새 언약의 대상은 영적 이스라엘(기성교회)이 아니다. 모든 사람이다. 갈 3,26-8절을 보라.

26. 너희가 다 믿음으로 말미암아 그리스도 예수 안에서 하나님의 아들이 되었으니
27. 누구든지 그리스도와 합하기 위하여 세례를 받은 자는 그리스도로 옷 입었느니라
28. 너희는 유대인이나 헬라인이나 종이나 자유인이나 남자나 여자나 다 그리스도 예수 안에서 하나이니라

⟨중등4과 주요 내용3⟩

◇ 주 재림 때 지켜야 할 새 언약
- 추수되어 가는 것
- 인 맞는 것
- 12지파에 소속 되는 것
- 계시록을 가감하지 않는 것
- 생명책에 녹명 되는 것

⟨중등4과 비판3⟩

예수님의 재림 때 지켜야 할 '새 언약'은 성경 어디에도 없다. 추수되거나 인 맞거나 12지파에 소속되거나 계시록을 가감하지 않는 것, 생명책에 녹명되는 것 등은 신천지 신도가 되는 것을 말하는데 모두 성경적 근거가 없는 신천지

의 주장에 불과하다. 예수 믿으면 그것이 추수되는 것이고 인 맞는 것이고 생명책에 녹명되는 것이다.

⟨중등 제5과 [구약]⟩

제목: 선민의 배도, 멸망, 구원순리

- 본문: 사1:1~2:4
- 사건의 예언의 때: 약 2700년 전
- 사건 예언의 장소: 유다와 예루살렘
- 기록자: 이사야
- 기록 장수: 총 66장
- 사건: 유다와 예루살렘이 이방에게 사로잡힘
- 이사야 소개: 아모스의 아들. 유다왕 웃시야와 요담과 아하스와 히스기야 시대에 유다와 예루살렘에 대한 이상(환상)을 보고 듣고 예언한 선지자
- 이사야의 사명 : 하나님께서 장래에 이루실 것을 예언 (예언의 목자)
- 사1~66: 장래에 이를 예언 (약 700년 간 전해짐)
- 약속의 목자 빙자: 이사야 (호12:10)
- 이상을 이룰 약속의 목자: 약 700년 후 예수

◇ 본문 : 사1:1~2:4

◎ 육적 이스라엘이 솔로몬의 범죄(이방신 섬김)로 인해 그 아들 시대에 남 유다(1지파)와 북 이스라엘(11지파)로 나뉘게 됨(왕상 11장)

◎ 본문의 내용: 선민 유다와 예루살렘이 주를 배반함으로 이방에게 멸망당하는 내용과 이때에 적은 구원의 씨를 통하여 하나님 나라가 재창조 되고 만방이 그곳으로 몰려오게 될 것을 약속한 예언서

1. 사건의 때와 장소와 대언자 (1:1)
- 언제 : 약 2700년 전
　　　　　유다 왕 웃시야와 요담과 아하스와 히스기야 시대
- 누가(빙자) : 선지자 이사야 (암3:7, 호2:10)
- 어디에 관하여 : 유다와 예루살렘 (호2:10)
- 본문 성취의 때 : 약 700년 후 (초림 때)

2. 양육한 선민 배도 (1:2~4)
사1:10/ 하늘과 땅 = 지도자와 백성
사2:6/ 야곱 족속 버리심 ∵ 이방 풍속 가득
렘32:33/ 부지런히 가르쳐도 → 듣지 않음

3. 이방에 의한 선민 멸망 (1:5~7)
사3:8/ 곡하고 슬퍼함
마3:1~2/ 세례요한 → 천국 전파
초림 때의 예루살렘: 세례요한의 제단
멸망시킨 이방: 서기관 바리새인(마23:2 모세의 자리에 앉음)

4. 조금 남은 구원의 씨(1:8~9)
사6:13/ 거룩한 씨
조금 남은 씨 : 예수님과 제자들
⇒ 주 재림 때의 조금 남은 씨: 밀 한 되 보리 석 되 (계6:6)

5. 배도한 선민의 예배와 기도(1:10~15)
사16:12/ 모압 사람의 봉사, 기도:무효함
호6:6~7/ 하나님 알기를 원하시지만, 아담처럼 패역함

6. 배도한 선민에 대한 회개 촉구(1:16~20)

과부 : 영이 떠난 목자

고아 : 영이 떠난 목자 소속 교인들

  (신28장 언약의 결과 : 지키면 복, 지키지 않으면 저주)

7. 신실하던 성읍의 현실(1:21~23).

창기와 도둑이 됨

은 ⇒ 찌끼, 포도주 ⇒ 물이 섞임

8. 멸망자에 대한 심판과 귀정한 자(1:24~28)

패역한 자와 죄인 → 패망, 여호와를 버린 자 → 멸망

요5:22/ 하나님 아들에게 심판 맡김

마23장/ 예수님 → 서기관과 바리새인 심판

요12:48/ 마지막 날 : 말씀으로 심판

9. 회개치 않는 자의 결과(1:29~31)

배도한 선민이 의지한 목자와 교단으로 인해 수치를 당하게 됨

10. 말일에 서게 되는 시온산(2:1~4)

-유다와 예루살렘I: 새로 창조된 선민

-말일 : 한 시대가 배도함으로 멸망 받아 끝이 나고 새로운 한 시대가 창조 되는 때

-여호와의 전의 산 = 시온산

시132:13~14/ 여호와께서 시온을 택함 → 거처 : 영원히 쉴 곳

사60:14/ 너 = 시온

렘3:14~15/ 성읍 1, 2 ⇒ 시은

슥8:3, 20-23/ 예루살렘 = 진리의 성읍

-창을 쳐서 낫을 만듦

본문(사1:1~2:4)의 예언 : 초림 때 성취

본문(사1:1~2:4)의 예언 : 초림 때 성취

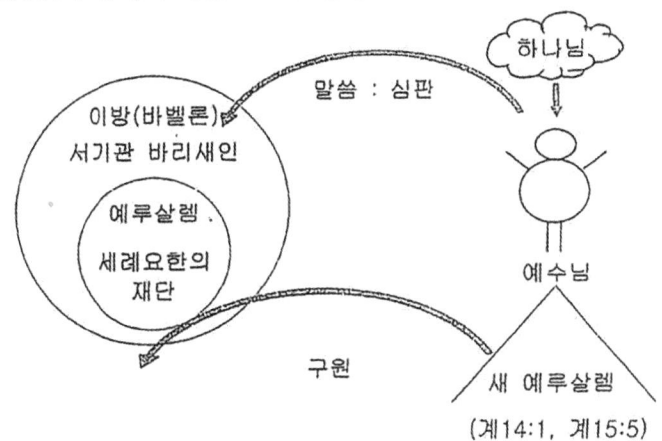

〈중등5과 주요 내용1〉

4. 조금 남은 구원의 씨(1:8~9)

사6:13/ 거룩한 씨

조금 남은 씨 : 예수님과 제자들

⇒ 주 재림 때의 조금 남은 씨: 밀 한 되 보리 석 되 (계6:6)

〈중등5과 비판1〉

사1,8-9절의 조금 남은 구원의 씨는 신천지 신도들을 말하는 것이 아니다. 사1,8-9를 보라.

8. 딸 시온은 포도원의 망대 같이, 참외밭의 원두막 같이, 에워싸인 성읍같이 겨우 남았도다

9. 만군의 여호와께서 우리를 위하여 생존자를 조금 남겨 두지 아니하셨더면 우리가 소돔 같고 고모라 같았으리로다.

이 말씀은 말세에 구원받을 자가 조금이라는 것을 말하는 것이 아니다. 사

1,1절이 답이다. "유다 왕 웃시야와 요담과 아하스와 히스기야 시대에 아모스의 아들 이사야가 유다와 예루살렘에 관하여 본 계시라" 즉, 말세가 아니라 유다 왕들의 시대에 하나님께서 주신 경고의 말씀이다. 그리고 조금 남은 씨가 예수님과 제자들이라는 것은 성경 어디에서도 찾아 볼 수 없다.

주 재림 때의 조금 남은 씨가 밀 한 되, 보리 석 되라고 계6,6절을 들었는데 근접 문맥인 사6,5-6절을 보라.

> 5. 셋째 인을 떼실 때에 내가 들으니 셋째 생물이 말하되 오라하기로 내가 보니 검은 말이 나오는데 그 탄 자가 손에 저울을 가졌더라
> 6. 내가 네 생물 사이로부터 나는 듯한 음성을 들으니 이르되 한 데나리온에 밀 한 되요 한 데나리온에 보리 석 되로다 또 감람유와 포도주는 해치지 말라 하더라

위 구절은 말세에 임할 재앙 중 기근 재앙에 관한 설명이다. 기근이 워낙 극심해서 한 데나리온에 겨우 밀 한 되, 보리 석 되를 살 수 있다는 말이다. 신천지는 『영원한 복음 새노래 계시록 완전해설』에서 "밀 한 되, 보리 석 되를, 밀은 말씀을 가진(렘23,28) 지도자, 보리는 증거 하는 선지자"이며 "감람유와 포도주는 예수님의 말씀과 증인들의 증거를 말한다"고 한다. 그리고 "데나리온은 말씀이요, 되는 말씀 가진 사람이다" 라고 한다.

그러나 신천지의 야고보지파 강사였던 지명한 씨는 지난 2012년 1월 27일, 신천지 탈퇴 기자회견을 갖고 "밀 한 되는 이○희 씨, 보리 석 되는 윤 모교육장 등 3명을 가리키는데 이들은 죽지 않고 육체적으로 영생한다고 했지만 윤 교육장이 죽은 것을 알고 신천지를 탈퇴했다"고 밝힌 바 있다.

〈중등5과 주요 내용2〉
6. 배도한 선민에 대한 회개 촉구(1:16~20)
과부 : 영이 떠난 목자
고아 : 영이 떠난 목자 소속 교인들

〈중등5과 비판2〉

과부와 고아에 대해서는 〈초등31과-비판2〉를 참고하라. 중복이므로 생략한다.

〈중등5과 주요 내용3〉

-유다와 예루살렘: 새로 창조된 선민
-말일: 한 시대가 배도함으로 멸망 받아 끝이 나고 새로운 한 시대가 창조되는 때

〈중등5과 비판3〉

유다와 예루살렘이 새로 창조된 선민이라고 한다. 남 유다의 수도가 예루살렘이니 같은 말이다. 그런데 남 유다는 주전 586년 바벨론의 느부갓네살 왕에게 멸망당했다. 그러면 앗수르가 또 새로 창조된 선민이 되는가? 그리고 말일을, 한 시대가 배도해서 멸망하고 새로운 시대가 창조되는 때라고 했는데 신천지의 의도는 영적 이스라엘(기성교회)이 망하고 새 이스라엘(신천지)이 창조된다고 말하겠지만 그전에 '배도'의 정의를 내려야 할 것이다. 배도는 십자가의 도(진리)를 등지는 것이다. 그렇다면 언제 기성교회가 그리스도의 십자가를 버렸는가. 신천지는 '도'를 자기들의 교리라고 생각하고 이를 기성교회가 따르지 않으므로 배도라고 할 것이나 성경 어디에도 이런 배도는 찾아 볼 수 없다.

〈중등 제6과 [구약]〉

제목: 구약의 계시와 목자
- 본문: 사1:1~2:4
- 사건의 예언의 때: 약 2700년 전
- 사건 예언의 장소: 유다와 예루살렘

- 기록자: 이사야
- 기록 장수: 총 66장
- 사건: 유다와 예루살렘이 이방에게 사로잡힘
- 이사야 소개: 아모스의 아들.
- 유다왕 웃시야와 요담과 아하스와 히스기야 시대에 유다와 예루
- 살렘에 대한 이상(환상)을 보고 듣고 예언한 선지자
- 이사야의 사명 : 하나님께서 장래에 이루실 것을 예언 (예언의 목자)
- 사1~66: 장래에 이룰 예언 (약 700년 간 전해짐)
- 약속의 목자 빙자: 이사야 (호12:10)
- 이상을 이룰 약속의 목자: 약 700년 후 예수

◇ 본문 사29장(합2장, 겔1~3)

1. 묵시와 계시의 뜻

- 묵시(默示) : 이룰 때가 있는 예언

- 계시(啓示) : 묵시(예언)가 성취된 실체
  묵시를 마음 판에 새겨라

2. 계시의 중요성

               (知)

요17:3/ 참 하나님 예수님 ---------------〉 영생

마11:27/ 계시 받은 자 --------------------〉 아버지 안다

갈3:32~25/ 율법(몽학선생) → 계시될 믿음

갈1:11~12/ 바울 → 예수님 계시 전함 (빌3:8)

3. 구약의 묵시와 계시
　　시 29:9~14　　　　　　　　　합 2:2~3

정한 때

선지자 : 소경

묵시 : 봉한 책

사람의 계명

묵시를 마음 판에 새겨라

3.구약의 묵시와 계시

겔1장 하나님의 영계 형상을 에스겔에게 보여주시는 내용(겔16:59)

- 애가, 애곡, 재앙
- 하나님의 영계 형상

요19:30/ 다 이루었다

마15:14/ 소경이 소경을 인도 → 구덩이

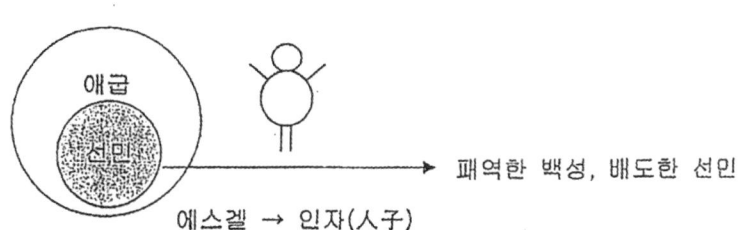

마23:16/ 서기관, 바리새인: 소경된 인도자

마15:14 마15:7~9

소경 : 초림 때 제사장들　　사람의 계명(미혹)

사람의 계명
= 하나님의 말씀이 아닌 사람의 자의적인 해석을 말하는 것
마7:22~23/ 선지자 노릇, 권능 행함 그러나 예수님은 그들 모름
눅9:35/ 예수님 = 하나님 아들 → 말씀 : 들으라

마15:14 마15:7~9

예수님　　　　　　　사로잡힌 내 백성아 나와라!
마 23:37
요5:24~25 사망　　　　생명 옮김(마11:27)

◇ 핵심요약
1) 묵시: 환상으로 보여준 예언
2) 계시: 묵시가 성취되어 나타난 실상
3) 계시의 중요성: 계시=참하나님=영생
4) 구약의 묵시: 구약의 예언

5) 초림의 계시: 예수님의 계시말씀

〈중등6과 주요내용1〉
- 묵시(默示) : 이룰 때가 있는 예언
- 계시(啓示) : 묵시(예언)가 성취된 실체

〈중등6과 비판1〉
묵시와 계시는 같은 말이다. 묵시와 계시는 헬라어 아포칼립시스(ἀποκάλυψις)를 번역한 말이다. 묵시(默示)는 한자로 풀면 잠잠할 묵자에 보일 시자이므로 말이 없는 상태에서 보이는 것이다.

계시(啓示, Revelation)는 깨우칠 계자에 보일 시자이므로 깨우쳐 보여 준다는 뜻이다. 그러므로 계시 속에 묵시가 포함된다고 보면 된다. 결국 같은 의미이다.

〈중등6과 주요내용2〉
사람의 계명
= 하나님의 말씀이 아닌 사람의 자의적인 해석을 말하는 것
마7:22~23/ 선지자 노릇, 권능 행함 그러나 예수님은 그들 모름
눅9:35/ 예수님 = 하나님 아들 → 말씀 : 들으라

〈중등6과 비판2〉
말씀을 자의적으로 해석하는 사람이 과연 누구인가? 마7,21-3절을 보자.

21. 나더러 주여 주여 하는 자마다 다 천국에 들어갈 것이 아니요 다만 하늘에 계신 내 아버지의 뜻대로 행하는 자라야 들어가리라
22. 그 날에 많은 사람이 나더러 이르되 주여 주여 우리가 주의 이름으로 선지자 노릇 하며 주의 이름으로 귀신을 쫓아내며 주의 이름으로 많은 권능을 행하지 아니하였나이까 하리니

23. 그 때에 내가 그들에게 밝히 말하되 내가 너희를 도무지 알지 못하니 불법을 행하는 자들아 내게서 떠나가라 하리라

선지자 노릇하고 권능을 행했지만 예수님이 모른다고 하신 이유는 어디에 있는가? 23절에 보면 "불법을 행하는 자들"이기 때문이다. 불법이 무엇인가? 21절에 보면 그들이 "내 아버지"의 뜻대로 행하지 않은 것이 불법이다. 그러면 아버지의 뜻이 무엇인지 알면 된다. 요6,40절 "내 아버지의 뜻은 아들을 보고 믿는 자마다 영생을 얻는 이것이니 마지막 날에 내가 이를 다시 살리리라 하시니라"가 답이다.

〈중등 제7과 [구약]〉

제목: 약속의 목자와 사명

- 본문: 렘1~7장
- 사건 : 예언의 때 : 약 600년 전
- 사건 예언의 장소 : 예루살렘
- 기록자 : 예레미야
- 기록장수 : 총 52장 예레미야 = 애가 5장
- 사건 : 예루살렘이 이방에게 사로잡힘
- 예레미야 소개 : 베냐민 땅 아나돗의 제사장 중 힐기야의 아들. 유다왕 요시야와 여호야김 시대부터 시드기야 왕 시대에 이르기까지 하나님의 말씀이 임하여 예언한 선지자.
- 예레미야의 사명 : 하나님께서 장래에 이루실 것을 예언(예언의 목자)
- 렘 1~52장 장래에 이를 예언 (약 600년 간 전해짐)
- 약속의 목자 빙자 : 예레미야 (호 12:10)
- 이상을 이룰 약속의 목자 : 약 600년 후 예수

◇ 본문 : 렘 1:1~3

◇ 육하원칙

• 언제 : 약 2600년 전

• 누가 : 예레미야

• 어디서 : 이방에게 사로잡힌 예루살렘

• 무엇을 : 장래사 곧 예언의 말씀을

• 어떻게 : 선지자들을 빙자하여

• 왜 : 회개치 않는 선민을 돌이키고자

◇ 언제, 누가 이루는가?

```
〈예언〉            600년 후            〈성취〉
예레미야 ─────────────────→ 초림 때, 예수님
```

1. 목자 구분
   ┌ 예언의 목자
   ├ 일반 목자
   └ 약속의 목자

1) 예언의 목자
- 장래 이루실 일을 미리 알리기 위해 택한 목자 구약 선지자들

2) 일반 목자
- 모세 율법을 전해온 목자들
- 예수님이 이룬 것을 오늘날까지 전해온 목자들

3) 약속의 목자
- 이루기 전에 약속하신 목자
⇒ 약속한 목자를 믿어야 구원이 있음

※ 예레미야 → 예언의 목자(히2:10)
※ 예수님 → 약속의 목자

2. 시대마다 하나님께서 택한 목자
1) 시대 구분
창세 시대 → 출애굽 율법 시대 → 사사 시대 → 왕권시대
→ 선지 시대 → 하늘 복음 시대 → 서신 시대 → 재창조 계시시대

2) 시대마다 택한 목자
창세 시대   : 아담 노아
출애굽 율법 시대   : 모세
선지 시대   : 구약 선지자들
하늘 복음 시대   : 예수님
암3:7 하나님: 자기의 비밀을 종 선지자에게 보이심

3. 목자 선택
아담 → 노아 → 모세 → 예수님(이사야 예레미야 에스겔 다니엘)
약속의 목자 → 사로잡힌 선민 중에서 한 목자를 택하여
              대언의 목자로 삼으심

1) 구약 예언
렘25:9~11/ 70년간 바벨론 섬김
단9:2/ 예루살렘의 황무함—70년 만에 마침
슥1:12/ 노하신지 70년

예언 때 → 여러 시대 여러 선지자를 통해 예언
성취 때 → 한때, 한 장소, 한 목자를 통해 성취

2) 초림 성취

마11:12/ 세례요한 때부터 천국은 침노 당함

마23:2.33/ 서기관, 바리새인 _ 뱀들, 독사의 새끼들

눅9:35/ 예수님 → 나의 아들 곧 택함을 받은자

요일2:1/ 예수님 = 대언자

　　　　　　 = 약속의 목자

4. 약속의 목자의 사명(렘1:9~10)

구약 예언과 초림 성취

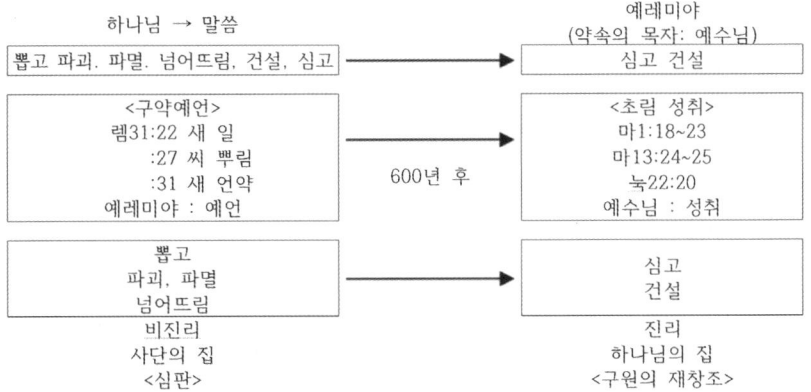

⟨중등7과 주요내용1⟩

1) 시대 구분

창세 시대 → 출애굽 율법 시대 → 사사 시대 → 왕권시대

→ 선지 시대 → 하늘 복음 시대 → 서신 시대 → 재창조 계시시대

⟨중등7과 비판1⟩

하늘 복음시대와 서신시대는 구분할 수 없다. 왜냐하면 신약의 서신서 들의

주제와 중심이 복음이고 예수님이기 때문이다. 그리고 앞에서 설명했지만 재창조계시시대라는 것은 성경 어디에도 근거를 찾을 수 없는 것이다.

〈중등7과 주요내용2〉
요일2:1/ 예수님 = 대언자
　　　　　　　 = 약속의 목자

3. 목자 선택
아담 → 노아 → 모세 → 예수님 (이사야 예레미야 에스겔 다니엘)
약속의 목자 → 사로잡힌 선민 중에서 한 목자를 택하여
　　　　　　　 대언의 목자로 삼으심

〈중등7과 비판2〉
　요일2,1절을 인용하여 예수님이 대언자이고 약속의 목자라고 하고는 목자 선택에 가서 약속의 목자가 예수님이 아니라 선민 중에서 한 목자를 택하여 대언의 목자로 삼으신다는 말을 하고 있다. 그렇다면 대언의 목자=예수님이라는 말이다. 맞는 말을 하는 것 같으면서도 고도의 복선을 깔고 있다. 즉 자신이 대언의 목자인데 곧 예수님 내지는 예수님 격이라는 것이다. 이것이 신성모독이다. 만약에 예수님의 영이 임해서 그렇다고 한다면 설득력 없는 개인적인 주장에 불과하다.

〈중등제8과 [구약]〉

제목: 새 일과 두 가지 씨와 새 언약
- 본문: 렘31장
- 사건 예언의 때: 약 2600년 전

- 사건 예언의 장소 : 유다와 예루살렘
- 기록자 : 예레미야
- 기록장수 : 총 52장
  예레미야애가 5장
- 사건 : 예루살렘이 이방에게 사로잡힘
- 예레미야 소개 : 베냐민 땅 아나돗의 제사장 중 힐기야의 아들. 유다 왕 요시야와 여호야김 시대부터 시드기야 왕 시대에 이르기까지 하나님의 말씀이 임하여 예언한 선지자.
- 예레미야의 사명 : 하나님께서 장래에 이루실 것을 예언(예언의 목자)
- 렘 1~52장 장래에 이를 예언 (약 600년 간 전해짐)
- 약속의 목자 빙자 : 예레미야 (호 12:10)
- 이상을 이룰 약속의 목자 : 약 600년 후 예수

◇ 본문 : 렘31장(렘31:22, 27, 31-32)
성취 때: 이루어지는 장소와 이루는 목자가 출현
약속의 목자 빙자: 예레미야(호12:10)
이상을 이룰 약속의 목자: 약 600년 후 예수
렘31장 예언의 배경: 하나님께서 택하신 선민이 언약을 어김
◇ 아담 → 노아 → 아브라함 → 모세 : 솔로몬 때 언약 어김
렘 31장의 세 가지 예언: 새 일, 두 가지 씨, 새언약

1. 새 일
1) 새 일에 대한 예언
렘31:22/ 새 일: 여자가 남자를 안음

2) 새 일에 대한 예언의 성취
- 구약 예레미야서의 예언이 성취되기까지의 기간
: 약 600년 = 예언의 말씀이 증거 되는 기간

마1:1~17/ 육적 이스라엘 혈통 계보
- 육적 이스라엘 : 육적인 씨, 혈통으로 하나님의 백성이 됨

마1:18~23/ 처녀 —— 성령 ——→ 아들: 예수
　　　　　　　　　육의 씨 ×

- 새 일의 목적: 하나님의 씨로 낳은 영적 이스라엘 창조

3) 새 일에 대한 결과
요1:12~13/ —— 하나님의 씨 ——→ 아들: 예수
　　　　　　(혈통 ×, 육정 ×)

눅8:11/ 하나님의 씨 = 말씀
요3:5~7/ 육으로 난 것 = 육
　　　　 영으로 난 것 = 영
- 영적 이스라엘: 영적인 씨인 하나님의 말씀으로 거듭나 하나님의 아들이 됨
  → 영적 선민 세계

※ 영의 씨 곧 하나님의 말씀으로 난 자가 하나님의 아들이 되며 영적 선민(영적 이스라엘)의 세계가 창조됨

2. 두 가지 씨
1) 두 가지 씨 뿌림에 대한 예언
렘31:27/　사람의 씨, 짐승의 씨
　　　　　　　↓
　　　　이스라엘 집, 유다 집

2) 두 가지 씨 뿌림에 대한 예언 성취
마13:24~25/　사람의 씨 = 좋은 씨
　　　　　　　짐승의 씨 = 가라지

마13:37/ 예수 → 좋은 씨(하나님 씨)
-예수님께서 뿌리신 좋은 씨 = 하나님의 씨: 하나님의 말씀

마13:39/ 서기관, 바리새인 → 가라지 (마귀씨)
- 마23:33/ 뱀들아 독사의 새끼들아

마13:38/ 제 밭 = 세상: 예수교회 (고전3:9 밭 = 사람의 마음)
요3:31~34/ 하나님의 보내신 자 → 하나님 말씀
　　　　　 땅에서 난 이 → 땅에 속한 것
요일4:5~6/ 하나님께 속한 자의 말 세상에 속한 자의 말

3) 두 가지 씨의 결과
마13:38/ 좋은 씨 = 천국의 아들들
　　　　　가라지 = 지옥 악한자의 아들들

- 좋은 씨도 가라지도 제 밭에 뿌려지므로 예수교회 안에는 천국의 아들들도 지옥 악한 자의 아들들도 함께 있게 된다.
※ 좋은 씨인 하나님의 씨가 뿌려진 예수교회에 가라지인 마귀의 씨 가 덧뿌려졌고 각각 이 두 가지 씨는 추수 때인 세상 끝까지 자라게 된다.

3. 새 언약
1) 새 언약에 대한 예언
렘 31:31~32/ 새 언약을 세우리라
- 출 19:5~6/ 시내산 - 첫 언약
☞ 왜? - 아담처럼 언약을 파함 (호6:7)

2) 새 언약에 대한 예언의 성취

눅 22:14~20/ 새 언약(신약)을 세우심
☞ 누가 : 예수님
☞ 언제 : 유월절 밤
☞ 무엇으로 : 예수님의 피

3) 새 언약을 세우신 목적
히8:7~8 첫 언약 : 흠— 새 언약
히8:10~12 새 언약의 법
　　　　　　마음, 생각에 새김
　　　　　　하나님의 백성(죄사함)
히9:28 재림 → 죄와 상관없이 자기를 바라는 자들
※ 첫 언약이 지켜지지 않으므로 구약 선지자를 통해 예언하신 하나님께서 예수님에게 오셔서 예수님의 피로 새 언약(신약)을 세우심

구약의 예언 → 예수님 초림 때 성취
신약의 예언 → 예수님 재림 때 성취

신약의 핵심·종합한 결론 = 요한 계시록
요한 계시록의 말씀을 지키는 자가 새 언약을 지키는 자가 됨

◇ 결론
약 2600년 전 예레미야 선지자를 통해 약속된 렘31장의 세 가지 예언(새 일과 두 가지 씨와 새 언약)은 약 600년이 지나서 초림 때 하나님께서 예수님에게 오셔서 다 성취됨.

새 일 : 영적 씨인 하나님의 말씀으로 하나님의 자녀가 되는 것
　　　→ 영적 이스라엘이 창조됨

두 가지 씨 : 하나님의 좋은 씨가 뿌려진 제 밭에 마귀의 가라지가 덧뿌려졌고 예수교회에는 두 가지 씨가 추수 때까지 자라게 됨
새 언약 : 첫 언약이 지켜지지 않음으로 하나님께서 예수님의 피로 새 언약을 세우심

〈중등8과 주요내용1〉
- 새 일의 목적: 하나님의 씨로 낳은 영적 이스라엘 창조
- 영적 이스라엘: 영적인 씨인 하나님의 말씀으로 거듭나 하나님의 아들이 됨
  → 영적 선민 세계

〈중등8과 비판1〉
신천지는 이스라엘을 육적 이스라엘(유대인), 영적 이스라엘(기성교회), 새 이스라엘(신천지)로 구분한다. 그런데 위에서 보는 것처럼 그들 스스로도 영적 이스라엘과 새 이스라엘을 혼동해서 쓰고 있다.

〈중등8과 주요내용2〉
마13:39/ 서기관, 바리새인 → 가라지 (마귀씨)
- 마23:33/ 뱀들아 독사의 새끼들아

〈중등8과 비판2〉
예수님께서 서기관들과 바리새인들을 책망하신 말씀이다. 마13,39절 "가라지를 뿌린 원수는 마귀요 추수 때는 세상 끝이요 추수꾼은 천사들이니"에서 가라지를 뿌린 원수는 서기관이나 바리새인이 아니라 마귀이다.
그리고 마23,33절 "뱀들아 독사의 새끼들아 너희가 어떻게 지옥의 판결을 피하겠느냐"라고 하신 이유는 마23,23절에 나온다. "화 있을진저 외식하는 서기관들과 바리새인들이여 너희가 박하와 회향과 근채의 십일조는 드리되 율법의 더 중한 바 정의와 긍휼과 믿음은 버렸도다 그러나 이것도 행하고 저것

도 버리지 말아야 할지니라"는 이들이 외식(外飾)을 하면서 정의와 긍휼과 믿음을 버렸기 때문이다.[199] 그리고 가라지와 뱀들, 독사의 새끼들이 의미하는 것은 복음의 반대자를 말한다.

⟨중등8과 주요내용3⟩
신약의 핵심·종합한 결론 = 요한 계시록
요한 계시록의 말씀을 지키는 자가 새 언약을 지키는 자가 됨

⟨중등8과 비판3⟩
신약 성경의 종합과 핵심 결론은 계시록이 아니다. 굳이 구절을 들자면 요 3,14-6절이 종합이자 결론에 해당된다.
14. 모세가 광야에서 뱀을 든 것 같이 인자도 들려야 하리니
15. 이는 그를 믿는 자마다 영생을 얻게 하려 하심이니라
16. 하나님이 세상을 이처럼 사랑하사 독생자를 주셨으니 이는 그를 믿는 자마다 멸망하지 않고 영생을 얻게 하려 하심이라

신천지는 계시록의 말씀을 지키는 자가 새 언약을 지키는 자가 된다고 했다. 그런데 계2장부터 3장에 걸쳐서 소아시아의 일곱 교회가 나오는데 계3,3절에 사데 교회에 "지켜 회개하라"는 말씀이 있고 계3,10절에 빌라델비아 교회에게 "네가 나의 인내의 말씀을 지켰은즉"이라는 말씀이 있지만 계시록에서 '어떤 말씀'을 지켜야 하는지에 대해 구체적인 언급은 성경에 없다. 그리고 당

---

199 예수님 당시의 바리새인들은 일주일에 이틀씩 금식하고 모든 소득의 십일조를 드리며 613가지나 되는 율법의 세부조항을 만들어 놓고 못 지키는 사람들을 정죄했기 때문이다. 좋은 예가 요5,10절 "유대인들이 병 나은 사람에게 이르되 안식일인데 네가 자리를 들고 가는 것이 옳지 아니하니라"에서 찾아볼 수 있다. 베데스다 못가에 38년 된 병자가 예수님을 만나 나았는데 박수가 아니라 정죄를 하고 있다. 이들은 안식일을 거룩하게 지키라, 노동하지 말라는 계명을 좀 더 잘 지키려고 안식일에 불을 피우거나 2㎞ 이상 이동하거나 오른손이나 왼손으로 물건을 던져서 던진 손으로 받으면 노동이 아닌데 다른 손으로 받으면 노동이므로 안식일을 범하는 것이라고 가르쳤다.

연히 이 두절은 사도 요한 당시의 교회들에게 주신 말씀이다.

예수님께서 새 언약을 말씀하신 곳은 눅22,19-20절이다. "19.또 떡을 가져 감사기도 하시고 떼어 그들에게 주시며 이르시되 이것은 너희를 위하여 주는 내 몸이라 너희가 이를 행하여 나를 기념하라 하시고 20.저녁 먹은 후에 잔도 그와 같이 하여 이르시되 이 잔은 내 피로 세우는 새 언약이니 곧 너희를 위하여 붓는 것이라" 이것은 예수님께서 성찬식을 하시면서 하신 말씀이다. 옛 언약이 율법인데 새 언약은 십자가에서 죽으심으로 믿는 자들을 구원하신다는 말씀이다.

그러므로 신천지가 말하는 새 언약도 있을 수 없다. 따라서 신약성경의 종합 결론이 계시록이라거나 요한 계시록의 말씀을 지키는 자가 새 언약을 지키는 자가 된다는 주장들은 성경적 근거가 없는 것이다.

〈중등 제9과 [구약]〉

제목: 죽은 자의 부활과 성신
- 본문: 겔37장(마23장, 요5장)
- 사건 예언의 때 : 약 2600년 전
- 사건 예언의 장소 : 갈대아 땅 그발 강가
- 기록자 : 에스겔
- 기록 장수: 총48장
- 사건: 예루살렘이 이방에게 사로잡힘
- 에스겔 소개: 부시의 아들 제사장. 갈대아 땅 그발 강가 사로잡힌 자 중에 있을 때 하나님의 신이 특별히 임하여 이상 (환상)을 보고 듣고 예언한 선지자
- 에스겔의 사명: 하나님께서 장래에 이루실 것을 예언 (예언의 목자)
- 11-48: 장래에 이룰 예언(약 600년간. 전해짐)

- 약속의 목자 빙자: 에스겔(히2:10)
- 이상을 이룰 약속의 목자: 약 600년 후 예수

◇ 본문 : 겔37장

배도한 이스라엘이 이방에게 멸망 받았을 때에 하나님이 에스겔을 택하여 하나님의 대언자로 삼으시게 되고 마른 뼈들에게 생기를 주어 다시 살게 하시어 무덤에서 나오게 하신 일과 그 후에 성신을 부어 주시는 내용

◇ 본문 배경

약 2600년 전 바벨론에 사로잡혀 간 많은 유대인 포로 중 에스겔이 유다와 예루살렘(하나님의 장막)에 있게 될 사건에 대해 이상을 보고 기록한 예언서입니다.

◇ 부활의 의미와 종류

마8:22/ 죽은 자들로 죽은 자를 장사하게 하라

◎ 부활 : 죽었다가 다시 살아남

영적 죽음의 원인

겔18:4/ 범죄하는 영혼 → 죽으리라

육적부활 : 육이 죽은 사람이 다시 사는 것
영적부활 : 죽었던 영이 다시 사는 것
겔 37장(:1~14) 환상 → 장래사
암3:7/ 하나님: 자기 비밀 → 선지자

구약예언 → 초림 성취

요19:30/ 다 이루었다
요6:27/ 인자 = 아버지 하나님 인치신 자
- 인자, 에스겔을 90회 이상 인자로 부르고 있으며 신약에는 예수님을 80

회 이상 인자로 표현 하고 있다.[200]

겔 37장.

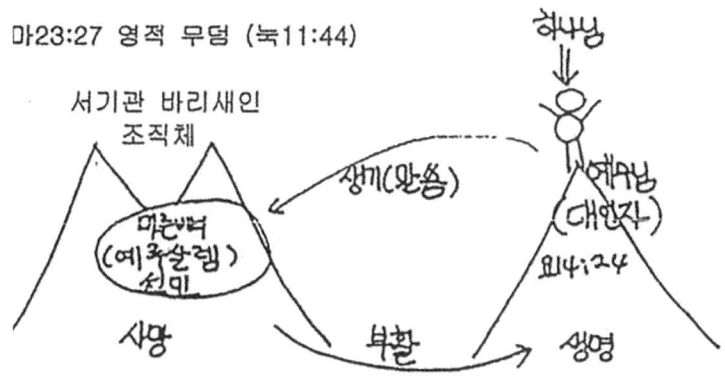

마4:17/ 회개하라 천국이 가까이 옴

마13:24/ 천국은 좋은 씨를 제 밭에 뿌린 사람

마13:37/ 좋은 씨를 뿌리는 이는 인자요

행2:3~4/ 불의 혀와 같이 성령 임함

요3:5/ 물과 성령으로 거듭남 → 하나님 나라

계13:5-6/ 그의 이름과 그의 장막 곧 하늘에 거하는 자들을 훼방

1/3씩 죽임을 당하는 사건

계8:7/ 피 섞인 우박과 불→땅 1/3 사윔

:8`9/ 불붙는 큰 산→바다 배1/3 깨짐

:10-11/ 큰 별→강, 물샘→쑥물, 사람 1/3이 죽음

:12/ 침→해, 달, 별 1/3 어두워짐

계9:15-18/ 마병대→불, 유황. 사람1/3 죽음

---

200   예수님의 호칭에 대해서는 오스카 쿨만/김근수 역 『신약의 기독론』(서울: 나단, 2005)을 참고하라.

◇ 결론
◇ 겔37장의 예언 → 초림 성취

에스겔 37장의 예언은 육신이 다시 사는 육적부활이 아닌 초림 때 예수님의 생기의 말씀을 듣고 영이 살게 되는 영적 부활로 예수님 앞으로 나아온 그들에게 하나님의 성신을 부어주어 하나님 나라에 들어가게 하신다는 초림 때 성취된 내용입니다.

〈중등9과 주요내용1〉

요6:27/ 인자 = 아버지 하나님 인치신 자
- 인자, 에스겔을 90회 이상 인자로 부르고 있으며 신약에는 예수님을 80회 이상 인자로 표현 하고 있다

〈중등9과 비판1〉

인자(人子)는 사람의 아들이다. 에스겔 선지자는 하나님께서 인자야 라고 부르셨고 예수님은 당신을 인자라고 칭하셨다. 예수님께서 스스로를 인자라고 하신 것은 주님의 겸비(謙卑)를 나타내신 것이다. 그런데 요6,27절 "썩을 양식을 위하여 일하지 말고 영생하도록 있는 양식을 위하여 하라 이 양식은 인자가 너희에게 주리니 인자는 아버지 하나님께서 인치신 자니"에서 알 수 있는 것은 하나님의 인침을 받은 분이 예수님이지 '특정한 사람'이 아니라는 것이다.

〈중등9과 주요내용2〉

◇ 겔37장의 예언 → 초림 성취

에스겔 37장의 예언은 육신이 다시 사는 육적부활이 아닌 초림 때 예수님의 생기의 말씀을 듣고 영이 살게 되는 영적 부활로 예수님 앞으로 나아온 그들에게 하나님의 성신을 부어주어 하나님 나라에 들어가게 하신다는 초림 때 성취된 내용입니다.

⟨중등9과 비판2⟩

에스겔 골짜기의 마른 뼈들이 살아나 큰 군대가 되는 환상은 당시 우상 숭배가 극심했던 이스라엘의 종교적 상황이 마른 뼈와 같음을 말한다. 겔6장과 8장에 자세히 나오는데 먼저 겔6,4-7절을 보자.

4. 너희 제단들이 황폐하고 분향제단들이 깨뜨려질 것이며 너희가 죽임을 당하여 너희 우상 앞에 엎드러지게 할 것이라

5. 이스라엘 자손의 시체를 그 우상 앞에 두며 너희 해골을 너희 제단 사방에 흩으리라

6. 내가 너희가 거주하는 모든 성읍이 사막이 되게 하며 산당을 황폐하게 하리니 이는 너희 제단이 깨어지고 황폐하며 너희 우상들이 깨어져 없어지며 너희 분향 제단들이 찍히며 너희가 만든 것이 폐하여지며

7. 또 너희가 죽임을 당하여 엎드러지게 하여 내가 여호와인 줄을 너희가 알게 하려 함이라

그리고 겔8장에는 구체적인 우상들이 보도되어 있다. 6절에는 질투의 우상이 나오고 10-3절에는 각양 곤충과 가증한 짐승과 이스라엘 모든 족속의 우상이 사방 벽에 그려졌는데 장로 70명과 사반의 아들 야아샤나가 향로를 들고 분향하며 14절에는 여인들이 담무스[201]를 위하여 애곡하고 있고 16절에는 태양신을 섬기는 장면까지 나온다.

하나님께서 에스겔에게 이 환상을 보여주신 이유는 우상숭배를 중지하고 하나님의 말씀으로 돌아오라는 것이다. 이것을 예수님의 생기의 말씀으로 살아난다고 해석하면 논리적 비약이 너무 심하다고 할 수 있다.

---

201 담무스(Tammuz)는 바벨론이 섬기던 남신이다. 여신인 이쉬타르(Ishtar)와 같이 풍요와 생산을 상징하는데 그리스의 아도니스(Adonis)와 애굽의 오시리스(Osiris)와 동일하다. 담무스를 위한 제사는 음란을 동반했다. 담무스를 위하여 애곡한다는 것은 담무스가 봄이면 식물을 소생케 하지만 여름이 되면 지하로 내려갔다가 이듬 해 봄에 다시 올라온다고 생각했기에 여름이 되면 담무스의 죽음을 슬퍼하며 곡하는 의식을 말한다.

또 예수님의 성신을 부어주어서 하나님 나라에 들어간다는 말은 성경에 없다. 하나님 나라에 들어가는 필요충분조건은 오직 예수 믿고 구원 받는 것이다.

〈중등 제10과 [구약]〉

제목: 바벨론 심판과 영원한 나라
- 본문: 단1~2장
- 사건 예언의 때: 약 2600년 전
- 사건 예언의 장소: 선민이 사로잡힌 바벨론
- 기록자 : 다니엘
- 기록 장수: 12장
- 사건: 예루살렘이 이방 바벨론에게 사로잡힘
- 다니엘 소개: 유다 왕 여호야김 시대에 이스라엘 자손 중 왕족과 귀족의 한사람으로 바벨론으로 포로되어 간 소년 하나님의 말씀을 이상(환상)으로 보고 듣고 예언한 선지자
- 다니엘의 사명: 하나님께서 장래에 이루실 것을 예언 (예언의 목자)
- 단 1~12장 장래에 이룰 예언 (약 600년 간 전해짐)
- 약속의 목자 빙자: 다니엘 (호12:10)
- 이상을 이룰 약속의 목자: 약 600년 후 예수

◇ 본문 : 단 1~2장(구약)

단1~2장 : 다니엘 12장 요약과 결론

단2:44~45 뜨인 돌 → 바벨론 우상: 부숴뜨림 영원한 나라 창조

◇ 육하원칙
- 누 가: 다니엘
- 언 제: 약2600년 전

- 어디서: 선민이 사로잡힌 바벨론
- 무엇을: 바벨론 심판과 하나님 나라 창조
- 어떻게: 이상(환상)으로 보고 듣고 장래에 이루실 것 예언
- 왜: 예언이 이루어질 때 믿어 구원

◇ 언제, 누가 이루는가?

〈예언〉　　　　　　600년 후　　　　　　〈성취〉
다니엘 ──────────────→ 초림 때, 예수님

1. 다니엘1장
단1:1~2/ 바벨론 왕 → 예루살렘 에워쌈

1) 다니엘을 택하신 때
예루살렘이 바벨론에게 사로잡힌 때(사1:7, 겔1:1)
2) 선민이 이방에게 사로잡히는 까닭
렘25:1~11/ 다른 신 섬기거나 숭배
단1:3~16/ 다니엘: 바벨론의 진미 거절
단1:17~21/ 하나님 _ 다니엘(이상, 몽조)

2. 다니엘2장
단 2:1~24/ 느브갓네살 왕의 꿈
1) 꿈과 해석에 대한 바벨론 왕의 요구
결과: 바벨론 술사들 해석X

2) 알 수 있는 방법
암3:7/ 하나님의 비밀 → 선지자
고전2:10/ 성령 → 하나님 깊은 것 통달

단2:25~45/ 꿈의 내용과 그 해석

3) 꿈의 내용
: 장래사에 대해 바벨론 왕에게 보이신 이상

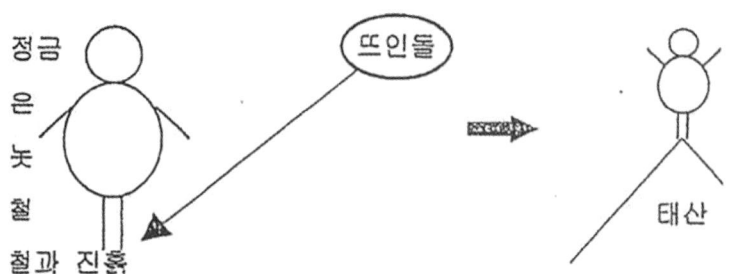

4) 꿈의 해석과 그 실체
(1) 우상
합2:18/ 우상=거짓 스승
요8:44/ 너희 아비=마귀
마23:2/ 바리새인→모세 자리
마23:27/ 바리새인→회칠한 무덤
마123:33/ 바리새인→뱀, 독사

(2) 뜨인 돌
마21:42~44/ 예수님 = 모퉁이 돌
벧전2:4/ 예수님 = 산 돌
요5:22/ 하나님: 심판권세 → 예수님

(3) 영원한 나라
요16:33/ 예수님 → 세상 이김
요1:11~13/ 육적이스라엘: 종말 → 영적 이스라엘: 창조
계21: 거룩한 성 새 예루살렘

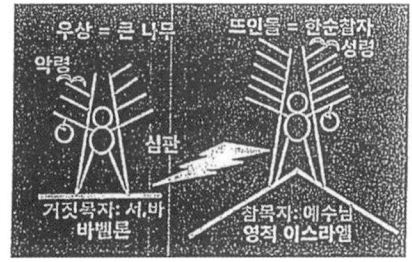

3. 재림의 성취 노정

1) 재림 때의 바벨론과 하나님 나라

마24:15/ 재림: 다니엘서 읽는 자 깨달음

계17:5/ 음녀와 일곱 머리 열 뿔 짐승

계18:3/ 바벨론 → 만국 미혹

계12: 용과 싸워 이긴 자

계2:17/ 흰 돌 → 이기는 자

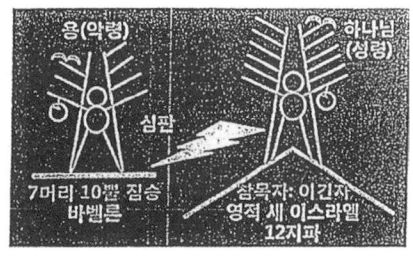

〈중등10과 주요내용1〉

마23:2/ 바리새인→모세 자리

마23:27/ 바리새인→회칠한 무덤

마123:33/ 바리새인→뱀, 독사

〈중등10과 비판1〉

바리새인이 "모세의 자리"에 앉아 있다는 것은 설명이 필요하다. 당시 회당에는 율법을 강론할 때 학식과 인품에서 존경받는 랍비(바리새인)가 소위 '모세의 자리'라고 부르는 지정된 좌석에 앉아 있다가 청중들의 질문에 답을 해준 것에서 유래한다. 그리고 바리새인이 회칠한 무덤이고 독사의 새끼라는 것에 대해서는 중등8과 〈비판2〉에서 설명했다.

〈중등10과 주요내용2〉
계12: 용과 싸워 이긴 자
계2:17/ 흰 돌 → 이기는 자

〈중등10과 비판2〉
계12장의 용은 사단을 말한다. 그런데 사람이 사단과 싸워서 이길 수는 없다. 계12,7절 "하늘에 전쟁이 있으니 미가엘과 그의 사자들이 용과 더불어 싸울새 용과 그의 사자들도 싸우나"에서 용과 싸우는 이는 미가엘 천사와 미가엘 천사의 사자(다른 천사들)들이지 사람이 아니다. 그리고 계2,17절은 앞에서도 설명했지만 사도 요한 당시 실재했던 버가모 교회에 주신 말씀이다.

〈중등 제11과 [구약]〉

제목: 바벨론에서 돌아오는 시온
- 본문: 슥 1~4장
- 사건의 때: 약2500년 전
- 사건의 장소: 선민이 사로 잡혀간 바벨론
- 기록자: 스가랴
- 기록 장수: 총14장
- 사건: 예루살렘이 이방 바벨론에게 사로잡힘
- 스가랴 소개: 잇도의 손자 베레갸의 아들. 다리오왕 이년 팔월에 하나님의 말씀을 이상(환상)으로 보고 듣고 예언한 선지자
- 스가랴의 사명: 하나님께서 장래에 이루실 것을 예언 (예언의 목자)

- 슥 1~14 : 장래에 이룰 예언 (약500년 간 전해짐)
- 약속의 목자 빙자: 스가랴 (호12:10)
- 성취 때 이를 약속의 목자: 약500년 후 예수

◇ 본문: 슥1장~4장(약2500)
범죄한 선민 예루살렘이 이방 바벨론에게 사로잡히는 형벌의 기간 70년이 끝난 후에 하나님께서 시온(예루살렘)에 돌아오시어 무너진 성전을 재건하시고 그 곳에 돌아오심으로 만방이 몰려올 것을 예언

〈슥 1:1~3〉
- 언제: 약 2500년 전, 다리오왕 2년 유다와 예루살렘이 이방 바벨론에게 70년간 사로잡혀 있을 때 (사1:1, 렘1:1~3, 겔1:1~3, 단1:1)
- 누가: 선지자 스가랴
- 예루살렘: 하나님 소속 선민의 나라
- 바벨론: 이방 귀신의 나라

☞ 선민 예루살렘이 이방 바벨론에게 사로잡힌 이유는?
→ 하나님과의 언약을 어기고 범죄했기 때문에 (호6:7)

솔로몬 때 이방신을 섬김으로 1지파인 남 유다와 11지파인 북 이스라엘로 나누어지게 함(왕상11장)
북이스라엘은 이방 앗수르에게 남유다는 이방 바벨론에게 사로잡힘

- 선민 멸망 기간: 70년
(슥1:12, 렘25:9~11, 단9:2)
예레미야, 다니엘, 스가랴: 같은 때, 같은 시대, 같은 내용의 예언임
호12:10, 히1:1
슥9:9/ 나귀새끼 탈것 → 마21:1~19/ 초림 예수님 때 성취

슥11:12~13/ 은 삼십에 팔릴 것 → 마27:6~10/ 초림 예수님 때 성취
본 장의 성취 때 　→　　 약 500년 후
(눅24:27,44)　　　　　　초림 예수님 때(요19:30)
눅24:27,44/ 구약 성경에 예수님에 관한 예언 → 초림 성취

• 초림 때 예루살렘과 바벨론의 실체
스가랴서의 예언이 성취되는 초림 때 예루살렘과 바벨론은 구약의 지명, 국명을 빙자한 영적 예루살렘과 영적 바벨론임
마3:1~2/ 세례 요한 → 회개하라 천국이 가까웠느니라

1. 초림 때 사로잡힌 영적 예루살렘
 : 세례요한의 제단(눅16:16, 마11:11~14)

2. 초림 때 사단의 나라 영적 바벨론
 : 서기관 바리새인들의 조직체(마23:2, 33)
〈슥 1:12~15〉
형벌의 기간70년 후 안일한 열국 심판
살전5:3/ 평안하다 안전하다 할때 멸망이 임함

〈슥1:16~17〉
하나님께서 다시 시온, 예루살렘에 돌아오셔서 성전 재건
☞ 육적 시온: 지명
　 영적 시온: 인명
사60:1, 14/ 너 = 하나님의 성읍, 시온 초림 때 시온
　　　　　　　: 예수님(요2: 19-21)

슥8:3/ 시온, 예루살렘 = 진리의 성읍

초림 때 하나님이 돌아오는 시온, 새예루살렘
: 예수님과 예수님을 중심으로 모인 사람들의 무리

〈슥 2:6~7〉
북방 바벨론에 거하는 시온아, 피하라
사로잡힌 곳에서 피하여 나올 수 있는 조건은? 싸워서 이겨야함
: 마4장, 마15장과 같이 증거하는 말로 영적 바벨론인 서기관, 바리새인들과 싸워 이긴 예수님(요16:33)이 초림 때 시온의 실체임.

* 예수님은 하나님께 심판권을 받아(요5:22)영적 바벨론인 서기관, 바리새인들을 말씀으로 심판하심(마23장)

<본문(슥1:~2:)의 예언: 초림 때 성취>

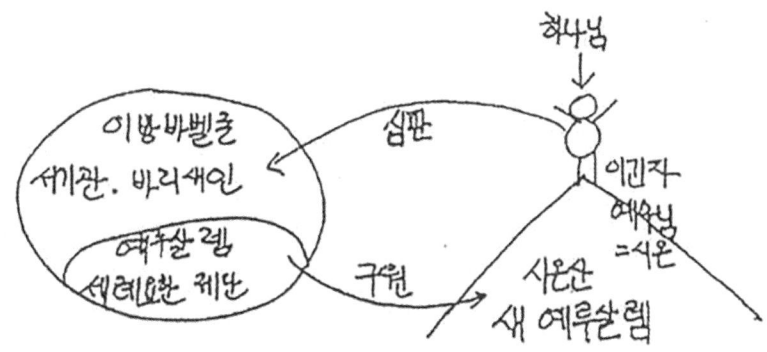

사로잡힌 예루살렘 백성들을 시온이라 하는 이유?
: 길예비 사자인 세례요한을 통해 하나님의 말씀으로 양육 받은 자들이기에

초림당시 천하만국은 사단의 것(마4:8~9)
단4:20~22 왕의 보신 그 나무 → 자라서 견고하여짐
초림 서기관과 바리새인들의 조직 = 구약의 예언된 바벨론의 실체

계16:12/ 큰 강 유브라데~마름 → 왕들의 길이 예비

계17,18장 어린양 예수님 → 바벨론에 사로잡힌 하나님의 백성들을 부르고 빼내실 것을 예언

구약의 예언 → 예수님 초림 때 성취

신약의 예언 → 오늘날 재림 때 성취

◇ 정리

1. 스가랴의 예언(이상) ― 초림때 성취(실상)

2. 핵심 내용

창조→언약→배도→새목자 선택→심판→구원→재창조→새언약

〈중등11과 주요내용1〉

• 초림 때 예루살렘과 바벨론의 실체

스가랴서의 예언이 성취되는 초림 때 예루살렘과 바벨론은 구약의 지명, 국명을 빙자한 영적 예루살렘과 영적 바벨론임

마3:1~2/ 세례 요한 → 회개하라 천국이 가까웠느니라

〈중등11과 비판1〉

초림 때의 예루살렘과 바벨론을 지명과 국명을 빙자한 영적 예루살렘과 영적 바벨론으로 본 것은 지나친 풍유적 해석이다. 그리고 누가복음 어디에도 바벨론에 대한 언급이 없다. 신약에서 바벨론이라는 지명이 언급된 곳은 벧전5,13절과 계17장과 18장이다.

그런데 벧전5,13절을 보라. "택하심을 함께 받은 바벨론에 있는 교회가 너희에게 문안하고 내 아들 마가도 그리하느니라" 신천지는 바벨론을 멸망할 것의 대명사로 쓰지만 이 구절은 바벨론에 교회가 있었다고 증언한다. 물론 신천지 식으로 해석하면 기성교회가 바벨론이니 베드로 사도가 그 교회를 말했다고 하면 할 말이 없다.

그리고 세례 요한이 회개하라 천국이 가까이 왔다고 한 것은 예수님께서 육신을 입고 이 땅에 오신 것을 말한다. 요한의 세례는 "죄 사함을 받게 하는 회개의 세례"(눅3,3)였다. 즉 죄를 깨닫고 자복하는 세례이고 예수님의 세례는 죄 사함의 세례이다. 왜냐하면 사람은 죄를 사할 권세가 없기 때문이다.

〈중등11과 주요내용2〉
슥8:3/ 시온, 예루살렘 = 진리의 성읍
초림 때 하나님이 돌아오는 시온, 새예루살렘
: 예수님과 예수님을 중심으로 모인 사람들의 무리

〈중등11과 비판2〉
시온은 앞서도 설명했지만 하나님 자신이나 하나님의 임재를 뜻한다. 그래서 시온 백성은 하나님의 백성을 말하고 시온좌는 하나님의 보좌가 있는 곳이며 시온 백성은 하나님의 백성을 가리킨다. 그러므로 하나님이 시온을 떠나 계시다가 초림 때 돌아오신다는 것은 있을 수 없는 일이다. 그리고 새 예루살렘이라는 말은 계3,12절과 21,2절에 나온다. 계3,12절 "이기는 자는 내 하나님 성전에 기둥이 되게 하리니 그가 결코 다시 나가지 아니하리라 내가 하나님의 이름과 하나님의 성 곧 하늘에서 내 하나님께로부터 내려오는 새 예루살렘의 이름과 나의 새 이름을 그이 위에 기록하리라"는 말씀은 빌라델비아 교회에 주신 말씀이다.

그리고 이 새 예루살렘의 정체에 대해서 계21,1-2절 "1.또 내가 새 하늘과 새 땅을 보니 처음 하늘과 처음 땅이 없어졌고 바다도 다시 있지 않더라 2.또 내가 보매 거룩한 성 새 예루살렘이 하나님께로부터 하늘에서 내려오니 그 준비한 것이 신부가 남편을 위하여 단장한 것 같더라" 고 하였다. 즉 새 예루살렘은 예수님의 재림으로 성취될, 종말에 하늘에서 내려올 실제적인 것이다. 그러므로 이 예루살렘을 영적 예루살렘으로 해석하거나 풍유적 해석을 하는 것은 틀린 해석이다.

〈중등11과 주요내용3〉

초림당시 천하만국은 사단의 것(마4:8~9)

〈중등11과 비판3〉

마4,8-9절을 보자. "8.마귀가 또 그를 데리고 지극히 높은 산으로 가서 천하만국과 그 영광을 보여 9.이르되 만일 내게 엎드려 경배하면 이 모든 것을 네게 주리라"는 말씀은 마귀가 부귀와 영화를 누리게 해주겠다는 표현이지 천하만국이 사단의 소유라는 것을 말하는 것이 아니다. 천하만국의 주인은 하나님이시다.

〈중등11과 주요내용4〉

2. 핵심 내용

창조→언약→배도→새목자 선택→심판→구원→재창조→새언약

〈중등11과 비판4〉

앞에서 설명했지만 성경의 역사, 인류의 역사는 창조-타락-구원이다. 여기에 재창조나 새 언약이 끼어들 여지는 없다.

〈중등 제12과 [구약]〉

제목: 길 예비자와 약속의 목자
- 본문: 말2~3장
- 사건 예언의 때 : 약 2400년 전
- 사건 예언의 장소 : 예루살렘
- 기록자: 말라기
- 기록 장수 : 총 4장
- 사건: 제사장들의 부패함으로 인해 하나님께서 떠나가심. 이를 돌이키기

위해 길 예비자와 약속의 목자를 보낼 것을 예언
- 말라기 소개: 남 유다의 마지막 선지자로 "나의 사자" 라는 뜻
- 말라기의 사명: 하나님께서 장래에 이루실 것을 예언(예언의 목자)
- 말1~4장 : 장래에 이를 예언, (약 400년 간 전해짐)
- 성취 때 이를 약속의 목자: 약 400년 후 예수

◇ 설명
말3:1 언약의 사자가 임하기 전 길을 예비할 사자를 먼저 보냄
- 길 예비자가 먼저 와야 약속의 목자가 임함
- 약속의 목자 = 구원자
- 길 예비자의 역사는 약속의 목자를 확인 할 수 있는 증거

1. 모세의 장막 : 일곱 금 촛대
출 25:8~9/ 하나님께서 거하실 장막
출 25:31~40, 출 27:20~21

일곱 금 촛대 (등불)
: 저녁~아침

2. 모세와 아론의 사명
레24:1~4, 출 3~4장, 출 4:14~16

등잔불 정리
모세의 말을 대언

열두 떡 : 진설

아론 : 길 예비자   모세 : 약속의 목자

출32:1~6/ 아론 → 모세의심
            ↓
하나님 믿지 않고, 금송아지 만들어 자기를 나타내는 죄를 지음

민20:24~26/ 하나님 → 모세에게 명하여 아론의 옷 벗김(사명 거둠)
                    : 죽음

히10:1/ 율법은 장차오는 좋은 일의 그림자요 참형상이 아님

※ 장막의 규례 속 비밀: 등불 빛의 역사가 나타난 후
→ 참된 빛의 역사가 있게 될 것을 감추어 놓음

3. 초림의 길 예비자와 약속의 목자
말 4.:5~6/ 여호와의 임하는 날이 이르기 전 선지 엘리야 먼저 보냄
• 엘리야가 오지 않으면 약속의 목자(구원자)가 올수 없음
마17:9~13/ 오리라 한 엘리야 = 세례요한
눅 1: 13-17/ 세례요한 : 엘리야의 심령과 능력

마3:13~17 요한에게 세례를 받으신 예수님
• 구약 말라기 선지자의 예언을 성취(말3:1)
• 하나님의 성령이 예수님에게 임함
• 하나님의 사랑하는 아들, 기뻐하는 자

4. 세례 요한의 사명과 그 결과
요1:6~8/ 빛에 대하여 증거하는 자
요1:23/ 주의 길을 곧게 하라고 광야에서 외치는 자
요1:29~34/ 예수님이 하나님의 아들이심을 증거함
요5:35/ 요한 = 켜서 비취는 등불

아론의 사명 → 먼저 와서 등불을 밝히어 모세의 길을 예비
세례요한의 사명 → 먼저 와서 등불을 밝히어서 예수님의 길을 예비
세례요한의 등불의 역사 → 저녁부터 아침까지
(빛 되신 예수님의 역사가 시작되면 세례요한의 역사는 끝이남)

• 세례 요한은 자신의 말과는 달리 예수님과 하나 되지 않았음
(요 3:22~23)
마9:14~17/ 요한의 제자들과 예수님의 논쟁
마11:2~3/ 세례요한 → 예수님을 의심함
※세례 요한의 때까지 한 시대가 끝이남.

5. 예수님의 사명
마4:12~17/ 천국 복음을 전파
마4:18-22/ 예수 : 12제자들 택함 → 복음 : 전파(히9:8)
요5:22~24/ 사망에서 생명으로 부활하게 하심
• 사단 소속의 바리새인의 목자와 싸워 이기심
• 육적 이스라엘을 끝내시고, 영적 이스라엘을 창조하심(요1:12~13)
• 새 일을 창조, 씨 뿌림, 새언약 하심
• 죄 사함을 위해 십자가를 지심 (히9:26)
• 구약 선지자의 예언을 다 이루심 (요19:30)

6. 재림의 길 예비자와 약속의 목자
계1:20/ 일곱별 = 일곱 사자
　　　　일곱 금 촛대 = 일곱 교회
※ 재림의 길 예비 사자 = 일곱 사자 (일곱 별)

(계2,3장) 사단 니골라당과 싸워 이기심
(계14장) 예수님이 씨 뿌린 밭에 가서 알곡을 추수함
(계7장) 하나님의 인을 쳐서 새 나라 창조(영적 새 이스라엘 12지파)
(계22장) 계시록의 말씀을 가감하지 않게 해줌
(계21장) 생명책에 녹명 되게 해줌

◇ 오늘의 핵심
: 하나님께서 시대 시대마다 약속의 목자를 보내시기에 앞서 먼저 그의 길을 예비하는 길 예비자를 보낼 것을 약속하신 것

〈초림 때〉
세례요한(길 예비자)의 배도로 심판받아 끝
→ 예수님(약속의 목자) 하나님의 씨 뿌려 영적 이스라엘(예수교) 창조

〈재림 때〉
일곱 사자(길 예비자): 첫사랑을 버리므로 (배도) 심판받아 끝
→ 이긴자(약속의 목자) 영적 새 이스라엘 열두 지파 창조

〈중등12과 주요내용1〉
말3:1 언약의 사자가 임하기 전 길을 예비할 사자를 먼저 보냄
• 길 예비자가 먼저 와야 약속의 목자가 임함
• 약속의 목자 = 구원자
• 길 예비자의 역사는 약속의 목자를 확인 할 수 있는 증거

〈중등12과 비판1〉
세례요한은 엘리야의 심령과 능력으로 예수님의 길을 예비하러 왔다. 그런데 길 예비자가 먼저 오지 않으면 약속의 목자가 올 수 없는가? 만약에 세례요

한이 오지 않았다면 예수님은 못 오시는가? 길 예비자가 없어도 예수님은 오셨을 것이다. 왜냐하면 중요한 행사 때 의전을 보면 앞에 경찰 사이드카가 안내하지만 안내가 없다고 해서 VIP가 올 수 없는 것은 아니기 때문이다. 중요한 것은 예수님이지 세례요한이 아니다. 요한은 쓰임 받은 것에 불과하다. 신천지가 이렇게 말하는 것은 그들의 지도자를 재림의 길 예비자로 각인시키기 위한 것으로 보인다.

〈중등12과 주요내용2〉
아론의 사명 → 먼저 와서 등불을 밝히어 모세의 길을 예비

〈중등12과 비판2〉
아론은 제사장이고 모세는 민족의 지도자이다. 권세는 모세가 더 크다고 할 수 있지만 제사장과 지도자로서 서로의 사명이 다르다. 그리고 아론이 불을 켜는 것은 모세의 길을 예비하려고 켜는 것이 아니라 제사장으로서 할 일을 하는 것이다. 레24,2-4절을 보자.

1. **여호와께서 모세에게 말씀하여 이르시되**
2. **이스라엘 자손에게 명령하여 불을 켜기 위하여 감람을 찧어낸 순결한 기름을 네게로 가져오게 하여 계속해서 등잔불을 켜 둘지며**
3. **아론은 회막안 증거궤 휘장 밖에서 저녁부터 아침까지 여호와 앞에 항상 등잔불을 정리할지니 이는 너희 대대로 지킬 영원한 규례라**
4. **그는 여호와 앞에서 순결한 등잔대 위의 등잔들을 항상 정리할지니라**

〈중등12과 주요내용3〉
※ 재림의 길 예비 사자 = 일곱 사자 (일곱 별)
(계2,3장) 사단 니골라당과 싸워 이기심
(계14장) 예수님이 씨 뿌린 밭에 가서 알곡을 추수함
(계7장)   하나님의 인을 쳐서 새 나라 창조(영적 새 이스라엘 12지파)

(계22장) 계시록의 말씀을 가감하지 않게 해줌
(계21장) 생명책에 녹명 되게 해줌

〈중등12과 비판3〉

재림의 길 예비사자가 니골라 당과 싸워 이긴다는 것은 기성교회를 니골라 당이라 보는 것이고 예수님이 씨 뿌린 밭도 기성교회이고 알곡을 추수한다는 것은 기성교회 성도를 신천지 신도로 만든다는 것이며 생명책에 녹명되게 해준다고 하였다.

계2,4절에 에베소 교회를 가리켜 니골라 당의 행위를 미워한 것에 대해 칭찬하시는 말씀인데 초대 교회 때의 니골라 당과 기성교회는 아무런 관련이 없다. 그리고 생명책에 녹명되게 해준다는 것은 계21,27절을 근거로 한 것 같은데 이것은 하나님이 하실 수 있는 일이지 사람이 해 줄 수 있는 일이 아니다.

〈중등 제13과 [구약]〉

제목: 약속한 목자 탄생
- 본문: 마1장(눅1장)
- 사건의 때: 약 2000년 전
- 사건의 장소: 예루살렘
- 기록자: 마태 (예수님의 제자)
- 기록 장수: 총 28장
- 사건: 구약 성취와 신약 예언
- 마태 소개: 예수님의 12제자 중 한 사람. 레위라고도 불림. 세리 출신
- 마태의 사명: 구약 성취와 재림과 약속의 목자 증거
- 마태복음 중 예언의 내용: 약 2000년 후 사건을 소개한 것
- 성취 때 이룰 약속의 목자: 약 2000년 후 이긴자

◇ 설명

1. 약속하신 예언을 이루시는 하나님

　사14:24 하나님의 생각, 경영 _ 반드시 成

◎ 아브라함 : 약속 (예언) ― 모세, 여호수아: 성취

◎ 구약 선지자들: 약속 (예언) —> 예수님: 성취

2. 구약의 예언을 이루신 예수님

1) 예수님의 탄생

① 처녀에게 나심(렘31:22, 사7:14) → 마 1장, 눅1장

② 베들레헴에서 나심(미5:2) → 마2:1~6, 눅2:4~11

③ 애굽으로 피난(호11:1) → 마2:13~15

2) 예수님의 사역

① 갈릴리에서 역사(사9:1~2) → 마4:12~16

② 비유로 말씀하심(시78:1~4) → 마13:34~35

③ 새 일, 씨 뿌림, 새 언약(렘31) → 마1장, 마13:24, 눅22:20

④ 나귀 새끼-->예루살렘(슥9:9) → 마21:1~5, 요12:14~16

⑤ 제자의 배반(시 41:9) → 요13:18

3) 예수님의 죽음과 부활

① 옷을 제비 뽑음(시 22:18) → 요19:23~24

② 쓸개와 초를 마심(시69:21) → 요19:28~30, 마27:34, 38

5. 약속한 목자를 통한 심판과 구원(렘1:13~19)

창조와 재창조의 노정 순리

목자 선택 → 나라 창조 → 선민과의 언약 → 선민 언약 배도와 멸망

→ 새목자 선택 → 심판과 구원 → 새나라 창조 → 새 언약

〈선민과의 언약〉

출19:5~6/언약 가짐 → 나라와 제사장

〈신민 언약 배도와 멸망〉

렘2:13~15/ 두 가지 악

　　　　　→ 하나님 버린 것

　　　　　→ 스스로 웅덩이 팜

렘5:19/ 하나님 버리고 다른 신 숭배

렘16:9~15/ 하나님 말씀을 욕으로 여김

렘16:12/ 집, 전지가 타인의 소유로 이전

〈심판과 구원〉

렘51:25/ 온 세계를 멸한 멸망의 산

　　　　　= 불탄 산이 됨 『바벨론 심판

렘51:6/ 바벨론에서 도망 나오라

렘51:9~ 시온으로 돌아오라

:9~ 시온으로 돌아오라

렘3:17/ 회복된 예루살렘→하나님의 보좌

초림 때 : 육적 이스라엘 백성

→ 아담같이 언약 어긴 것 알지못함

→ 죄인이라는 것 알지못함

→ 정통, 선민으로 자부함

→ 하나님께서 떠나신 것 알지못함

→ 예수님을 이단, 귀신 들렸다함

6. 대언의 목자와 사명

1) 초림 때

- 예수님 때 예루살렘의 백성들은 사단의 목자에게 멸망을 받아 사람의 계명으로 가르침 받고 사단의 모양과 형상대로 창조함 받게 됨.

렘1:5 잉태되기 전부터 앎

마1:18 성령으로 잉태

- 이방에게 사로잡힌 가운데 하나님께서는 예수님을 택하심

예수님께서는 멸망 받은 예루살렘 백성들에게 하나님의 계시의 말씀을 대언하심

예수님을 만나야 구원함을 받게 됨

약속의 목자가 증거 하는 말씀 통해
  → 재창조 받아야함
  → 천국과 영생에 이르게 됨

오늘의 우리가 지켜야 할 것 → 예수님이 예언한 신약

2) 재림 때

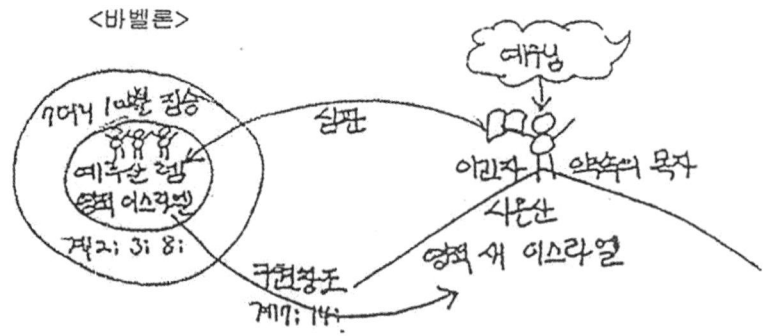

- 주 재림 때 만국이 마귀의 미혹을 받아 영적 바벨론이 되고 음행의 포도주로 인해 만국이 무너지게 됨. 하나님의 나라 백성들이 배도함으로 일곱 머리 열 뿔 가진 짐승에게 멸망 받고 사단의 소속이 됨.
- 이 때 예수님께서는 새로운 약속의 목자를 택하시고 계시의 말씀을 주셔 부패한 영적 이스라엘 백성들에게 계시의 말씀을 가르치게 하심

◇ 결론

예언: 예레미야　＝　예언의 목자
　　　↓　　　　　　600년 후
성취: 예수님　＝　약속의 목자

약속의 목자의 사명 → 심판, 구원, 재창조

〈중등13과 주요내용1〉

■ 성취 때 이를 약속의 목자: 약 2000년 후 이긴자

〈중등13과 비판1〉

성경 어디에도 2000년 후 이긴 자가 약속의 목자로 온다는 언급은 없다.

〈중등13과 주요내용2〉

예수님을 만나야 구원함을 받게 됨
약속의 목자가 증거 하는 말씀 통해
→ 재창조 받아야함
→ 천국과 영생에 이르게 됨

〈중등13과 비판2〉

신천지의 가장 큰 문제가 여기에 있다. 구원 따로 천국과 영생에 이르는 것도 따로 분리한다는 점이다. 구원은 예수님을 믿어야 받는 것은 당연한데 약속의 목자가 증거 하는 말씀을 듣고 믿지 못하면, 그래서 재창조를 받지 못하면 천국도 없고 영생도 없다는 것이다. 그러면 구원(예수 믿는 것)도 의미가 없지 않은가? 그러나 성경은 그렇게 말하지 않는다. 롬10,9-10절 "9.네가 만일 네 입으로 예수를 주로 시인하며 또 하나님께서 그를 죽은 자 가운데서 살리신 것을 네 마음에 믿으면 구원을 받으리라 10.사람이 마음으로 믿어 의에 이르고 입으로 시인하여 구원에 이르느니라" 라고 하였다. 그리고 롬8,1-2절 "1.그러므로 이제 그리스도 예수 안에 있는 자에게는 결코 정죄함이 없나니 2.이는 그리스도 예수 안에 있는 생명의 성령의 법이 죄와 사망의 법에서 너를 해방하였음이라" 라고 하였기 때문이다. 이단/사이비의 특징 중 하나가 예수님의 구원이 부족한 것으로 말한다는 것을 명심하자.

〈중등13과 주요내용3〉

- 주 재림 때 만국이 마귀의 미혹을 받아 영적 바벨론이 되고 음행의 포도주로 인해 만국이 무너지게 됨. 하나님의 나라 백성들이 배도함으로 일곱 머리 열 뿔 가진 짐승에게 멸망 받고 사단의 소속이 됨.

- 이 때 예수님께서는 새로운 약속의 목자를 택하시고 계시의 말씀을 주셔 부패한 영적 이스라엘 백성들에게 계시의 말씀을 가르치게 하심

〈중등13과 비판3〉

재림의 징조들을 나열하고 있다. 그런데 성경 어디에도 새로운 약속의 목자를 택한다거나 부패한 영적 이스라엘(기성교회) 백성들에게 계시의 말씀을 가르치게 한다는 말은 없다.

〈중등 제14과 [구약]〉

제목: 계명과 주기도문
- 본문: 마5, 6장
- 사건의 때: 약 2000년 전
- 사건의 장소: 예루살렘
- 기록자: 마태 (예수님의 제자)
- 기록 장수: 총28장
- 사건: 구약 성취와 신약 예
- 마태 소개: 예수님의 12제자 중 한 사람. 레위라고도 불림. 세리출신
- 마태의 사명: 구약 성취와 재림과 약속의 목자 증거
- 마태복음 중 예언의 내용: 약 2000년 후 사건을 소개한 것
- 성취 때 이룰 약속의 목자: 약 2000년 후 이긴자

◇ 본문 마5~6장
- 누가: 예수님의 제자 마태
- 언제: 약 2000년 전
- 어디서: 예루살렘
- 무엇을: 예수님의 새 계명과 팔복의 내용 주기도문에 관한 내용
- 어떻게 : 직접 보고, 듣고
- 왜: 이를 때에 믿고 지키게 하려고

◇ 계명

롬 3: 20율법: 죄를 깨닫게 하는 것

히10:1~3 율법: 장래 일의 그림자

모세의 율법 : 죄를 생각나게 하는 것

예수님의 새 계명: 죄에서 자유하게 하는 온전한 율법(약1:25)

롬 13:10/ 모든 율법의 완성= 사랑

요 13:34/ 예수님의 새 계명 = 사랑

자유율법의 근본정신 : 사랑

팔복 : 초림과 재림 때에 복 받는 자의 모습이 어떠한지를 말씀

◇ 팔복 (마5:3~10)

심령이 가난한 자	→ 천국
애통하는 자	→ 위로
온유한 자	→ 땅을 기업으로 받음
의에 주리고 목마른 자	→ 의에 배부르고 만족
긍휼히 여기는 자	→ 긍휼이 여김을 받음
마음이 청결한 자	→ 하나님을 봄
화평케 하는 자	→ 하나님의 아들
의를 위해 핍박 받는 자	→ 천국

◈ 예수님의 새 계영 (자유율법)

마5:17~19 예수님: 율법을 완전케 하러 오심

- 예수님의 새 계명은 구약의 율법을 완전히 폐하고 다시 세운 새로운 율법이 아닌 구약의 율법을 보완하여 세운 온전한 법.

구약의 율법 : 외적인 행동을 통제

자유 율법 : 마음과 정신까지 규제

마5:23-44/ 하나님의 근본정신
오른뺨 치는 자 → 왼뺨도 돌려주라
속옷을 갖고자 하는 자 → 겉옷까지 주라
오리를 가고자 하는 자 → 십리를 동행하라

◇ 주기도문 (마6:9~13)
◎ 하나님의 나라와 의를 구하는 내용
◎ 주 재림 때에 이루실 하나님의 계획이 담겨 있음

1. 하늘에 계신 우리 아버지(6:9)
하늘 : 영계 하나님의 나라와 (계4장)
　　　영계 하나님 나라가 임해 온 장막
우리 아버지 : 영으로 계신 하나님
요 8:41-44/ 유대인들: 마귀의 자녀(마귀의 씨)
벧전1:23/ 거듭남 → 썩지 아니할 씨로 됨(하나님의 말씀)
두 가지 영의 씨 → 영적인 두 자녀
초림 때 : 유대교 안에 하나님과 마귀의 두 자녀
재림 때 : 예수교회 안에 두 종류의 신앙인

하나님의 씨 (진리)	마귀의 씨 (비진리)
↓	↓
하나님의 자녀	마귀의 자녀

2. 나라에 임하옵시며 (마6:10)

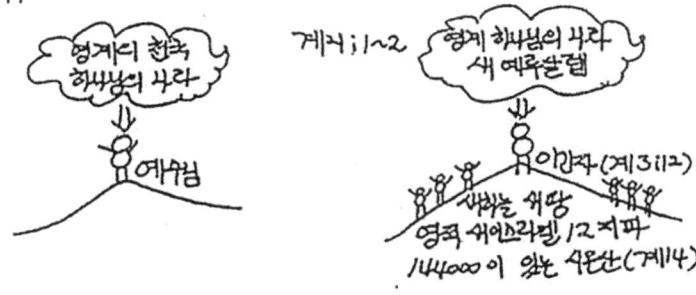

3. 뜻이 하늘에서 이룬 것 같이 땅에서도 이루어지이다(6:10)

하나님의 뜻: 하나님의 나라가 하늘에서 이룬 것 같이 이 땅에서도 이루어지는 것

   출 25장 모세 : 하늘의 것을 보고 장막 지음

   요5:19/ 하나님께서 하는 일 : 예수님도 행함

   계4, 21장 요한 : 하늘에 올라가 영계 새 예루살렘을 보고 그와 같이 이 땅에 이룸

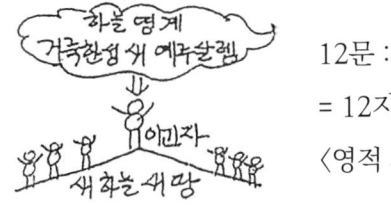

12문 : 12지파
= 12지파 144,000명
〈영적 새 이스라엘〉

4. 오늘날 우리에게 일용할 양식을 주옵시고(6:11)

   마 6: 25-33 먹을 것 마실 것 입을 것 구하지 말라

          먼저 하나님의 나라와 의 → 이 모든 것 더해주심

   ※ 구하라 한 양식 = 하나님의 의의 양식(말씀)

   출16장 모세 때 → 하늘 양식 만나

   요6장 초림 때 → 산 떡 곧 예수님의 살과 피

          (예수님의 생명의 말씀)

마24:45~47 충성되고 지혜있는 종

↓ 때를 따른 양식(말씀)

주인 집 사람들

계2:17/ 감추었던 만나 (신약을 이룬 계시 말씀)

→ 이기는 자에게 약속

5. 우리가 우리에게 죄 지은 자를 사하여 준 것 같이, 우리의 죄를 사하여 주옵시고(6:12)

마6:14-15/ 용서하는 자를 용서 하신다

마18:21~35/ 용서에 관한 예수님의 교훈 (일흔 번씩 일곱 번 용서)

: 일만 달란트 빚진 자의 비유

6. 시험에 들게 하지 마옵시고(6:13)

계3:10/ 인내의 말씀을 지킴 → 시험의 때 면함

마24장 주 재림과 말세의 때

(계 13장)

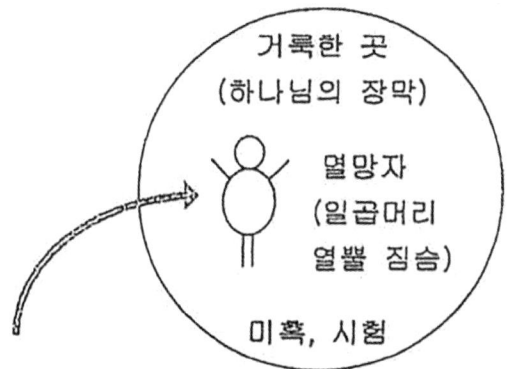

7. 다만 악에서 구하옵소서

마19:17 선: 하나님

악: 마귀와 그에 속한 것

마지막 때의 사단의 악의 역사
: 바벨론 귀신의 나라 일곱머리 열 뿔 짐승의 무리를 통해 이룸
계13:6 짐승 입을 벌려 장막 곧 하늘에 거하는 자들 훼방

8. 나라와 권세와 영광이 아버지께 영원히 있사옵나이다(6:14)
계12:10-11/ 이제 하나님의 구원, 나라, 권세 이름
이제 : 용의 무리와 싸워 이김으로 용이 하늘에서 쫓겨나는 때

9. 대개라는 표현
갈1:8 천사 : 다른 복음 전함 → 저주
계22:18~19 계시록의 예언 가감 → 재앙

주기도문은 예수님께서 장래사를 제자들에게 미리 알린 예언의 말씀 2000년 간 전파되어 오늘날 때가 되어 이루어지게 된다.

〈중등14과 주요내용1〉
■ 성취 때 이룰 약속의 목자: 약 2000년 후 이긴자

〈중등14과 주요비판1〉
앞에서 고찰한 것처럼 성경에 이런 약속은 없다.

〈중등14과 주요내용2〉
벧전1:23/ 거듭남 → 썩지 아니할 씨로 됨(하나님의 말씀)

〈중등14과 비판2〉
신천지의 교리로 거듭 나는 것이 아니라 오직 예수 그리스도의 복음으로 거듭나는 것이다.

〈중등14과 주요내용3〉

마24:45~47 충성되고 지혜있는 종

↓ 때를 따른 양식(말씀)

주인 집 사람들

계2:17/ 감추었던 만나(신약을 이룬 계시 말씀)

→ 이기는 자에게 약속

〈중등14과 비판3〉

때를 따른 양식은 예수님께서 하신 말씀이다. 예수님께서 오시기 전의 양식이 율법이었다면 예수님이 오신 이후로는 복음이 때를 따른 양식이라는 말씀이다.

그리고 계2,17절은 신천지가 아니라 버가모 교회에 주신 말씀이다. 버가모 교회는 발람의 교훈을 따라 행음하는 자들이 있었고 우상의 제물을 먹는 자들이 있었는데 이를 회개하고 이기라고 권면하시면서 계2,16절에는 회개하라고 하셨다. 그런데 계2,17절을 예로 들면서 자꾸 이긴 자를 강조하면 행음을 안 하고 우상 제물 안 먹는 것이 이기는 것이 되는 역설을 피할 수 없다는 점을 알아야 할 것이다.

〈중등14과 주요내용4〉

4. 오늘날 우리에게 일용할 양식을 주옵시고(6:11)

마 6: 25-33 먹을 것 마실 것 입을 것 구하지 말라

먼저 하나님의 나라와 의 → 이 모든 것 더해주심

〈중등14과 비판4〉

일용할 양식은 말 그대로 먹을 식량이다. 예수님은 마6,25-33절에서 먹을 것과 입을 것을 '구하지 말라'고 하지 않으시고 "염려하지 말라"고 하셨다. 성경을 가감하지 말아야 하는데 신천지는 말씀을 편의대로 바꾸어 놓고서 해석

을 하고 있다. 그리고 예수님이 이렇게 말씀하신 이유는 제자들의 삶에 있어서 우선순위의 문제를 정리해주신 것이다.

〈중등 제15과 [구약]〉

제목: 독자구분과 하나님의 뜻과 믿음
- 본문: 마7, 8장
- 사건의 때: 약 2000년전
- 사건의 장소: 예루살렘
- 기록자: 마태(예수님의 제자).
- 기록 장수: 총28장
- 사건: 구약 성취와 신약 예언
- 마태 소개: 예수님의 12제자 중 한 사람. 레위라고도 불림. 세리임.
- 마태의 사명: 구약 성취와 재림과 약속의 목자 증거
- 마태복음 중 예언의 내용: 약 2000년 후 사건 소개
- 성취 때 이룰 약속의 목자': 약 2000년 후 이긴자

◇ 본문: 마7~8장
◇ 본문의 배경
제자 마태가 예수님의 말씀과 행적을 기록한 4 복음서 중 하나.
그 중 마태5,6,7장에는 주로 교훈의 말씀들과 계명에 대한 말씀을 예수님께서 말씀 해주신 내용

1. 목자 구분
1) 하나님 소속의 목자
 - 예언의 목자: 장래일(예언)기록

- 일반 목자: 예언이 성취된 것을 전함
- 약속의 목자: 성경에 약속한 목자

2) 마귀 소속의 목자

마7:13~14

- 좁은 문, 협착한 길: 핍박 받음 → 예수님: 생명, 구원, 천국 길
- 넓은 문, 멸망으로 인도하는 길 : 핍박함
   → 서기관: 바리새인 : 사망, 멸망, 지옥 길

3) 하나님 소속과 사단 소속의 목자 구분

<u>　거짓 선지자　</u>　=　겉 : 양의 옷
(서기관, 바리새인)　　　속 : 노략질 하는 이리

- 좋은 나무 → 아름다운 열매: 예수님 → 생명
- 못된 나무 → 나쁜 열매: 서기관, 바리새인 → 사망

→ 그의 열매로 나무를 안다
　말과 행위로 목자의 소속을 안다

마귀 소속 목자 → 말과 행위　　하나님 소속 목자 → 말과 행위

 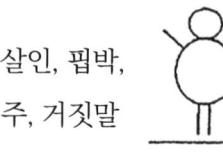 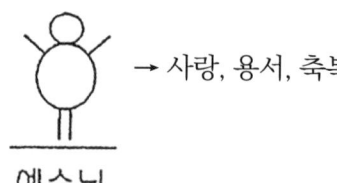

→ 살인, 핍박, 저주, 거짓말　　→ 사랑, 용서, 축복

서기, 바리새인　　　　　　　예수님

2. 하나님의 뜻과 믿음

1) 초림 때의 하나님의 뜻과 계시 믿음

마 7:21 (사 29:13)

- 묵시(봉한 책) : 사람의 계명으로 가르침
  - → 서기관, 바리새인, 예루살렘 백성들
- 계시(열린 책): 하나님의 뜻을 알게 됨 → 예수님, 제자들
- 하나님의 뜻 = 구약 예언을 성취한 약속의 목자 예수님
- 믿음 = 약속의 목자 예수님과 계시 말씀을 믿음

마8:5~13
- 이방인 백부장 → 예수님께 믿음을 인정받음
- 나라의 본 자손 (예루살렘 백성들) → 바깥 어두운데 쫓겨남

2) 재림 때의 하나님의 뜻과 계시 믿음
마7:22 그 날에 = 주 재림 때
  주의 이름으로 능력, 선지자, 권능 행함 → 불법, 지옥
신의 예언(묵시) = 요한 계시록

- 하나님의 뜻 = 신약(계시록)성취하는 약속한 목자
- 믿음 = 약속한 목자를 통해 계시 말씀을 듣고 믿음

〈중등15과 주요내용1〉

묵시(봉한 책) : 사람의 계명으로 가르침
　　　　　　→ 서기관, 바리새인, 예루살렘 백성들
계시(열린 책): 하나님의 뜻을 알게 됨 → 예수님, 제자들

〈중등15과 비판1〉

묵시와 계시에 대해서는 〈중등15과-비판1〉을 보라. 중복되므로 생략하였다.

〈중등15과 주요내용2〉

하나님의 뜻 = 신약(계시록)성취하는 약속한 목자
믿음 = 약속한 목자를 통해 계시 말씀을 듣고 믿음

〈중등15과 비판2〉

　하나님의 뜻은 요6,40절 "내 아버지의 뜻은 아들을 보고 믿는 자마다 영생을 얻는 이것이니 마지막 날에 내가 이를 다시 살리리라 하시니라"에 분명히 나와 있다. 그리고 성경이 말하는 믿음은 하나님을 믿는 믿음을 말한다. 그러므로 약속한 목자를 통해 계시 말씀을 듣는 것이 믿음이라는 말은 성경적 지지를 받지 못하며 근거가 없는 말이다.

⟨중등 제16과 [구약]⟩

제목: 두 가지 씨 외. 두 가지 나무와 비유와 추수

- 본문: 마13장
- 사건의 때: 약 2,000년 전
- 사건의 장소: 예루살렘
- 기록자: 마태(예수님의 제자)
- 기록 장수 : 총 28장
- 사건 : 구약 성취와 신약 예언
- 마태 소개: 예수님의 12제자 중 한 사람 레위라고도 불림. 세리 출신
- 마태의 사명: 구약 성취와 재림과 약속의 목자 증거
- 마태복음 중 예언의 내용: 약 2000년 후 사건 소개
- 성취 때 이를 약속의 목자: 약 2000년 후 이긴자

1. 비유

〔비유로 말씀하신 이유〕

1) 천국비밀을 대적에게 감추시기 위해

마13:10~11/ 비유 = 천국비밀

    너희: 허락 ○ → 하나님께 속한 자

    저희: 허락 × → 마귀에게 속한 자

막4:11~12/ 비유 알지 못하면 → 죄 사함× 구원×

2) 구약 선지자로 하신 말씀을 이루시기 위해

시78:1~4/ 옛 비밀 = 비유: 후대에 전할 것

마13:34~35/ 창세부터 감추인 것들 = 비유

요16: 25 때 → 밝히 증거

막4:13 천국비밀 = 씨

2. 두 가지 씨

렘31:27/ 두 가지 씨 뿌릴 것 예언

마13:24~25/ 한 밭에 두 가지 씨가 뿌려짐

고전3:9/ 밭 = 사람의 마음

눅8:11/ 씨 = 말씀

하나님의 생명의 말씀(씨) = 진리

마귀의 사망의 말(씨) = 비 진리

3. 두 가지 나무

마13:31-32/ 천국 : 씨 → 밭 → 나무 → 새

잠3:18/ 지혜를 얻는 자 = 생명나무

사5:7/ 포도원 = 이스라엘족속, 나무 = 사람

1) 초림 때

<생명나무와 그 실과>

요14:6/ 예수님 = 길, 진리, 생명

요15:1/ 예수님 = 참 포도나무

요15:5/ 12제자 = 12가지

마3:16/ 하나님(성령) → 예수님: 천국

요6:63/ 예수님의 말씀=생명

∴ 예수님과 12제자 구약을 이룬 계시 말씀(진리)과 성도

<선악나무와 그 실과>
단4:20~22/ 바벨론 왕 = 선악나무
마23:33/ 서기관, 바리새인 = 뱀, 독사
신32:32~33/ 이방 포도나무 → 포도주
　　　　　　　　　　　　(뱀의 독, 악독)
∴ 서기관, 바리새인과 그 말(비 진리)과 교인

2) 재림 때
<생명나무와 그 실과>
계2:7/ 이긴자 - 낙원에 있는 생명과실
계3:12/ 하나님, 예수님, 영계천국, 이긴자
계22:1~2/ 12가지 실과 맺히는 생명나무
∴ 이긴 자와 12지파 신약을 이룬 계시 말씀과 그 성도

<선악나무와 그 실과>
계17:1~5/ 음녀(7머리 10뿔 짐승)= 바벨론
계18:2~3/ 바벨론 = 귀신의 처소
　　　　　　　음행의 포도주 → 만국 무너짐
∴ 영적 바벨론 7머리 10뿔 짐승 같은 거짓목자 거짓 비진리(주석)와 그 교인

4. 추수
렘31:27　　　　　　　　　　　마13:24~30
(씨 뿌릴 것)　　　　　　　　　(씨 뿌림, 추수 예언)
렘31:27 마13:24~30

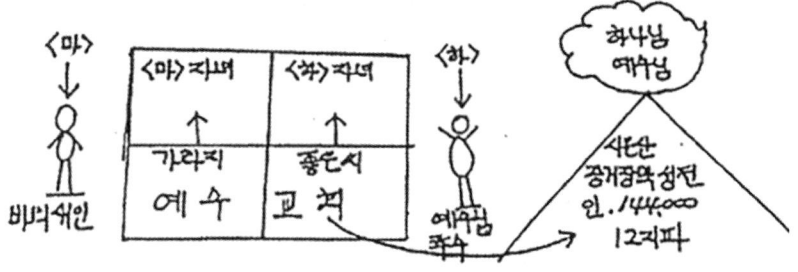

◇ 결론

1. 두 가지 씨 : 하나님의 말씀(씨)
　　　　　　　　　마귀의 말(씨)

2. 두 가지 나무

1) 생명나무와 그 실과
하나님의 목자와 그 말씀(진리)과 성도
초림 때: 예수님과 12제자
재림 때: 이긴 자와 12지파

2) 선악나무와 그 실과
마귀의 목자와 그 알(주석)과 교인
초림 때 : 서기관 바리새인
재림 때 : 7머리 10뿔 짐승의 조직

3. 추수

○ 렘 31:27 → 마13:24~30 → 계14:14~16
　씨 뿌릴 것　　씨 뿌림과 추수할 것　　추수

○ 지금은 추수 때 : 추수되지 못하면 가라지라는 증거
○ 곳간 = 시온산 = 새 노래가 나오는 곳
진리의 말씀을 따라 천국 곳간에 가자.

〈중등16과 주요내용1〉

2) 재림 때

<생명나무와 그 실과>

계2:7/ 이긴자 - 낙원에 있는 생명과실

계3:12/ 하나님, 예수님, 영계천국, 이긴자

계22:1~2/ 12가지 실과 맺히는 생명나무

∴ 이긴 자와 12지파 신약을 이룬 계시 말씀과 그 성도

〈중등16과 비판1〉

계2,17절은 사도 요한 당시 버가모 교회에 주신 말씀이다. 이 말씀을 주신 것은 버가모 교회에 니골라 당의 교훈을 좇아서 음행과 우상 숭배에 빠져 있었기에 이것을 이기라고 한 것이지 이미 이겼다는 것이 아니다. 만약에 자신이 이긴 자라고 주장한다면 도대체 무엇과 싸워 이겼다는 것인지를 밝혀야 한다. 신천지가 영적 바벨론으로 보는 기성교회와의 싸움에서 벌써 이겼다고 생각하는가.

〈중등16과 주요내용2〉

2) 선악나무와 그 실과

마귀의 목자와 그 말(주석)과 교인

초림 때 : 서기관 바리새인

재림 때 : 7머리 10뿔 짐승의 조직

〈중등16과 비판2〉

선악과에 대해서 마귀의 목자와 그 말과 주석이라고 한다. 신천지가 말하는 마귀의 목자는 정통교회의 사역자이거나 자신들의 교리를 따르지 않는 교역자일 것이다. 성경 주석을 보지 말라는 것은 신도들이 주석을 읽고 비유풀이의 잘못을 깨닫는 것이 걱정되거나 자신이 없는 것은 아닐까.

그리고 재림 때 7머리 10뿔 짐승의 조직을 말하는데 신천지는 7머리를 탁성환, 김정두, 김봉관, 한의택, 원세호, 탁명환, 백동섭 씨라고 주장했다. 그런데 자기들이 7머리의 실상으로 말하는 7명 중 최소한 두 분, 탁명환 소장님과 원세호 목사는 이미 소천 하였다. 위의 일곱 분은 신천지가 말하는 종말의 때까지 살아계셔야 하는 것 아닌가?

한편 조재훈 목사는 "열 뿔은 그들의 청지기교육원에서 안수 받은 10장로라고 하지만 계17,12절에는 열 장로가 아니라 왕으로 나와 있고 신천지는 오00 목사를 두 번째 짐승으로 말하지만 뿔이 장로라면 오00목사에게 소속된 두 장로가 있어야 할 것"을 지적한다.[202]

〈중등 제17과 [구약]〉

제목: 초림과 재림의 멸망과 구원

- 본문: 마23, 24장
- 사건 예언의 때: 약2000년 전
- 사건 예언의 장소: 예루살렘
- 기록자 : 마태(예수님의 제자
- 기록 장수 : 총 28장
- 사건 : 구약 성취와 신약 예언
- 마태 소개 : 예수님의 12제자 중 한 사람. 레위라고도 불림. 세리
- 마태의 사명 : 구약 성취와 재림과 약속의 목자 증거
- 마태복음 중 예언의 내용 : 약 2000년 후 사건 소개
- 성취 때 이룰 약속의 목자 : 약 2000년 후 이긴자

202　한국기독교이단사이비정보센터(www.kcjsm1972.or.kr)의 조재훈 목사의 신천지 거짓 교리 연구를 보라.

1. 서론

마24:3/ 제자들의 질문:　　성전이 무너지는 것

　　　　　　　　　　　　주님 다시 오는 것

　　　　　　　　　　　　그 때 있는 징조

※ 마태복음 개요

1) 기록자 : 마태

2) 기록시기: 약 2000년 전

3) 총 장수 : 28장

4) 마1~28장의 내용: 구약 성취와 신약 예언

5) 본문 사건의 내용

: 초림 때 예루살렘과 재림 때 예루살렘의 멸망과 구원

마23장 초림 때의 예루살렘

마24장 재림 때의 예루살렘

계21장 하늘에 있는 새 예루살렘

2. 초림 때의 멸망과 구원

마23:2/ 서기관, 바리새인 → 모세의 자리에 앉음

마11:11~12/ 세례요한 : 천국을 빼앗김

마23:33/ 서기관, 바리새인 = 뱀(사단)

※ 예루살렘이 사단의 목자 서기관 바리새인들에게 멸망당하여 무너짐

마8:21~22/ 죽은 자는 죽은 자들로 장사

마 23:30/ 바리새인 : 옛날 조상들처럼 선지자의 피 흘리는데 참예하지 않음

마23:33/ 뱀, 독사 : 지옥의 판결 피하지 못함

요5: 24/ 예수님의 말씀 : 듣고 믿는 자 → 사망에서 생명으로 옮김

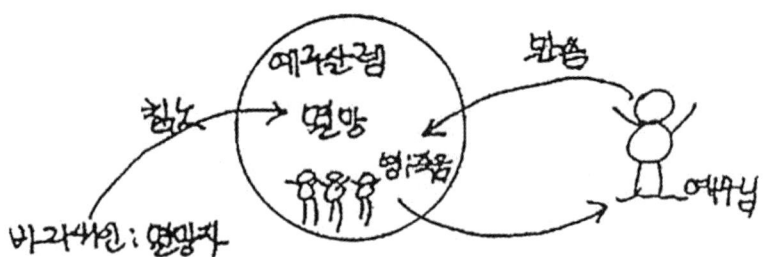

3. 재림 때의 멸망과 구원

마24:3/ 세 가지 질문

: 성전이 무너지는 것 / 주님 다시 오는 것 / 그 때의 징조

- 사건의 성취 시기: 약 2000년 후(주 재림 때)
- 사건의 현장 : 예루살렘 성전

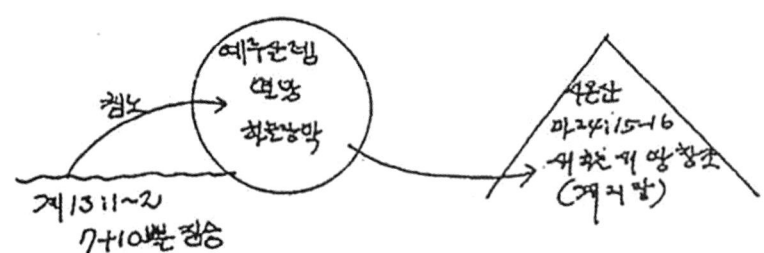

마24:29~31/ 해 달 별이 어두워지고 떨어짐 → 예수님 재림

- 완전히 멸망 받고 영적 밤이 된 것
- 이 때 예수님은 천사들과 함께 오셔서

알곡 성도들을 추수하여 모으는 일을 하심

- 추수된 성도들로 하나님의 새 나라 창조
→ 신약 성경의 약속하신 나라

마24:45~47/ 충성되고 지혜있는 종: 때를 따라 양식을 나눠줌

- 때를 따른 양식

: 예언이 성취 되는 때, 예언의 말씀과 예언대로 이루어진 실체를 증거 하는 말씀

※ 때를 따른 양식은 누가, 어디에서 주는가?
계2:17/ 감추었던 만나 → 이기는 자
계10장/ 열린 책 → 사도 요한
계22:8/ 이것들을 보고 들은 자: 요한
계22:16/ 교회들을 위해 보내는 예수님의 사자

4. 결론
계시책을 받아 먹고 신약 성취된 사건을 보고 들은 새요한(이긴자)
= 신약 약속의 목자
이 목자를 통해 하나님의 나라가 창조됨

• 이긴자를 통해 말씀을 듣고 나오는 자 죽은 영이 부활
: 사망 → 생명

• 이긴 자를 통해 예언과 실상을 증거 받는 것
= 예수님의 계시를 받는 것
= 때를 따른 양식을 먹는 것
→ 영생과 천국에 들어갈 자격을 얻게 됨

〈중등17과 주요내용1〉
마8:21~22 죽은 자는 죽은 자들로 장사

〈중등17과 비판1〉
1)유대인들의 장례 풍습

이 내용은 눅9,57-62과 마8,18-22절에 병행구절이 있다. 한 제자의 아버지가 죽었고 그 제자는 아버지의 장사를 할 수 있도록 말미를 요청했다. 이에 예수님은 "죽은 자들이 그들의 죽은 자들을 장사하게 하고 너는 나를 따르라"고 하셨다.

이 말씀을 이해하기 위해서는 '삶의 자리(Sitz im Leben)'에 근거한 사회학적 성경해석이 필요한데 당시 유대인들의 장례 풍습에 대해 알아야 한다.

유대인들은 장례를 당일에 한다(신21,23; 행5,6). 1차 장례인데 시신을 자연 동굴이나 판 동굴 안에 넣는 것으로 끝난다. 그리고 일주일을 애곡하는 기간을 가진다. 장례 후 30일간은 어떤 행사나 잔치에 참가하지 않는다. 씻지도 않고 면도도 안 한다. 이 기간을 'shloshim'이라고 한다. 그리고 1년이 지나면 다시 그 동

굴을 찾아 뼈를 추려서 골짜기에 갖다 버린다.

이것이 2차 장례인데 'ossilegium'이라고 한다. 에스겔서에 나오는 골짜기의 마른 뼈들은 그렇게 해서 모인 것이다. 그래서 유대인들은 장례를 당일에 한 번, 1년 뒤에 한 번, 모두 두 번 치르는데 죽은 후 1년이 지나야 완전히 장례가 끝나는 것이다.

2)마8:21~22 '죽은 자는 죽은 자들로 장사'에 대한 바른 해석

근접문맥인 마8,18절을 보면 예수님이 (배를 타고) 저 편으로 건너가자고 하신 상황에서 제자가 장사 이야기를 꺼냈다. 병행구절인 눅9장에서 근접문맥인 57절부터 62절까지 보자.

57. 길 가실 때에 어떤 사람이 여짜오되 어디로 가시든지 나는 따르리이다
58. 예수께서 이르시되 여우도 굴이 있고 공중의 새도 집이 있으되 인자는 머리 둘 곳이 없도다 하시고
59. 또 다른 사람에게 나를 따르라 하시니 그가 이르되 나로 먼저 가서 내 아버지를 장사하게 허락하옵소서
60. 이르시되 죽은 자들로 자기의 죽은 자들을 장사하게 하고 너는 가서 하나님의

나라를 전파하라 하시고
61. 또 다른 사람이 이르되 주여 내가 주를 따르겠나이다마는 나로 먼저 내 가족을 작별하게 허락하소서
62. 예수께서 이르시되 손에 쟁기를 잡고 뒤를 돌아보는 자는 하나님의 나라에 합당하지 아니하니라 하시니라

예수님께서 나를 따르라(59절)고 하셨고 이 때 한 제자가 부친의 장사문제를 말했다. 제자가 말한 장사는 부고 통지를 받은 장사가 아니다. 2차 장례(1년이 걸리는)를 마치고 따르겠다는 것이다. 이 때 예수님께서 "죽은 자들로 자기의 죽은 자들을 장사하게 하라"고 하셨다. 부친의 1차 장례는 하루 만에 이미 끝난 상태이고 시신은 동굴 속에 들어가 있다. 부친을 장사할 "죽은 자들"의 의미는 동굴 속에 있는 선조들의 시신이다. 예수님의 이 대답이 의미하는 것은 죽은 사람을 위해서 1년의 시간을 보낼 것이 아니라 예수님을 따르는 것이 더 중요하고 시급하다는 말씀이다. 그래서 위의 본문 눅9,61-2절에서도 가족 작별을 허락해 달라는 사람에게 쟁기를 잡고 뒤를 돌아보지 말라고 하신 것이다.

해석이 이렇게 분명한데도 영적으로 해석해서 "죽은 자들"이 영적으로 죽은 자들이라고 우기면 할 말이 없지만 예수님이 말씀하신 진의를 왜곡한다는 지적을 피할 수는 없을 것이다.

〈중등17과 주요내용2〉
마24:45~47/ 충성되고 지혜 있는 종: 때를 따라 양식을 나눠줌

〈중등17과 비판2〉
앞에서 설명한 바 있는데 예수님이 오기 전에는 율법이 때를 따른 양식이고 예수님이 오신 후에는 복음이 때를 따른 양식이다.

〈중등17과 주요내용3〉

※ 때를 따른 양식은 누가, 어디에서 주는가?

계2:17/ 감추었던 만나 → 이기는 자

계10장/ 열린 책 → 사도 요한

계22:8/ 이것들을 보고 들은 자: 요한

계22:16/ 교회들을 위해 보내는 예수님의 사자

〈중등17과 비판3〉

계2,17절은 버가모 교회에 주신 말씀이다. 앞에서 설명했기에 생략한다. 계10장에서 요한이 천사의 손에 펴 놓인 두루마리를 먹는 내용이 나온다. 그리고 계22,8절에는 이것들을 보고 들은 자가 사도 요한이라고 했다. 그런데 계22,16절을 언급하면서 교회들을 위하여 보내는 예수님의 사자를 말한다. 자세한 설명은 〈초등41과 비판6〉을 참고하라. 거듭 말하지만 계1,1절의 천사와 계22,16절의 사자는 동일한 한 천사이다.

〈중등 제18과 [구약]〉

제목 : 어린양의 혼인잔치와 등과 기름

- 본문 : 마25장 (마22장, 계19장)
- 사건 예언의 때 : 약 2000년 전
- 사건 예언의 장소 : 예루살렘
- 기록자 : 마태(예수님의 제자)
- 기록 장수 : 총28장
- 사건 : 구약 성취와 신약 예언
- 마태 소개 : 예수님의 12제자 중 한 사람 레위라고도 불림. 세리출신
- 마태의 사명 : 구약 성취와 재림과 약속의 목자 증거

- 마태복음 중 예언의 내용: 약 2000년 후 사건 소개
- 성취 때 이룰 약속의 목자: 약 2000년 후 이긴자

◇ 본문 : 마25장(마22장, 계19장)

마25:1~13/ 신랑 기다리는 열 처녀 비유 등과 기름 준비
　　　　　　→ 혼인잔치 참여

◇ 설명

1. 어린양의 혼인잔치
1) 구약의 혼인잔치
호2:18~20/ 　　하나님 : 장가 → 너
렘131:31~32/ 　하나님 = 육적 이스라엘의 남편
요10:30/ 　　　하나님과 예수님은 하나
2) 신약의 혼인잔치
마22: 하나님 아들의 혼인 잔치
계19: 어린양의 혼인 잔치
계3:20/ 　　　예수님 → 그에게 들어감
요14:20/ 　　　예수님 → 너희 안
갈4:6~7/ 　　　아들의 영 → 우리 마음

2. 혼인잔치의 때
마22:1~4/ 　나의 소와 살진 짐승 잡은 후
고전9:9~10/ 소 = 하나님의 사명자
잠30:2~3/ 　짐승 = 하나님 알지 못하는 자
- 나의 소 = 배도자

- 살진 짐승 = 멸망자
- 혼인잔치 때 = 배도자, 멸망자 심판 후

계2:3/ 일곱 금촛대 장막

계6:12~17/ 해, 달, 별 떨어짐

계8: 9/ 1/3씩 모두 죽음

계13: 일곱 머리 열 뿔 짐승 → 하늘 장막

계17: 음행의 포도주로 미혹

계18: 사단과 결혼, 만국이 무너짐

계12: 아이 → 용의 무리 짐승과 싸워 이김

계2:17/ 흰 돌 → 이기는 자

계1.6:~18/ 배도자, 멸망자 심판

계19: 어린양의 혼인잔치

계20:4~6/ 첫째 부활

3. 혼인잔치의 장소

겔39:17~20/ 하나님의 잔치 → 이스라엘의 산

계14: 시온산

계15:5/ 증거장막성전

4. 혼인잔치에 참여할 수 있는 자격

1) 등과 기름

시119:105/ 등 = 주의 말씀.

레24:1~9/ 모세의 장막 : 등과 감람기름

슥 4:11~14

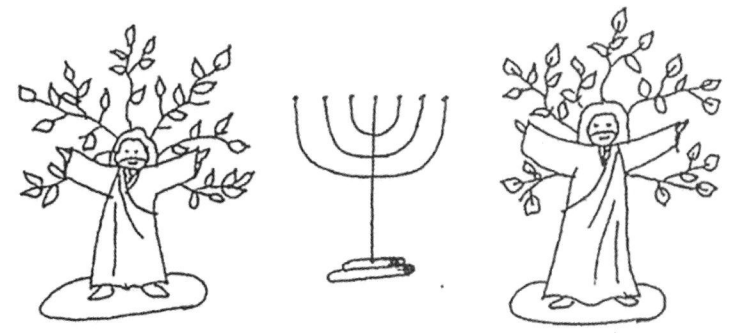

슥4:11~14/ 두 감람나무 = 주 앞에 모셔섰는 자
계11:3~4/ 두 감람나무 = 두 증인
　　　　　감람 기름 = 증거의 말씀
계10: 계시 받은 새 요한
2) 계19:8/ 세마포 = 성도들의 옳은 행실
◇ 결론
계 16~18
바벨론 심판 후
새들 = 순교한 영들

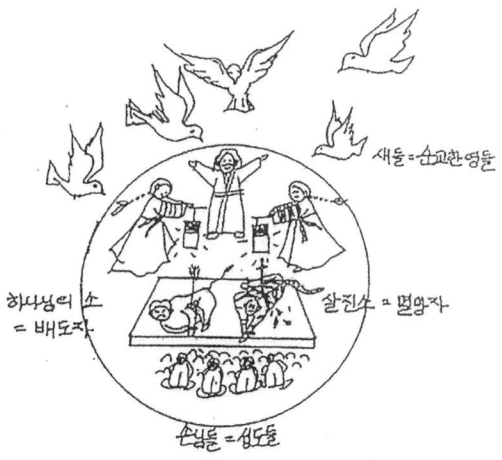

→ 혼인 잔치집 = 증거장막 성전
→ 등 = 신약성경

→ 기름 = 증거의 말씀

→ 예복 = 옳은 행실

〈중등18과 주요내용1〉

- 나의 소 = 배도자
- 살진 짐승 = 멸망자
- 혼인잔치 때 = 배도자, 멸망자 심판 후

〈중등18과 비판1〉

나의 소=배도자가 아니다. 나의 소=임금의 소인데 임금의 소니까 특별히 좋은 소이다. 이 말은 성대한 잔치를 의미한다. 신천지는 시22,12절 "많은 황소가 나를 에워싸며 바산의 힘센 소들이 나를 둘러쌌으며"라는 구절에 근거하여 소를 영적으로 해석하여 이렇게 주장하는 것으로 보인다. 또 암4,1절에 "사마리아의 산에 있는 바산의 암소들아 이 말을 들으라 너희는 힘 없는 자를 학대하며 가난한 자를 압제하며 가장에게 이르기를 술을 가져다가 우리로 마시게 하라 하는도다" 라는 구절도 소를 악한 지도자로 본다.

먼저 시22편을 보자. 다윗의 시편인데 시22,12절을 정확하게 해석하려면 22편 전체를 보아야 한다. 1절에서부터 다윗은 환란 가운데에서 하나님께 도움을 요청하면서 13절에는 사자, 16절에는 개와 악한 무리, 20절에도 개, 21절에 사자와 들소의 뿔 등을 언급한다. 다윗이 이렇게 짐승들을 언급하는 이유는 소가 문제가 아니라 그 정도로 위급한 상황을 표현한 것이다.

겔39,18절 "너희가 용사의 살을 먹으며 세상 왕들의 피를 마시기를 바산의 살진 짐승 곧 숫양이나 어린 양이나 염소나 수송아지를 먹듯 할지라"에서 어린 양=예수님인데 예수님을 잡아먹는다는 불경스런 해석을 해야 할 것이다. 그리고 숫양, 염소, 수송아지에 대해서는 어떤 영적 해석을 해야 하나? 소=배도자라면 시22편에 나오는 사자, 개, 들소의 뿔, 악한 무리는 무엇에 비유한 해석을 또 해야 하겠는가?

마찬가지로 살진 짐승=멸망자가 아니다. 그냥 풍성한 잔치를 표현한 것이다. 그러므로 당연히 혼인잔치 때 = 배도자, 멸망자, 심판 후도 아닌 것이다. 풍유적 해석의 위험이 여기에 있다.

〈중등18과 주요내용2〉
3. 혼인잔치의 장소
겔39:17~20/ 하나님의 잔치 → 이스라엘의 산
계14: 시온산
계15:5/ 증거장막성전

〈중등18과 비판2〉
겔39장은 침략자 곡의 멸망에 대해서 말한다. 특히 21절부터는 이스라엘의 회복에 대해서 말한다. 겔39,17절에 "이스라엘 산위에 예비한 큰 잔치"를 언급했다. 여기서 산 위라는 말은 공개적으로 열리는 잔치라는 뜻이다. 이것을 계시록 14장의 시온산으로 연결시키고 계15장의 증거장막성전이라고 하면 비약이다.

〈중등 제19과 [구약]〉

제목: 피로 약속한 새 언약
- 본문: 눅22장
- 사건 예인의 때: 약2000년 전
- 사건 예언의 장소 : 예루살렘
- 기록자: 누가(예수님의 제자)
- 기록 장수: 총24장, 사도행전28장
- 사건: 구약 성취와 신약 예언

- 누가 소개: 예수님의 제자, 의사 출신, 바울의 전도 여행에 동참
- 누가의 사명: 구약 성취와 재림과 약속의 목자 증거
- 누가복음 중 예언의 내용: 약 2000년 후 사건 소개
- 성취 때 이를 약속의 목자: 약 2000년 후 이긴자

◇ 본문 : 눅22장 (마26:26-29)

약2,000년 전 예수님 초림 때 예수님께서 십자가를 지시기 전 유월절 밤에 말씀하시기를 하나님 나라가 임할 때까지 포도나무에서 난 것을 다시 먹지않겠다 말씀하시며 피를 대신하여 떡과 포도주로 예수님을 기념하라 하시며 예수님의 피로 새 언약을 세우시는 내용

1. 새 언약을 왜 약속하셨는가?
출 19:5~6/   하나님 → 첫 언약 → 육적 이스라엘
렘31:31~32/ 첫 언약 : 파함 (호6:7/ 아담처럼 언약을 어김)
히8:7~8/   첫 언약 : 흠 → 새 언약

2. 새 언약에 대한 예언과 성취
렘31:31~32/ 새 언약(신약)을 세우리라
             ↓ 약 600년 후
눅 22:14~20/ 새 언약(신약)을 세우심

3. 새 언약은 누가, 언제, 무엇으로 세운 것인가?
눅22:14-20/ ┌ 누가 : 예수님
             ├ 언제 : 유월절 밤
             └ 무엇으로 : 예수님의 피

4. 새 언약의 내용은 무엇인가?

마26:26~29/ 　　　하나님의 나라(영계)

　　　　　　　　　　↓ 임할 때(주 재림 때)

　　　　　　　　하나님의 나라(육계)

　　　　　　　　　　: 새 포도주(새 언약의 피)

1) 새 언약의 피는 무엇인가?

요15:1/ 　　참 포도나무: 예수님

　　　　　　포도주 : 예수님의 말씀

요6:53~68/ 　예수님의 피 : 예수님의 말씀

(∴ 신약을 종합한 핵심 = 요한계시록)

2) 새 언약의 피는 언제, 어디서, 누가, 누구를 통해 먹는가?

새 언약의 피를 먹는 때 = 예수님 재림 때 = 계시록 성취 때

새 언약의 피를 먹는 곳 = 이긴 자가 있는 새 하늘 새 땅

새 언약의 피를 먹어야 하는 자 = 예수님 재림 때의 성도들

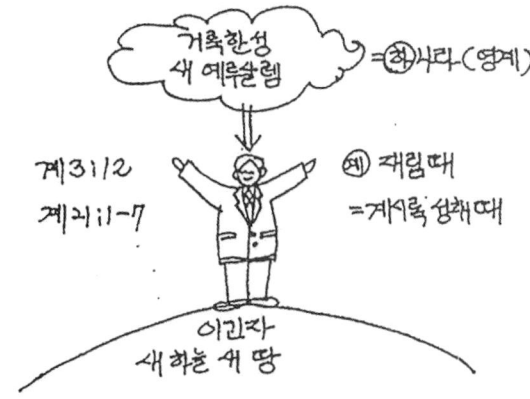

5. 새 언약을 지킨 증거는 무엇인가?

히8:10~12/ 　새 언약(신약)의 법 생각과 마음에 기록

　　　　　→ 하나님 백성(죄사함)

새 언약을 지킨 증거
: 신약을 종합한 핵심인 요한계시록 1장-22장까지의 말씀을 생각과 마음에 새기는 것

6. 새 언약을 지키는 실체는 누구인가?
계5:9~10/ 예수님의 피로 산 나라와 제사장
계7:2~4/ 인 맞은 12지파 144,000명
계7:9~14/ 예수님의 피로 씻은 흰 무리
새 언약을 지킨 자들의 결과
히8: 10-12 죄사함 _ 하나님의 백성
히9:28 다시 오시는 예수님: 영접

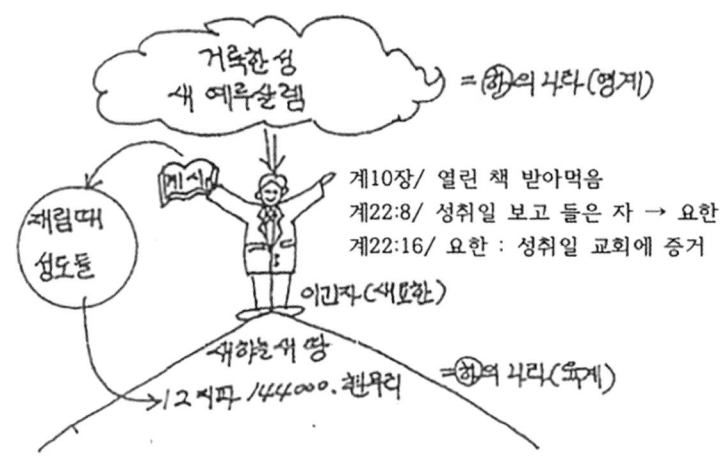

◇ 결론
약 2000년 전 예수님께서 피로 세우신 새 언약은 계시록이 성취되는 예수님 재림때 이긴자가 있는 새 하늘 새 땅에 하나님의 나라가 임하며, 이곳에서 이긴자를 통해 하나님 나라의 제사장인 12지파 144,000명과 백성인 흰 무리가 새 언약인 신약을 종합한 요한계시록 의 말씀을 믿고 지킴으로 이루어짐.

〈중등19과 주요내용1〉

2) 새 언약의 피는 언제, 어디서, 누가, 누구를 통해 먹는가?

새 언약의 피를 먹는 때 = 예수님 재림 때 = 계시록 성취 때

새 언약의 피를 먹는 곳 = 이긴 자가 있는 새 하늘 새 땅

새 언약의 피를 먹어야 하는 자 = 예수님 재림 때의 성도들

〈중등19과 비판1〉

새 언약의 피를 이해하기 위해서 눅22,18-20절을 보자.

18. 내가 너희에게 이르노니 내가 이제부터 하나님의 나라가 임할 때까지 포도나무에서 난 것을 다시 마시지 아니하리라 하시고
19. 또 떡을 가져 감사기도 하시고 떼어 그들에게 주시며 이르시되 이것은 너희를 위하여 주는 내 몸이라 너희가 이를 행하여 나를 기념하라 하시고
20. 저녁 먹은 후에 잔도 그와 같이 하여 이르시되 이 잔은 내 피로 세우는 새 언약이니 곧 너희를 위하여 붓는 것이라

이 말씀은 성찬식을 하면서 하신 말씀이다. 먼저 18절의 하나님의 나라가 임할 때까지라는 말은 일차적으로 예수님이 십자가에서 죽으신 후 부활하시는 때를 말한다. 왜냐하면 예수님이 부활하심으로 사망권세를 이기셨기 때문이다. 그리고18-20절까지는 성찬식을 행할 것을 명하시면서 20절에 "내 피로 세우는 새 언약"을 말씀하셨다.

그러면 새 언약이란 무엇인가? 먼저 구약을 살핀다.

1) 구약은 옛 언약이다.
2) 구약의 언약은 5대 제사(소제, 번제, 속죄제, 속건제, 화목제)를 통한 언약이다. 특히 속죄와 관련하여 동물이 인간의 죄 대신 죽었다.
3) 구약의 언약은 율법이 중심이다.

그러면 이제 신약을 보자.
1) 신약은 새 언약이다.
2) 속죄와 관련하여 동물제사가 아니라 예수님이 십자가에서 죽으셨다.
3) 신약의 언약은 복음이 중심이다.

그러므로 예수님께서 내 피로 세우는 새 언약은 다른 것이 아니라 십자가의 복음이라는 것을 알 수 있다.

〈중등 제20과 [구약]〉

제목: 생명의 말씀과 거듭남
- 본문 : 요1:1~13, 3:1~6
- 사건의 때: 약2000년 전
- 사건의 장소: 예루살렘
- 기록자 : 사도 요한(예수님의 제자)
- 기록 장수 : 총21장
      요한1~3서(5장, 1장, 1장), 요한계시록(22장)
- 사건 : 구약 성취와 신약 예언
- 사도 요한 소개 : 예수님의 12제자 중 한 사람,
       세베데의 아들, 야고보의 형제
- 요한의 사명 : 구약 성취와 재림과 약속의 목자 증거
- 요한복음 중 예언의 내용 : 2000년 후 사건 소개
- 약속의 목자 빙자 : 요한계시록을 기록한 요한(호12:10)
- 성취 때 이룰 약속의 목자 : 약12000년 후 이긴자

◇ 본문 요 1:1-13, 3:1-6

1. 생명의 말씀과 아들의 자격

요1:1~5

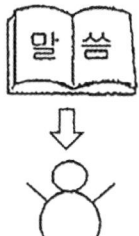
= 하나님
= 생명 → 빛

1. 영생 (요17:3)
2. 아들의 자격 (눅8:11)
3. 하나님 함께 하심 (요1:1)

2. 생명의 말씀과 창조

요1:1/	태초의 말씀	= 하나님
요일1 ; 1~2/	태초의 말씀	= 예수님
요1:14/	말씀	요1:2~3/ 만물창조

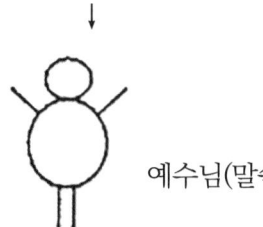
예수님(말씀체)

요14:6/ 예수님 = 생명 (요6:63/ 예수님 말씀 = 영 = 생명)
요12:46/ 예수님 = 빛

∴ 구약성취 계시말씀을 가지고 오심

요1:9~13/ 자기 땅 : 자기백성 → 영접하지 않음

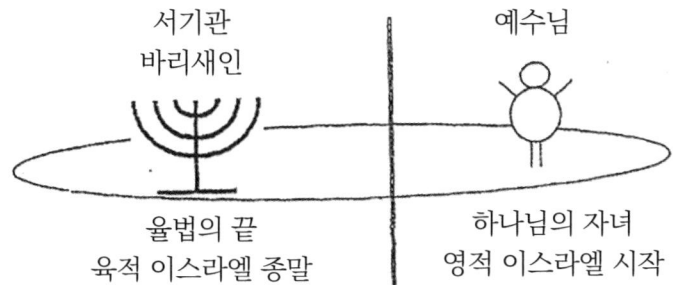

요5:35/ 　　　세례요한 = 켜서 비추는 등불 (길 예비사자)
마11:12/ 　　세례요한 때부터 천국은 침노를 당함
마23:2/ 　　　서기관과 바리새인 → 모세의 자리 (침노자)
눅16:16/ 　　율법과 선지자는 요한의 때까지

3. 물과 성령의 거듭남의 참 의미
요3:3~6/ 물과 성령으로 거듭남 → 천국 감

1) 물 = 하나님의 말씀
신32:2/ 하나님의 말씀 = 비, 이슬, 단비
암8:11/ 하나님의 말씀 = 물, 양식
2) 성령 = 하나님의 영
마3:16/ 하나님의 성령 → 예수님

4. 물과 성령으로 거듭나야 하는 이유
1) 사람들이 물과 성령이 없어서 육에 속해 있으므로
2) 마귀의 씨와 영이 그 속에 있으므로
3) 말씀이 있는 곳에 하나님이 함께 하시기 때문 (요1:1)

5. 초림 때의 거듭남의 참 의미
렘1:9~10/ 　　뽑으며 파괴 파멸 넘어뜨림 건설 심게 하심
고전3:9/ 　　　너희 = 하나님의 밭, 집
마23:2/ 　　　서기관·바리새인 → 모세의 자리 앉음
　　　　　　　(요8:44/ 아비 = 마귀)

마23:37/ 　　　예수님 부르고 빼내심
요5:24~25 　　사망 → 생명으로 옮김

6. 생명의 말씀의 능력

요10:35/ 하나님의 말씀 : 씨 → 신의 아들

(시82:6-7/ 말씀을 떠남 ⇒ 범인이 됨)

벧전1:23/ 하나님의 말씀으로 거듭남

마13:31~32

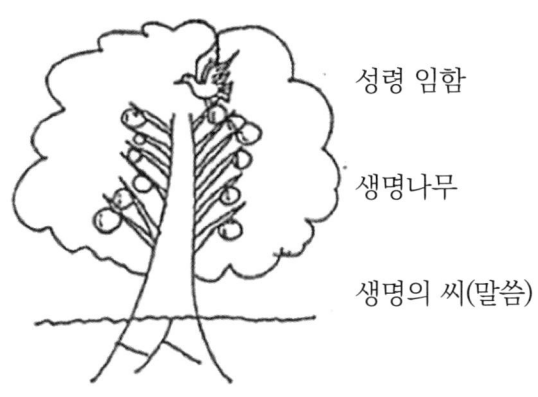

성령 임함

생명나무

생명의 씨(말씀)

◇ 핵심 정리

1. 생명의 말씀과 아들의 자격: 하나님=생명=빛, 계시의 말씀의 씨
2. 생명의 말씀과 창조: 창빛(예수님), 영적 이스라엘 창조
3. 물과 성령의 거듭남의 참 의미: 하나님의 말씀으로 거듭난 사람
4. 거듭나야 하는 이유: 마귀의 씨와 영이 그 속에 있음으로
5. 초림때 거듭남의 참 의미: 예수님의 계시의 말씀으로 거듭남
6. 생명의 말씀의 능력: 생명의 씨 → 생명나무 → 성령 임함

〈중등20과 주요내용1〉

3. 물과 성령의 거듭남의 참 의미

요3:3~6/ 물과 성령으로 거듭남 → 천국 감

〈중등20과 비판1〉

예수님은 밤에 찾아온 니고데모에게 물과 성령으로 거듭나야 한다고 말씀하셨다. 물은 세례를 말한다. 세례를 받는 것은 예수 믿고 죄 용서 받았다는 것

을 확인하는 의식이고 성령으로 거듭난다는 것은 첫째, 예수 믿는 것이 성령의 역사라는 것이고 둘째, 이제 육의 사람이 아니라 성령의 사람으로 다시 태어난다는 말이다.

〈중등20과 주요내용2〉

1) 물 = 하나님의 말씀
신32:2/ 하나님의 말씀 = 비, 이슬, 단비
암8:11/ 하나님의 말씀 = 물, 양식

〈중등20과 비판2〉

신32,2절과 암8,11절에 근거하여 물을 하나님의 말씀으로 해석했다. 먼저 신32,1-2절을 보자. "1.하늘이여 귀를 기울이라 내가 말하리라 땅은 내 입의 말을 들을지어다 2.내 교훈은 비처럼 내리고 내 말은 이슬처럼 맺히나니 연한 풀 위의 가는 비 같고 채소 위의 단비 같도다"

위 구절을 다음과 같이 정리할 수 있을 것이다.
〈과정 면에서〉
1) 하나님의 교훈은 비처럼 내린다.
2) 하나님의 말은 이슬처럼 맺힌다.

〈결과 면에서〉
1) 연한 풀 위의 가는 비 같다.
2) 채소 위의 단 비 같다.
성경을 자세히 보면 하나님의 교훈=비가 아니라 "비처럼 내리고"라고 했다. 또 하나님의 말=이슬이 아니라 "이슬처럼 맺히고"라고 했다. 예를 들면, 학식이 풍부한 사람을 걸어 다니는 백과사전 같다고 한다면 그의 지식이 백과사전처럼 많다는 말이다. 백과사전이 사람이 아니듯 그 사람=백과사전이 아니다.

또 용감한 사람에게 사자처럼 용감하다고 하면 그 사람의 용감함이 사자에 견줄 수 있다는 말이다. 사자가 사람이 될 수 없는 것처럼 그 사람=사자가 아니다. 그러므로 신32,2절은 식물에게 비나 이슬이 생명유지에 중요한 것처럼 하나님의 말씀이 사람에게 중요하고 영혼을 살린다는 의미이다.

다음으로 암8,11절 "주 여호와의 말씀이니라 보라 날이 이를지라 내가 기근을 땅에 보내리니 양식이 없어 주림이 아니며 물이 없어 갈함이 아니요 여호와의 말씀을 듣지 못한 기갈이라"는 말씀 역시 하나님의 말씀=물, 양식으로 적용할 수 없다. 이것은 하나님의 말씀이 삶에 있어서 물이나 양식처럼 절대적으로 필요하다는 것을 표현한 것이다. 풍유적 해석은 생각의 다양성이라는 장점이 있지만 또한 이현령비현령(耳懸鈴鼻懸鈴)식의 해석이 될 가능성이 많다는 치명적인 단점이 있다.

〈중등 제21과 [구약]〉

제목: 사망에서 생명의 부활
- 본문 : 요5장
- 사건의 때: 약2000년 전
- 사건의 장소: 예루살렘
- 기록자 : 사도 요한(예수님의 제자)
- 기록 장수 : 총21장
  요한1~3서(5장, 1장, 1장), 요한계시록(22장)
- 사건 : 구약 성취와 신약 예언
- 사도 요한 소개 : 예수님의 12제자 중 한 사람,
  세베데의 아들, 야고보의 형제
- 요한의 사명 : 구약 성취와 재림과 약속의 목자 증거
- 요한복음 중 예언의 내용 : 2000년 후 사건 소개

• 약속의 목자 빙자 : 요한계시록을 기록한 요한(히2년0)
성취 때 이를 약속의 목자 : 약2000년 후 이긴자

◇ 설명
〈요한복음〉
•언제: 약 2천년 전
•기록자: 사도 요한
•기록내용: 구약 성취와 신약의 예언
•총 장수: 21장
•사건의 장소: 예루살렘

〈요5장 핵심 내용〉
17~23절/ 예수님이 하나님께 받은 권한
24-30절/ 생명의 부활과 심판의 부활
31~47절/ 약속의 목자

사망은 어디를 말한 것이며, 생명은 어디를 말한 것인가?
초림때, 사망에서 생명의 부활의 실체는 어떻게 이루어지게 되었는가?
1) 17-23절
〈예수님이 하나님께 받은 권한〉
1~16절(배경) 예수님께서 안식일에 병자를 고치신 일로 유대인들이
　　　　　　예수님을 핍박
17절 아버지께서 일하시니 예수님도 일하심
19절 아버지 하시는 일 보고 행하심
21~23절 생명, 심판권을 아들에게 주심

2) 24~30절 생명의 부활과 심판의 부활

〈약 2600년 전 구약 겔37장의 예언〉

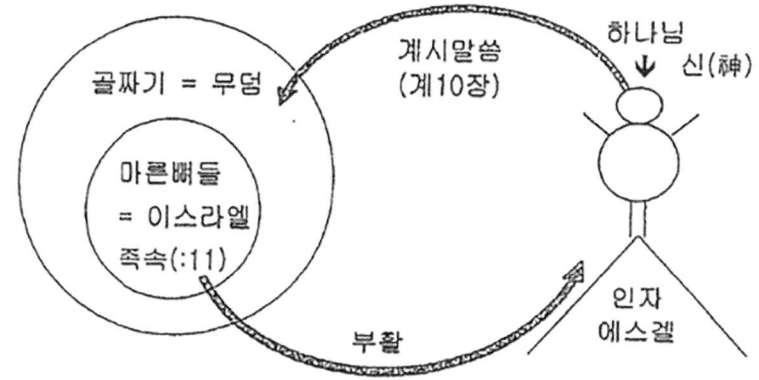

〈요5장 초림 성취〉
- 때: 약600년후 초림 예수님 때
- 성취 현장: 예루살렘(마23장)

〈24절 예수님 음성 : 사망 — 생명〉
- 예루살렘: 영적 전쟁(마3:7, 마23:33)

　　　세례요한　⟵⟶　서기관, 바리새인
　　　(하)의 목자　　　　(사)의 목자

- 바리새인들에게 사로잡힌 예루살렘 = 회칠한 무덤
　　　　　　　　　　　　　　　(마23:27, 눅 11:44)
- 사망 : 뱀(사단)의 목자 바리새인과 그들이 주관하는 예루살렘
- 생명 : 예수님(요14:6)

〈25절 음성 듣고 <u>죽은 자 살아남</u>〉
- 죽은 자들(마8:22)

= 바리새인들에게 사로잡힌 영이 죽은 예루살렘 백성들

하나님의 영 = 생명의 영 → 산 자

마귀의 영 = 사망의 영 → 죽은 자

〈26~27절 생명과 심판 권세〉

•생기(요1:4) = 예수님이 대언하는 하나님의 말씀

〈28-29절 생명의 부활과 심판의 부활〉

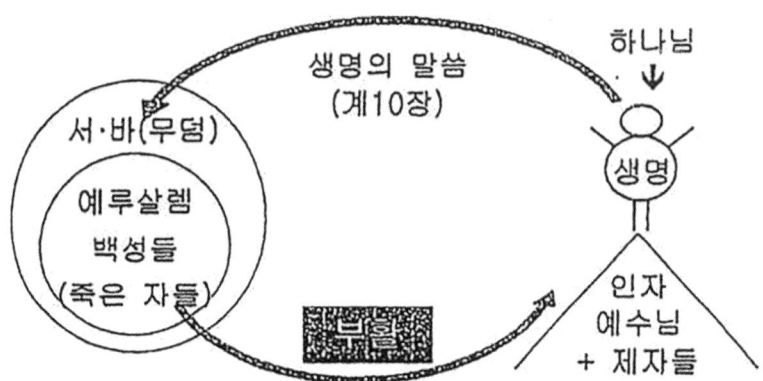

〈신약 : 예언 — 약 2천년 후 재림:성취〉

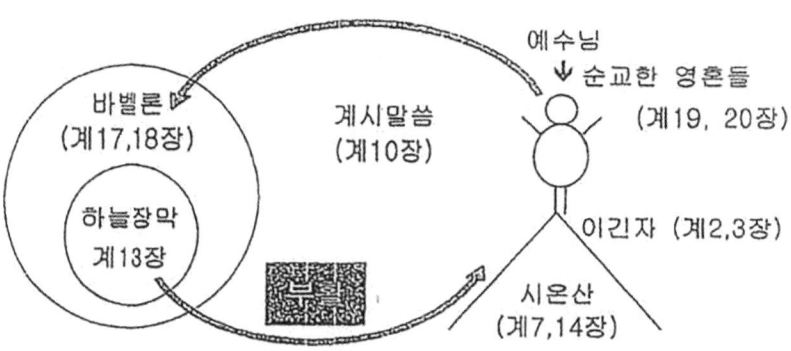

3) 31-45 〈약속의 목자〉

35~36절, 말3:1/ 구약 : 예언

길 예비 사자 → 세례요한(등불)

언약의 사자 → 예수님(참 빛) : 더 큰 증거(말씀대로 이루는 역사)

37-39절 하나님, 구약 성경 → 예수님 증거

▶ 세 가지 목자 [-예언의 목자 -약속의 목자 -일반 목자]
※구약의 약속의 목자 → 예수님
※신약의 약속의 목자 → 이긴자

◇ 핵심정리

요5장은 약 2600년 전 구약 겔37장의 예언이 약 6백년 후인 초림 때 예루살렘에서 실상이다. 초림 때 사망은 뱀(사단)의 목자 바리새인이요. 생명은 하나님의 목자 예수님이셨다.

예수님이 주시는 생명의 말씀(계시)을 받고 사단의 목자 바리새인들에게서 예수님께로 나오는 것이 사망에서 생명의 부활이다.

재림 때 사망은 귀신의 나라 바벨론이며, 생명은 계시의 말씀을 받아먹은 약속의 목자 이긴자이다. 오늘날 이긴자를 통해 신약의 이룬 계시의 말씀을 받아 바벨론에서 시온산으로 추수되어 나오는 것이 사망에서 생명의 부활이다.

〈중등21과 주요내용1〉
▶ 세 가지 목자 [-예언의 목자 -약속의 목자 -일반 목자]
※구약의 약속의 목자 → 예수님
※신약의 약속의 목자 → 이긴자

〈중등21과 비판1〉
구약의 약속의 목자는 예수님인데 신약의 약속의 목자는 이긴 자라고 한다. 그러나 성경 어디에도 신약의 약속의 목자가 이긴 자라는 언급이 없다. 예수님은 구약에 예언된 목자일 뿐 아니라 신약시대에도 여전히 약속의 목자이시다. 그리고 예수님으로 종결되었다. 더 이상 다른 목자가 필요하지 않다. 히4,14-6절을 보라.

14. 그러므로 우리에게 큰 대제사장이 계시니 승천하신 이 곧 하나님의 아들 예수시라 우리가 믿는 도리를 굳게 잡을지어다
15. 우리에게 있는 대제사장은 우리의 연약함을 동정하지 못하실 이가 아니요 모든 일에 우리와 똑같이 시험을 받으신 이로되 죄는 없으시니라
16. 그러므로 우리는 긍휼하심을 받고 때를 따라 돕는 은혜를 얻기 위하여 은혜의 보좌 앞에 담대히 나아갈 것이니라

그리고 히13,8절 "예수 그리스도는 어제나 오늘이나 영원토록 동일하시니라"고 하였다. 즉 예수님은 구약과 신약, 전 시대에 걸쳐서 영원한 목자가 되신다.

〈중등21과 주요내용2〉
※신약의 약속의 목자 → 이긴자

〈중등21과 비판2〉
계2,13-7절을 자세히 보라. "이기는 그"라는 말은 있지만 '이긴 자'라는 말은 없다. 즉 완료형이 아니라 미 완료형이다.

12. 버가모 교회의 사자에게 편지하라 좌우에 날선 검을 가지신 이가 이르시되
13. 네가 어디에 사는지를 내가 아노니 거기는 사탄의 권좌가 있는 데라 네가 내 이름을 굳게 잡아서 내 충성된 증인 안디바가 너희 가운데 곧 사탄이 사는 곳에서 죽임을 당할 때에도 나를 믿는 믿음을 저버리지 아니하였도다
14. 그러나 네게 두어 가지 책망할 것이 있나니 거기 네게 발람의 교훈을 지키는 자들이 있도다 발람이 발락을 가르쳐 이스라엘 자손 앞에 걸림돌을 놓아 우상의 제물을 먹게 하였고 또 행음하게 하였느니라
15. 이와 같이 네게도 니골라 당의 교훈을 지키는 자들이 있도다
16. 그러므로 회개하라 그리하지 아니하면 내가 네게 속히 가서 내 입의 검으로 그

들과 싸우리라

17. 귀 있는 자는 성령이 교회들에게 하시는 말씀을 들을지어다 이기는 그에게는 내가 감추었던 만나를 주고 또 흰 돌을 줄 터인데 그 돌 위에 새 이름을 기록한 것이 있나니 받는 자 밖에는 그 이름을 알 사람이 없느니라

위 말씀을 다음과 같이 정리할 수 있다.
1) 사도 요한 당시 버가모 교회에 주신 말씀이다.
2) 버가모 교회에는 니골라 당의 교훈을 지키는(따르는) 사람들이 있었다.
3) 니골라 당의 교훈은 구약의 발람선지자의 교훈과 같다.
4) 그 교훈(가르침)은 행음과 우상의 제물을 먹는 것(우상숭배)이다.
4) 이것을 회개하고 이겨내라.
5) 그러면 감추었던 만나와 새 이름을 새긴 흰 돌을 준다.

위에서 알 수 있는 것처럼 버가모 교회의 사자에게 행음과 우상 숭배를 이겨내라고 하신 것이지 이미 이겼다가 아니다. "이기는 그"는 종결되지 않은 미래형이고 "이긴 자"는 과거형이다. 즉 아직 이기지 않은 것이다. 그리고 이겼다고 해도 그 이긴 내용은 행음과 우상 숭배에 지나지 않는다.

만약에 어떤 집단에서 "이긴 자"를 강조한다면 첫째, 그 안에 행음하는 자와 우상숭배자가 있다는 것을 전제해야 하고 둘째, 그것을 회개하고 이겼다는 말 밖에 되지 않는 것이다.

다음으로 감추었던 만나란 무엇일까? 감춘 것을 비유로 보고 비유를 풀어 준다는 것인가? 버가모 교회의 정황을 보자. 우상숭배와 행음에 빠져 있었다. 하나님이 아니라 사단에게 빠져 있었다. 하나님의 말씀이 아니라 사단의 말(니골라 당의 교훈)에 빠져 있었다. 그래서 이기면 하나님의 말씀(감추인 만나)을 주겠다는 것이고 그 말씀을 받으면 새롭게 된 피조물로 인정하고 하나님의 자녀라는 새 이름을 주겠다는 것이다.

⟨중등 제22과 [구약]⟩

제목: 하늘에서 온 산 떡
- 본문: 요6장
- 사건의 때: 약2000년 전
- 사건의 장소: 예루살렘
- 기록자: 사도 요한(예수님의 제자)
- 기록 장수: 총21장

　　　　　요한1~3서(5장, 1장, 1장), 요한계시록(22장)
- 사건: 구약 성취와 신약 예언
- 사도 요한 소개: 예수님의 12제자 중 한 사람,

　　　　　세베대의 아들, 야고보의 형제
- 요한의 사명: 구약 성취와 재림과 약속의 목자 증거
- 요한복음 중 예언의 내용: 약 2000년 후 사건 소개
- 약속의 목자 빙자: 요한계시록을 기록한 요한(호12:10)
- 성취 때 이룰 약속의 목자: 약2000년 훈 이긴자

◇ 본문: 요6장 (떡장)

◇ 배경

유월절이 가까웠을 때 갈릴리에 오셔서 오병이어의 기적을 베푸시면서 주신 말씀

◇ 설명

▷ 양식의 종류

1) 입 → 육적 양식(겉사람) : 오병이어, 만나와 메추라기
2) 귀 → 영적 양식(속사람) : 하늘에서 온 산 떡

1. 오병이어의 기적

요6:9~11/   보리떡 5개, 물고기 2마리

요6:27-29/ 썩는 양식   : 일x → 육적양식

            영생하도록 있는 양식   : 일o → 영적양식

▶ 영생하도록 있는 양식

하나님 📖 →인자(예수님) → 양식? = 📖

2. 모세 때 : 만나, 메추라기

출16:4/   하늘양식 → 일용할 양식

출16:12/   아침 : 떡 → 만나   먹고 → 죽음

           저녁 : 고기 → 메추라기

3. 초림 : 하늘에서 내려온 산 떡

요6:47~51/

▶ 모세때   vs   ▶ 초림때

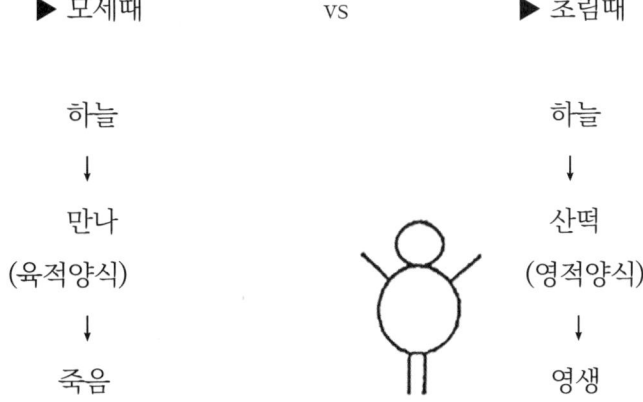

하늘   하늘
↓   ↓
만나   산떡
(육적양식)   (영적양식)
↓   ↓
죽음   영생

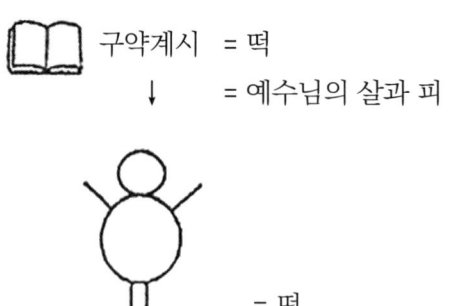

요6:66~69/ •유대인 = 예수님 믿지 못함 → 사망
　　　　　　12제자 = 예수님 믿음 → 영생

마26:26~29

▶ 새언약 = 아버지나라 ↓ : 예수님의 살과 피 → 죄사함

4. 재림 : 하늘에서 내려온 산 떡

계1:1/ 하나님 → 예수님 → 천사

계2:17/ 감추었던 만나

새요한
하늘에서 내려온 산 떡

◇ 결론

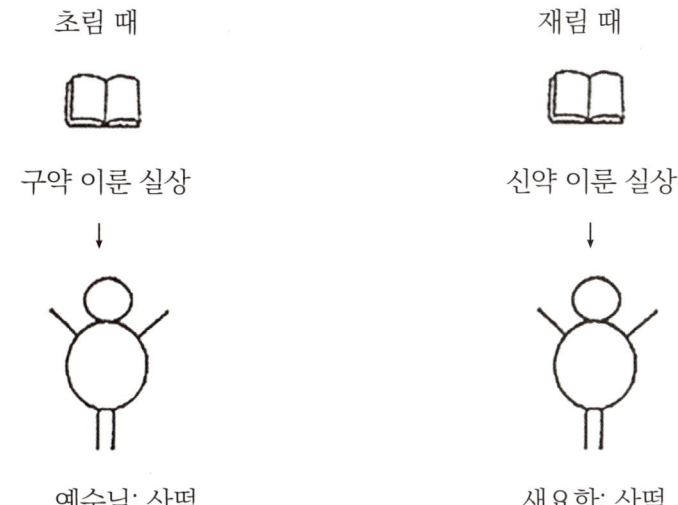

<중등22과 비판>

예수님이 십자가에서 운명하실 때 요19,30절에서 '다 이루었다고 말씀하신 것을 고찰하면 초림 때는 당신을 보내신 성부의 뜻을 다 이루고 구약의 예언을 다 이루었다는 것이지만 인간의 구원 문제는 재림 때까지 다 이루었다(완성)는 뜻이다. 그리고 성경 어디에도 재림 때의 다른 구원 조건을 말하지 않으며 더 나아가서 새 요한은 지어낸 가설에 불과하다.

<중등 제23과 [구약]>

제목: 영생과 핍박과 거짓말
- 본문: 요8장
- 사건의 때: 약 2000년 전
- 사건의 장소: 예루살렘

- 기록자: 사도요한(예수님의 제자)
- 기록 장수: 총21장(요한1,2,3서, 요한계시록)
- 사건: 구약 성취와 신약 예언
- 사도요한 소개 : 예수님의 열두제자 중 한 사람,
  세베대의 아들, 야고보의 형제
- 사도요한의 사명: 구약 성취와 재림과 약속의 목자 증거
- 요한복음 중 예언의 내용: 약 2000년 후 사건 소개
- 약속의 목자 빙자: 요한계시록을 기록한 요한(호12:10)
- 성취 때 이룰 약속의 목자: 약 2000년 후 이긴자

◇ 본문 : 요8장

요8:51~55/ 예수님: 죽음을 영원히 보지 않음
　　　　　　유대인들: 예수님 핍박
요11:25~26/ 예수님 = 부활, 생명

※ 종교의 핵심: 영생
창1:27~28/ 하나님의 모양, 형상대로

<신약 : 예언 ― 약 2천년 후 재림:성취>

1. 하나님의 뜻 : 영생

▶ 영생할 수 있는 조건
　　요6:51~57/ 예수님의 피와 살 = 예수님의 말씀

▶ 영생하는 때: 계시록이 이루어지는 때
　　영생의 시작: 배도, 멸망, 구원을 증거하는 곳

고전15:51~54/ 마지막 나팔이 불 때
육이 죽은 자들 (살전4:14) : 영의 부활
살아있는 육체 : 변화, 영생체 (마17장)

2. 핍박 받는 자와 핍박하는 자
마5:10~12/　의를 위하여 핍박 받는 자 = 복, 천국
갈4:29/　　　육체를 따라 난 자 → 성령으로 난 자 핍박

계22:16/　　　교회들을 위해 보내는 사자
요일3:8~9/　　하나님께로서 난 자 - 사랑, 용서
　　　　　　　마귀에게서 난 자 - 핍박

※ 핍박하는 이유: 자신들의 행위가 악하기 때문

3. 핍박과 거짓말

◇ 정리
하나님의 뜻: 영생
사단 마귀: 거짓말, 훼방, 핍박
하나님께 속한 자: 사랑, 용서, 축복
말과 행위: 선과 악 구분
※ 마5:10~12/ 하나님 나라에서 받을 영원한 상급을 소망하여 핍박을 기쁘게 이겨내자.

⟨중등23과 주요내용1⟩
• 사도요한의 사명: 구약 성취와 재림과 약속의 목자 증거
• 요한복음 중 예언의 내용: 약 2000년 후 사건 소개
• 약속의 목자 빙자 : 요한계시록을 기록한 요한(호12:10)
• 성취 때 이룰 약속의 목자: 약 2000년 후 이긴자

⟨중등23과 비판1⟩
사도 요한이 증거한 약속의 목자는 예수님이다. 그리고 성취 때 이룰 목자 역시 예수님이지 이긴 자가 아니다.

〈중등23과 주요내용2〉
▶ 영생하는 때: 계시록이 이루어지는 때
　영생의 시작: 배도, 멸망, 구원을 증거하는 곳

〈중등23과 비판2〉
　영생하는 때에 대해서 성경은 계시록이 이루어지는 때가 아니라고 말씀한다. 요5,24절 "내가 진실로 진실로 너희에게 이르노니 내 말을 듣고 또 나 보내신 이를 믿는 자는 영생을 얻었고 심판에 이르지 아니하나니 사망에서 생명으로 옮겼느니라"는 말씀은 이미 영생을 얻었다는 것이다. 계시록이 이루어지는 때가 영생하는 때라면 요5,24절은 삭제되어야 할 것이다. 왜냐하면 사망에서 생명으로 옮겼다는 것은 영원한 생명을 말하기 때문이다. '영생하는 때'나 '영생의 시작'은 동어반복이다. '때'는 '시작'을 전제하고 있고 시작이 없는 때는 없는 까닭이다.

〈중등23과 주요내용3〉
마5:10~12/　의를 위하여 핍박 받는 자 = 복, 천국
갈4:29/　　육체를 따라 난 자 → 성령으로 난 자 핍박

계22:16/　　교회들을 위해 보내는 사자
요일3:8~9/　하나님께로서 난 자 - 사랑, 용서
　　　　　　마귀에게서 난 자 - 핍박

〈중등23과 비판3〉
　갈4,29절에 육체를 따라 난 자가 성령으로 난 자를 핍박한다고 바울이 말한 것을 고찰하면, 1)육체를 따라 난 자는 바리새인 같은 극단적인 율법준수

자들을 말한다.[203] 할례를 비롯하여 율법준수가 구원의 조건이라고 주장하는 사람들이다. 2)성령을 따라 난 자의 의미는 예수 믿은 사람들이다.

베드로 사도가 이방인들과 식사하다가 할례자들(율법 준수자들)이 오니까 자리를 피한 것에 대해서 바울이 갈2,11-4에 책망하는데 이것은 그 당시의 율법으로는 이방인들과의 교제가 금지되어 있었기 때문이다.

그런데 신천지가 육체를 따라 난 자가 성령을 따라 난 자를 핍박한다는 것은 자신들은 성령을 따라 난 자이고 그래서 핍박을 받는다고 합리화 시키는 의도로 읽힌다.

〈중등 제24과 [구약]〉

제목: 진리의 성령 보혜사
- 본문: 요14~16장
- 사건 예언의 때: 약 2000년 전
- 사건 예언의 장소: 예루살렘
- 기록자: 사도 요한(예수님의 제자)
- 기록 장수: 총 21장, 요한1~3서, 요한계시록22장
- 사건: 구약 성취와 신약 예언
- 사도요한 소개 : 예수님의 열두제자 중 한 사람,
  세베대의 아들, 야고보의 형제
- 사도요한의 사명: 구약 성취와 재림과 약속의 목자 증거

---

203 초대교회에는 이방인 크리스천과 유대인 크리스천과의 갈등이 있었다. 이 갈등은 율법 준수와 관련된 것이었다. 유대인인데 예수 믿은 사람들은 할례를 비롯하여 율법도 지켜야 한다고 주장하고(행 15,5) 이방인으로서 예수 믿은 사람들은 율법 무용론을 주장했다. 그래서 최초의 종교회의인 예루살렘 회의에서 이 문제를 의논하고 우상의 더러운 것과 음행과 목매어 죽인 것과 피를 멀리하라(행 15,20)는 선에서 정리했다.

- 요한복음 중 예언의 내용: 약 2000년 후 사건 소개
- 약속의 목자 빙자 : 요한계시록을 기록한 요한(호12:10)
- 성취 때 이룰 약속의 목자: 약 2000년 후 이긴자

본문: 요14장~16장

1. 보혜사의 의미

保 보호할 보, 惠 은혜 혜, 師 스승 사 → 은혜로 보호하는 스승

2. 보혜사의 사명

요일2:1/ 보혜사:대언자

3. 보혜사의 구분

대언의 영(계19:10)

대언의 육(요일2:1)

4. 초림 때 보혜사

시19:1/ 여호와 → 애굽

사62:2/ 여호와의 새 이름 → 너

마3:16/ 하나님 성령 → 예수님

요5:43/ 아버지 하나님의 이름으로 → 예수님

요14:24/ 예수님 말씀 = 하나님 말씀

5. 재림 때 다른 보혜사

1) 영의 보혜사

요14:1617/ 다른 보혜사 : 진리의 영

요14:26/ 예수님의 이름 → 보혜사

마23:39/ 주의 이름으로 오시는 이

계19:9~10/ 천사 : 대언의 영

계1:1/ 하나님 → 예수님 → 천사 → 요한 → 종들

계10:1~2　　천 사　: 펴 놓인 책

　　　　　진리의 성령

2) 육의 보혜사

요14:16~17 다른 보혜사 → 사람 속

계 10:8~11

진리의 성령
(대언의 영)

약속의 목자
(새요한)

2) 육의 보혜사

계1:1~3/ 새요한 : 대언이 육

계22:16/ 예수님 : 사자 (대언자)

계3:12/ 이긴자 : 예수님의 새 이름

요14:20/ 하나님, 예수님 → 이긴자

3) 다른 보혜사의 사명

요14:26/ 가르치고 생각나게 함

요15:26~27/ 예수님을 증거

요16:8/ 죄, 의, 심판에 대하여 책망

요16:8/ 죄 : 예수님을 믿지 않는 것

요16:8/ 의 : 예수님을 보지 못하는 것
요16:8/ 심판 : 세상 임금이 심판받음
요16:13/ 진리 가운데로 인도, 장래 일을 말씀하심
※ 성령의 역사 비교
◇ 오순절 성령의 역사
욜2:28~32/ 오순절 성령에 대한 약속
행2:1~21/ 오순절 : 성령 임함
↓
제자들
행1:8/ 땅 끝까지 예수님 증거

◇ 보혜사 성령의 역사
요14: 진리의 성령 보혜사를 약속함
계10: 진리의 천사 : 펴 놓인 책
↓
새요한
※ 진리 가운데로 인도 모든 것 가르치고 생각나게 한다

◇ 결론
보혜사의 의미와 사명: 은혜로 보호하는 스승. 대언자
영의 보혜사 : 예수님의 이름으로 오신 진리의 성령
육의 보혜사 : 예수님의 이름으로 오신 이긴자

〈중등24과 주요내용1〉
2. 보혜사의 사명
요일2:1/ 보혜사: 대언자

⟨중등24과 비판1⟩
요일2,1절 "나의 자녀들아 내가 이것을 너희에게 씀은 너희로 죄를 범하지 않게 하려 함이라 만일 누가 죄를 범하여도 아버지 앞에서 우리에게 대언자가 있으니 곧 의로우신 예수 그리스도시라"라는 말씀은 우리의 죄에 대한 대언자로서의 예수님을 말한다. 그런데 보혜사의 사명이 대언자라고 규정하면 대언자=보혜사가 된다. 그러면 하나님의 말씀을 대언하는 모든 자는 보혜사가 되는 셈이다. 요일2,1절에서 강조하는 것은 죄 짓지 말라는 것이다. 보혜사는 헬라어 파라클레토스(παράκλητος)를 한자로 옮긴 것이다. 성령 하나님을 가리키는 용어로서 어떤 경우에도 사람에게 이 보혜사라는 호칭[204]을 쓸 수 없다. 보혜사에 대해서는 앞에서 설명한 ⟨5.바른 성령론⟩을 참고하라.

⟨중등24과 주요내용2⟩
5. 재림 때 다른 보혜사
1) 영의 보혜사
요14:1617/   다른 보혜사 : 진리의 영
요14:26/   예수님의 이름 → 보혜사
마23:39/   주의 이름으로 오시는 이
계19:9~10/   천사 : 대언의 영
계1:1/   하나님 → 예수님 → 천사 → 요한 → 종들
계10:1~2   천 사   : 펴 놓인 책
              진리의 성령

---

[204] 파라클레토스(παράκλητος)는 대언자, 변호자, 중재자, 협조자, 대변자로도 번역된다. 개역성경과 표준새번역판에서는 보혜사로, 공동번역판에서는 협조자로, 가톨릭성경판에서는 보호자로 번역했다. 영문 성경의 KJV와 YLT는 위로자(Comforter)로, NIV와 RSV는 상담자(Counselor)로, NRSV는 변호사(Advocate)로, NASB에서는 돕는 자(Helper)로 번역하였다.

〈중등24과 비판2〉

　재림 때에 다른 보혜사란 없다. 〈바른 성령론〉에서 설명했지만 다시 살펴보면, 요14,16절 "내가 아버지께 구하겠으니 그가 또 다른 보혜사를 너희에게 주사 영원토록 너희와 함께 있게 하리니"에서 "또 다른 보혜사"를 언급하셨다.

　이단들의 공통된 것 중에 하나가 자신이 '또 다른 보혜사'라고 주장한다는 점이다. 예수님께서 "또 다른 보혜사"를 말씀하신 것은 예수님께서 보혜사가 되시는데 또 다른 보혜사인 성령을 보내신다는 것이지 어떤 사람을 보내신다는 것이 아니다.

　앞에서 설명했지만 "또 다른 보혜사"는 '알론 파라클레톤'($ἄλλον\ παράκλητον$)을 번역한 것이다. 헬라어에 '다르다'를 나타내는 단어는 알로스($ἄλλος$)와 헤테로스($ἕτερος$)이다. 알로스는 똑 같은 둘 중에 하나로서 예를 들면 어떤 것을 복사했을 때가 알로스이다.

　반면에 헤테로스는 완전히 다른 것이다. 만약에 예수님께서 "또 다른 보혜사"로 인간 교주를 예고하셨다면 '알로스'가 아니라 '헤테로스'를 쓰셨을 것이다.

　또 어떤 이단은 이른 비 성령과 늦은 비 성령을 주장하면서 기성교회 신자들이 받은 성령을 이른 비 성령이라 하고 자신들의 집단에 와야 늦은 비 성령을 받아서 알곡으로 추수된다고 한다. 본래 '이른 비'는 팔레스틴에서 가을에 (10-11월) 파종할 때 오는 비이고 늦은 비는 추수할 때(3-4월)오는 비이다. 사실 팔레스틴에는 겨울 비(12-2월)도 있다. 이것은 자연적 비를 말하는 것이지 이 비를 성령에 비유한다는 것은 억지 주장이다. 이단들은 '보혜사'는 요엘서에 예언된 성령으로 마가다락방에 임한 성령이고 '또 다른 보혜사'로 교주를 내세우지만 이 역시 틀린 주장이다. 욜2,23-6절까지의 문단을 읽어보라. 농사를 위해 비를 주신다는 말씀으로 여기에 다른 해석이 끼어들 여지는 없다.

⟨중등 제 25과 [구약]⟩

제목: 일곱 번째 나팔과 부활

- 본문: 고전15장
- 사건 예언의 때: 약 2000년 전
- 기록자: 사도 바울
- 기록 장수: 총 16장, 로마서~히브리서까지 총 14권의 서신서
- 사건: 구약 성취와 신약 예언
- 사도 바울 소개 : 본명은 사울
- 이스라엘의 족속 베냐민 지파 소속.
- 바리새인으로 열심히 예수교회와 성도들을 핍박하던 자였으나 다메섹으로 가던 중 예수님을 만난 이후로는 사도가 되어 이방인에게 예수님의 이름을 전파함
- 사도 바울의 사명: 구약 성취와 재림과 약속의 목자 증거
- 요한복음 중 예언의 내용: 약 2000년 후 사건을 소개한 것
- 성취 때 이룰 약속의 목자: 약 2000년 후 이긴자

(시25:8) 연회
1. 부활의 의미와 종류
⇒ 영생

(시23:3) 영생

◎ 부활(復活) : 죽었다가 다시 살아남

◎ 부활의 종류
① 영적 부활 : 육신이 산 자의 부활
   겔 37장 → 요5:24~29
   계8, 9장, 18장

② 육적 부활 : 육신이 죽은 자의 부활
　　요11장, 마10장

2. 마지막 나팔과 부활
1) 성경대로 부활하신 예수님(1~19절)
2) 부활의 차례(순서)(20~34절)
① 첫 열매 : 그리스도
　　　　　(육신이 죽은 자 = 잠자는 자)
② 주 강림(재림) : 그에게 붙은 자 (첫째 부활)
　 살전4:14 예수 안에서 자는 자들 (순교자)
③ 그 후에는 나중 (둘째 부활) ⇒ (예수 밖(믿지 않는 사람)에서 자는 자들)

3) 부활의 몸(형체)(35~50절)
육의 몸 → 신령한 몸
썩을 것 → 썩지 아니할 것　　　(사망 → 생명)
욕(고생)된 것 → 영광스러운 것 (육의 몸 → 신령한 몸)
약한 것 → 강한 것　　　　　　육체 → 신령체

4) 부활의 때 : 마지막 나팔의 비밀(51~58)
계8장/　　일곱 천사 : 일곱 나팔 받음
사58:1/　　나팔 = 사람
　　　　　나팔 부는 자 = 천사
　　　　　나팔 소리 = 죄, 허물을 고함
계10:7/　　일곱 번째 나팔 = 비밀 (영생의 비밀)
계11:15/　일곱 번째 나팔 소리 (언약을 이룬 실상) ⇒ 순식간에 변화함
　　　　　세상 나라 → 하나님의 나라
계20:4~6 첫째 부활과 영생 (사25:8)

계21:1~7 거룩한 성 새 예루살렘
↓
새 하늘 새 땅

고후 5:1~7 바울 : 덧입기를 사모함 (하늘에 있는 영원한 집 → 롬 8장)

〈중등25과 주요내용1〉

계10:7/ 일곱 번째 나팔 = 비밀 (영생의 비밀)

계11:15/ 일곱 번째 나팔 소리 (언약을 이룬 실상) ⇒ 순식간에 변화함

〈중등25과 비판1〉

계10,7절 "일곱째 천사가 소리 내는 날 그의 나팔을 불려고 할 때에 하나님이 그의 종 선지자들에게 전하신 복음과 같이 하나님의 그 비밀이 이루어지리라 하더라"는 말씀에서 "하나님의 그 비밀"이 해석의 열쇠이다. 하나님의 비밀이 무엇인지 알기 위해서는 골1,26-29절을 보아야 한다.

26. 이 비밀은 만세와 만대로부터 감추어졌던 것인데 이제는 그의 성도들에게 나타났고

27. 하나님이 그들로 하여금 이 비밀의 영광이 이방인 가운데 얼마나 풍성한지를 알게 하려 하심이라 이 비밀은 너희 안에 계신 그리스도시니 곧 영광의 소망이니라

28. 우리가 그를 전파하여 각 사람을 권하고 모든 지혜로 각 사람을 가르침은 각 사람을 그리스도 안에서 완전한 자로 세우려 함이니

29. 이를 위하여 나도 내 속에서 능력으로 역사하시는 이의 역사를 따라 힘을 다하여 수고하노라

위 본문에서 알 수 있는 것은 하나님의 비밀=예수 그리스도(27절)라는 것이다. 그러므로 계10,7절에서 하나님의 비밀이 이루어진다는 것은 비유풀이로 성경을 푸는 것이 아니라 예수님의 재림으로 성경의 재림 예언이 이루어진

다는 것을 뜻한다.

〈중등25과 주요내용2〉

계21:1~7 거룩한 성 새 예루살렘
↓
새 하늘 새 땅

고후 5:1~7 바울 : 덧입기를 사모함 (하늘에 있는 영원한 집 → 롬 8장)

〈중등25과 비판2〉

거룩한 성이 새 예루살렘에서 새 하늘 새 땅으로 연결되고 바울이 고후 5,1-7절에서 덧입기를 사모한다고 하였다. 얼핏 보면 문제가 없어 보이지만 신천지는 자신들이 새 예루살렘이고 새 하늘 새 땅으로 믿고 있을 것이다. 그렇다면 바울이 정말 그런 새 예루살렘과 새 하늘 새 땅을 생각하면서 덧입기를 사모했을까? 고후5,1-4절을 보자.

1. **만일 땅에 있는 우리의 장막 집이 무너지면 하나님께서 지으신 집 곧 손으로 지은 것이 아니요 하늘에 있는 영원한 집이 우리에게 있는 줄 아느니라**
2. **참으로 우리가 여기 있어 탄식하며 하늘로부터 오는 우리 처소로 덧입기를 간절히 사모하노라**
3. **이렇게 입음은 우리가 벗은 자들로 발견되지 않으려 함이라**
4. **참으로 이 장막에 있는 우리가 짐진 것 같이 탄식하는 것은 벗고자 함이 아니요 오히려 덧입고자 함이니 죽을 것이 생명에 삼킨바 되게 하려 함이라**

위 본문에서 바울은 "장막 집"과 "하늘에 있는 영원한 집"을 대조해서 말한다. 장막 집은 육체이며 이 육체가 몸담고 있는 이 세상이다. 그래서 유한하다. 유한하다는 말은 종말이 있다는 것인데 육체적 종말은 개인의 죽음으로 성취되고 우주적 종말은 예수님의 재림으로 성취된다. 반면에 하늘에 있는 집은 영원하다. 2절에서 "하늘로부터 오는 우리 처소로 덧입기를 간절히 사모"한다는 말은 이 땅의 특정한 곳을 사모하는 것이 아니라 천국을 소망하는 바울의 간절함의 표현이다.

〈중등 제 26과 [구약]〉

제목: 계시될 믿음과 유업 받을 자
- 본문: 갈라디아서 1~4장
- 사건 예언의 때: 약 2000년 전
- 기록자: 사도 바울
- 기록 장수: 총 16장, 로마서~히브리서까지 총 14권의 서신서
- 사건: 구약 성취와 신약 예언
- 사도 바울 소개 : 본명은 사울
- 이스라엘의 족속 베냐민 지파 소속.
- 바리새인으로 열심히 예수교회와 성도들을 핍박하던 자였으나 다메섹으로 가던 중 예수님을 만난 이후로는 사도가 되어 이방인에게 예수님의 이름을 전파함
- 사도 바울의 사명: 구약 성취와 재림과 약속의 목자 증거
- 요한복음 중 예언의 내용: 약 2000년 후 사건을 소개한 것
- 성취 때 이룰 약속의 목자: 약 2000년 후 이긴자

◇ 본문 : 갈1장~4장

1. 예수님의 계시
- 계시될 믿음 : 예언과 예언이 성취되어 나타난 실상을 믿는 믿음
- 유업 : 천국과 영생

갈1:7~8/   다른 복음을 전하면 저주
갈1:11~12/ 사람에게 받은 것, 배운 것 아니요
            - 예수 그리스도의 계시

2. 계시될 믿음과 율법

갈3:23~27/ 계시될 믿음 오기 전 - 율법아래 갇힘
            계시될 믿음 온 후 - 하나님의 아들이 됨
히10:1~10   율법 - 장차오는 좋은 일의 그림자
눅16:16   율법과 선지자 - 세례 요한 때까지

3. 계시될 믿음과 유업 받을 자

1) 초림 때, 계시될 믿음

사29:9~13/   📕 봉한 책
합2:2~3/   정한 때 成

요5:39~40   구약성경 - 예수님 증거
마11:27/   [계시] - 하나님을 안다
요17:3 영생 - 참 하나님과 보내신 자 아는 것

2) 초림 때, 유업 받을 자

눅20:13~14 예수님(=상속자, 아들)
갈3:26~29   계시될 믿음 - 하나님의 아들이 됨
            예수께 속한자 - 유업을 이을 자
                    (벧전1:23, 요3:1~6, 롬8:9~11)

▶ 유업 받을 자- 예수님, 예수님의 계시의 말씀으로 거듭난 성도들

3) 재림 때, 계시될 믿음

계5:1~7/  봉한 책

계6장~8장/

계10장 펴 놓인 책 - 사도요한(새요한) → 백성, 나라, 방언, 임금

4) 재림 때, 유업 받을 자 : 이겨야 한다

예수님 - 율법아래 있는 자들을 속량: 아들의 명분을 얻게 함

아들의 영을 우리 마음 가운데 보내시어 아바 아버지라 부르게 하심

계20:1~3/ 용 곧 사단, 마귀 잡음

계12 l 7~11/ 용과 싸워 이김 - 어린양의 피와 증거하는 말

계21:7/ 이기는 자 = 하나님의 아들

  = 유업을 받게 됨

계2장~3장 사단 니골라 당과 싸워 이긴자

계10장

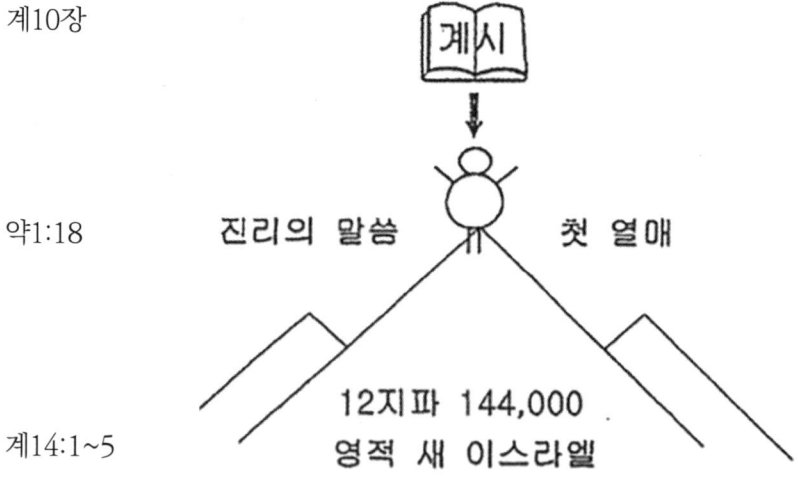

약1:18

계14:1~5

▶ 유업 받을 자 = 이긴자(약속의 목자), 이긴 자를 통해 예언과 성취된 실상 곧 계시의 말씀으로 인 맺은 성도들

(영적 새 이스라엘 12지파성도들)

※ 핍박

갈4:29 육으로 난 자(핍박) →   성령으로 난 자
　　　　초등학문, 율법   계시 말씀으로 거듭난 자

◇ 결론
1. 하나님의 아들이 되는 믿음 - 계시될 믿음
   : 예언과 예언이 성취된 실상을 믿는 믿음
2. 유업을 이을 아들이 될 핵심 명분
   : 아들의 영을 우리 마음가운데 보내 주신 것

1) 초림때 : 예수님, 계시 말씀으로 거듭난 사람들
　　　　　　　　(영적 이스라엘 성도들)
2) 재림때 : 이긴자, 계시 말씀으로 거듭난 사람들
　　　　　　　　(영적 새 이스라엘 12지파 소속 성도들)

〈중등26과 주요내용1〉
1.예수님의 계시
- 계시될 믿음 : 예언과 예언이 성취되어 나타난 실상을 믿는 믿음

〈중등26과 비판1〉
갈3,22-3절
22. 그러나 성경이 모든 것을 죄 아래에 가두었으니 이는 예수 그리스도를 믿음으로 말미암는 약속을 믿는 자들에게 주려 함이라

23. 믿음이 오기 전에 우리는 율법 아래에 매인 바 되고 계시될 믿음의 때까지 갇혔느니라""는 말씀에서 "계시될 믿음"이 나온다. 여기서 "계시될 믿음"은 "모든 것을 죄 아래 가둔" 율법과 대조하여 제시되었다. 그래서 이 율법 때문에(안에서) 계시될 믿음의 때(예수님의 복음)까지 갇혀 있다고 23절에 말한다.

정리하면 계시될 믿음은 모세의 율법에 대한 예수님의 복음이지 복음 외에 앞으로 다른 믿음의 계시가 주어진다는 말이 아니다. 그런데 신천지는 자신들의 교리가 '계시될 믿음'으로 보는 것이 문제이다. 이것은 성경을 정확하게 읽지 않고 자신들이 짜 놓은 교리대로 읽는 데서 오는 문제이다.

〈중등26과 주요내용2〉
갈1:7~8/ 다른 복음을 전하면 저주

〈중등26과 비판2〉
근접문맥인 갈1,6-9절을 보자.
6. 그리스도의 은혜로 너희를 부르신 이를 이같이 속히 떠나 다른 복음을 따르는 것을 내가 이상하게 여기노라
7. 다른 복음은 없나니 다만 어떤 사람들이 너희를 교란하여 그리스도의 복음을 변하게 하려 함이라
8. 그러나 우리나 혹은 하늘로부터 온 천사라도 우리가 너희에게 전한 복음 외에 다른 복음을 전하면 저주를 받을지어다
9. 우리가 전에 말하였거니와 내가 지금 다시 말하노니 만일 누구든지 너희가 받은 것 외에 다른 복음을 전하면 저주를 받을지어다

바울은 위 본문에서 그리스도의 복음 외에 다른 복음을 전하면 저주 받는다고 하였다. 그리스도 외에 어떤 사람을 전하거나 예수 믿으면 죄 용서 받아 구원받고 천국 간다는 복음 외에 다른 것을 전하면 저주받는다는 것이다. 누가,

예수님 외에 다른 이를 전하며 예수 복음 외에 다른 복음을 전하고 있는지 자문(自問)해야 할 것이다.

〈중등26과 주요내용3〉
갈1:11~12/ 사람에게 받은 것, 배운 것 아니요
- 예수 그리스도의 계시

〈중등26과 비판3〉
갈1,11-2절을 보자.
11. 형제들아 내가 너희에게 알게 하노니 내가 전한 복음은 사람의 뜻을 따라 된 것이 아니니라
12. 이는 내가 사람에게서 받은 것도 아니요 배운 것도 아니요 오직 예수 그리스도의 계시로 말미암은 것이라

신천지는 자신들의 교리가 예수님께 직접 받은 것을 강조하기 위해서 이 본문을 제시한 것으로 보인다. 그러나 위 본문에서 바울이 말한 "예수 그리스도의 계시"는 다른 것이 아니라 다메섹 도상에서 만난 예수님께서 바울에게 이방인의 사도로 세운다는 예수님의 '말씀' 즉 사명을 말한다.

〈중등26과 주요내용4〉
히10:1~10 율법 - 장차오는 좋은 일의 그림자
눅16:16 율법과 선지자 - 세례 요한 때까지

〈중등26과 비판4〉
히10장에서 율법이 장차 오는 좋은 일의 그림자라고 한 것은 좋은 일이 복음이므로 복음의 그림자라는 말이다. 그리고 눅16,16절에서 율법과 선지자가 세례 요한의 때까지라고 한 것은 예수님(복음)이 오시므로 율법 대신에 복음이

구원의 조건으로 주어진 것을 말한다.

〈중등26과 주요내용5〉
▶유업 받을 자 = 이긴자(약속의 목자), 이긴 자를 통해 예언과 성취된 실상 곧 계시의 말씀으로 인 맺은 성도들
(영적 새 이스라엘 12지파성도들)

〈중등26과 비판5〉
이긴 자(계2,17절)에 대해서는 앞에서 설명했기에 생략한다. 그런데 유업을 받을 자에 대해서는 갈4,1-7절을 보자.
1. 내가 또 말하노니 유업을 이을 자가 모든 것의 주인이나 어렸을 동안에는 종과 다름이 없어서
2. 그 아버지가 정한 때까지 후견인과 청지기 아래에 있나니
3. 이와 같이 우리도 어렸을 때에 이 세상의 초등학문 아래에 있어서 종노릇 하였더니
4. 때가 차매 하나님이 그 아들을 보내사 여자에게서 나게 하시고 율법 아래에 나게 하신 것은
5. 율법 아래에 있는 자들을 속량하시고 우리로 아들의 명분을 얻게 하려 하심이라
6. 너희가 아들이므로 하나님이 그 아들의 영을 우리 마음 가운데 보내사 아빠 아버지라 부르게 하셨느니라
7. 그러므로 네가 이 후로는 종이 아니요 아들이니 아들이면 하나님으로 말미암아 유업을 받을 자니라

위 본문에서 유업을 받을 자에 대해서 말하고 있는데 정리하면 1)주인의 아들이 유업을 받는다. 2)어릴 때는 후견인과 청지기의 아래에 있어서 도움을 받는다. 3)신앙이 어렸을 때는 율법(초등학문)아래에 있었다. 4)예수님이 오신 것은 우리를 율법에서 속량하시고 아들의 명분을 얻게 하기 위함이다. 4)아들 된 성도는 유업을 받는다. 라고 정리할 수 있다. 그러므로 유업을 받을 조건은

오직 하나님의 아들(예수 믿는 것)이 되는 것 외에 어떤 것도 필요하지 않다.

그래서 갈4,30-1절에 "30. 그러나 성경이 무엇을 말하느냐 여종과 그 아들을 내쫓으라 여종의 아들이 자유 있는 여자의 아들과 더불어 유업을 얻지 못하리라 하였느니라 31.그런즉 형제들아 우리는 여종의 자녀가 아니요 자유 있는 여자의 자녀니라"라고 한 것은, 여종의 아들(율법 아래 있는 자)은 자유가 없지만 자유 있는 여자의 아들(성도)은 유업을 잇게 된다고 말하는 것이다.

〈중등 제 27과 [구약]〉

제목: 속죄 제사
- 본문: 고전15장
- 사건 예언의 때: 약 2000년 전
- 기록자: 사도 바울
- 기록 장수: 총 16장, 로마서~히브리서까지 총 14권의 서신서
- 사건: 구약 성취와 신약 예언
- 사도 바울 소개 : 본명은 사울
- 이스라엘의 족속 베냐민 지파 소속.
- 바리새인으로 열심히 예수교회와 성도들을 핍박하던 자였으나 다메섹으로 가던 중 예수님을 만난 이후로는 사도가 되어 이방인에게 예수님의 이름을 전파함
- 사도 바울의 사명: 구약 성취와 재림과 약속의 목자 증거
- 요한복음 중 예언의 내용: 약 2000년 후 사건을 소개한 것
- 성취 때 이룰 약속의 목자: 약 2000년 후

◇ 히브리서의 구성
- 총 장수 : 13장

- 기록 시기 : 약 2천년 전
- 기록자 : 사도바울
- 사건의 장소 : 예루살렘
- 사건의 내용 : 구약 성취와 신약 예언
- 사도바울의 사명 → 예수님을 통한 구약 성취
  → 다시 오실 예수님과 신약의 약속의 목자
  → 새 언약 내용 증거

1. 사람의 죄로 인해 떠나가신 하나님

죄에 대하여
(1) 원죄 : 아담과 하와가 지은 죄
(2) 유전죄 : 그 후 조상들이 지은 죄
(3) 자범죄 : 자기가 지은 죄

1) 하나님께서 떠나신 이유
창6: 하나님께서 사람과 함께하지 않음 → 육체가 됨
- 천지를 창조하신 하나님
→ 죄인과 하나 되어 살 수 없기에 세상에서 떠나가심
→ 사람이 수한이 줄어듦
약1:15 욕심 → 죄 → 사망

- 인간 세상에 죄가 들어오게 된 이유
→ 아담과 하와가 선악과를 먹었기 때문
  창3:1 뱀 = 하나님의 피조물
    영의 세계 범죄한 천사 = 마귀 : 사람 미혹

• 사람의 죄를 업게 할 방법
→ 마귀가 없어져야 함
→ 사람이 지은 죄를 없애야 함
☞ 오직 의인의 피

2) 시대별 하나님의 회복의 역사

아담 _____ 노아
       9대손

노아담 _____ 아브라함
       10대손

하나님 : 아브라함과 약속
→ 아브라함의 후손 : 애굽으로 보내 생육, 번성
→ 가나안 땅 정복하고 다스림

출19: 언약을 지킴 → 나라와 제사장
                      → 거룩한 민족

왕상11 : 솔로몬 때 다른 신 섬김

구약 선지자들 : 장래일을 예언

눅16:16 세례요한 때까지
     : 선지자도 율법도 끝남 → 육적이스라엘의 종말

〈구약 예언〉 　　　　　　　　　　〈초림 성취〉
렘31:22/ 새 일　　　600년 후　　　성령으로 잉태
렘31:27/ 씨 뿌림　　　　　　　　　씨 뿌림
렘31:31/ 　　　　　　　　　　　　새 언약

히10:4/ 모세의 율법 : 황소와 염소의 피 → 죄를 없이하지 못함

히10:5/ 예비한 몸 : 예수님

히10:10/ 예수님의 몸을 단번에 드리심 → 우리가 거룩함 얻음

→ 하나님: 예수님의 피로

사람의 죄를 없게 하심

[죄사함]

요7:37~39/ 믿는 자 : 마음에 생수의 강이 흐름

생수 = 예수님 믿는 사람들이 받을 성령

성령이 제자들에게 계시지 않음

행2: 제자들 : 죄가 사해짐으로 성령 함께함

눅 22:14~20 - 아버지 나라가 임할 때까지 포도나무에서 난 것을 다시 마시지 않겠다고 하심

- 포도주와 떡으로 예수님의 살과 피를 대신하여 기념하심

렘31:31 예언 → 눅22:14~20 성취

예수님의 피의 효력 → 아버지 나라가 임하는 주 재림 때 발생

4. 예수님의 피 값으로 구원받는 실체

출19:5~6/ 나라와 제사장, 거룩한 민족

계5:9~10/ 각 나라, 족속, 방언, 백성 가운데 사람들을 피로 사서 하나님께 드리시고 나라와 제사장 삼음 → 땅에서 왕 노릇

계1:5~6/ 예수님의 피로 → 우리 죄에서 우리를 해방

→ 하나님의 나라와 제사장 삼음

계7:14/ 예수님의 피로 그 옷을 씻은 흰 무리

새언약 세우실 때

유월절 양식 : 어린양의 피와 살 → 떡과 포도주

새언약 이루어질 때
떡과 포도주 : 예수님의 계시 말씀
아버지 나라 : 계시록 때 12지파
예수님께서 피를 흘린 목적
계12:10~11/ 어린양의 피, 자기의 증거하는 말 → 싸워 이겨야
　　　　　　　　　　　　　　　　하나님의 나라, 구원, 천국○
마11:27/ 아들의 소원대로 계시받은 자
요17:3/ 영생 : 참 하나님을 아는 것

주 재림때 계시받은 자는 누구?
계10:새 요한 → 예수님의 계시를 받은 자들
　　　　　 - 예수님의 피로 죄를 사함 받게 됨
계22:16/ 예수님의 사자 → 교회들에게 증거
　　　　죄 해결 → 하나님 와서 함께 하심

계21:1~4/ 하나님의 장막 → 사람들
　　　　거룩한 성(천국) : 이 땅에 오게 됨
- 누구에게?　→ 계3:12/ 이긴자 새 요한
- 어디에?　　→ 계21/ 새 하늘 새 땅
　　　　　　　계6/ 처음하늘 처음 땅 없어짐
　　　　　　　계7/ 새로운 한 시대의 12지파 하나님의 백성들 창조
　　　　　　　계14/ 시온산에서 새 노래 부르는 144,000
　　　　　　　　　: 처음 익은 열매

벧전4:6/ 예수님 → 죽은 영들에게 가서 복음 전파
벧전3:19~20/ 예수님 → 옥에 있는 영들에게 전파

육체가 죽은 영으로만 있는 사람들
→ 예수님의 복음을 받아 들여야 예수님의 보혈의 은혜를 입을 수 있음

◇ 정리

하나님 : 사람이 죄를 지음으로 세상에서 떠나심
　　　→ 세상 : 마귀가 주관
하나님 : 죄를 없애기 위해 예수님을 보내어 죄의 문제를 해결하심
예수님께서 십자가 지신 목적
:의인이 죄인의 죄 값을 대신 치름으로 죄가 사해짐

죄 사함 받은 사람들
- 하나님의 나라와 제사장(144,000)
- 흰 무리
→ 잃었던 하나님 나라 되찾음 - 사단을 잡아 가두고 만국 통치
☆ 참 신앙인
- 성경을 기준으로 신앙
- 성경 말씀 : 신앙의 길

〈중등27과 주요내용1〉

렘31:31 예언 → 눅22:14~20 성취
예수님의 피의 효력 → 아버지 나라가 임하는 주 재림 때 발생

〈중등27과 비판1〉

렘31,31절을 정확하게 이해하고 해석하려면 근접문맥인 33절 까지를 보아야 한다.

31. 여호와의 말씀이니라 보라 날이 이르리니 내가 이스라엘 집과 유다 집에 새 언약을 맺으리라

32. 이 언약은 내가 그들의 조상들의 손을 잡고 애굽 땅에서 인도하여 내 던 날에 맺은 것과 같지 아니할 것은 내가 그들의 남편이 되었어도 그들이 내 언약을 깨뜨렸음이라 여호와의 말씀이니라

33. 그러나 그 날 후에 내가 이스라엘 집과 맺을 언약은 이러하니 곧 내가 나의 법을 그들의 속에 두며 그들의 마음에 기록하여 나는 그들의 하나님이 되고 그들은 내 백성이 될 것이라 여호와의 말씀이니라

위 본문에 새 언약(31)에 대해서 말씀하는데 33절에 그 내용이 나와 있다. "나는 그들의 하나님이 되고 그들은 내 백성이 될 것이라"는 이 말씀은 당시 패역한 이스라엘 백성에게 주신 말씀이다. 하나님께로 돌아오라는 말씀이다. 그러므로 이 구절을 든 다음에 눅22,14-20절의 성만찬을 연결시키고 성취를 말하는 것은 틀린 적용이다.

그리고 하나님의 자녀가 되는 것은 요1,12절 "영접하는 자 곧 그 이름을 믿는 자들에게는 하나님의 자녀가 되는 권세를 주셨으니"에 답이 제시되어 있다. 눅22,14-20절에서 예수님이 말씀하신 '새 언약'에 대해서는 앞에서 설명한 바 있다.

〈중등27과 주요내용2〉
벧전4:6/ 예수님 → 죽은 영들에게 가서 복음 전파
벧전3:19~20/ 예수님 → 옥에 있는 영들에게 전파
육체가 죽은 영으로만 있는 사람들
→ 예수님의 복음을 받아 들여야 예수님의 보혈의 은혜를 입을 수 있음

〈중등27과 비판2〉
벧전4,6절을 정확하게 보라. "이를 위하여 죽은 자들에게도 복음이 전파되었으니 이는 육체로는 사람으로 심판을 받으나 영으로는 하나님을 따라 살게 하려 함이라"에서 "죽은 자들"이지 "죽은 영들"이 아니다. 그리고 벧전4,6절에

는 '가서'라는 말이 없다. 이것은 신천지가 벧전4,6절과 벧전3,19-20을 같은 내용으로 잘 못 알고 있기 때문이다. 그리고 벧전4,6절의 말씀은 그 사람이 살아있을 때 복음이 전해졌는데 육체는 죽었지만 예수님이 재림하실 때 성령의 능력으로 다시 살아난다는 것이다.

그리고 벧전3,19-20절에서 예수님께서 부활 하신 후 옥에 있는 영들에게 복음을 전하셨다고 했다. 그러면 옥에 있는 영들은 누구인가?[205]

첫째, '옥에 있는 영들'이라는 말은 죽은 자의 영을 말하는 것이 아니다. 영(pneuma)이라는 단어가 죽은 사람의 영을 가리킬 때는 '죽은 사람들'이나 히 12,3절에서처럼 '의인의'같은 수식어가 반드시 붙기 때문이다.

둘째, 신약성경에서 죽은 자의 영을 가리키는 단어는 프뉴마가 아니라 프쉬케(psyche)를 쓴다.

셋째, '옥에 있는 영들'은 복수이다. 영이라는 단어가 복수로 쓰인 용례를 보면 사람이 아니라 귀신들(마,8,16; 눅4,36; 행5,16; 계16,13-4)이나 천사들(히 1,14)에게 쓰였다.

넷째, 결론적으로 옥에 있는 영들은 하나님께서 가두어 놓은 악한 영들이나 천사들이다. 벧후2,4절 "하나님이 범죄한 천사들을 용서하지 아니하시고 지옥에 던져 어두운 구덩이에 두어 심판 때까지 지키게 하셨으며"라고 했고 유1,6절 "또 자기 지위를 지키지 아니하고 자기 처소를 떠난 천사들을 큰 날의 심판까지 영원한 결박으로 흑암에 가두셨으며"라는 말씀이 근거이다.

다섯째, 신약에서 죽은 자들이 가는 곳은 하데스(Hades)나 스올(Sheol)로 부르고 옥(phylakē)이라는 단어를 쓴 곳이 없다는 점 등이다.

---

205 아래는 길성남 교수(고려신학대학원)가 2009년 5월 27일 코람데오 닷컴에 발표한 것을 요약한 것이다.

〈중등 제 28과 [구약]〉

제목: 배도자의 행동
- 본문: 유1장 (벧후 2장, 마12:43~45)
- 사건의 때: 약 2000년 전
- 사건의 장소: 예루살렘
- 기록자: 유다
- 기록 장수: 총 1장
- 사건: 구약 성취와 신약 예언
- 유다 소개 : 예수님의 동생
- 유다의 사명: 구약 성취와 영·육의 배도자의 행위 증거
- 유다서 중 예언의 내용: 2000년 후 사건 소개
- 성취 때 이룰 약속의 목자: 약 2000년 후 이긴자

1. 배도자가 출현하게 된 원인

유1:6/ 위와 처소를 떠난 범죄한 천사
사14:12~15/ 아침의 아들 계명성

겔28장/ 덮는 그룹, 하늘 군대 장관 중에 하나 (= 네 생물, 천사장)

눅22:3~4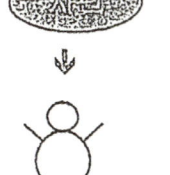

☞ 천사가 배도하고 사람에게 들어감으로 그 사람이 천사와 같은 행위를 하는 것임

※ 어떻게 신이 사람 속에 들어가는가?
말 = 신, 영(요10:35)
☞ 신의 말을 받아들이면 그 신이 들어가 함께 하게 된다. 신이 들어오니 그 신의 행동을 하게 되는 것이다.

2. 육계의 배도자
1) 시대별 배도의 역사
- 아담의 세계
- 노아의 세계
- 모세의 육적 이스라엘 세계
시대마다 아담처럼 다른 신을 섬김으로 배도(背道) (호6:7)

2) 배도자의 행동
유1:11/ 가인(요일3:12), 발람(민22~24장)
유1:17~19/ 위와 처소 떠남 당을 지음 = 육에 속한 자, 성령x자들
벧후2:19~22/ 개, 돼지와 같은 자들
히6:4~6/ 한번 비췸을 얻고 타락한 자

→ 이러한 자의 결과는?
마12:43~45/ 일곱 귀신이 들어감을 일곱 배가 약해짐
요일2:18~19/ 우리(=12지파)에게서 나간 자들
마13:47~49/ 의인 중에서 악인을 갈라냄
마22:11/ 예복(계19:8) 입지 않은 자 쫓아냄
마24:24~25/ 택하신 자(=12지파) 미혹
갈1:8/ 다른 복음을 전함

- 예언된 존재들은 때가 되면 실체가 되어 나타나서 예언된 일을 행함

- 2천년전 예수님은 제 밭(=예수교회)에 좋은 씨를 뿌리시고 세상 끝에 추수가 있음을 약속하심
- 주 재림 때 적그리스도
: 12지파에서 나가 다른 복음으로 택하신 12지파 성도를 미혹

3) 배도자의 결과
요12:48, 계20:12/ 마지막 때 자기 행위에 따라 말씀 심판

◇ 핵심 정리
하나님께서는 아담 범죄 이후 하나님의 나라 회복을 위해 역사하셨으나 범죄한 유전자로 된 사람들을 결국 배도하고 다른 신을 섬겼다. 범죄자의 유전자로나 사람이 아닌 하나님의 씨로 난 목자와 성도들로 이루어진 하나님의 새 나나를 창조하는 일, 이것이 새 일, 신약이며, 이 약속은 2천년 후인 오늘날 성취되고 있다.

〈중등28과 주요내용1〉
2) 배도자의 행동
히6:4~6/ 한번 비췸을 얻고 타락한 자

〈중등28과 비판1〉
히6,4-6절을 보자
4. **한 번 빛을 받고 하늘의 은사를 맛보고 성령에 참여 한 바 되고**
5. **하나님의 선한 말씀과 내세의 능력을 맛보고도**
6. **타락한 자들은 다시 새롭게 하여 회개하게 할 수 없나니 이는 그들이 하나님의 아들을 다시 십자가에 못 박아 드러내 놓고 욕되게 함이라**

이 말씀을 신천지는, 신천지를 이탈한 신도들이 다시는 용서 받지 못한다는

식으로 적용한다. 그런데 위 본문을 자세히 고찰하면 그렇게 적용할 수 있는 말씀이 아니라는 것을 알 수 있다. 먼저 위 본문 6절에서 다시 새롭게 하여 회개하게 할 수 없는 이유가 어디에 있는가? 신천지를 이탈해서가 아니라 하나님의 아들인 예수님을 다시 십자가에 못 박아 욕되게 하기 때문이라고 밝힌다.

그러면 예수님이 십자가에 왜 죽으셨나를 생각하면 이해가 될 것이다. 예수님은 우리의 구원을 위해서 십자가를 졌다. 그런데 4절과 5절을 보면 이들이 복음을 들었음을 알 수 있다. 그런데 나중에 그 복음을 거부하고 부인하는 것이다. 그러면 이 행위가 왜 다시 새롭게 할 수 없는가. 즉 예수님을 십자가에 다시 못 박는 행위와 같기 때문이다.

〈중등28과 주요내용2〉
- 2천년 전 예수님은 제 밭(=예수교회)에 좋은 씨를 뿌리시고 세상 끝에 추수가 있음을 약속하심
- 주 재림 때 적그리스도
: 12지파에서 나가 다른 복음으로 택하신 12지파 성도를 미혹

〈중등28과 비판2〉
요4,34-5절을 보자.
34. 예수께서 이르시되 나의 양식은 나를 보내신 이의 뜻을 행하며 그의 일을 온전히 이루는 것이니라
35. 너희는 넉 달이 지나야 추수할 때가 이르겠다 하지 아니하느냐 그러나 나는 너희에게 이르노니 너희 눈을 들어 밭을 보라 희어져 추수하게 되었도다

추수 때가 되려면 아직 4개월이나 남았는데 왜 예수님은 추수를 독려하셨는가? 이 구절이 들어 있는 근접문맥을 보면 5절에서 31절 사이에 수가 성 우물가의 여인에게 당신을 알리신 직후이다. 그래서 예수님은 제자들에게 복음을 시급히 전할 것을 강조하시는 뜻에서 추수를 말씀하신 것이다.

그리고 추수할 곳은 예수님의 밭(기성교회)이 아니다. 신천지는 기성교회에 소위 추수꾼을 파송한다. 그러나 예수님의 추수는 복음을 전하라는 말씀이지 기성교회에 잠입하여 성도를 미혹하라는 말이 아니다.

〈중등 제 29과 [구약]〉

제목: 재창조
- 본문: 창1장
- 사건의 때: 약 3500년 전
- 사건의 장소: 선천(先天)과 후천(後天)
- 기록자: 모세
- 기록 장수: 총 50장,
  출애굽기 40장, 레위기 27장, 민수기 36장, 신명기 34장
- 사건: 땅이 혼돈하고 공허하며 흑암이 깊음 위에 있고 하나님의 신은 수면에 운행하심
- 모세 소개 : 야곱의 4대손으로 레위족속 아므람의 아들
- 모세의 사명: 하나님께서 아브라함에게 하신 언약을 이루어, 이스라엘 백성들을 이끌고 출애굽하여 가나안 땅으로 인도함. 장래에 말할 것을 증거 (히3:5, 요5:46)
- 창1~50 재창조의 노정과, 아담, 노아, 아브라함, 이삭, 야곱, 요셉까지의 역사가 기록되어 있다. 그리고 그 속에는 장래일이 감추어 있다 (약 3500년간 전해짐)
- 창세기 중 예언의 내용: 초림 때와 재림 때 이룰 사건 소개
- 성취 때 이룰 약속의 목자: 예수님과 이긴자

◇ 본문 : 창1장

기록된 때 - 약 3500년 전

기록자 - 모세

내용 - 아담세계 창조

　　　　아담 범죄로 인한 재창조

창세기 1장 - 문자 그대로의 창조x 자연계를 비유한 영적 창조

창조 - 육적 창조 : 자연계창조

　　　　영적 창조 : 하나님 나라 창조(사람의 심령 창조)

1. 첫째 날의 창조(창1:1~5)

땅 - 혼돈, 공허

흑암 - 깊음 위(하늘)

하나님의 신(영) - 수면: 운행 → 빛: 창조, 어두움과 빛, 밤과 낮

2. 둘째 날의 창조(창1:6~8)

물 가운데 궁창 (=하늘)

　　　　　　새하늘 = 새장막

궁창: 위의 물 = 계시의 말씀

궁창: 아래의 물 = 사람의 계명(주석)

3. 셋째 날의 창조(창1:9~13)

드러난 물 = 땅

모인 물 = 바다 (세상)

땅 (새 땅)

풀

씨 맺는 채소

씨가진 열매맺는 과목

4. 넷째 날의 창조(창1:14~19)

해(큰 광명) = 목자

달(작은 광명) = 전도사

별 = 성도

징조와 사시와 일자와 연한

5. 다섯째 날의 창조(창1:20~23)

바다 : 생물(물고기)

하늘의 궁창 : 새

6. 여섯째 날의 창조(창1:24~31)

짐승, 육축, 기는 것, 사람(4생물- 사자, 소, 사람, 독수리)

하나님의 형상, 모양- 사람: 창조(생육, 번성, 충만, 정복, 다스림)

7. 일곱째 날의 안식(창2:1~3)

일곱째 날의 복 = 안식

8. 결론

시대마다 하나님의 재창조

- 창세기 1장대로 창조됨 (재창조의 설계도)

첫째 날 - 빛

둘째 날 - 하늘(궁창)

셋째 - 땅(풀과 나무)

넷째 - 해달별

다섯째 날 - 새, 물고기

여섯째 날 - 4생물

일곱째 날 - 안식

〈중등29과 주요내용1〉

4. 넷째 날의 창조(창1:14~19)

해(큰 광명) = 목자

달(작은 광명) = 전도사

별 = 성도

징조와 사시와 일자와 연한

〈중등29과 비판1〉

하나님은 넷째 날에 해, 달, 별을 창조하셨다. 그런데 신천지는 이를 영적으로 해석하고 있다. 그렇다면 다른 날에 창조하신 것들도 영적으로 해석해야 하지 않을까? 창1,11절에 있는 풀과 씨 맺는 채소와 각기 종류대로 씨가진 열매 맺는 나무들, 21절의 바다짐승들과 각종 새들, 24절의 가축과 땅의 짐승들을 다 어떻게 해석할 것인가.

〈중등 제 30과 [구약]〉

제목: 창조와 재창조

- 본문: 창1장, 계21장
- 사건의 때: 약 3500년 전

  약 2000년 전
- 사건의 장소: 선천(先天)과 후천(後天)
- 기록자: 모세, 사도 요한
- 기록 장수: 창세기 50장, 요한계시록22장
- 사건: 선민이 이방에게 사로잡힘
- 창세기 중 예언의 내용: 초림 때와 재림 때 이룰 사건 소개
- 요한계시록의 내용: 약2000년 후 사건 소개

- 약속의 목자 빙자: 요한계시록을 기록한 요한(호12:10)
- 성취 때 이룰 약속의 목자: 2천년후 이긴자

〈창세기, 요한계시록 개관-1〉
- 사건 기록의 때 – 약 3500년 전 약 2000년 전
- 사건의 장소: 선천(先天)과 후천(後天)
- 기록자: 모세, 사도 요한
- 기록 장수: 창세기 50장, 요한계시록22장
- 사건: 선천 세계의 종말
- 창세기 중 예언의 내용: 초림, 재림 때 이룰 사건
- 요한계시록의 내용: 약2000년 후 사건 소개
- 약속의 목자 빙자: 요한(호12:10)
- 성취 때 이룰 약속의 목자: 이긴자

[문] 창조와 재창조의 노정 순리는 무엇인가?
[답] 목자 선택
　→ 나라창조
　→ 선민과의 언약
　→ 선민 언약 배도와 멸망
　→ 새 목자 선택
　→ 심판과 구원
　→ 새 나라 창조(재창조)
　→ 새 언약

- 아담 범죄 이후 시대마다 창조된 선천세계가 부패함으로 허물고 다시 새 나라를 새우는 재창조의 역사가 있었고, 같은 노정으로 오늘날까지 반복됨

• 창1장 → 재창조의 설계도 (계21:6)
〔 재창조하시는 이유(신7:1~5) 〕
1) 배도한 선민
2) 사단의 거짓 세계에 물들었기 때문

1. 아담 창조와 노아 재창조
(1) 아담 세계의 창조
① 하나님: 천지 만물을 지으심 (창1:1, 히3:4)
② 아담 창조(창2:7) → 〈목자 선택〉
③ 에덴동산을 창설(창2:8) → 〈나라 창조〉
④ 지으신 아담(창2:15~17)
- 천지와 만물을 유업으로 주심
- 모든 생물을 다스리며 땅을 정복하라 언약하심
→ 〈선민과의 언약〉
(2) 아담의 범죄
① 지음 받음 아담: 창조주 하나님과의 언약을 지키지 않고 배도
② 피조물인 뱀 곧 마귀의 말을 믿고 따라감 (창3:1~6, 계20:2)
(3) 노아를 통한 재창조
① 아담의 9대손 노아 택함(창6:8~10) → 〈새목자 선택〉
② 노아의 세계를 세우심 → 〈구원, 새 나라 창조〉
③ 그들과 언약하심 (창8~9)

2. 노아 세계의 범죄와 모세의 재창조
(1) 노아 세계의 배도
① 노아의 세계: 아담같이 배도(창9장,11장)
② 노아의 10대손 아브라함 택하여 언약
③ 언약대로 모세와 여호수아를 세워 → 〈새 목자 선택〉

노아의 세계 가나안 심판 (출3:10, 출12장, 민27:18~23, 수1:2~4)
→ 〈심판〉
④ 육적 이스라엘 창조 → 〈구원, 새 나라 창조〉

(2) 육적 이스라엘의 배도
① 아담같이 범죄함(호6:7, 왕상11장) → 〈선민 언약 배도〉

(3) 구약 선지자들을 통한 예언
① 약6~7백 년 간 전파
② 오랫동안 전파하신 이유: 핑계치 못하게 하기 위함
③ 약속의 내용
- 배도한 이스라엘을 허물고
- 새 나라를 세울 것
→ 〈창조와 재창조〉
(4) 하나님의 목자의 종류
① 예언의 목자
② 일반 목자
③ 약속의 목자
(초림) → 예수님
(재림) → 이긴자

→ 예언이 성취될 때 (사55:10~11, 사14:24)
　민23:19 하나님 식언치x
　전3:1 모든 목적 이룰 때가 있다
　- 예언하신 하나님
　- 약속하신 목자에게 오시어 성취

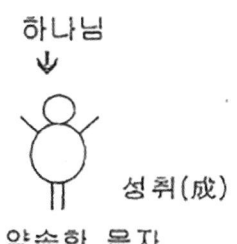

3. 초림과 재림 : 창조와 재창조

(1) 구약과 초림의 성취(사~말)

① 구약의 주된 내용

- 언약한 선민 배도
- 이방에 의한 멸망
- 새 목자 선택 : 대언자
- 심판, 구원 → 예언

② 이사야, 예레미야, 에스겔, 다니엘에 잘 기록

→ 각1장 전장 요약

③ 구약 예언의 성취

- 렘31:22 새 일
- 마4:17 회개하라
- 요1:11 언약 어김
- 마21:43 나라 빼앗김

→ 초림 예수님 때 모두 성취 (눅 24:27, 요19:30)

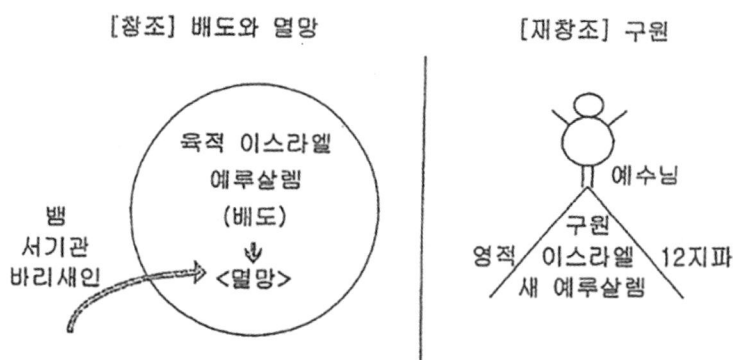

◎ 구원받는 방법

초림과 같이 재림에도 재창조된 하나님 나라에 소속되어야 함

(2) 신약과 그 성취

① 예수님 : 자기 피로 새 언약 (마26:26~29, 눅22:14~20)

- 약속한 아버지 나라 (새 나라)

- 약속한 새 포도주 (새 말씀)

- 약속한 새 목자 (새 목자)

② 새 언약 → 구약과 같이 성취(계21:6)

③ 새 언약의 이루어지는 때 → 2천 년 후 세상 끝(마24:14)

④ 실상의 때 - 성취된 계시 말씀 가감x: 믿고 지켜야 함 (계22:18~19)

⑤ 새 언약 성취 때 출현 인물 (살후2:1~4)

- 배도자(계1,2,3장) → 하늘 장막 일곱 사자

- 멸망자(계8,9,13장) → 일곱 머리와 열 뿔 가진 짐승

- 구원자(계12,10장) → 약속의 목자 이긴자 새요한

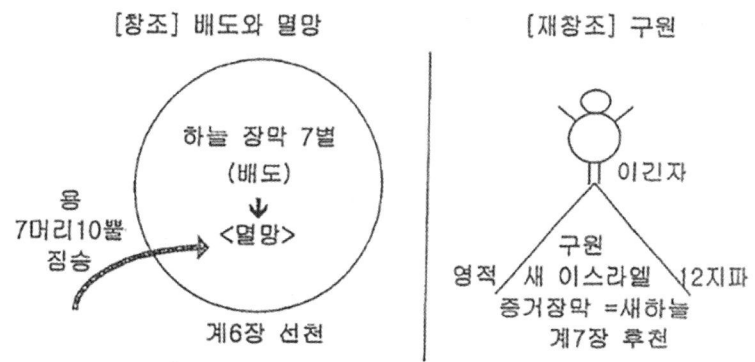

[결론]

1. 구약, 신약의 예언 성취

→ '창조와 재창조의 노정 순리'대로 성취

2. 창조와 재창조의 노정 순리

목자 선택→ 나라 창조→ 선민과의 언약→ 선민 언약배도와 멸망→
새 목자 선택→ 심판과 구원→ 새 나라 창조(재창조)→ 새 언약

〈중등30과 주요내용1〉

→ 예언이 성취될 때 (사55:10~11, 사14:24)
   민23:19 하나님 식언치 않으신다.
   전3:1 모든 목적 이룰 때가 있다
   - 예언하신 하나님
   - 약속하신 목자에게 오시어 성취

〈중등30과 비판1〉

약속하신 목자를 통해서 예언이 성취된다는 것이다. 그러나 성경에 예수님 외에 약속한 목자는 없다는 것을 알아야 한다.

이상으로 신천지의 교재, 입문6과와 초등41과 중등 30과에 대해서 비판을 마쳤다. 이외에도 여러 교재들이 있으나 후일로 미룬다. 신천지 신도들은 144,000이 차면 순교자의 영혼이 하늘에서 내려와 신인합일 상태가 되고 전 세계에서 흰 무리가 보물을 들고 몰려온다고 믿는다.

2장

예장 총회 이단(사이비) 피해대책조사연구위원회의 신천지의 피해 상황과 신천지의 10가지 교리적 특성.[206]

---

[206] 이단(사이비)피해대책조사연구위원회, 『한국주요이단 및 이슬람대책세미나』, 20-6.

1) 교회 - 성도들 간의 불신과 갈등, 목회자와 성도들 간의 이간, 담임목회자와 부교역자를 이간시킨다.

2) 가정 - C집사의 사례처럼 가정파괴가 일어난다.

3) 개인 - 오직 왕 같은 제사장이 되겠다는 목표로 학교는 자퇴하고 직장은 사표내고 가정을 포기하고 포교활동에 전념 한다. 그리고 그 때가 되면 가족들은 흰무리로 구원받고 자기에게 고마워 할 것이라고 생각한다. 신천지에서 사명자가 되면 강사가 월 30-50만원, 전도사가 20-30만원, 특전대 하루 7-8000원 정도를 받고 교통, 통신, 식비를 해결해야 한다. 할당 숫자를 못 채우면 사명감 부족으로 매도당하므로 하루 2-3시간 밖에 자지 못하면서 포교에 전념하고 매일 활동 일지를 적어 보고하고 통신비 연체로 신용불량자가 되고 자기 이름으로 핸드폰도 개통하지 못하지만 왕 같은 제사장이 되는 날 모든 부채가 면제된다는 기대가 있기 때문이다.

왕 같은 제사장이 되려면 144000에 들어가야 한다. 2004년까지는 신천지 총회 교적부가 생명책이요, 거기에 기록되는 것이 생명책에 기록되는 것이라고 하다가 2006년부터는 말씀의 인을 맞아야 한다로 바뀌고 다시 복음방 교사는 되어야 한다고 주장한다.[207]

그리고 포섭대상자의 24가지의 유형을 정해놓고 거기에 맞는 멘트를 준비해두고 있다. 그 유형은 1)믿음형 2)구원형 3)기복형 4)열심형 5)미지근형 6)의심형 7)은사형 8)율법형 9)목사형 10)부자형 11)핑계형 12)인의형 13)지식형 14)무지형 15)기도형 16)집회형 17)예언형 18)창기형 19)교만형 20)근심형 21)사랑형 22)시험형 23)청년형 24)무신앙[208]

207　　*Ibid.*,25-6.
208　　*Ibid.*,28-37.

한편 이글의 저자가 속한 교단인 예장총회 교육진흥국에서는 신천지의 교리적 특성을 다음의 10가지로 요약했다.[209]

첫째, 신천지 증거 장막 성전 총회장 이○희가 재림예수라는 것이다. 『영원한 복음 새 노래 계시록 완전 해설』 제3장 '언약론'에 보면 "오늘 날도 또 다시 육으로 오시는 주를 믿지 않고 하늘만 쳐다볼 것인지 각자가 생각해봐야 할 것이다"라고 주장하고 있다. 『천국 비밀요한계시록의 실상』에서는 "여호와라는 이름의 하나님께서(출3:15) 새 이름을 가지셨듯이, 예수님도 새 이름을 가지게 되셨으니 새 예루살렘이요(갈4:26) 새 이스라엘이며 이긴 자이다(계2:17,28). 하나님께서 예수님에게 장가를 들어 예수님(호2:19;요10:30)이 하나님의 새 이름이 된 것처럼, 예수님의 새 이름은 이긴 자인데 예수님이 이긴 자를 신부로 삼아 이긴 자가 예수님의 새 이름이 된 것이다." 여기서 말하는 이긴 자는 이○희를 의미하고 있다. 『천국 비밀계시』에서는 "재림 때 구름 타고 오시는 예수님은 천사와 함께 오셔서 번개같이 역사하신다고 하였으니(마24:26-31), 구름 타고 오시는 예수님은 육이 아니요 영인 것이다." 계속해서 '예수님의 새 이름은 이○희이며 자신은 대언자, 목자 보혜사이기 때문에 이○희를 본 것은 예수님을 본 것이다' 라고 주장하고 있으며 눈여겨볼 것은 "마태복음 25장 40절에서는 너희가 지극히 작은 자에게 한 것이 내게 한 것이라 하신 같이 이 대언의 목자를 핍박하는 것이 곧 예수님을 찌르는 것이 된다〈조심〉"라고 하면서 '〈조심〉'이라는 표현 문구가 있다.

둘째, 신천지 증거 장막 성전 총회장 이○희는 죽지 않고 영생하는 존재이다. 신천지 증거 장막 성전에서 활동하다 나온 증언자들에 의하면 이○희 자신은 이긴 자이고 약속의 목자이며, 마지막 때 재림 예수의 영이 들어오는 육체 이므

209　이단(사이비)피해대책조사연구위원회편, 『한국기독교이단과 자칭 재림주 계보 및 사상 비판』 (서울: 대한예수교장로회총회교육진흥국. 2013),56-60.

로 절대로 안 죽는다고 가르친다. 그래서 신천지 증거 장막성전 신도 모두가 이○희가 영생한다고 굳게 믿고 있다. MBC PD수첩에서도 기자들이 이○희가 영생한다고 한다는 교리가 가장 중요하고 핵심 요소이기 때문에 이○희에게 물어보았다. 그러나 이○희는 즉답을 피해가면서, 하나님의 결정에 달려 있다는 변명과 함께 말을 바꾸어 답변을 하였다.

셋째, 자신이 이 시대의 구원자라고 주장한다. '유재열을 비롯한 대한 기독교 장막 성전의 일곱 목자는 배도를 하여 천국에 가지 못하였고, 오○호 목사를 포함한 기독교 청지기교육원 목사 8명은 멸망자이며, 이들이 기성교회를 대표하므로 기성교회 목사들 모두 바벨론 목자, 개, 돼지라고 가르치고 있다. 이들은 하나님께서 약속하신 말씀 이○희와 증거 장막성전을 믿지 않고 대적하였으므로, 거룩한 성에 들어가지 못한다'고 주장한다.

넷째, 자신은 성경을 통달했다고 주장한다. 『천국 비밀 계시』라는 책에서 "요한이 책 곧 말씀(계시록)을 받아먹었으니 말씀이 육신이 되었고 피와 살이 되었으며 말씀으로 거듭난 자요 걸어다니는 성경이요 바로 이 사람이 성경을 통달한 사람이며 주의 이름으로 나라와 백성과 방언과 임금에게 보냄을 받은 약속의 목자 보혜사(대언자)"로 표현했으며 『천국 비밀 요한계시록의 실상』에 보면 하나님에 책을 받아먹은 요한(이○희)은 "이제 걸어다니는 성경이 되고 새 언약의 말씀인 계시록을 새긴 언약의 사자가 되며 살아 움직이는 하나님의 인(印)이 된다"고 하였다.

다섯째, 요한계시록이 자신을 증거하고 있고 이○희를 통해 이뤄지고 있다고 주장한다. 『천국 비밀 유한계시록의 실상』에 보면 이○희는 구약성경 39권이 구원자이신 "예수님 한 분을 증거 하는 것처럼 신약성경 27권은 니골라 당과 싸워 이기는 자 한 사람 즉 이○희를 알리는 것이다"라고 말하고 있다

여섯째, 성경에 나오는 동방은 대한민국이며 에덴동산은 경기도 과천을 말하면 천국은 대한민국 과천에서 이뤄지고 신천지 증거 장막 성전 신도들 가운데 십사만 사천 명만 구원 받는다고 주장한다. 『영원한 복음 새 노래 계시록 완전 해설』을 보면 "요한이 편지한 곳은 지구촌 오대양 육대주 중 아시아 동방 해 돋는 곳 땅 모퉁이에 있는 한반도이다. 한반도 중에서도 일곱 금 촛대가 있는 하나님의 집 장막에 보낸 것이요, 아시아에 있는 자들이 하나님 나라와 제사장이 되니 이들이 하늘나라요 복 받을 자들이다."

또 다른 면에서 "우리나라는 아시아의 해 돋는 나라요, 시작과 끝이 되는 곳이요, 죄악의 밤이 지나가고 새 아침의 나라가 조선반도에서 밝은 빛(새 도: 진리)이 탄생하여 신천지 증거 장막성전을 창조하신다"고 되어 있다

일곱째, 순교자의 영혼 십사만 사천 명이 하늘에 대기하고 있다가, 신천지 증거 장막 성전 신도들 가운데 십사만 사천 명이 다 차면, 순교자의 영혼이 가장 자신과 잘 맞는 신천지 증거 장막성전 신도를 찾아와 그 몸속에 들어가 하나가 된다는 신인합일 교리를 주장한다. 『천국 비밀계시』에서 "첫째 부활이란 귀신의 나라 바벨론에서 사도 요한이 대언한 예수의 말씀을 듣고 나와(겔37;계17:14,18:4) 예수님의 혼인 잔치 집에 참예(參詣)하여 그곳에 임한 순교한 영혼을 덧입어 영육이 하나 되는 것을 말한다. 즉 육을 잃은 영혼은 육체를 덧입고 육체는 예수님과 하나 된 영을 덧입는 있는 것을 말한다."

『천국 비밀요원 계시록의 실상』에서는 "예수님의 제자들은 순교 후 영계(靈界)로 가서 거룩한 성 새 예루살렘의 기초석이 되었다(계21장). 그리고 말세에 이 땅에 창조한 영적 새 이스라엘 열두 지 파(계7장)의 수장인 열두 지파장에게 각각 임하여 약속한 성경 말씀으로 본문과 같이 심판하게 된다." 또한 "육체가 없는 순교한 영은 육체가 있는 이긴 자를 덧입고 이긴 자들은 순교한 영들을 덧입고 신랑과 신부처럼 하나가 되어 산다. 이것이 바로 영과 육이 한 몸을 이루는 부활이다"라고 주장한다.

여덟째, 신천지 전국 장막 성전에서 활동하다 나온 사람들의 증언을 들어보면 신천지 증거 장막 성전 신도 십사만 사천 명이 다 채워질 때 '이 지구는 자신들이 지도자가 되어 다스리며, 세계 곳곳에서 신천지 증거 장막 성전 신도들에게 성경을 배우려고 무릎을 꿇고 나아 올 것이며 세경이 가장 좋은 나라와 건물들은 세상의 종말이 오면 자신들의 소유가 될 것이다. 그러므로 신천지 정거장막 성전에 다니는 것을 반대하고 핍박하는 것은 잠깐의 고통이며, 이 순간의 외롭고 힘든 과정을 참아내면 값진 것으로 다 보상 받는다'고 신학원 강사들이 가르친다고 한다. 『천국 비밀계시』에서는 "하나님의 말씀으로 인 맞은 거룩한 성에 들어온 성도는 만국을 소성시키고 다스리는 제사장 나라가 되므로 영원한 진리(생명)로 왕 노릇하는 권세 자들이 된다"고 말하고 있다.

아홉째, 세례요한은 유재열을 상징하며, 유재열이 배도해서 천국에 가지 못했기 때문에 요한복음 14장과 16장의 보내주시는 보혜사는 이○희 자신이며, 이○희는 예수님의 보내심을 받은 대언자이며, 배도와 멸망으로 인해 하나님이 자신을 선택했다라고 주장한다.

마지막으로, 이○희는 예수님으로부터 직통계시를 받아 신학이고 진리이며, 기성교회는 신학박사나 교수들인 사람들에게 배웠기 때문에 '인학'(人學) 이고 거짓이라는 것이다. 『천국비밀 요한계시록의 실상』에서 성도는 기성신학교에서 부분적으로 성경을 배우고 사람에게 안수 받고 목회자가 된 일반목자를 따를 것인지 아니면 예수님께서 직접 안수하시고, 영계(靈界)하나님 나라를 보여주시고, 열린 책을 받아먹게 하시고, 요한계시록을 계시해주신 약속한 참 목자 이○희를 따를 것인지 선택해야 한다고 말한다.

1) 격암유록(格庵遺錄) 남사고(南師古) 예언초(豫言抄) 와 신천지

南師古 豫言抄

送舊迎新 好時節 萬物苦待 新天運(송구영신 호시절 만물고대 신천운)

옛 것을 보내고 새 것을 맞이하는 좋은 시절

모든 피조물이 고대하는 새로운 하늘의 운세

四時長春 新世界 不老不死 人永春(사시장춘 신세계 불로불사 인영춘)

새로운 세계가 오면 항상 봄철과 같고

늙지 않고 죽지 않는 사람이 늘 청춘이라

天縱之聖 盤石井 一飮延水 永生水(천종지성 반석정 일음연수 영생수)

하나님이 보낸 성인의 말씀(반석의 샘물)

한 모금 한 모금 이어 마시면 영원히 죽지 않는 생명수

上帝豫言 聖經說 世人心閉 永不覺(상제예언 성경설 세인심폐 영불각)

하나님께서 선지자들에게 말씀하신 예언서인 성경 말씀을

세상 사람들이 마음을 닫고 영영 생각조차 않는구나

末世汩染 儒佛仙 無道文章 無用也(말세골염 유불선 무도문장 무용야)

모든 종교가 구태 의연하게 신앙을 하며 각자 자기 종교에 골몰하여

문장은 있어도 말씀이 없어 쓸모가 없구나

西氣東來 救世眞人 辰巳聖君 鄭道令(서기동래 구세진인 진사성군 정도령)

서양의 운세가 동방으로 오고 구세진인(구세주 진인) 성군(聖君) 정도령이

진사 양년(2012,2013년)에 바른 道의 말씀을 가지고 오신다

天擇之人 三豊之穀 食者永生 火雨露(천택지인 삼풍지곡 식자영생 화우로)
하늘의 택함을 받은 자의 세 가지 풍부한 곡식인 화우로(火雨露:불,물,이슬)를 먹는 자는 영생한다

世人何知 三豊妙理 有智者飽 無智飢(세인하지 삼풍묘리 유지자포 무지지)
세상 사람들이 어찌 3가지 풍부함의 이치를 알 수 있으리
그러나 지혜가 있는 자는 깨달아 배부르고 무지한 자는 배고프다

天道耕田 武陵桃源 此居人民 無愁慮(천도경전 무릉도원 차가인민 무수려)
하늘의 道로 밭을 경작하는 무릉도원
이곳에 거하는 자들은 근심 걱정 염려가 없구나
太古以後 初樂道 死末生初 新天地(태고이후 초락도 사말생초 신천지)
역사 이래 처음 있는 가장 즐거운 말씀
죽음이 끝나고 영생이 시작되는 새 하늘 새 땅 신천지

영생교 교주였던 (고) 조희성씨는 팔만대장경을 풀면서 자신이 정도령이라고 풀이 했었고 격암유록의 '이슬'을 끌어와 자신이 이슬성신을 내리는 자라고 주장했었다.

그런데 신천지와 관련하여 격암유록과 남사고가 등장하는데 남사고(1509-1571)는 조선 중기의 학자이다.

격암유록의 내용은 노스트라다무스의 『제세기』[210]와 비슷한 이현령비현령(耳懸鈴鼻懸鈴)식의 서술이 특징이다. 한자와 한글이 뒤섞여 있고 성경의 몇몇 구절이 나열되어 있어 그 한자들을 조합하면 박태선이라는 이름이 등장하는 것이다.

---

210 『제세기』의 예언 중 "1999년 7월 전 인류는 멸망한다. 하늘에서 앙골모와의 대왕이 부활하고 마르스는 행복의 이름으로 지배하리라."가 있다. 그런데 지금 2022년으로 그가 예언한 종말은 아직 오지 않았다.

문제는 1)격암유록의 저자가 남사고인가? 2)격암유록은 믿을 만한 책인가 이다. 첫째 질문과 관련하여 결론부터 말하면 격암유록의 저자는 남사고가 아니다. 격암유록이 세상에 나오게 된 것은 1977년 이도은(본명 이용세)씨가 자신이 필사했다며 국립중앙도서관에 기증함으로였다. 그런데 이도은 씨는 박태선 씨의 천부교(전도관)의 신도였다.

학계에서는 다음과 같은 이유로 남사고의 작품이 아니라고 한다.[211] 첫째, 원본이 발견되지 않고 있는 것과 1977년에야 필사본이 등장한 점. 둘째, 남사고는 1500년대 사람인데 일본식 한자가 등장하는 점. 셋째, 철학이나 공산(共産) 등, 만들어진지 100년밖에 되지 않는 신조어(新造語)가 등장하는 점. 넷째, 성경의 일부 내용이 등장하는 점 등이다. 이외에도 격암유록이 가짜(僞書)인 것은 등장하는 단어들이다. 예를 들면

1)군정(軍政)-군사정권을 의미하는 말로서 격암유록이 1970년대 만들어진 책임을 말한다. 2)도로(道路)-조선시대의 표기법은 '로'(路)였고 '도로'는 일본식 한자이다. 3)반도(半島)-일본인들이 조선을 낮춰서 부르는 말이다. 4)목욕탕(沐浴湯)-조선시대에는 없었던 단어로서 일본식 표현이다. 5)정차장(停車場)-조선시대에는 정차할 차가 아예 존재하지 않았다는 점 등이다. 결국 남사고의 예언초 자체도 고 박태선 씨를 내세우기 위한 위작으로 보고 있다.

---

[211] 출처-네이버 백과사전.

2) 이단/사이비를 예방하는 법

(1) 내가 들어보고 판단하겠다는 생각을 버리라.

알아보고 판단하겠다는 생각은 교만이다. 사기꾼이 처음부터 나는 사기꾼인데 당신에게 이런 방법으로 사기를 칠 예정이라면 아무도 넘어가지 않을 것이다. 물고기가 미끼 끝에 미늘(바늘)이 있는 것을 안다면 미끼를 물 물고기는 없을 것이다. 아이가 유괴범의 정체를 안다면 따라가지 않을 것이다. 과자나 돈, 장난감으로 유혹하니 따라가는 것이다.

(2) 담임목사님에게 보고하지 않은 성경공부를 하지 말라.

이단들은 비밀을 강조한다. 갈2,4-5절 "4.이는 가만히 들어온 거짓 형제들 때문이라 그들이 가만히 들어온 것은 그리스도 예수 안에서 우리가 가진 자유를 엿보고 우리를 종으로 삼고자 함이로되 5.그들에게 우리가 한시도 복종하지 아니하였으니 이는 복음의 진리가 항상 너희 가운데 있게 하려 함이라"고 하였다.

(3) 성경이나 신앙생활 중에 궁금한 것은 담임목사님에게 물으라.

담임목사님은 성경과 신학분야에서 전문교육을 받은 전문가임을 잊지 말라. 떠돌이 약장수와 약학전공자를 혼동하지 말고 돌팔이와 의학 전문교육을 받은 전문의를 혼동하지 말라.

◆ **참고자료들**

1. 신천지 섭외자 단계 향상 양식
2. 신천지 사랑하는 사람 관리 카드
3. 신천지 판별 사례
   1) 다음과 같은 말 하는 사람을 경계할 것
   2) 교회 안에 침투한 신천지 신도의 특징
   3) 신천지에 빠진 가족을 분별하는 법
4. 신천지 10단계 기성교회 침투전략
5. 신천지 비유풀이 공식
6. 창세기의 창조 기사에 대한 신천지의 풀이 공식
7. 신천지 요한계시록의 실상의 실체들
8. 이○희 씨 신격화(멘트들-저자 주)
9. CTS TV를 도용한 설문조사지
10. 범기독교 신앙회복운동본부 설문조사지
11. 계보도

◈ **참고자료 1**

섭외 자 단계 향상 양식

이름 :   부서 :   구역 :

이 름		성별/나이		직 업	
주 소		출석교회		가족사항	
혈액형		신앙연수		전화번호	
신앙유형	기도형, 은사형, 부자형, 교만형, 미지근형, 창기형, 목사형, 봉사형, 열심형, 무지형				
목회자 가족 여부			신앙적 기둥		
목사에 대한 신뢰도			교회 내 직분 / 활동		
관심사 / 취미			성 격		
기도 제목					

상 태 점 검 내 용 (상, 중, 하 로 표시)

예배출석 습관도(주일, 수, 금요철야 등)		천국의 소망과 지옥의 두려움이 있다.	
건강으로 인해 신앙의 걸림이 된다.		극심한 채무로 인한 신앙의 걸림이 된다.	
이해력(쓰기, 읽기, 듣기, 말하기의 정도)		본인 교회 만 최고라고 한다.	
새 노래 배울 수 있는 시간(환경)		성경 모르는 부분을 알고 싶어 한다.	
매사에 하나님을 의지한다.		이단 경계심이 있다.	
인터넷을 즐기는가?		직장 외 문화생활, 건강, 운동 배우는 것.	

내부 \ 외부	기 회	위 협
강 점		
약 점		

만남 일자	현재 단계	만남목표 (전략 및 멘트)	활동반응 및 평가 (현 상태)

※섭외시 기초 정보파악→마음열기(미인대칭, 칭찬, 호감 얻기, 공감적 경청)→관심, 고민을 통한 만남 고리 형성→경계심(소속과일소개)→합당한자 선정→SWOT→따기(신앙우위선점, 이단경계 낮추기(간증, 소속)

◈ **참고자료 2**

찾 기	
합당한자	
따 기	

NO. _____

사랑하는 사람 관리카드

이름(인도자) : _____ 구역 : _____ 제출일 : _____ 년   월   일

이 름		성별/나이		직 업	
주 소		출석교회		가족사항	
혈액형		신앙연수		전화번호	
신앙 유형	☐ 기 도 형 ☐ 은 사 형 ☐ 부 자 형 ☐ 무 지 형 ☐ 교 만 형 ☐ 미 지 근 형 ☐ 열 심 형 ☐ 창 기 형 ☐ 목 사 형 ☐ 봉 사 형				
목회자 가족 여부			신앙적 기둥		
목사에 대한 신뢰도			교회 내 직분/활동		
관심사 / 취미			성 격		
기도 제목					

상 태 점 검 내 용(상, 중, 하 로 표시)

예배출석 습관도(주일, 수, 금요철야 등)		천국의 소망과 지옥의 두려움이 있다.	
건강으로 인해 신앙의 걸림돌이 된다.		극심한 채무로 인한 신앙의 걸림이 된다.	
이해력(쓰기, 읽기, 듣기, 말하기의 정도)		본인 교회만 최고라고 한다.	
새 노래 배울 수 있는 시간(환경)		성경 모르는 부분을 알고 싶어 한다.	
매사에 하나님을 의지한다.		이단 경계심이 있다.	
인터넷을 즐기는가?		직장 외 문화생활, 건강, 운동 배우는 것	

외부 내부	기 회(O-opportunity)	위 협(T-threat)
강 점 (수강생)	환경 : 건강 : 성품 : 신앙 : 시간 :	
약 점 (인도자, 관리자, 교 사)	환경 : 건강 : 성품 : 신앙 : 시간 :	

만남 일자	현재 단계	만남목표 (전략 및 멘트)	활동반응 및 평가 (현 상태)

※ 섭외시 기초 정보파악→마음열기(미인대칭, 칭찬, 호감 얻기, 공감적 경청)→관심, 고민을 통한 만남 고리 형성→경계심(소속과일소개)→합당한자 선정→SWOT 따기(신앙우위선점, 이단경계 낮추기(간증, 소속)

◆ **참고자료 3. 신천지 판별사례**[212]

1. 다음과 같은 말 하는 사람을 경계할 것.

1) 목사나 교회 리더들에 대해 불신을 싹트게 한다.

목사님이나 교회리더 말이라고 다 믿으면 안 돼!

2) 교회에 대해 불만과 불평을 품게 한다.

가톨릭이 부패한 것처럼 요즘 교회도 썩었어요. 우리교회도 문제 많아. 그렇지 않겠어?

3) 신비한 감성으로 접근한다.

어제 내 꿈에 당신이 힘들어 하던데. 요즘 뭐 어려운 일 있어?

4) 이단 사상의 접촉점을 만들기 위해 자신들과 성경공부를 하자고 유도한다.

성경에 대해 궁금하지 않아? 나랑 일주일에 한번 공부하면 어때?

5) 구원과 믿음에 의심을 불어 넣는다.

"주여 주여 하는 자마다 천국에 갈 수 없다"고 하던데, 천국에 갈 자신이 있어?

6) 요한 계시록에 대해 궁금증을 불어 넣는다.

세상 종말이 어떻게 될 것 같아?

요한 계시록을 정확히 해석할 수 있는 것처럼 공부하자며 접근한다.

7) 교회 밖에서 성경공부를 하자며 미혹한다.

내가 성경을 잘 아는 사람을 소개해줄 테니까, 성경을 공부해보지 않을래?

8) 평상시 친분이 없는 사람들과 인간관계를 맺으려 한다.

나, 힘들고 외로워. 친구가 되어줄래? 이 책 읽어 봤어?

그리고 신천지 교리책을 선물 한다.

9) 성도들이 잘 모르는 질문을 던진다.

열 처녀 비유에 대해서 어떻게 생각해? 준비한다는 것은 무슨 뜻이야? 기름

---

[212] 출처가 어딘지는 분명치는 않으나 교계에 널리 알려진 자료이다.

의 의미가 뭐야?

10) 아담 이전에도 사람이 있었다는 것 알아?

성경의 난제들에 대해 질문하며 궁금증과 호기심을 유발한다.

11) 무료로 성경을 배워보지 않겠어? 설문조사하는 아르바이트 해보지 않을래?

아르바이트를 제공하는 것처럼 하면서 성경공부를 하자고 접근한다.

12) 선교사나 박사가 왔다며 소개한다.

훌륭한 선교사님이 왔는데 기도 중에 당신이 떠올랐대. 그분이 워낙 바빠서 시간 내기 어려운데 특별히 내가 부탁했어. 기도 한 번 받지 그래?

13) 경락 맛사지, 피부 관리 받아보지 않을래?

여가선용, 취미교실(종이 접기, 비누공예 등)을 위장하여 유인한다.

2. 교회 안에 침투한 신천지 신도의 특징[213]

1) 자신의 신상에 대해서는 숨기면서 열심히 출석하고 봉사한다.
2) 성도들에게 목사에 대한 은근한 불평을 하면서 목사의 성경 지식에 회의를 갖게 한다.
3) 목사에게는 숨기면서 개인적으로 성경을 가르치겠다거나 선교사를 소개한다.
4) 갑자기 나타나 열심히 봉사하여 리더의 위치에 올라간다.
5) 열심히 봉사하되 얼굴에 기쁨이 아니라 강박관념이 나타난다.
6) 대화 중 무심결에 씨, 밭, 나무, 새, 기름, 들불, 배도, 멸망, 구원, 배멸구, 충진, 길예비 사자, 하나님의 비밀, 하나님의 한, 말씀에 짝이 있다. 세례요한이 지옥 갔다, 등의 용어를 사용한다.
7) 50명 이하의 작은 교회는 무보수를 자처하거나 적은 보수를 자처하는 전도사를 침투시켜 목사와 성도의 호감을 산 뒤 신천지인들을 계속 침투시켜 성도들을 휘어잡고 목사와 성도들을 이간하여 목사를 내쫓고 교회를 차지한다.

---

213 이단(사이비)피해대책조사연구위원회, 『한국주요이단 및 이슬람대책세미나』 (서울: 총회교육진흥원, 2014), 64-65.

8) 이사 올 예정인데 말씀이 좋은 교회를 찾고 있다면서 자신을 관심을 갖고 관리하도록 분위기를 조성한다.

9) 시어머니가 중병으로 입원해계신데 위기상황이다, 기도 부탁한다면서 접근, 관리를 요청한다.

10) 이사 왔다면서 정착할 말씀이 좋은 교회를 찾는다고 한다.

3. 신천지에 빠진 가족을 분별하는 법[214]

1) 뚜렷한 이유 없이 얼굴에 기쁨이 사라지고 목사님이 성경도 모르는 것 같다는 식의 말을 한다.

2) 거짓말을 자주하고 휴대폰 통화내역이나 문자메시지를 절대로 공개하지 않는다.

3) 새벽에 나가서 밤늦게 들어오고 항상 긴장하고 강박관념에 사로 잡혀 있다.

4) 가족에게 성경공부를 가르칠 선교사나 전도사를 소개한다.

5) 거짓말을 자주 하고 초기에는 월화목금, 6개월 뒤부터는 매일 밤늦게 들어온다.

---

214 이단(사이비)피해대책조사연구위원회, 『한국주요이단 및 이슬람대책세미나』, 65-66.

◆ 참고자료 4. 신천지 10단계 기성교회 침투전략

1단계) 기성교회에 성도(추수꾼)로 위장 침투한다.
만약 신분이 노출되어 출석이 불가능할 경우, 팀을 이루고 있는 제 3의 추수꾼에게 추수대상자의 모든 정보를 제공한다. 정보를 넘겨받은 제 3의 추수꾼은 온갖 수단을 총동원해서 추수대상자에게 접근하여 성경이야기는 나중으로 미루고 친분을 쌓아 거절하지 못하도록 시간과 물질을 투자한다. 한 사람을 유인하기 위해 적게는 5명, 최대 20명까지 사람을 바꿔가며 접근시킨다.

2단계) 복음방(구명칭:다락방 교육/선교방 교육)을 개설한다.
자신들이 제작한 교재를 사용하여 아침 9시부터 오후 1시까지 1개월간 암기 및 스피치 실기특강을 이수하게 한다.
이때 배운 교재를 복음방 교재라 하며 교육 담당자를 선교사 내지 전도사로 호칭하고, 2인 1조로 활동한다. 장소는 어디든 가능하다.

3단계) 복음방 교재 1, 2과의 내용을 수차례 교육한다.
복음방을 개설한 선교사, 전도사가 각종 구실을 붙여서 신천지가 운영하는 학원으로 유인한다. 단 복음방부터 시작해서 신천지학원에 인도되는 것을 외부 및 가족에게 '비밀로 하라'고 성경구절을 들먹이면서 '입막음 교육'을 반복한다.

4단계) 5-6개월 코스인 시온 무료 성경 신학원(구명칭)에 입학시킨다.
사전면접을 하고 등본을 제출하게 하면서 '요즘 신천지라는 이단이 판친다는데 어떻게 믿고 왔느냐'며 자신들이 신천지가 아닌 것처럼 멘트를 사용하여 수강자를 안심시킨다. 여기에 거의 속아 넘어간다.

5단계) 시온 성경 신학원에서의 교육 내용

1) 기존의 일반교회를 '바벨론, 귀신의 처소, 이방, 바다, 멸망당한 곳, 구원이 없는 곳' 으로 이야기 하며 듣는 자로 하여금 '내가 지금까지 헛된 신앙을 했구나' 라고 교회를 불신하도록 반복적으로 교육시킨다.

2) 기존 교회에서 사역하는 모든 목회자(목사)를 '서기관과 바리새인' '독사의 새끼' '사단이 들어 쓰는 거짓 목자'라고 반복 교육시킨다.

3) 월, 화, 목, 금 주 4회 /오전반, 오후 반, 저녁 반 1일 3회 반복 강의, 매일 교육내용을 일일 숙제지라는 이름으로 쪽지 시험을 실시하여 반복 세뇌시킨다. 가정에서 반대하는 경우나 믿는 자가 있을 경우 수영, 헬스 등의 핑계로 새벽 시간이나 남편의 출근 직후에 교육을 진행하며 수단과 방법을 가리지 않는다.

4) 수료문제 100문제를 학원수료 시험으로 치르게 하여 교육생의 마음에 철저히 각인(刻印)이 되도록 하고 있다.

6단계) 계시록 강의

무료 성경 신학원에서 초등20강과 중등20강, 그리고 계시록 20강중에서 중등은 5강정도, 계시록은 22장 전장을 교육시키면서 '정통교회에서는 계시록을 가르치지 못한다. 그 이유는 봉함된 글이므로 신천지만 풀어줄 수 있으며 그래서 기성교회 목사들은 소경이며 짖지 못하는 개이며 벙어리'라고 가르친다. 이때 다수의 사람들이 이탈하는데 신천지에서는 걸러낼 염소와 양을 구분 한다며 '속사람이 거듭나지 못한 염소는 퇴출되기 마련'이라고 한다. 5-6개월간 전력을 기울이며 유월이 확실시 되는 순한 양들에게 '보혜사 성령' 이미지와 신천지 교리를 집중적으로 주입시킨다. 전적으로 각인시키는 성구는 계 20.12-15인데 그 핵심 내용은 신천지 교인만이 생명책에 녹명된다는 것이다.

7단계) 신천지 소속 교회(12지파 중 한 곳)로 유월(넘긴다) 시킨다.

8단계) 새 신자 교육
1개월간 주4일+수요일+일요일에 1개월간에 걸쳐 일일 4시간가량 새 신자 교육을 받는다(이○희보혜사위상/신천지역사/위계질서/예법/지인 전도법/헌금생활 등).

9단계) 신천지 교회에 등록
1개월 새 신자 교육을 끝내면 신천지 교회에 등록이 된다. 신천지 교회에 등록된 신자도 1개월에 한 번씩 신앙점검을 한다며 반드시 시험을 치는 등의 방법으로 끊임없이 반복하여 신천지 교리를 주입시킨다.

10단계) 신천지 증거 장막 성전본부 등록
1) 전도실적
2) 수요예배
3) 서울 과천에 건축하는 성전에 '내 자리 마련 본부 건축헌금'과 각 지역 성전건축헌금 및 선교헌금, 십일조, 주정헌금, 체육회비 등의 납부실적이 신천지 증거 장막 성전본부에 등록을 좌우한다. 신천지 증거 장막 성전본부에 등록되는 명부가 계시록 20장에서 말하는 '생명책'이라고 가르친다.

◈ **참고자료 5**

신천지 비유풀이 공식[215]

1. 말씀으로 푸는 단어들

씨, 열매, 양식, 지팡이, 저울, 불, 빛, 등불, 보물, 그물, 예수님의 살, 포도주, 피, 살, 감람유, 인(印), 돌, 생기, 병기, 흰 돌, 방망이, 만나, 떡, 양식, 누룩, 등대

2. 사람, 성도, 전도자, 지도자로 푸는 단어들

나무, 가지, 부자, 머리, 뿔, 꼬리, 잎, 열매, 눈, 등대, 촛대, 샘, 강, 별, 달, 신부, 지팡이, 소경, 귀머거리, 어부, 고기, 인, 나팔, 과부, 고아, 보물, 짐승, 돌

3. 교회로 푸는 단어들

가마, 산, 밭, 배

4. 영(靈)으로 푸는 단어들

새, 눈, 등대, 촛대, 부활, 신랑

5. 장막으로 푸는 단어

하늘

6. 마음으로 푸는 단어들

향로, 밭, 그릇

7. 육체로 푸는 단어들

무덤, 신부, 땅

8. 세상으로 푸는 단어

바다

---

215   이단(사이비)피해대책조사연구위원회, 『한국주요이단 및 이슬람대책세미나』 (서울: 총회교육진흥원, 2014), 45.

◆ **참고자료 6**

창세기의 창조 기사에 대한 신천지의 풀이 공식[216]

혼돈	선/악 두 사상의 교리가 섞인 상태	장막성전이 홍동을 겪음
공허하다	사람의 심령에서 성령이 떠남	좌동(左同)
수면	바다, 곧 세상	장막성전이 세상 나라가 됨
해, 달, 별	선민 이스라엘	
빛	진리의 소유자	이○희
빛을 지으심	진리의 소유자를 찾으심	선민 깨우치려고 이○희를 찾으심
첫째 날	심령이 어두워진 가운데 빛이 출현	새 시대의 시작(노아, 아브라함, 모세…)
새 시대의 시작	한 빛을 택하여 세우심으로	진리의 소유자를 택하여 세우심으로
궁창	선민의 장막	새 하늘-새 땅, 신천지
궁창 위의 물	진리의 말씀	신천지의 교리들
궁창 아래의 물	비진리의 말씀	세상 교회들의 도덕적 교훈들
나뉘게 됨	하나님의 목자의 심판	세상 사람의 지식(주석들)을 심판
뭍이 드러남	새 장막이 세상에 드러남	신천지가 사람들에게 알려짐
과목이 생김	전도된 성도들이 생김	신천지 신도가 됨
생명나무	참 목자	이○희
선악나무	거짓 목자	기성교회 목사들
물	성경말씀	말씀이 생물들을 번성하여 살게 함
고기	세상에 있는 사람	전도하여 부흥하라
새	영-성령으로 말미암아 새롭게 됨	이○희가 무지한 인생들을 깨우침
동방	과천	장막성전과 신천지가 존재하는 땅
과천 청계산	'계'자가 시내'溪'자	모세와 엘리야가 올라갔던 시내산
4개의 강	비손, 기혼, 티그리스, 유브라데스	동천. 서천

216　*Ibid*., 45.

◆ **참고자료7**

신천지 요한계시록의 실상의 실체들[217]

성경	실상
계시록의 7교회 사자	장막성전의 7천사(유재열, 김창도, 백반봉, 정창래, 신광일, 신종환, 김영애)
밀 한 되, 보리 석 되	이○희, 윤요한, 윤재명, 지재섭. 사데교회(백만봉의 재 창조교회)출신의 흰 옷 입은 자(1980년 3월 14일에 신천지 시작)
네 생물	불교의 사천왕
	신천지의 장년회장, 부녀부장, 청년회장, 선교회장
보좌 앞의 일곱 영	신천지의 7교육장
24장로	24명의 신천지 장로라고 하다가 지금은 24개 부서가 24장로 역할을 맡고 있음
옛 언약	1966년 장막성전 유인구와 7천사의 언약
새 언약	이○희와 신천지 일곱 교육장들의 언약(1990년 이후로 보임
책이 봉해진 사건	1980년 9월 20일 이삭교회 목사 안수식 때
책을 받아 먹은 사건	사도요한 격 목자 이○희가 받아 먹었다
두 증인	이○희와 홍종효로 1980년 10월
해를 입은 여자	유재열
광야 양육	유재열의 웨스터민스터 대학 유학. 1980~84 [218]
짐승의 표	목사 안수증 1981.9.20
144000	신천지인 숫자 채워지면 순교자의 영혼과 결합(神人合一)
흰 옷 입은 무리	신천지인들의 희망에 의해 선택된 자들
약속한 목자	이○희
계시의 전달과정	하나님-예수님-천사-요한-종들
사도 요한 격 목자	신천지총회장 이○희

---

217 *Ibid*., 58-59.

218 신천지를 탈퇴한 지명한 씨의 증언에 의하면 유재열 씨의 웨스트민스트 유학은 사실이 아닌 것으로 드러났다.

책 받아 먹은 자	사도 요한 격 목자 이○희
백마	이○희
사데교회	백만봉의 재창조교회
신천지창립일	1980년 3월 14일, 1987년 시한부종말론 불발 이후 4년 늦춰 1984년으로 변경
첫째 부활 사건	신천지가 144000 채워지면 하늘에 있는 순교자들의 영혼이 내려와 왕 같은 제사장 된다고 주장함
(계20:4)	
말세의 사자(계22,16)	사도 요한 격 목자로 이○희라고 주장(실제는 천사임)
계20:4 첫째 부활 때 임할 육체들?	이○희-예수님의 영이 임함 12지파장-예수님 12제자의 영이 임함 24장로-98년도에 발간한 신천지 발전사에는 사람들이 있으나 현재는 24개의 부서가 되어 있어서 임할 육체가 없음 4생물-장년회장, 부녀부장, 청년회장, 선교회장, 불교의 4천왕(다문천왕, 증장천왕, 지국천왕, 광목천왕)
일곱 머리 열 뿔의 짐승의 표 받는 사건	1981년 9월 20일에 청지기교육원의 7목사와 10장로가 장막성전에 침투하여 장막성전이 장로교로 바뀐 사건이다.

◆ **참고자료 8**

이○희 씨 신격화(멘트들) [219]

만유의 대주재-2006년 8월 신천지 축구대회 포스터에 실려 있던 내용.

생명록 쓰는 자-신천지 교적부가 생명책이며 쓰는 자는 총회장이다,

사망록 쓰는 자-사망록은 신천지 이탈자 명부이며 총회장이 쓴다.

중단록 쓰는 자-중단록은 신천지 장기 결석자, 지금은 1달만 결석하면 사망록에 등재해서 구원의 기회가 없다고 협박한다.

삼위일체-성부와 성자와 이긴 자가 삼위일체. 그 이유는 성령은 영이 없 으므로 이긴 자에게 임해서 이긴 자가 성령의 자리에 들어간다.

보혜사-또 다른 보혜사가 진리의 성령이 임한 신천지 총회장 이○희이다,

이긴자-계시록의 이긴자가 이○희로 철장권세 받은 자이다.

사도요한 격 목자-새 요한으로서 계22:16에 근거한 특별한 목자로서 일반목자와 다르다.

구원자-배도·멸망·구원, 배도자-유재열, 멸망자-오O호, 구원자-이○희로서 이○희가 구원자이다.

심판자-이긴자 이○희가 심판자이다.

재림예수의 영이 임한 자-예수님이 재림하시는 것이 아니고 재림 예수님의 영이 이○희에게 임한다.

철장 권세 가진 자-이○희가 이긴자로서 철장권세 받은 자이다.

백마 탄 자-이○희가 백마 타고 찍은 사진이 본부 입구에 있는 것 확인

백마-요즘은 이○희가 백마이며 백마 탄 자는 예수님이다.

---

219   *Ibid.*, 51-52.

◆ **참고자료 9**

CTS TV를 도용한 설문조사지

"전체 인구 4천만 중 천만인의 신앙인이 보는 기독교 TV, 인터넷 프로그램의 질을 높이기 위하여 시청자가 주인이 되는 방송을 위한 시민 연대 모임입니다."

1. 교회 다니신 지는 얼마나 되셨습니까?

2. 기독교 방송을 주 몇 회 시청하십니까?
   ① 1-2회   ② 3-4회   ③ 5-6회   ④ 7회 이상

3. 어느 프로그램에 비중을 두고 보십니까?
   ① 찬양, 문화   ② 설교 말씀   ③ 선교   ④ 외화

4. 현 기독교계를 바라보는 관점은 어떻습니까?
   ① 잘 하고 있다.   ② 부패되었기에 개혁되어야 한다.
   ③ 타 교회와의 벽이 너무 높다. ④ 보수적인 경향이 짙다.

5. 신앙의 질적 성장을 도울 수 있는 프로그램이 있다면 참여하실 의향이 있으십니까?
   ① 참여하고 싶다.   ② 생각해 보겠다.   ③ 참여하고 싶지 않다.

6. 방송 설교 말씀 중 어떤 부분의 내용이 보충되었으면 좋겠습니까?
   ① 거울과 경계를 삼을 수 있는 역사적인 내용
   ② 하나님의 온전한 사람이 되기 위한 교훈적인 내용
   ③ 하나님께서 마지막 때에 이루시고자 하시는 예언적인 내용

이름		나이		☎		교회	
	기도 제목						CTS 기독교TV

http://www.cts.tv

범기독교 신앙회복운동본부 설문조사지

저희는 **범기독교 신앙회복 운동본부**입니다.
혹시 '가나안 성도'에 대해 들어보셨습니까?
다음은 한국 교회의 '가나안 성도'(휴신앙 성도) 증가 원인을 파악하고,
가나안 성도와 잠재적 가나안 성도의 신앙회복을 돕기위한 설문 조사입니다.

1. 귀하는 교회에 다니고 계십니까?
    ① 현재 다니고 있다.(⇨ 현재 다니고 계시다면, 뒷장으로 넘겨 계속 응답해 주십시오.)
    ② 가끔 나간다.   ③ 현재 쉬고 있지만 앞으로 나갈 예정이다.
    ④ 과거에 다녔으나 나가지 않고 있다.

2. 교회를 쉬고 있다면 그 이유는 무엇입니까?
    ① 시간과 건강 등 환경상의 이유로
    ② 믿음이 부족해서
    ③ 사람에 대한 실망과 시험이 와서
    ④ 기타 (   )

3. 신앙회복을 원하신다면 도움받고 싶은 부분은 무엇입니까?
    ① 성경 구절 등 좋은 내용의 문자전송
    ② 크리스천 동아리 모임이나 문화행사 안내
    ③ 성경공부나 기도모임 안내
    ④ 신앙을 상담해줄 멘토나 좋은교회 소개

4. 한국교회와 신앙인들에게 바라는 점이 있다면 적어주십시오.
    (   )

* 지금까지 설문에 응해 주셔서 대단히 감사드립니다. 추첨을 통해 소정의 사은품을 보내드립니다.
  받기 원하시는 항목에 체크해 주세요. (① 설교CD   ② 찬양CD   ③ 신앙관련서적)

이　름		성　별	남 / 여
연 락 처		나　이	
주　소			

범기독교 신앙회복 운동본부   110-524 서울시 종로구 대학로 119-6 ☎ 070-7518-9413

저희는 **범기독교 신앙회복 운동본부**입니다.
혹시 '가나안 성도'에 대해 들어보셨습니까?
다음은 한국 교회의 '가나안 성도'(휴신앙 성도) 증가 원인을 파악하고,
가나안 성도와 잠재적 가나안 성도의 신앙회복을 돕기위한 설문 조사입니다.

1. 귀하 주위에 '가나안 성도' (휴신앙 성도)가 있습니까?
    ① 가족 중에 있다.   ② 친구 중에 있다.
    ③ 친척 중에 있다.   ④ 동료 중에 있다.

2. 가나안 성도가 증가하는 이유는 무엇이라고 생각하십니까?
    ① 본인의 믿음 부족
    ② 본이 되지 못하는 신앙인에 대한 걸림
    ③ 신앙교육의 부재
    ④ 지나친 헌금에 대한 설교
    ⑤ 사역자들이나 교회 내 부정부패

3. 신앙생활 하는 데 가장 중요한 부분은 무엇이라고 생각하십니까?
    ① 설교   ② 기도   ③ 찬양   ④ 성도간 교제   ⑤ 봉사

4. 가나안 성도와 잠재적 가나안 성도를 도울 방법은 무엇이라고 생각하십니까?
    (   )

5. 가나안 성도를 도울 방법이 있다면 참여하시겠습니까?
    예 (   )   아니오 (   )

* 지금까지 설문에 응해 주셔서 대단히 감사드립니다. 추첨을 통해 소정의 사은품을 보내드립니다.
   받기 원하시는 항목에 체크해 주세요. (① 설교CD   ② 찬양CD   ③ 신앙관련서적)

이 름		성 별	남 / 여
연 락 처		나 이	
주 소			

범기독교 신앙회복 운동본부   110-524 서울시 종로구 대학로 119-6 ☎ 070-7518-9413

참고자료 10. 이단/사이비 계보도

※ 주의 : 현재의 교리적 진술이 아니라 계보도임.

※ 연도는 공식적인 활동을 시작한 연도임

※ 이 도표는 지난 2000년 문화관광부의 "한국의 종교 단체 실태조사 연구" 용역 중 국제종교문제연구소 (월간 현대종교) 가 원성한 보고서에서 옮긴 표이고 보충, 수정된 표도 있다.

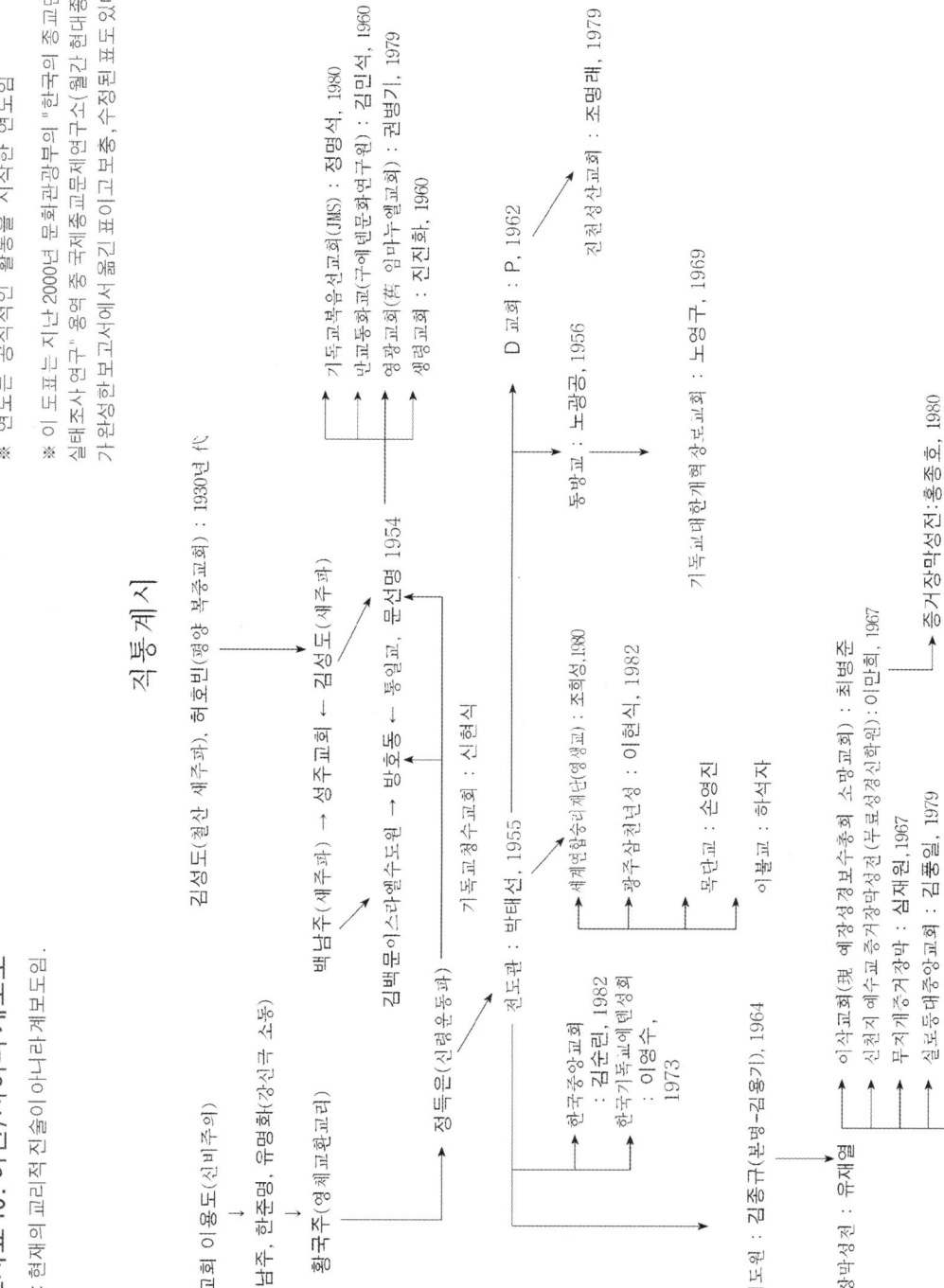

◆ 참고자료 10. 이단/사이비 계보도

※ 주의 : 현재의 교리적 진술이 아니라 계보도임(본지 저자가 만든 도표).

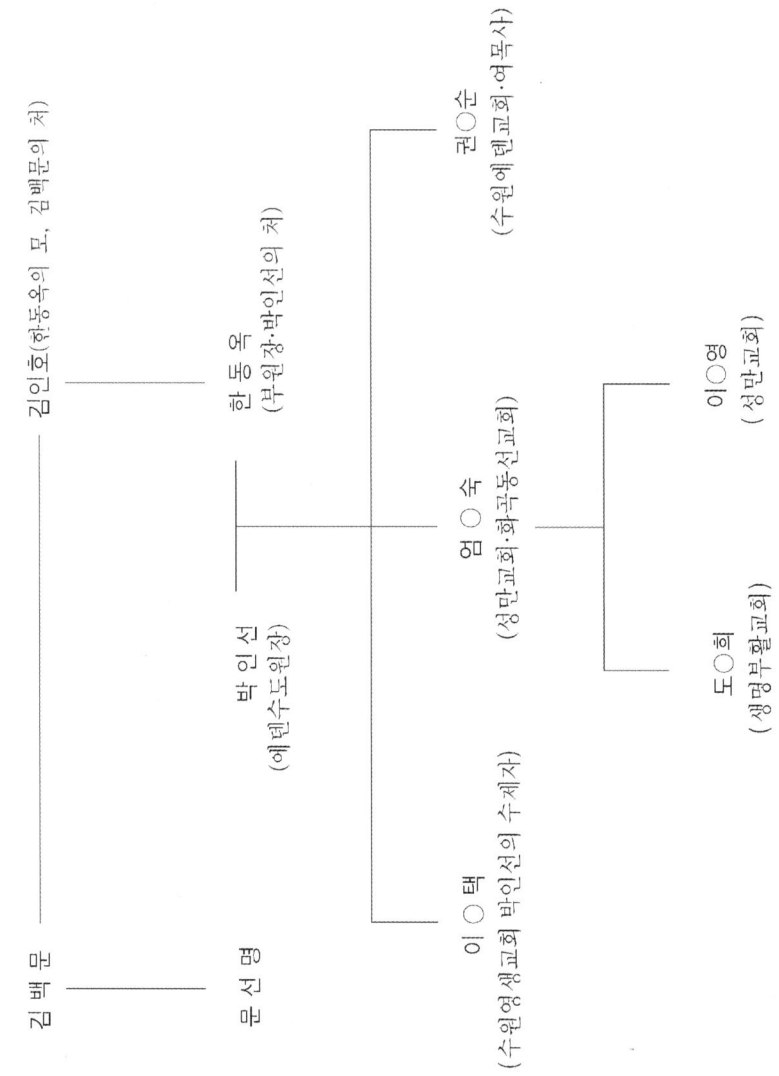

◆ 참고자료 10. 이단/사이비 계보도

※ 주의 : 현재의 교리적 진술이 아니라 계보도임.

※ 이 도표는 지난 2000년 문화관광부 실태조사연구 용역 중 국제종교문제연 가원성한 보고서에서 옮긴 표이고 보충

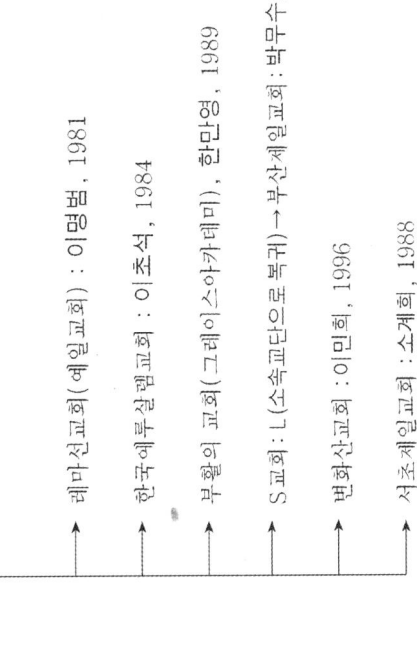

※ 성락교회 (베뢰아신론) : 김기동, 1972

→ 대마산교회(예일교회) : 이명범, 1981
→ 한국예루살렘교회 : 이초석, 1984
→ 부활의 교회(그데이스아카데미), 한만영, 1989
→ S 교회 : L (소속교단으로 복귀) → 부산세일교회 : 박무수, 1982
→ 변화산교회 : 이민희, 1996
→ 서초제일교회 : 소계희, 1988

※ 여호와세일교단 : 이유성(이뙤사), 1964, 이유성 사망 후(1972) 아래와 같이 분과됨

→ 세일중앙교회 : 유홀천
→ 세일중앙교회 : 안전대
→ 한국중앙교회 : 이천성
→ 세일중앙교회 : 김화복 ——— 예루살렘교회 : 문제선

참고자료 10. 이단/사이비 계보도

※ 안식일교분파

제칠일안식일예수재림교회 : 엘렌. 지. 화이트, 1904 전래
　→ 하나님의교회 세계복음선교협회(안상홍 증인 하나님회) : 안상홍(사망)·장길자, 1964
　→ 새언약유월절하나님의 교회 : 안상홍 증인 하나님회에서 옮기고 보충, 수정된 표이다.
　→ 행키아복음선교회 : 박명호, 1981

※ 몰몬교분파

몰몬교 : 요셉스미스
　→ 말일성도예수그리스도의교회
　→ 1956전래 복원예수그리스도의교회 :

※ 일본유입종교

　　　1960전래

일련정종 : 니치렌 → 일련정종. 1965이후 본격활동
(남묘호랭개교)
　→ 대한일련정종평화강불교회 : 이돈수
　→ 한국일련정종총본부 : 김문출

창가학회 : 이케다다이사쿠, 1930
　→ 일련정종양광 : 홍중희

한국SGI : 박병일, 1965이후 본격활동
　→ 대한불교연화대평화광선사 :
　→ 影山(신웅)연화사 대한사 : 강호실

천리교 : 나가야마미키, 1983 → 대한전리교, 조수현, 1893전래 천리교한국교단 : 배석수, 1988
　　　　　　　　　　　　　　　　　　권신찬(사망) · 유병언(2014년 사망).

※ 기독교복음침례회(세정 구원파) : 박옥수, 1983
　→ 기쁜소식선교회 : 박옥수, 1983
　→ 대한예수교침례회 서울중앙교회 : 이요한(복집), 1983

※ 이 도표는 지난 2000년 문화관광부의 "한국의 종교단체 실태조사연구" 용역 중 국제종교문제연구소(올긴 현대종교) 가 완성한 보고서에서 옮긴 표이고 보충, 수정된 표도 있다.

〈참고문헌〉

길동무,『요한계시록에 길을 묻다』. 군포: 케노시스영성원, 2017.

김기동,『마귀론 上』. 서울: 베뢰아, 1985.

김기동,『마귀론 中』. 서울: 베뢰아, 1985.

김기동,『마귀론 下』. 서울: 베뢰아, 1986.

김의원,『하늘과 땅 그리고 족장들의 톨레돗』. 서울: 총신대학교출판부, 2004,

권성수,『성경해석학』. 서울: 총신대학출판부, 1995.

권수영,『누구를 위한 종교인가-종교와 심리학의 만남』. 서울: 책세상, 2009.

『교리와 성약』

『값진 진주』

김득중,『복음서의 비유들』. 서울: 컨콜디아사, 1999.

권성수,『성경해석학』. 서울: 총신대학교출판부, 1995.

노길명,『한국신흥종교연구』. 서울: 경세원, 2003.

나원준,『시한부종말론연구』. (연세대교육대학원석사학위논문), 1996.

나원준,『마태공동체의 정황과 마태의 예수』. (연세대연합신학대학원 석사학위논문), 2001.

D, A. 카슨/박대영 역,『성경해석의 오류』. 서울: 성서유니온선교회, 2002.

Robert P. Orr, The Meaning of Transcendence: A Heideggerian Reflections. California: Scholars Press, 1981.

루돌프 불트만/유동식·허혁 역,『성서의 실존론적 이해』. 서울: 현대신서,1969.

마샬 킬더프·론 제이버스/ 안태용·한영택 역,『自殺宗團』. 서울: 진문출판사, 1978.

「말씀」,152호.

「말씀」,153호.

「말씀」,165호.

「말씀」,179호.

「말씀」,182호.

「말씀」,184호.

『몰몬경』

메릴C.테니/김근수 역,『요한계시록해석』. 서울: 기독교문서선교회, 1993.

바트 어만/강주헌 역,『예수 왜곡의 역사』. 서울: 청림출판, 2010.

박병준,『인간의 초월성: K. 라너의 '말씀의 청자로서의 초월론적 종교철학적 인간해명』. 철학 88(2006 가을).

박옥수,『죄사함·거듭남의 비밀』. 서울: 기쁜소식사, 1992.

박영관,『異端宗派批判(Ⅰ)』. 서울: 예수교문서선교회, 1994.

박윤선,『창세기, 박윤선 성경주석시리즈1』. 서울: 영음사, 1991.

박준철,『빼앗긴 30년 잃어버린 30년-문선명 통일교 집단의 정체를 폭로한다』. 서울: 진리와 생명사, 2000.

박형택,『이단연구가가 정리한 요한계시록』. 서울:기독교개혁신보사출판부, 2012.

Vern S. 포이쓰레스/권성수 역,『세대주의 이해』. 서울: 총신대학출판부, 1992.

保惠師·李萬熙,『계시록의 진상 이렇게 이루어졌다』. 도서출판 신천지.

베른하르테 벨테/오창선 역,『종교철학』. 왜관: 분도출판사, 1998.

베뢰아국제진흥원,『대한예수교장로회(통합)교권주의와 최삼경 목사 사이비이단 연구(Ⅱ)』. 서울: 베뢰아, 1996.

사단법인 워치타워성서책자협회,『우리는 지상 낙원에서 영원히 살 수 있다.』. 1982.

샤이먼 키스트메이커/김근수· 최갑종 역,『예수님의 비유』. 서울: 기독교문서선교회, 1994.

서철원,『창세기 주석1』. 서울: 그리심, 2001.

『성경에 대한 계시와 주석』, 신천지.

「성화」, 69년 2월호.

세계기독교통일신령협회,『통일교소식』. 서울: 성화사, 1985.

세계기독교통일신령협회,『하나님의 뜻과 세계』. 서울: 성화사, 1988.

세계기독교통일신령협회,『재림메시아의 재현과 성약시대』. 서울: 용산, 1993.

샐리 맥페이그/정애성 역,『은유신학』. 서울: 다산글방, 2001.

스티븐 에반스·잭커리 매니스/정승태 역, 『종교철학-기독교신앙의 철학적 조명』. 서울: CLC, 2016.

안상홍, 『하나님의 비밀과 생수의 샘』. 서울: 멜기세덱출판사, n.p.

안토니 A. 후크마/ 류호준 역, 『개혁주의종말론』. 서울: 기독교문서선교회, 1995.

오스카 쿨만/김근수 역 『신약의 기독론』. 서울: 나단, 2005.

압 둘 마시흐/이동주 역 『무슬림과의 대화』. 서울: 기독교문서선교회, 2004.

양명수, 『토마스 아퀴나스의 신학대전 읽기』. 서울: 세창미디어, 2014.

어린양 아내, 『새 하늘과 새 땅 천국은 재림예수 교회에서 이루어진다』. 충남: 성광출판사, 1999.

『영원한 복음 새 노래 계시록 완전해설』

윌프레드 캔트웰 스미스/길희성 역, 『종교의 의미와 목적』. 왜관: 분도출판사, 2009.

이단(사이비)피해대책조사연구위원회, 『한국주요이단 및 이슬람대책세미나』. 서울: 총회교육진흥원, 2014.

이필찬, 『신천지 요한계시록해석 무엇이 문제인가』. 서울: 새물결플러스, 2016.

장병길, 『한국종교와 종교학』. 서울: 청년사, 2003.

이병규, 『창세기 성경강해주석』. 서울: 염광출판사, 1999.

전국초중고원리연구회, 『청소년의 희망과 꿈 시간여행』. 서울: 용산, 1999.

정재현, 『티끌보다 못한 주제에: '사람됨'을 향한 신학적 인간학』. 왜관: 분도출판사, 1999.

정재현, 『종교신학강의』. 서울: 비아, 2017.

진리의 전당, 『주제별 요약해설Ⅰ, Ⅳ』. 진짜 바로 알자 신천지

차용준, 『제2권 한국종교문화편 종교문화의 이해』. 전주: 전주대학교출판부, 2002.

창조지 제83호(1993,1월호).

『천국비밀 요한계시록의 실상』

최신한, 『현대의 종교담론과 종교철학의 변형』. 파주: 서광사. 2018.

탁명환, 『기독교이단연구』. 서울: 국종출판사, 1996.

탁명환, 『한국의 신흥종교 기독교편4권』. 서울: 국종출판사, 1990.

탁지일, 『사료 한국의 신흥종교』. 서울: 현대종교, 2009.

탁지원, 『신천지와 하나님의 교회의 정체』. 서울: 현대종교, 2007.

統一思想硏究院,『統一思想槪論』. 서울: 成和社, 1986.

통일교,『원리강론』. 서울: 통일교, 1973.

『코란』/김용선 역. 서울: 명문당, 2019.

폴 핸슨/이무용·김지은 역/『묵시문학의 기원』. 서울: 크리스챤다이제스트, 1999.

『풀빛목회』, 1985년 11월호.

H. 던칸 외/기독지혜사 편집부 역,『재림과 종말』. 서울: 기독지혜사, 1986.

한국기독교범교단이슬람대책위원회,『이슬람을 경계하라』. 서울:한국기독교범교단 이슬람대책위원회. 2012.

『한국의 종교단체 실태조사연구』. 서울: 국제종교문제연구소, 2001.

한기총 제12회 총회보고서, 2001년.

한창덕,『한 권으로 끝내는 신천지 비판』. 서울: 새물결플러스, 2015.

『현대종교』1988년 12월호.

『현대종교』2020년 6월호.

『현대종교』, 2012년 2월호.